国家社科基金项目成果,项目批号15BYY168

|光明社科文库|

中外苗族文字史比较研究

蒙昌配 ◎ 著

光明日报出版社

图书在版编目（CIP）数据

中外苗族文字史比较研究 / 蒙昌配著． --北京：光明日报出版社，2023.3
ISBN 978－7－5194－7151－4

Ⅰ．①中… Ⅱ．①蒙… Ⅲ．①苗语—文字学—历史—对比研究—中国、国外 Ⅳ．①H216.2-09

中国国家版本馆 CIP 数据核字（2023）第 208642 号

中外苗族文字史比较研究
ZHONGWAI MIAOZU WENZISHI BIJIAO YANJIU

著　　者：蒙昌配	
责任编辑：王　娟	责任校对：许　怡　乔宇佳
封面设计：中联华文	责任印制：曹　净

出版发行：光明日报出版社
地　　址：北京市西城区永安路 106 号，100050
电　　话：010-63169890（咨询），010-63131930（邮购）
传　　真：010-63131930
网　　址：http://book.gmw.cn
E－mail：gmrbcbs@gmw.cn
法律顾问：北京市兰台律师事务所龚柳方律师
印　　刷：三河市华东印刷有限公司
装　　订：三河市华东印刷有限公司
本书如有破损、缺页、装订错误，请与本社联系调换，电话：010-63131930

开　　本：170mm×240mm	
字　　数：350 千字	印　　张：20
版　　次：2024 年 4 月第 1 版	印　　次：2024 年 4 月第 1 次印刷
书　　号：ISBN 978－7－5194－7151－4	

定　　价：98.00 元

版权所有　　翻印必究

目 录
CONTENTS

绪　论 ··· 1

第一章　中外苗族文字史述略 ································ 27
　第一节　苗族文字的传说 ······································ 28
　第二节　关于古苗文的记载 ··································· 34
　第三节　苗族早期的记事方法 ································ 45
　第四节　汉字记苗音 ·· 49
　第五节　西文字母记写苗语字汇 ····························· 50
　第六节　创立文字 ··· 53

第二章　中外苗族文字创制背景比较 ························ 73
　第一节　传教型苗文创制背景的比较 ······················· 74
　第二节　帮助型苗文创制背景的比较 ······················· 87
　第三节　自主型苗文创制背景的比较 ······················· 98

第三章　中外苗文创制原理与发展比较 ···················· 108
　第一节　文字创制的原则及理念 ···························· 108
　第二节　中外传教型苗族文字创制原理与发展的比较 ··· 110
　第三节　中外拉丁苗族文字创制原理与发展的比较 ····· 156
　第四节　中外苗族民间自创文字创制原理与发展的比较 ····· 181

第四章　中外苗族文字传播的比较 ·························· 206
　第一节　传教型苗文的传播比较 ···························· 208

第二节　中外帮助型苗文的传播比较 ……………… 225
　　第三节　中外苗族民间自主型苗文的传播比较 …… 241

第五章　中外苗族文字的未来展望 …………………… 248
　　第一节　基于动机最大化原则的思考 ……………… 249
　　第二节　基于书写最大化原则的分析 ……………… 251
　　第三节　基于易学最大化原则的分析 ……………… 255
　　第四节　基于文字信息处理最大化原则的分析 …… 257
　　第五节　综合几种原则的分析 ……………………… 259

附录一　汉字记苗音 …………………………………… 263

附录二　西文记苗语字汇 ……………………………… 265

附录三　少数民族文字的三套推荐样本 ……………… 274

附录四　中部方言苗文方案 …………………………… 278

附录五　东部方言苗文方案 …………………………… 282

附录六　西部方言苗文方案 …………………………… 287

附录七　滇东北次方言苗文方案 ……………………… 292

参考文献 ………………………………………………… 299

绪　论

苗族是中国的古老民族之一，又是一个饱经战乱和频繁迁徙的世界性民族。根据2020年第七次全国人口普查，中国苗族人口为1100多万，主要分布于黔、湘、滇、川、渝、鄂、桂、琼等省区市。自明代起，由于战乱等原因，中国苗族陆续迁往国外，目前分布于海外的苗族人口近四百万，主要居住在越南、老挝、泰国，美国、澳大利亚、法属圭亚那、法国、加拿大等国家和地区。时至今日，中国境内与海外苗族聚居区先后出现过近二十套苗族语言书写系统。在中国境内主要有湘西民间方块文字、洋教士创立并尝试推行的文字、新中国成立后应用拉丁字母创立的苗族新文字，〔其中包括中部方言苗文、东部方言苗文、西部方言苗文、滇东北次方言苗文（改革版的拉丁文字和规范苗文）〕。海外苗族聚居区的文字主要有越南政府创制的拉丁苗文、恩保羊等人创立的老挝拉丁字母苗文、杨雄录自创的文字系统、萨维纳仿照越南文字创立的苗文、特朗应用泰文创立的文字、传教士应用老挝寮字创立的书写系统、沙耶武理文字、刺绣文字、龚泽旺文字等。这些书写系统是在不同的社会历史条件下由具有不同文化背景的人和不同的国家基于各自不同的目的创制的。对这些不同的苗文系统及其发展史进行梳理和比较，无论是对研究中外苗族语言文字发展史、了解全球苗族文化历史的变迁，还是对进一步丰富和充实世界文字发展史的研究，甚至对于体现中国苗族文字创制的主导性地位，都具有十分重要的意义。国内外已有的研究论述如下。

一、国内学界对中外苗文的研究

（一）中国早期的苗文研究

早在清朝时期，国内就开始出现有关苗族文字的论述，散见于一些地方志，主要探讨中国苗族在历史上是否有自己的文字系统。较早的文献可以追溯到清朝，如清朝陆次云的《峒溪纤志·志余》就提及中国古代苗族的文字，清乾隆时期的《宝庆府志》记录了一种曾盛行于湖南城步的文字，据说这套苗文属于苗族起义军反抗清廷所使用的文字，这些文献论及的文字是否属于真正的苗文，目前仍缺乏充实的证据。近代以来，探讨苗族史上是否真有文字一直备受国内学者所关注。民国时期，著名爱国学者谢彬（1924）赴云南考察，归来后著成《云南游记》，论述了云南夷人曾使用过的苗文、倮倮文、南诏文。还有研究是对一些碑文上所刻的文字进行考察，代表性的成果有闻宥的《贵州雷山新出苗文残石初考》（《闻宥论文集》，1985）。陈其光（1990）也对雷公碑上的文字进行过考证。1982年他从李廷贵处得到了雷公碑的第三块拓片，他在《中国语文概要》一书中对拓片上的字与汉字的笔画进行对比，认为这种文字可能与汉字有渊源，但是与《峒溪纤志》所载的文字在字形上有较大差别，似乎不是一种。近代学者于曙恋的《贵州苗族杂谭》（《东方杂志》，1923：13）、华学涑的《国文探索一斑》（天津博物院，1921）都肯定了苗族有古文字。魏文栋所著的《解开城步苗文之"迹"》（《贵州文史丛刊》，1993：2）基于相关史志，认为早在明末清初，苗文就已盛行于城步地区。龙仕平等人撰有《邵阳城步古苗文实地调查报告》（《吉首大学学报》，2013：1）一文，推断该石刻上的文字应该就是失传了两个半世纪的城步古苗文。石朝江的《苗族古代文字概说》（《贵州文史丛刊》，1998：1）论述了苗族的古代表形文字与篆体文字。

　　以上提及的文献所探讨的文字均与中国古苗文有所关联。庄启（1917）的《苗文略述》论述了法国教士费亚的苗文。

　　（二）苗文史的研究

　　苗文史的研究成果不是很多。较早的研究有王建光的《苗民的文字》（《边声月刊》第1卷，1938：3），该文阐述了苗民文字的源流、当时苗民文字的生产地、当时苗民文字的创制者、苗民字母的沿革。姜永兴的《苗文探究》（《西南民族大学学报》，1989：1）简要概括了苗文的发展史，将苗族创造文字的历史划分为三个时期，即苗文的萌芽时期、苗文创制的尝试时期以及苗文形成统一文字的时期。中国苗文发展史的研究成果还有李炳泽所著的《苗族的文字》（《民族文化》，1985：3），该文简述了苗族社会中曾先后出现过的几种文字，其中包括湖南城步的篆字体苗文、波拉苗文、汉字注音字母苗文、法国人陆西代所创的篆体象形苗文、湘西石板塘苗文、拉丁字母苗文。熊玉有著《苗族文化史》（云南民族出版社，2003）一书，对苗族文字历史进行了大致论述，涉及早期的符号、现行苗文，认为史料所记载的一些苗文符号是否属于苗文还需进一步考证，提出苗族真正进入文字时期始于柏格理等人所创的滇东北方言文字。伍新福著《苗族文化史》（四川民族出版社，2000）一书，述及苗文的创制和苗语文字方案，不过相关论述较为简短，研究缺乏深度。石朝江所著的《中国苗学》（贵州人民出版社，1999）有专章论述苗族文字的发展史，认为苗族创制文字的历史主要有五个阶段，即古代表形文字阶段、篆字体文字阶段、方块文字阶段、石门坎文字和新中国成立后创制的拼音文字阶段。1957年马学良先生用英文撰写《苗族的文字》（*A Script for the Miao*），发表在《中国建设》杂志上，概述了中国新创苗文的创制背景。

（三）湘西方块苗文的研究

清末以来，苗族文人为记录、整理、创作苗歌，仿造汉字创制了一种书写当地苗语的文字，当地的苗族人称之为"土字""乡字"。湘西方块苗文使用和流传的面不是很广，有关这套文字的研究主要散见于一些国内的文献，国外文献较少提及。湘西方块字的早期研究主要是基于现有的文字样本分析其造字方法。马本立主编的《湘西文化大辞典》（岳麓书社，2000）也收录了一些古丈苗文、板塘苗文、老寨苗文的字例。类似的研究成果还有刘自齐的《苗族歌圣石板塘》（《贵州民族研究》，1982:2），该文对石板塘苗文的造字方法进行了大致论述，指出石板塘仿造汉字的"形声"与"会意"，借汉字的音、形、意创造了方块苗字。不过，此文所探讨的方块苗文种类比较单一，数量比较有限。李炳泽（1985）对石板塘苗文的创制也有所论及，并辅以几个字例。比较具有代表性的学者是赵丽明，她主要基于实地考察收集到的方块苗文样本，《湘西方块苗文》（《中国文化》，1990:1）便是其中的成果之一，该文对方块苗文的结构和造字方法进行了具有一定深度的分析，并且将方块苗文的造字方法与方块壮文、喃字进行了比较。另一篇题名相同的论文《湘西方块苗文》（《民族语文》，1990:1）由赵丽明、刘自齐合著，也针对方块苗文的结构与造字法进行了探讨。陈其光的《中国语文概要》（中央民族学院出版社，1990）主要是对石板塘苗文的造字法进行分析，观点与先前的研究有所不同。李雨梅的《湘西民间方块苗文的造字哲理》（《中南民族大学学报》，1991:3）颇具特色，剖析了方块苗文创制中所体现出的哲理性，属于文字学与哲学相结合的研究。杨再彪的《苗语东部方言土语比较》（民族出版社，2004）对湘西方块苗文的创制、应用以及造字原理进行了简单的描述。对湘西苗族民间文字进行较为全面论述的成果是杨再彪与罗红源合著的《湘西苗族民间苗文造字体系》(《吉首大学学报》,2008:6),该文所涉猎的苗文包括汉字苗文、古丈苗文、石板塘苗文、老寨苗文、速写苗文。方块苗文造字法的研究成果还有龙正海的《渝、湘、鄂酉水流域方块苗文造字法再探》(《重庆教育学院学报》,2012:5),该文在研究方法上采用了微观分析,与先前的研究略有不同。湘西方块苗文主要用于记录民歌,具有跨方言使用的功能,但自身在书写上的局限性曾严重阻碍了这套文字的发展。

近年来,学术界关于方块苗文的研究焦点已从原有对文字创制原理的分析转为文字的信息处理技术。其中,湖南信息科学与工程学院高级实验师莫礼平等人的研究比较具有影响力,提出了几种方块苗文的字体编程方案。此类研究主要是基于湘西方块苗文的结构与造字原理。在《方块苗文动态构造方法的形式化描述》一文中,莫礼平、周恺卿(2014)提出了一种字体构造方法,为方块苗文字库中字形构件提取及合体字自动生成技术提供了重要支持。《基于构件汉语拼音的湘西方块苗文输入法》(《吉首大学学报(自然科学版)》,2014:2)一文提出了一种输入编码方案,设计了输入法编码映射表,有效地解决了湘西方块苗文的计算机输入问题。在《音形结合的方块苗文输入编码方案研究》(《计算机科学与探索》,2014:8)一文中,莫礼平、曾水玲、周恺卿根据方块苗文的造字原理和字形拓扑结构特征,提出由构件汉语拼音的部分字母决定音码,能够解决从方块苗文字库中快速调出所需字形的问题。曾磊等人的《Horspool 扩展算法在方块苗文模式匹配中的应用》(《吉首大学学报(自然科学版)》,2018:4)对方块苗文的字符串匹配算法进行了探讨,这是基于方块苗文信息的查找特点和存储格式所提出的一种新构想,对方块苗文的信息化具有很好的理论意义和现实价值。周潭等人的《方块苗文词性标注集的设计》(《智能计算机与应用》,2019:1)结合方块苗文的造字原理及词语的使用特点,基本确定了方块苗文的词性和种类,设计了方块苗文的词性标注符号和基于语法范畴的分类标记体系;初步制订了用于方块苗文信息处理领域的词性标注集,在某种意义上为方块苗文词性标注建立了参考标准。丁李、曾水玲的《基于综合特征矩阵的手写苗文识别研究》(《怀化学院学报》,2018:5)提出了一种综合特征识别方法,可以将湘西方块苗文的结构特征和统计投影特征有机结合起来。

(四)传教士苗文的研究

自20世纪初以来,外籍教士曾先后在中国不同的苗族聚居区尝试创制不同的苗文系统,用于传播宗教教义。国内学者所研究的传教士苗族文字主要包括柏格理等人所创的滇东北次方言苗文、英籍教士胡托创制的注音文字,相关成果论述如下。较早的研究成果主要是关于滇东北次方言苗文的创制与应用,其中,民族学家闻宥先生(1938)所著的《论POLLARD SCRIPT》一文就翔实地论述了柏格理等人为滇东北次方言苗文创立书写系统的基本原理,兼论这套文字的应用情况。江应梁在《西南边区的特种文字》(《边政公论》,1945:1)一文中对柏格理苗文的创制方法与应用也有所论及,但内容较为简短。陈学书(1986)简述了柏格理的生平,也提及柏格理创立文字的原理,认为这套文字是以拉丁字母为基础,可以看出,这样的分析缺乏实际调研。近年来,有关柏格理苗文创制的研究成果不断增多,东人达(2003)针对黔滇川老苗文的创制动因与初衷进行了分析,指出老苗文吸收了民族传统文化要素,并对老苗文的应用与传播、历史作用做了论述。苑青松对柏格理所创的文字原理也做了简要的分析。类似的成果还有邓章应的《柏格理文字的创制与传播》,①简要分析了柏格理苗文的创制与改进,重点是论述柏格理苗文在苗族和其他民族中的传播和应用情况。还有成果是关于柏格理苗文对苗族教育所具有的贡献,如陈钰(2014)认为柏格理所创立的文字普遍提高了当地苗族群众的文化知识水平。陈建明(2010)将柏格理苗字、富能仁的老傈僳文及其他传教士创立的少数民族文字进行了综合性的论述与分析。相关的成果还散见于一些专著的部分章节中,如《近代基督教在华西地区文字事工研究》(巴蜀书社,2013)一书的第四章是关于西洋教士在中国西南边区为少数民族创制文字的综合性论述,其中就包括柏格理苗文。《楚雄苗族史略》(《云南民族出版社,2005》)一书第三章有关语言文字的内容包括柏格理苗文的产生、规范苗文的分析、规范苗文的推广。《奇异独特的信息符号——云南民族语言文字》(云南教育出版社,2000)一书也有专章简述了滇东北老苗文、滇东北次方言规范苗文的创制。周遐年、苑青松在合著的《柏格理教育思想百年回眸》(吉林大学出版社,2009)一书中对柏格理苗文的创制进行了比较具有深度的学理性分析。张坦所著《"窄门"前的石门坎——基督教文化与川滇黔边苗族社会》(贵州大学出版社,2009)一书也有专章对柏格理苗文的原理进行了分析(详见第7章)。另外,一些民族志也对柏格理所创的老苗文有所涉猎,《昭通少数民族志》(云南民族出版社,2006)就属于成果之一。

柏格理等人为滇东北次方言苗文所创立的书写系统一般称为老苗文,新

---

① Deng, Zhangying.Pollard script's creation and spread [J]. *Journal of Sino-Western Communications*, 2009, 1(1): 1-8.

中国成立后，又采用拉丁字母拼音来创立了新苗文。20世纪80年代以后，滇中部分苗族和知识分子改进、规范了老苗文。有学者对三套滇东北次方言苗文进行了比较分析，其中，王永华（2015）指出滇东北次方言三套苗文各有优劣，并且针对滇东北次方言苗文的使用和推广提出了建议。熊玉有（2012）论述了滇东北次方言苗文的历史现状，指出多种不同的苗文形式不便于学习使用，不便于出版读物，不利于文字自身的发展，甚至影响民族内部团结，最后提出解决问题的看法和意见。对滇东北次方言三种文字进行比较的研究成果还有罗兴贵的《谈谈滇东北方言苗文的统一》（《贵州民族研究》，2000：3），该文首先概述了滇东北次方言区先后出现的几种文字，基于三种文字对应关系列表比较各文字的优缺点，然后分析滇东北苗文统一的意义与条件。

新中国成立后，根据苗语方言的划分，国家为苗族人创制黔东苗文、湘西苗文、川黔滇苗文，并且改革现有的滇东北苗文，在这样的背景下，有关柏格理苗文拼写问题的探讨也成为一大研究热点。具有代表性的成果是王辅世的《苗族文字改革问题》（《中国语文》，1952：12），该文对柏格理文字的优缺点进行了细致考察，对这套苗文的文字类型、创制原理、文字结构进行了分析，明确指出这套文字存在的缺陷，在此基础上提出了改革滇东北次方言老苗文的两种方案。这一研究成果具有重要的现实意义，为后来将柏格理苗文改革成拉丁字母文字提供了重要参考。陈其光（1990）也对柏格理苗文的优缺点做了评述，观点与王辅世比较接近。此外，李德芳（1981）也简要分析了柏格理苗文的造字方法，并且指出这套文字的优点是易认、易学、易写，缺点是这套文字书写符号不完整，尤其是缺失很多书写声调的符号。他认为这套文字属于1906–1913年间柏格理为传播基督教教义而以石门坎大花苗的发音为标准音创制的拼音文字。这样的观点与闻宥、王辅世、陈其光三人不相吻合。华慧娟（2007）的研究视角比较独特，将语言文字学与音乐相结合，探讨了波拉德苗文记谱法，认为柏格理从音乐的音调中得到启发，解决了苗语声调的书写难题。

胡托苗文出现的时间较晚，使用面比较有限，影响力也较小，目前国内从事胡托苗文研究的学者不多，成果较少，有深度的研究也不多见。通过梳理搜集到的材料，国内学者主要是就胡托苗文的创制动因、创制原理、推行应用的情况进行一般性论述，还有学者对胡托苗文的创制原理做出了分析。较早关注胡托苗文的学者是陈其光，他（1990）对胡托苗文的符号和声调系统有过专门的述评，指出这套文字缺点很多，苗族同胞对基督教不感兴趣，最终能够认读这套文字的人寥寥无几。邓章应（2007）简单论述过胡托苗文的创制。对胡托苗文有过深度研究的学者是王贵生，他著有题为《胡托苗文及苗语翻译工作问题种种——从〈圣经与近代中国〉的讨论谈起》（《宗教学研究》，2012：4）的论文，基于胡托苗文方案设计的原因、文化原因以及苗语句法原因等几个方面，着重分析了胡托苗文翻译的圣经所存在的问题。该研究资料丰富，论述也比较翔实。此外，王贵生（2010）结合田野调查，从文化学、历史学、民族学几个不同的视角分别探讨了胡托苗文诞生与苗族心理缺憾的关系，阐释了胡托苗文注音系统与其诞生地有关的史料。基于实地考察所搜集资料的整理，他还解读了胡托苗文所译的圣经文本，对"黑苗"的属地进行了考证，撰有《黔东南老苗文圣经翻译文本研究以及"黑苗"属地的考证——兼与王再兴先生商榷》（《宗教学研究》，2011：2）一文，研究结果对考证基督教在少数民族地区传播的历史可提供一定的借鉴和参考。

（五）拉丁苗文的研究

有关拉丁苗文研究的成果主要包含文字方案、修订方案以及文字的推行应用两大方面。龙海燕、罗兴贵、吴定川合著的《贵州民族语文工作六十年》（电子科技大学出版社，2011）属于贵州民族语文工作六十年的专题研究课题，总结了贵州少数民族语言文字的基本情况，站在历史的高度、政治的高度和理论的高度对各个时期的民族语文工作进行了深思，总结了苗文工作的得失、利弊，最后就如何做好贵州今后的苗文工作提出了有价值的、可行的建议。贵州省民族语文指导委员会（1957）编写的《苗族语言文字问题科学讨论会汇刊》详细记录了苗语方言调研的历史和苗文方案的设计，是一部研究新苗文创制史的宝贵材料。贵州省少数民族语言文字办公室、贵州省少数民族语言文字学会（2009）编写的《贵州新创民族文字五十年》论文集收录了一些有关苗文创制的研究成果，包括今旦先生的《历经风雨，又见彩虹——苗族语文工作的回顾与前瞻》、李锦平的《苗文创制与苗语方言划分的历史回顾——纪念苗文创制50周年》、格洛乔的《创制拉丁字母苗文的前前后后》、陶发贵的《苗语川黔滇方言文字标准音点的确定》、许士仁的《苗文诞生亲历记》等。2016年11月贵州省少数民族语言文字办公室、贵州民族大学联合举办苗文创制60周年纪念活动暨学术研讨会，提交本次会议的论文稿汇编成论文集，其中就有不少成果专门探讨了中国新苗文的创制历程，如陈艺的《浅谈苗文创制的意义和价值》、梁勇的《苗文创制与苗族古歌音声研究》、石德富的《黔东苗文六十年来的实施过程》、王旭东的《苗族文字发展史综述及前景探索》、吴正彪的《关于建国以来新创制苗文方案重新修订问题的探讨》、谢关艳的《关于苗语川黔滇方言苗文创制的思考》、杨昌恒的《苗文在黔西南60年》、杨勤盛的《谈谈修改苗语文字方案》、杨亚东的《风雨阳光六十年——纪念新创苗文诞生60周年》、张崇龙的《论苗族文字的创制及作用》等。

对中国苗族新创文字开展过研究的还有美国马里兰大学周明朗教授（Min Lang Zhou, 2003）所著的《中国的多语主义——1949年到2002年的文字改革与少数民族语言政策》(Multilingualism in China: the Politics of Writing Reforms for Minority Languages 1949-2002)，其中有部分章节论述了中国的新创苗文方案。周明朗与中国社科院孙宏开教授另著有一本题为《中华人民共和国语言政策——自1949年以来的理论与实践》(Language Policy in the People's Republic of China: Theory and Practice Since 1949) 的论文集，收录了有关苗族与其他少数民族的语言文字政策。

苗文的规范拼写属于国内学术界关注的一个焦点，其中王辅世的研究成果比较具有代表性，如，《苗文的正字法问题》（《贵州民族研究》，1984：3）一文论述了拼音文字选择标准音点的重要性，提出拼音文字的正确写法不仅仅是按照标准音点的语音拼写，个别声、韵母和单词的写法可以照顾广大地区的语音做一些改动，最后指出创制的新苗文在原方案中存在一些不足，需要逐步修正，制定出正字法。一些学者也开展了此方面的研究，针对苗文的规范书写提出了相关建议。王春德（1984）论述了基础方言和标准音的适当选取对文字的推行应用所具有的重要性，阐述了有关规范化的问题，包括语音规范、词汇规范、标点符号规范等。他的研究对于修订试行中的文字方案具有重要的意义。田深泥（1992）阐述了读音规范化问题、书写规范化问题和借词规范化问题。刘锋（1990）主张汉语借词应当用当地汉语的音，但在苗文中还有规范的必要。姬安龙（1993）总结苗文过去拼写借词的不足，提出规范借词应服从本民族的语言结构规则，借词的使用不能受制于现有文盲多少，也不能照搬标准音点的传统语音，最后分析规范借词声母、韵母、声调的方法。

新创苗文在各苗语方言区实验推行的情况属于另一个研究的热点。现有的成果主要包括贵州省民委民族语文办公室所著的《贵州省黔东苗文试行调查总结报告》（《贵州民族研究》，1996：1），内容主要包括黔东苗文试行的社会背景、现行黔东苗文方案的形成及修订过程、黔东苗文试行情况与成果、苗文在两个文明建设中的作用。湖南省民委教育语文处所撰《湘西苗文试行工作情况调查》（《民族论坛》，1995：4）一文涉及苗文在花垣、保靖、吉首、泸溪等地试行的情况,该文还总结了苗文的推行对于推广科普、扫除文盲、开发儿童智力所发挥的作用。凯里县民委会、教育局所著的《凯里县①挂丁小学苗文试点工作小结》(《贵州民族研究》,1982:3)是关于苗文应用于挂丁小学教学实践的调查。夏勇良的《台江县苗文试点推行情况》(《贵州民族研究》,1983:3)属于苗文试点的调查报告,内容包括推行苗文的基本情况、推行苗文的社会效果、对苗文试行的几点看法和建议。石茂明(1999)将实地调查与档案资料相结合,概述了苗文教育传播在台江的发展历程、阐述了苗文教育传播的功效。有关台江苗文试行工作的研究还有张明达的《推行苗文提高苗族人民文化水平——谈台江苗文试行工作》(《贵州民族研究》,1983:3)。吴正彪(2012)概述了国内外苗文发展的不同阶段,阐述了推行苗文对于促进苗族聚居区发展,提高民族教育水平所具有的作用,并深入分析苗文推广普及中存在的问题,提出对策建议。此外,吴正彪(2009)以中部方言苗文的使用现状为例,探讨如何解决由于苗语方言和土语之间存在差异,从而导致苗文规范音教材的编译和教学上的困难。以上这些成果都是针对苗文自实验推行以来在各大苗语方言区应用的基本调查,主要剖析了苗文在推行过程中所遭遇的困境,并且提出相应对策,这些研究结果无疑对苗文的成功推行具有重要的借鉴和参考作用。有的研究成果探讨了推行苗文对于促进经济发展的作用,如龙杰的《苗文科普教育是发展民族经济一条重要途径——湘西自治州苗文科普教育实验启示》(《贵州民族研究》,1991:3)、田深泥的《浅谈扶贫与推行苗文的关系》(《民族论坛》,1993:3)、杨忠信的《为发展苗族语言文字而努力工作》(《贵州民族研究》,1984:3)、杨盛中的《学习民族文字的意义和作用》(《贵州民族研究》,1985:3)等。以上提及的这些成果主要通过论述苗文对物质文明和精神文明发展所起到的促进作用,以此引起有关部门对苗文推行高度重视,对于苗文的推行和传播同样具有重要的、积极的作用。

(六)海外苗文的研究

国内学术界对海外苗文的研究起步较晚,成果也比较有限,有深度的研究也不多。较早的研究者是龙致光(1989),其所著的《苗语与世界语》提到了海外苗文:"……这些苗文至今仍在推行着,而且川黔滇苗文早已传出国外,在老挝、法国、美国、澳大利亚等国苗族地区正式列入了学校的课程……"遗憾的是,由于缺乏对海外苗文的实际调查,此观点存在一定的问

---

① 1983年8月19日,国务院批准撤销凯里县,设凯里市。1984年1月,凯里市成立。

题。后来熊玉有发表题为《国外苗族的文字——兼正"苗语与世界语"一文之误》(《贵州民族研究》,1990:1)的论文,明确指出,"通行于海外苗族聚居区的苗族文字是由恩保羊等西方教士所创,与国内川黔滇(次方言)苗文分别属于不同的书写系统"。此外,他在该文中对中外苗族文字声母、韵母、声调的书写进行了比较,主要涉及国内川黔滇苗文、越南拉丁苗文、老挝拉丁苗文。此外,熊玉有(1998)对国外苗族聚居区推行面最广、影响力最大的苗文进行了探讨,论述了"国际苗文"创制的历史背景、设计方案,以及这套文字的传播历程与影响力。需要指出的是,熊玉有在论文中所提及的"国际苗文"实际上就是1951–1953年恩保羊、斯莫莱、巴尼在老挝使用拉丁字母创制的 RPA(Romanized Popular Alphabet),而在有的文献中称为老挝苗文,但作者认为这两种指称均有不当之处,具体的论述可以参见本书第一章关于海外苗文创制的部分。侯健撰有《中国川黔滇方言苗文与国外苗文的统一问题》(《苗学研究》(二),贵州民族出版社,1991)对海外苗文的创制也有过探讨,其中就包括越南苗文、老挝苗文与杨雄录苗文创制的历史背景,但是,由于缺乏相关文献与调研,论述较为简短。该文主要侧重于中国川黔滇方言苗文与老挝苗文的比较,认为两种文字的声母、韵母结构基本上大同小异,在此基础上提出川黔滇方言苗文与老挝苗文统一的两种方案。石茂明在《跨国苗族研究:民族与国家的边界》(民族出版社,2004)一书第六章中也分析了中国川黔滇方言苗文与国外苗文统一的可能性和必要性。

近年来,作者开展了《海外苗族文字及其影响研究》的课题,发表了一些论文,如《海外苗学文献中的文字学圭臬——阎幽磬的中国苗族文字史研究》(《原生态民族文化学刊》,2014:3)对阎幽磬的中国苗文研究史进行了梳理和评述;《海外苗文文献研究的背景、内容、方法与意义》(《原生态民族文化学刊》,2014:4)系统梳理了曾出现于海外苗族聚居区的苗文文献,不仅为苗学的发展提供了大批丰实而独特的文献资料,而且对丰富中国民族学文献资源的建设内涵也具有重要意义;《海外苗族 RPA 文字系统的创制、传播与影响》(《贵州师范学院学报》,2014:8)对"RPA 苗文"的创制、传播以及这套文字在海外苗族中的影响做了初步考察,该研究为我国新创的民族文字特别是苗文的推行,以及民族语文政策更好地贯彻执行,提供了一定的参考与借鉴;《百年来海外苗学的苗族文字研究文献论述》(《民族论坛》,2014:8)主要介绍国外学者对苗族文字研究的现状,对一百多年来海外苗文研究的文献资料进行梳理,同时对这些文献的特点做出简要评析,指出其不足之处,并且对未来相关领域的研究趋势进行展望;《东南亚高地两种苗文系统的起源、发展和影响——兼及对詹姆斯 C. 斯科特"Zomia 文字观"的反思》（《中国山地民族研究集刊》，2014：2）考察了老挝拉丁苗文与杨雄录救世文字的起源、传播发展历程及其在国际上的影响，该研究一方面可以为我国新创的民族文字特别是苗文的推行以及民族语文政策的更好贯彻执行提供一定的参考与借鉴，另一方面以东南亚苗文创制发展的个案来对詹姆斯·C. 斯科特（James C. Scott）Zomia 理论中关于高地民族无文字或刻意远离文字文明的观点试做批判性的反思。以上的这些研究进一步充实和丰富了国内关于海外苗族文字研究的成果。

二、国外学界对中外苗文的研究

国外学术界对苗文的研究主要体现出两个方面的特征，一是在时间上研究起步较早，二是在研究内容上涉及的文字较多。对收集到的文献进行梳理，国外的相关成果大致可以分为四类，包括苗文字汇的收录与分析、苗文创制的研究、苗文史的研究、苗文识字能力对英语习得的影响研究，综述如下。

（一）苗文字汇的收录与分析

国外关于苗文的探讨可以追溯到19世纪中期，早期关注苗文的主要是传教士、探险家、军人。他们主要是基于自己的所见所闻，收集疑似苗文的字体或记录有关苗文的信息。1867年德卡（Deka）在杂志《中日释疑》（*Notes and Queries on China and Japan*）上发表《苗族有否本民族的文字》（*Have the Miau-Tseu a Written Language?*）的短文，在文中写道："栖居贵州数年的一位中国汉族朋友告诉我一些苗族大概拥有 600 个文字。他说这些文字属于表音文字，而不像汉语那样属于表意的文字。他还见过采用这种文字写的书。广东的另一个当地朋友也证实了这一说法，认为苗族确有文字……"［1867（8）：104］德卡后续发表了《苗族的文字》（*Written Language of the Miau Tseu*），提及自己看过的描述苗族文字的诗句："蛮文蚯结总无稽"，［1867（9）：116］意即"蛮人"的文字就像一节一节的蚯蚓，无法辨认。有研究成果是针对古籍文献中有关苗文的记载表达各自的观点，探讨古籍中所载的文字是否属于苗文，如法国汉学家拉克伯里（Terrien de Lacouperie）在其所著的《汉人之前的语言文字》（*The Languages of China before the Chinese*）一书中对《峒溪纤志·志余》所记载的苗文进行了探讨。法国传教士德维里雅（Devéria，1891）的《倮倮和苗族人——云南教士邓明德的小册子》（*Les Lolos et les Miao-Tseu, à propos d'une brochure de M. P. Vial, Missionaire apostolique au Yun-nan*）一文中呈现了陆次云收录的苗文，并且对其是否属于真正的苗文表达了自己的观点。有的成果是西方探险家、军人、学者记载他们在中国境内旅行和探险的时候所见闻的文字，但是否属于真正的苗文尚存在着较大的争议。法国旅行者和探险家多隆（Henri Marie Gustave D'Ollone）著有题为《中国少数民族文字：彝语支与苗语的四部词典》（Écritures des peuples non chinois de la Chine：Quatre Dictionnaries Lolo et Miao Tseu）的著作，主要收录中国境内所发现的倮倮文和"苗文"。词典中刊载的《苗族的文字》（L'écriture des Miao tseu'）一文叙述了多隆在四川叙永发现的一种形似汉字的苗族文字，并且呈现了这些文字符号。法国殖民军官罗伯特上尉（Captitaine Robert）在《苗族救世文字》（écriture magique et hypnotisme chez les Méo）的报告中对多隆记录的文字做了简要分析，认为不是苗文。日本学者鸟居龙藏（1936）著有《苗族调查报告》一书，其中有专章论述了"红崖天书"与苗族的关系。

随着洋人教士、军人、旅行者不断深入苗族腹地，在传教事业中，在旅途中他们记录了一些见闻过的苗文字汇，如英国传教士艾约瑟（Joseph Edkins）的《苗语方言词汇》（A Vocabulary of the Misu Dialects），英国驻华外交官、著名汉学家、曼彻斯特大学汉学教授庄延龄（Edward Harper Parker）在《上溯长江》（Up the Yang-tse）一书中列举的苗文字汇均属于这方面的成果。英国驻华外交官、探险家谢立山（Alexander Hosie）的《华西三年》（Three Years in Western China）收录了部分贵州黑苗语字汇。拉克贝里在《汉人之前的语言文字》（The Languages of China before the Chinese）一书中曾收录白苗、黑苗语词汇，但实际上是转录德卡、艾约瑟、谢立山等前人搜集的字汇。《大清国》（The Chinese Empire：A General & Missionary Survey）一书的附录也列出了一部分黑苗语词汇。法国天主传教士萨维纳（F. M. Savina）对越北东京、老挝境内的苗族进行长期考察后，写成《苗族的历史》（Histoire des Miao）一书，简述了他所见过的一种图形文字。以上提及的这些成果主要限于苗文字汇的搜集。

20世纪20年代以后，在海外的文献中，对苗族文字的关注从词汇的搜集逐渐转变为对搜集到的字汇进行简单描述与分析，还称不上真正意义上的学术研究，内容主要涉及西方传教士在华对所见苗文的记述。《18世纪的贵州：一个汉化的例证》（Un example d'aaculturation chinoise：La Province du Gui Zhou au XVIIIe Siècle）列举了汉字记录苗语的字汇，摘自《湖南通志》与《苗防备览》，字汇采用法语来解释。《中国与福音：中国内地会图解报告》（China and the Gospel：An Illustrated Report of the China Inland Mission）刊载有不少洋教士针对苗文创制的记叙性短文。《贵州部落的民族志研究》(Notes Ethnographiques sur les Tribus du Kouy-tcheou (Chine))，其中第五章和第九章刊载于《人类学杂志》，也列举了部分苗语字汇。(Schotter, 1909)《贵州省的苗族与仲家族》(The Miao and Chungchia Tribes of Kweichow Province)一文列举了47个黑苗语字汇，同汉语、仡佬语、倮倮语、仲家语、暹罗语进行对比。

（二）苗文创制的研究

西方学术界早期的研究中，也有各苗文创制者及学者对新创文字的介绍。滇东北次方言老苗文的创制与应用属于这段时期的研究热点。柏格理（Samuel Pollard）著有《苗族纪实》(The Story of the Miao)一书，其中部分内容记载了自己在中国威宁石门坎传播宗教教义时创制苗文的背景和历程，对苗文符号的选取、声调书写方式的处理也有所论述，指出速写对于柏格理苗文声调的书写方式具有启示作用。由柏格理本人所写，埃利奥特·甘铎理（R. Elliot Kendall）编辑的《柏格理日记》(Eyes of the Earth: The Diary of Samuel Pollard)一书中有关于滇东北次方言苗文创立的过程。与此研究相关主题的成果还有甘铎理所著的《在云的那一边——柏格理传记》(Beyond the clouds : the story of Samuel Pollard of South-West China)，该书也有文字创制原理的论述。王富文（Nicholas Tapp）等人的《亚洲苗族》一书也包含有关柏格理创制苗文的叙述。一些教会刊物记载了外国传教士创制、传播苗文的历程。克拉克（Samuel Clarke）属于其中的代表性人物，1895年他在《亿万华民》(China's Millions)发表题为《苗语研究》(Miao Studies)的文章，记述他为黑苗语创立书写系统并且应用这套文字编写苗语词典和记录苗语故事的历程；《布道师——潘》(P'an, the Evangelist)记述了黑苗语书写系统创制的背景。以上提及的仅仅是一些小短文。克拉克还著有《在中国西南部落中》一书，其中部分内容是有关英国教士党居仁（James R. Adam）创立苗文的记载。胡托苗文的创制和发展也属于该阶段的另一研究主题。《圣经与近代中国：文学和思想的影响》(Bible in Modern China: The Literary and Modern Impact)属于一部教会读物，里面收录了瑞典学者阎幽磬（Joakim Enwall）所著的《黑苗语译版圣经：汉语的影响对语言的自由》(The Bible Translation into Miao: Chinese Influence versus Linguistic Autonomy)，该文论述了英籍教士胡托（M. H. Hutton）为黑苗语创立注音文字系统的背景与历程，展示了这套文字翻译的《圣经》。海外苗族文字起步比较晚，直到20世纪50年代真正意义上的苗族文字才得以创制，早期的文字是老挝拉丁字母苗文，由美国新教传教士巴尼（G. Lindwood Barney）、美国语言人类学家斯莫莱（William A. Smalley）、法国天主传教士恩保羊（Yves Bertrais）所创。自此以后开启了探讨这套文字创制背景、创制原理的旅程。有关老挝拉丁苗文最早的研究成果主要围绕文字的创制背景、传播历程。文字的创制者记录了创立苗文之前所做的准备工作、文字方案的设计以及文字方案的修订，其成果散见于《苗语音位结构问题会议的报告》①《苗语音位结构问题第二次会议的报告》②《苗语书写和语法的第三次报告》③。至今，作者没有在公开发表的文献中寻到以上提及的三篇报告，据此推断，这些材料目前还没有得以正式出版。老挝拉丁苗文的创制与传播详细记载于恩保羊所著的 sim Ntawv Hmoob Teb Zoo Li Cas?④ 小册子中。《苗族基督教史上的重要人物：教父恩保羊》（Father Yves Bertrais, An Essential Figure in the History of Hmong Christianity：Tribute in the Form of a Travel Story）包含老挝拉丁苗文创制的历史背景，但内容比较简短。美国加州州立大学副教授王刚（Ka Va, 2007）著有《苗族文识、历史与文化》（Hmong Literacy, History, and Culture）一书，略论老挝拉丁苗文的创制与应用。有关老挝拉丁字母苗文的另一部重要研究成果是美国应用语言学中心（Center for Applied Linguistics）⑤所编写的《苗族语言：语音和文字》（The Hmong language：sounds and alphabets），属于印度支那难民教育指南的部分文献。该指南以老挝拉丁字母苗文为例，对白苗语、青苗语声母、韵母的音节结构进行了阐释，并且对曾出现于老挝境内苗文系统的创制也进行了论述。斯莫莱（1967）所著的《传教士人类学读物》（Readings in Missionary Anthropology）收集了关于老挝拉丁苗文创制背景的论述。《音位与书写：泰国十个少数民族的语言规划》（Phonemes and Orthography：Language Planning

---

① Barney, G. Linwood, and William A. Smalley. *Report of Conference on Problems in [Hmong] Phonemic Structure*. 1952.（手稿）

② Barney, G. Linwood, and William A. Smalley. *Report of Second Conference on Problems in [Hmong] Phonemic Structure*. 1953.（手稿）

③ Barney, G. Linwood, and William A. Smalley. *Third Report on [Hmong]：Orthography and Grammar*, 1953.（手稿）

④ Bertrais, Yves. *Tsim Ntawv Hmoob Teb Zoo Li Cas?*（Bangkok：Lomsak, 2003）.恩保羊答复杨绍龙等人的信件——拉丁苗文在老挝创制与推广的情况。

⑤ 应用语言学中心是一个成立于1959年的非营利组织。总部设在美国华盛顿特区，主要致力于双语、双语教育、英语作为第二语言教育、语言政策、评估、移民和难民集成、识字、方言的研究。

in Ten Minority Languages of Thailand）关注亚洲少数民族文字的书写问题，其中第四章 The Problems of Consonants and Tone：Hmong（Meo，Miao）（苗语声调与辅音的问题）着重阐述了老挝拉丁苗文的创制过程、创制原理。有关老挝拉丁苗文的研究同时还涉及文字的书写问题，相关成果收录于一些论文集中，如《文字研究——新文字系统论文集》（*Orthography studies：articles on new writing systems*）载有《语言的书写》（*How Shall I Write This Language*）一文，提出文字创立的若干原则，其中就以老挝拉丁苗文的书写作为论据。海外苗族聚居区除了传教士创立的文字外，也有政府创立的苗文。一些研究成果专门论述了此类文字的创制情况。其中，题为《越南苗族文字：越南少数民族语言政策的个案研究》（*Hmong Writing Systems in Vietnam：A Case Study of Vietnam's Minority Language Policy*）的调查报告属于瑞典斯德哥尔摩大学亚太研究中心实施的研究项目，基于中国与越南境内的田野调查与访谈，以苗族语言文字为例，探讨越南国家的少数民族语言政策的实施情况。该报告首先概述曾出现于越南的传教士文字（如萨维纳苗文、霍默迪克逊苗文）、杨雄录苗文，以此作为背景，论述越南政府20世纪60年代到80年代创制苗文系统的历程，包括1961年的文字方案、使用越南政府苗文出版的读物、90年代以后越南政府推行苗文的情况。尽管该报告内容简短，但对于了解越南政府创制苗族文字的前后历程，对于分析越南苗族文字的方案，开展中国、老挝拉丁字母苗文的比较研究提供了很多参考性的资料。还有相关成果介绍了泰文书写苗族语言的文字方案，收录于论文集《语言多样性及国家统一：泰国语言生态研究》（*Linguistic Diversity and National Unity：Language Ecology in Thailand*），该书第四部分的主题是泰国边缘语言的书写系统：历史与政策，略述了泰字苗文的创制和应用。

  海外民间人士自创的苗文也引起了学术界的关注，此类苗文较多的研究成果主要与杨雄录苗文的创制和发展有关。比较具有代表性和深度的研究是学术专著《文字之母——救世苗文的起源与发展》（*Mother of Writing：The Origin and Development of a Hmong Messianic Script*），由斯莫莱本人与文字创制者杨雄录（Soob Lwj Yaj）的弟子王泽贵（Txiaj Kuam Vaj）、杨聂易（Nyiaj Yig Yaj）合著。该书首次翔实阐述了杨雄录文字出现的背景，运用应用语言学、文字学、人类学等研究理论对这套文字的创制原理进行了深度剖析，最后论述了这套文字从越南、老挝逐步传播到美洲大平原的历程。（Smalley 1990）关于杨雄录苗文的主题性研究成果还有题为《杨雄录传——苗族文字之母》（*The Life of Shone Lue Yang：Hmong Mother of Writing*）的著作，也是由王泽贵、杨聂易、斯莫莱三人合著，主要侧重于杨雄录的生平，而对文字的创制原理缺乏深入的分析。(Vang, and others 1990)有关杨雄录苗文的造字原理和文字系统的研究成果还有美国韦恩州立大学英文系玛莎·拉特里芙教授(Martha Ratliff, 1996)所著题为《苗族救世文字》(*The Pahawh Hmong Script*)的论文，收录于《世界文字系统》(*The World's Writing Systems*)的论文集中，主要论述了 Pahawh 文字系统的特征，分析了这套文字的符号同苗语音系的对应关系，最后简述了这套文字的传播与应用。沙耶武理苗文属于老挝民间出现过的文字，使用面极为有限，相关成果也不多，主要有斯莫莱所著题为《苗族文化与文字》(*Hmong Culture and Written Language*)的会议论文,[①] 还有《另一种救世文字及其文本》(*Another Hmong Messianic Script and Its Texts*)，该文呈现了神秘的沙耶武理苗字文本，揭示该文本的背景，阐述文本与海外苗族救世运动的关联，剖析这套文字的符号与结构并且与杨雄录苗文进行比较，最后评述这套文字的书写功能。(Smalley, W. A. and N. Winuttikosol, 1998) 21世纪以来，关注海外民间自创苗文的还有 Mitchell Paul Ogden 的博士论文《难民乌托邦：透过苗族流散文化创作重新审视难民主义》[*Refugee utopias: (Re) theorizing refugeeism through cultural production of the Hmong diaspora*]，主要探讨美国苗族熊纳多等人创立的刺绣苗文。Jonas Vang-Na Vangay 所著的博士论文《美国加州苗族学术交流难以统一文字的影响因素》(*Factors Hindering Agreement on a Common Script for the Language of Academic Communication of the Hmong in California*)指出了海外苗族拥有多套苗族文字从而导致苗族学术交流无法统一，并且分析了海外苗族难以选取统一文字的因素，其中涉及的文字有柏格理苗文、老挝拉丁字母苗文、寮字苗文、杨雄录苗文、刺绣苗文等。

（三）苗文史的研究

苗文史的研究属于综合性的研究，是把苗文作为一个文字系统，对其产生、发展、演变的原因、问题、规律等进行讨论。这方面的研究出现于20世纪70年代以后。1972年法国学者李穆安(Jacques Lemoine)所著题为《苗族文字纪略》(*Les écriture du hmong*)的法语论著便是其中一例。该文首先分析了苗语的声母、韵母、声调，大致梳理了苗族结绳、刻木等传统的记事方法，然后论述中国与海外曾经出现和创制的苗文，按顺序依次包括多隆曾记

[①] Smalley, W. A.. 1996. *Hmong Culture and Written Language*. Paper Presented at the Hmong Stout Student Organization Conference. Menomonie, WI, March 30.

载的汉字篆体苗文、杨雄录的"救世"文字、柏格理所创的滇东北次方言老苗文、胡托的注音苗文、法国教士萨维纳仿造越南文创立的文字、越南政府应用越南文创立的文字、中国政府新创的拉丁苗文、恩保羊等人所创的老挝拉丁苗文、寮字苗文、教士仿造老挝文所创的苗族文字。可以说,《苗族文字纪略》属于海外第一部真正具有学术意义的研究文献,论述了中外苗族文字的创制和发展历程,为国内学者研究海外苗族文字、海外学者研究国内苗族文字提供了材料,但对苗文系统的分析比较简短,涉及的苗文也不够全面,特别是对中国苗族文字发展史的了解是比较片面的。而就海外苗族文字而言,该研究也缺乏一定的调研,例如杨雄录创制与先后改进的文字共有四个版本,但是该论著仅列出其中的一种。这样的缺憾随着海外学者对苗族文字不断地关注而逐渐得以弥补。苗文史比较具有深度、比较全面的研究成果是《从神话到现实:中国苗族文字发展史》(*A Myth Become Reality*:*History and Development of the Miao Written Language*),由瑞典斯德哥尔摩大学东亚学者阎幽馨(1995a)所著,是他在北京中央民族学院完成的博士论文,内容比较翔实。与先前相关研究不同的是,该著作的撰写基于中国贵州、云南等地的实地考察、访谈,再结合相关文献的分析。该著作分两卷,由四个部分组成。第一部分主要叙述了有关苗族文字的神话,阐述了结绳、刻木、图画等早期记事的方式,分析了古籍和文献中所载文字是否属于苗文。第二部分着重论述了传教士在中国境内的苗族聚居区为苗语创立书写系统、推行应用文字的历史,同时基于部分文字系统的比较,分析文字传播失败的原因,论及的文字有党居仁苗文、柏格理等人所创的滇东北次方言苗文、胡托的注音苗文等。第三部分着重论述了中国少数民族语言文字政策、新中国成立后党和政府创立、改革苗族文字,推行新创苗文的发展历程。在第四部分,阎幽馨重述1949年前的滇东北次方言老苗文,基于文本分析云南楚雄的规范苗文,最后展望这套文字的未来发展。后来,阎幽馨(2008)基于《从神话到现实:中国苗族文字发展史》撰写题为《中国苗族文字的选取》(*Script Choice among the Miao in China*)一文,以社会语言学为视角,探讨中国苗族文字的选取问题,分析中国近年来苗文使用率持续下降的主要原因。

(四)苗文识字能力对英语习得的影响研究

西方学术界关于苗族文字的另一重要的研究是探讨苗文的识字能力对苗族学生学习英语的影响。这个领域的研究可以追溯到20世纪80年代。当时美国应用语言学中心指出,有关苗族及其识字率的英语研究文献较为稀缺,因此美国弗雷斯诺联合校区为母语非英语的苗族学生选择英语作为第二外语学习的项目。80年代以后，外国学者开展了一系列有关苗族母语文字能力对英语习得的影响研究。较早的研究者是罗布森（Barbara Robson），他曾在泰国黎府班维奈难民营对苗族难民开展过为期三个月的一项研究，撰有《苗族识字能力、苗族正规教育对英语作为第二语言习得的影响研究》（*Hmong Literacy, Formal Education and Their Effects on Performance in an ESL Class*）一文，考察苗族拉丁文字识字能力对英语习得的影响。这项研究表明，母语文字能力同二语习得密切关联。老挝拉丁苗文对英语文字的学习具有一定的正迁移作用。此外，母语文识能力对英语习得大有裨益。瑞德（Reder，1982）所著题为《苗族社区英语习得研究》（*A Hmong community's acquisition of English*）的论文以社会语言学为理论框架，对栖居于美国牛顿市小城的苗族进行访谈与调查，以探讨苗族习得英语的情况。研究发现，苗族学生在英语作为第二语言学习的课堂中应用老挝拉丁苗文来做笔记。类似的研究成果还有《美国重新安置研究地点报告——明尼阿波利斯——圣保罗》（*The Hmong Resettlement Study Site Report：Minneapolis-St. Paul*），属于美国难民安置办公室资助项目的研究报告。（Downing，Bruce T.，And Others，1985）《美国城市苗族难民——语言接触个案研究》（*Hmong refugees in an American city：A case study in language contract*）也属于比较重要的成果。[①] 以上这些研究均指出苗族成年人的母语识字能力对于英语习得具有至关重要的作用。麦金（Maginn，1989）的博士论文《苗族成年人苗文识字能力以及苗文识字能力在异地转移安置的应用研究》（*Hmong Literacy Among Hmong Adolescents and the Use of Hmong Literacy during Resettlement*）也关注了苗族母语文字识字能力对第二语言（英语）习得的影响。德怀尔（Dwyer，1982）的《苗族大学生英语写作错误分析》（*An error analysis of English composition written by Hmong college students*）首先对美国苗族大学生英语写作中存在的错误进行分类，然后分析导致这些错误的因素。陶宝泽（Thao，1999）所著题为《苗族教育的十字路口》（*Mong Education at the Crossroads*）的学术专著分析了美国苗族习得英语的特征，阐述了美国苗族的英语能力对母语的反迁移。

[①] Downing, Bruce T.; Dwyer, Sharon. *Hmong refugees in an American city: A case study in language contract.* Paper presented at the Annual University of Wisconsin-Madison Linguistics Symposium (10th, Madison, WI, 1981)

三、对现有研究的述评

基于以上综述，国内外学术界众多学者都致力于苗族文字的研究，已经取得了一定的成果，对本书的研究具有一定的借鉴，但同时也还存在着一些缺憾。

1. 从成果的形式来看，主要是以论文居多，要么属于个案，针对某种苗文的创制与发展进行相对深入的探讨，要么是对多套苗族文字进行一般性的综合描述。还有很多关于苗文的研究仅仅是作为一般性的背景介绍，以此作为铺垫来论述苗族的文化、苗族的教育等其他的主题，以苗族文字为主题的专著性成果和论文集还十分稀缺。就国内研究成果而言，苗族文字学的成果在中国文字学体系中的地位和影响很有限。尽管目前成果数量较多，但是大多数的研究主要局限于苗文创制与传播的一般调查与苗文创制原理的简单分析。

2. 从研究的内容来看，目前的成果主要是对苗族文字创制背景、传播和发展的论述，对中国境内与海外苗族聚居区曾出现的各套苗族文字创制原理进行阐释的成果并不多见，而对中外苗族文字的发展史进行跨苗语支系的比较分析就更为稀缺。另外，有关各种苗文研究成果的分布也很不均衡，在国内苗文研究中，新创苗文的研究成果较多，湘西方块苗文、胡托苗文等老苗文的成果较少。在国外苗文的研究成果中，老挝拉丁字母苗文等其他传教士创制的苗文研究成果较多，而海外苗族民间人士自创的文字研究成果较少。

3. 从研究的视角来看，国内相关的研究成果主要是关注中国境内苗文的创制背景、文字的传播与推行应用，而有关海外苗族文字的研究成果数量却十分有限，而且不具有重要的影响力。另一方面，海外学者对苗族文字的研究视野主要局限于海外苗族聚居区出现的文字。例如，李穆安和斯莫莱在论及中国新创苗文的时候，没有对其按照方言类别细分论述，而仅仅是笼统地将其称为汉语拼音文字。特别需要指出的是，国外学者有关中国苗文的研究更多关注的是洋教士在中国境内创立的苗族文字，特别是柏格理等人创制的滇东北次方言老苗文，而对于中国新创的拉丁字母文字却轻描淡写，既没有对其在书写上所有的优势进行分析，也没有对这套文字的发展前景做出积极的展望。

4. 从研究的方法来看，已有的很多研究主要是参考和引用先前的研究成果，缺乏实际调研，或缺乏对第一手资料的研读和分析，难以确保对苗文发展史的正确了解。如《苗文略述》一文中论述了法国传教士费亚在云南发现的一种苗族文字，但经考证实际上为云南的彝文。而自从《苗文略述》发表以来，国内很多文献相继引用，均普遍地误将维亚尔词典上的彝文当作苗文。另外，由于很多苗文系统（国内的滇东北老苗文、方块苗文，国外的杨雄录苗文等）不具有现成的计算机字体，在涉及苗文造字原理的时候，先前的很多研究无法基于字符分析，主要依赖于文字描述。还有一些学者依靠手写符号论述苗文的字形和结构。手写体不易于读者识别，特别是外形比较相近的文字难以识别。

5. 现有的一些研究对苗文系统的指称不恰当，造成了很多误解。国内的一些学者在介绍国外老挝拉丁字母苗文的时候，倾向于使用"国际苗文"这一指称，这无疑等同于承认国外苗文具有统合中外苗文之功效，主动放弃话语权，容易产生国内新创苗文无用论的思想，对于中国特色的民族文字发展极为不利。很多国外的学者缺乏对中国苗文历史的了解，认为除了柏格理苗文、新创拉丁字母苗文之外，就只有多隆记载的篆字体苗文，因此使用"Chinese Characters"。但实际上这样的指称并不恰当，因为国内学术界对多隆记录的苗字知之甚少，对其有所了解的学者也不会将其视为苗文，因此"Chinese Characters"会被认为是湘西方块苗文或是湘西民间用来记录苗音的汉字，或是曾经出现于湖南城步的篆体苗文。

四、本书学术价值和应用价值

（一）学术价值

1. 本书对于促进我国民族文字学的发展具有重要意义。目前，中国民族语言文字学的研究在一定程度上存在着重语言而轻文字的倾向，民族文字学成果在中国文字学体系中的地位和影响也很有限，这种现状有待改善。本书可以为中国民族文字学提供至少十余种苗族文字系统的丰富材料，从而推动相关学科的大力发展。

2. 开展中外苗族文字史比较研究有助于促进比较文字学的发展。比较文字学起步较晚，这一新兴的学科正在学术界初步萌生，成为新的学术生长点。本书将中外苗族文字作为一个整体的系统，对其造字原理进行分析、比较；对其传播应用进行梳理、比较，不仅可以进一步丰富比较文字学的研究成果，而且还可以深化我们对该学科"系统观"和"发展观"的理解。

3. 本书的研究成果有助于反思国内外语言学家们有关文字起源和演变的各种学说以及有关文字社会功能的各种理论。关于文字的起源和演变，中国传统文字学有许慎"六书"、唐兰"三书"等学说，国际学术界影响较大的有美国学者盖尔布（Ignace J. Gelb）的单向发展原则（principle of Undirectional Development）。关于文字的社会功能主要有英国著名人类学家古迪（Jack Goody）的"文字后果论"、美国学者斯科特的 Zomia 民族文字观。这些理论是否具有普适性是学者们一直争讼未决的问题。中外苗族各种不同文字的起源和演变无疑可为我们验证、重释、更新这些理论范式提供有力的个案依据。

（二）应用价值

（1）本研究对于促进中外苗族文化交流、提高中国苗族文化在国际上的影响力具有重要的现实意义。开展中外苗族文字史比较研究，归纳出中外各种苗族文字发展的基本规律，梳理各种苗文的书写特征、比较异同，这将对各种方言苗文的相互转写具有重要的指导作用，从而引导和促进中外苗族文化和苗族同胞之间的交流，而且在国家推动文化大发展、大繁荣，中国文化"走出去"文化的新形势下，有助于推动中国苗族文化走向世界，增强中国苗族文化在国际上的感召力和影响力。

（2）本书对于维护国家安全具有一定的意义。目前一些国外苗文如老挝拉丁字母苗文在海外苗族聚居区已经得以广泛推行应用，甚至在中国境内的一些苗族聚居区也得以传播。在这样的背景下，西方的文化思想、宗教教义很容易通过国外苗文这一载体传入中国，占领我国的宣传舆论与思想文化阵地，从而直接影响到我国的文化安全。本书通过比较中外苗族文字不同的创制动因、社会功能，揭示和批判国外苗文背后潜在的意识形态问题，可以有效地遏制这种对我国文化的不良影响。

五、研究对象、总体框架、研究重难点

（一）研究对象

本书以中外苗族文字史为研究对象，涉及的文字主要有湘西方块苗文、滇东北次方言苗文（包括老苗文、改革苗文、规范苗文）、党居仁苗文、克拉克苗文、胡托苗文、中国新创拉丁字母苗文（中部方言苗文、西部方言苗文、东部方言苗文）、老挝拉丁字母苗文、寮字苗文、泰字苗文、杨雄录苗文、沙耶武理苗文、萨维纳苗文、越南苗文、刺绣苗文，同时也兼论其他曾经尝试推行过但已经遗失的苗文系统。中外苗族文字史主要涉及中国境内和海外苗族聚居区苗族文字的创制背景、文字设计方案、创制原理、文字改良的过程、文字的推行、应用以及所具有的社会功能，这些都属于本书的研究对象。

（二）总体框架

本书的总体框架主要由以下六大板块构成：

1. 中外苗族文字史比较研究的架构。本部分首先概述中国境内和国外苗族人口分布及社会历史概况，为本书的研究提供明晰的时空背景。然后，在对中外苗族文字史研究现状进行综述的基础上，论述本书所基于的学术背景。最后，阐述本书的研究思路和方法，勾勒出本书的主要内容和意义。

2. 中外苗族文字史述略。对所搜集到的材料与文献进行整合与分析，大致梳理出中国境内与海外苗族聚居区苗族文字的发展历史，归纳出中外苗族文字发展史的特征，为中外苗族文字的创制背景、中外苗族文字的创制原理、中外苗族文字应用与传播的比较做好铺垫。

3. 中外苗族文字创制背景的比较。苗族中有许多关于文字失而复得的神话，折射出苗族人民渴求文字的千年梦想和对无文字历史的痛惜。本部分以这些神话传说为起点，全面广泛地搜集有关苗族文字创制的各种口碑资料和文献记录，在此基础上，通过反思斯科特的 Zomia 民族文字观，对各种苗文的创制动因、创制者生平等历史背景进行系统地梳理、阐述和比较。基于中外苗族文字的发展历史，作者将中外苗族文字进行了分类，包括传教型苗文、帮助型苗文、苗族民间自创文字。对于中外传教型苗文的创制背景，主要是从文字的创制时间、文字的创制地点、文字的创制动因、文字创制者的语言能力、文字创制者的合作模式几个方面进行比较。对于中外帮助型苗文的创制背景，首先比较各国少数民族文字的政策，然后对文字的创制动因，文字创制的准备工作，文字的创制者以及文字所拼写的方言进行比较。而对于苗族民间自创的文字，主要是对文字的创制者与文字的创制动因进行比较。

4. 中外苗族文字创制与发展的比较。本部分主要是对中外传教型苗文、中外帮助型苗文、中外苗族民间自创苗文的创制原理与发展进行比较。对于中外传教型苗族文字的创制比较，主要包括文字符号的比较、文字结构与声调的比较、文字所拼写方言的比较、文字拼写问题的比较、中外传教士苗文的文本比较。对于中外拉丁苗族文字，主要是从文字符号的选取和改良历程进行比较，并且从文字的创制原则方面进行比较。对于中外苗族民间自创的文字，主要是对文字的类型、符号来源、文字结构、声调的书写方式进行比较。在本部分中，根据不同苗文系统所属的类型，运用相应的理论，分析和比较其创制原理，如，对于音素字母苗文，主要运用语音音符化、音位迁移等理论加以分析，对于海外刺绣苗文的创制，应用截头表音法等原理进行分析。

5. 本部分旨在深入探讨中外苗族文字的使用功能及传播情况，以更全面地了解不同文化和社会背景下苗文的发展轨迹。首先，对中外苗族聚居区曾出现和创制的苗文进行分类，详细阐述它们在使用场景与核心功能上的显著差异，深入考察这些苗文的传播和推行过程，追溯这些文字最初的用途，并理解其逐渐融入社会生活的历史过程。在文字的传播方面，采用施拉姆等人提出的大众传播过程模式理论，对中外苗文的传播者、传播路径和传播机制进行详细考察和比较。通过对不同苗文在社会中传播方式的深入分析，有望揭示其中的成功因素和失败原因，为理解苗文在社会中的角色提供更为清晰的视角。另外，基于古迪（Jack Goody）的"文字后果论"等理论，对不同苗文的应用与传播所产生的不同社会功能进行深入分析。通过比较各种苗文对相应苗族社区带来的社会历史后果，可以更深刻地理解文字在文化保护、社会进步和民族平等方面的作用。通过对苗文使用功能和传播机制的比较研究，有望揭示不同苗族社区之间的文化差异，为促进文化多样性和跨文化理解提供实质性的贡献。

6. 在全球化交流的背景下，不同苗族文字的局限性和优势逐渐显现。本部分以动机最大化原则、文字书写最大化原则、易学最大化原则、信息处理最大化原则为基础，深入比较中外苗族文字，旨在揭示它们未来的发展趋势。首先，对不同苗族文字的创制动机、书写特性、易学性以及文字的信息化处理进行比较，深入探讨中外苗族文字在全球化交流中的竞争力和适应性，分析各种苗族文字在国际舞台上的发展潜力。其次，以中国为苗族的发源地，本部分将关注中国拉丁苗文在信息化时代的发展趋势。本部分的研究在于全面了解中外苗族文字未来的发展态势，为苗族文字的推行应用、传承以及跨文化交流提供理论支持。

（三）研究重点、难点

对中外苗族文字的创制原理及改良过程、应用与发展进行系统分析和比较是本书的研究重点。因为只有将世界各地苗族文字作为一个系统，对其造字原理进行历时和共时的比较，方能揭示这些文字系统的发展规律、体现中外苗族文字在表音及表意方面功能的差异。此外，只有对中外苗族文字的传播与应用进行比较，方能揭示中外苗文在社会功用方面的差异。

开展本课题主要存在以下几大难点：

1. 搜集第一手文献资料，开展调研存在很大的难度。有关苗族文字史的记载，本书力求搜集第一手文献资料，但是从国内的学术资源网站、各大图书馆能收集到的文献仅占其中很小的一部分。针对这一问题，作者亲赴国内各大苗语方言区，有时走访各地苗学会、各地民宗局；有时参加各种以苗文为研究主题的学术研讨会；有时走村串寨去搜集资料。搜集国外文献存在更大的难度，为解决这一难题，作者远赴美国明尼苏达大学，进行为期半年的访学。其间，以明尼苏达大学高等研究院为研究平台，有效利用该大学的图书资源，有计划地开展田野调查、参加学术研讨会、开展访谈等。通过该校图书借阅与跨校图书借阅，比较全面地搜集了项目研究所需的外语文献与资料。此外，作者走访了圣保罗苗语中心、苗语书店、苗学研究档案馆、康考迪亚大学苗学研究中心，搜集重要的相关信息与资料。与此同时，对当地苗族人进行访谈，了解海外苗族文字的创制与发展历程。

2. 甄别、研读文献存在很大的难度。与中外苗族文字史相关的文献由多国语言文字记载，包括汉文、英文、法文、越南文、泰文、老挝文、海外苗文。要甄别、研读海外苗族聚居区所搜集的外文材料，就需要熟练掌握中外苗族语言文字、熟知相关语言学、文字学理论，而且还需要精通多国语言。为了攻破这一难点，作者咨询苗族语言文字、外国语言学、比较语言学领域的专家学者。另外，作者在美国明尼苏达大学访学时期，咨询了多国留学生，确保资料搜集、释读、整理、研究的准确性与科学性。

3. 各种苗文系统的输入法处理存在很大的难度。要对中外苗族文字系统的创制原理进行比较、分析，就需要建立各套苗文的字符表，而且在描述文字的时候，需要单独呈现涉及的字符，这就需要每一种苗文都有对应的输入法。国内能够寻到的苗文输入法有拉丁字母苗文、滇东北次方言老苗文、规范苗文、湘西方块苗文、越南苗文、寮字苗文、泰字苗文。但是国外的杨雄录苗文（四个阶段版本文字输入法）、刺绣苗文、沙耶武理苗文、龚泽旺苗文等其他文字却没有现成的字体安装软件。解决这些苗文系统的输入方法远远超出了作者的能力范围，但是如果缺失这些输入法就会严重影响本书的研究。针对这一难题，作者通过艰辛努力，四处奔波，在国内寻到了湘西方块苗文[①]与滇东北次方言苗文的输入法，在国外也寻到了海外苗族文字的各种输入法。[②]

[①] 本书所用的湘西方块苗文字体由吉首大学信息科学与工程学院莫礼平教授提供，在此致谢。

[②] 在本书出版之前，美国密西根字体设计师古杰（Jay Kue）已授权作者在本书中使用杨雄录苗文字体，在此致谢。除拉丁苗文之外，本书使用的其余苗文字体也购买了商用版权。

（四）研究主要目标

本书通过揭示中外各种苗族文字的书写特征、传播应用，阐明中国新创立和改革的苗文在实现民族平等、语言文字平等、促进苗族社会与文化发展方面所具有的重要功能，批判国外苗文背后潜在的意识形态问题和风险，以期进一步丰富与充实中国民族文字学及比较文字学的研究成果，体现中国新苗族文字在中外苗族通用文字发展中的主导性地位。

六、思路方法、创新之处

（一）本书研究的基本思路

首先前往中外苗文的起源地和流行区，通过实地调查，全面广泛地搜集有关苗族文字创制的各种口碑资料和文献记录，寻觅各式各样的苗文样本。在此基础上，对各种苗文的历史创制背景进行系统梳理和比较；应用相关语言文字学理论，深入剖析各种苗文的造字原理和演变轨迹；以古迪（Jack Goody）"文字后果论"为基础，分析比较不同的苗文给相应苗族社区带来的不同社会历史后果。最后，基于中外苗族文字发展史的比较，展望中外苗族文字的未来发展趋势。

（二）具体研究方法

1. 实地调查法。通过田野调查广泛搜集各种苗文的样本和史料。国内田野调查区主要是国内滇、黔、湘等省苗族聚居区；海外选择的田野调查区为泰国清迈、美国明尼苏达州圣保罗、威斯康星州拉克罗斯县。

2. 文献分析法。将搜集到的第一手调查资料和其他文献资料结合起来，进行综合分析，系统梳理各种苗文的历史创制背景和传播过程。

3. 字符分析法。通过系统研读各种苗文书写文本，梳理各种文字符号，分析各种苗文的形体、结构和改良。

4. 比较归纳法。在文献分析和字符分析的基础上，对中外各种苗文的历史背景、传播和发展、形体和结构的改良进行比较，找出异同，总结规律。

5. 访谈法。对于没有详细记载的苗文发展史，对相关知情人进行访谈，并将访谈的信息进行记录、整理，系统梳理各种苗文的历史创制背景和传播过程。

（三）创新之处

1. 研究角度的创新。以往的国内苗文研究缺乏国际视野，而国外的苗文研究几乎没有中国视野。对中外苗族文字史开展比较研究，首次将研究视野投放到全球，并且以中国学术话语为主导，不仅可以揭示中外苗族文字的历史真实、功能性质和发展规律，同时还将有利于体现中国苗族文字创制的主导性地位。

2. 学术观点的创新。本书提出一系列的新观点。例如，①老挝拉丁苗文由西方传教士所创，在国际苗族聚居区得到较为广泛地推行与应用，这主要与文字本身独特的历史背景密切关联，而在书写最大化、易学最大化方面并没有占据明显的优势。②相比之下，中国苗族新文字是在党和政府的领导下由语言学家和苗语专家对苗语各大方言进行多次调查和反复论证的基础上创制的，较好地遵循了动机最大化、文字信息处理最大化、易学最大化、书写最大化的文字创立原则。因此，只要中国学者能把握先机，积极改进，创制出既能避免字母文字弊病又具有表意文字优点的超方言文字，中国苗族新文字在中外苗族通用文字发展中将占据主导性地位。③语言学家盖尔布有关文字起源和发展的理论单向发展原则（Principle of Unidirectional Development）不具有普适性。本课题的研究对中外苗文（尤其是"救世苗文"、柏格理苗文）的创制背景、造字原理和演变发展所进行的深度剖析可以重释他的这一理论观点。④东南亚的高地民族（其中包括苗族）对文字极为渴求和重视，这一事实与美国耶鲁大学政治学和人类学教授斯科特所提出的 Zomia 民族文字观完全不相符合。

3. 研究内容的创新。本书对中外各地苗文的创制历史、造字原理和演变规律、使用和传播等各个方面进行全面系统的综合分析比较，这在国内外均属首次。这样的国际性研究不仅可以弥补我国民族语文学界在苗文研究方面的严重不足，而且还有助于中国文字学和比较文字学学科的国际化发展。

4. 研究方法的创新。在国内外首次运用语音音符化、音位迁移、截头表音法等原理、古迪"文字后果论"等理论来剖析苗文的造字原理和演变，分析苗文创制和使用对苗族社会历史的影响，不仅可以使我们验证和反思这些理论的普适性，而且还将有助于推动我国文字学和文字史研究领域的理论建设与创新。

第一章　中外苗族文字史述略

长期以来，语言文字被视为人类文明的标志。我国文字学家周有光先生在其所著的《世界文字发展史》一书的绪论中指出："语言使人类别于禽兽，文字使文明别于野蛮，教育使先进别于落后。"（2011：绪论）人类学者纳日碧力戈教授在《语言人类学》一书中阐释文字重要性时也曾指出，"恩格斯把文字的发明作为野蛮社会向文明社会过渡的一个标志；安德森把文字印刷作为建立国民国家的一个前提条件。文字的出现，使人类交流摆脱口传身授的限制，从而也摆脱了时间和空间的限制，让文字的历史传诸后世，流向远方"。（2010：135）由此可见，文字对人类的文明发展具有极其重要的作用，而拥有文字是各民族的梦想和追求，这一点理所当然。

但是，也有学者对文字的重要性持有不同的观点。美国耶鲁大学政治学、人类学教授斯科特认为高地民族自愿选择无文字（illiteracy）的状态，而只有居住于平原的民族才真正适合拥有文字。他曾在他那部影响巨大的名著《逃避统治的艺术：东南亚高地的无政府主义历史》（*The Art of not Being Governed：An Anarchist History of Upland Southeast Asia*）中指出："对于栖居于平原与低地的民族而言，在高地民族的所有文明特征中，无视文字或文本的重要性成为最为显著的征象。让没有文字的民族进入接受教育，进入文字的世界，这仅仅属于发展国家的分内之事。"（Scott，2009：220）在论述这一观点之前，斯科特首先将居住高地的民族命名为"Zomia"，"Zo"意为"遥远"，具有表示栖居山区的内涵；"Mi"指"民族"。（Scott，2009：14-16）斯科特及其同道所言的"Zomia"，大体是指由越南中部到印度东北部、横跨东南亚五个国家（越南、柬埔寨、老挝、泰国、缅甸）及中国四省（云南、贵州、广西及四川一部分）约300米以上的山地。他认为生活于"Zomia"（自理高地）的民族不是被各种文明计划所淘汰的人，也不是社会发展演化的边缘人，而是选择与低地文明中心及国家保持距离而逃往高地的人。生活在高地的民族原本是有文字的，但他们自愿选择一种无文字的状态。关于文字的遗失，斯科特做出了这样的解释："这仅仅是迁移到山区所导致的社会结构的碎片化、流动性和分散性的逻辑后果。离开低地中心意味着为了流动的利益而剥离社会结构的复杂性。在这种情况下，识字与文字没有更多的用处，作为一种实践而不是记忆消亡。以古罗马为例，识字的许多实践直接依赖于某一特定国家的存在及其官僚程序：文档、法典、历代志、一般记录、税收与经济交易。最为重要的是，与国家相关联的管理结构和等级制度使得文识备受追捧，一旦这个结构与制度不复存在，推动文识发展与传播的社会动机将会急剧减少。"（Scott，2009：226）我们将斯科特本人对高地民族的文字观总结为"无文字特征说"（nonliteracy）。

第一节　苗族文字的传说

斯科特所谓的"无文字特征说"值得商榷。因为从目前掌握的资料来看，居住于高地的各民族流传着许多关于文字的神话，表现出他们对文字的强烈渴求，这一点与斯科特的观点不相一致。缅甸克伦族就是其中一例。传说文字创制者在人间传播文字时，居住缅甸的克伦族仍在睡梦之中，因此没有获取文字。而在其他版本的神话中，克伦族被授予了文字，但是后来在烧除植被、开垦稻田的时候那些记载文字的文本在大火中化为灰烬。（Enwall，1995a volume 1：45）缅甸克钦族也有类似的传说。由于饥饿，族人将书本食入腹中。作为典型的山地民族——苗族，有关文字的传说则更为丰富多彩，可以大致分为"文字与刺绣说""食书说""文字失而复得说"。以下将对此进行论述。

一、"文字与刺绣说"

苗族在史上以刺绣闻名，对刺绣的发展极为关注。如今，苗族在婚礼等重要场合与平时生活中仍穿戴着印有刺绣的服装。苗族的刺绣有许多奇特的图案，与神话中的文字有所关联，其中一个类似的神话故事收录于王建光所著的《苗民的文字》一文中：

苗族人原来仍有文字，惜所有文字均遭遗失。因蚩尤与轩辕于涿鹿冲突之役，苗族人崩溃后，被逐南迁，当迫渡江河时，舟船均赶造不及，所携书籍恐防渡江时被水湿透，欲免此患，唯有渡江时将书本置于头顶。众如是行之。乃至长江时，争先抢渡欲以保余生，不幸渡至江中水势凶猛，人均淹没过半，书籍什九已失，至无法保存。继后始有人设法将其字的样式刺绣于衣服上以资纪念，故今苗族人花衣花裙中之花纹，仍存有历史遗迹之意味。（1940：49）

云南大学教授江应梁曾在滇黔地区考察，1945年撰成题为《西南边区的特种文字》的论著，记录了一个苗族文字与刺绣的传说：

苗文并非苗族人自己的创作文化，而是外籍教士变化拉丁字母造出来的一种拼音文字，但今日湘黔滇境内的苗胞们，都否认这种说法，他们异口同声地争辩着苗文是他们具有历史性的固有文字，并且有一个流传着的故事，他们自己说苗族人的始祖是蚩尤，本位居黄河流域一带地，五千年前，被黄帝战败后率领其族人移居南方，当其率领南移时，族中固有书籍不便带走，又恐迁徙后文字遗忘，乃下令族中妇女，将文字绣于衣角裙边上，所以苗文才得以保存下来，今日的苗文，便是把苗女衣裙上的花纹图样加以整理而成的。（1945：29）

苗族刺绣既是一种艺术表达，也是对文字的珍视和文化传承的执着体现。神话中描述苗族人将文字刺绣于衣物上，这不仅是为了美观，更是为了保存文字，延续文化。这彰显了苗族人对自身文化传承的坚定信念和不懈努力，反映出他们对文化传统的高度重视。

二、"食书说"

在有关苗文的神话中，据说载有古苗文的书本被苗族人食入腹中，后来文字被苗族人所记忆、传承，贵州省雷山县的短裙苗就有这样的传说："古时候，苗族与汉族是兄弟，同去学师，都创造有文字，某次过河时，苗族哥哥背汉族弟弟，因要用手扶背上的人，这位苗族哥哥将文字咬在嘴上，到河中心，脚一滑，就把文字吃进肚里去了。所以，苗家的文字是存在肚里、记在心上，而背上的汉族老弟，用手拿文字，没有丢失。所以，现在汉族有文字，写在手上，用眼睛看。"①

还有一些类似的神话传说来源于苗族民间，如李海鹰、汪宁、张小朋、曹学群、王勇1982年7月在四川盐边县红宝公社对苗族进行田野调查时，收集了以下神话："据传，汉、苗原来都是有文字的，后来，他们漂洋过海来到四川，过海时苗族不慎把记有历史传说、风俗习惯等的书籍失落到了海里，而汉族的却保存了下来。所以苗族就没有任何文字，只有凭记忆背诵原来书上的内容，一代传一代，现在能背出的人越来越少了。"②

梳理国外的文献也能找到类似的神话，如英国人类学家王富文在其所著的《政权与反叛——泰国北部白苗》(Sovereignty and Rebellion: The White Hmong of Northern Thailand) 一书中记载：

> 这就是我们苗族人没有书本的原因。事情是这样的，很久很久以前，苗族是长子，为了维持生计，他们到田间去干活，但是他们没有学习文字。听大人们讲，从前所有的人都在迁徙，并且要经过一条大河。汉人将书本举过头顶，他们后来可以识字。但是由于我们苗族人担心书本遭水打湿，我们不能识字，而且当时我们非常饥饿，于是把书本吃了。这就是我们的文字现在是存在肚里，而不是写在书本上的原因。但是在此之前，我们的确拥有本民族的文字。这一切都发生于中国，当时我听说苗族仍然保留着书本（文字）。(Tapp, 1989: 122)

澳大利亚人类学家格迪斯（William Robert Geddes）曾在泰国北部苗族山区开展田野调查，1976年著成《山地移民》[Migrants of the Mountains: The Cultural Ecology of the Blue Miao (Hmong Njua) of Thailand] 一书，其中就收录了一个有关文字遗失的神话故事："泰国当地的一些苗族村民告诉我，当他们还在中国境内的时候，他们同汉族人一样都拥有书本。但是有一天书本被煮成食物，然后被族人食下。"(1976: 20)

英国传教士克拉克（Samuel R. Clarke）在中国苗族聚居区中就曾有过类似的记载：

---

① 李廷贵.生活在雷公山麓的苗族[M]//贵州省民族研究所编.民族研究参考资料第十集.贵阳：贵州民族研究所，1982: 14.

② 《中国少数民族社会历史调查资料丛刊》修订编辑委员会.四川省苗族傈僳族傣族白族满族社会历史调查[M].北京：民族出版社，2009: 156.

黑苗族人声称曾与汉人居住同一区域，由于汉人过于聪慧，苗族人只能选择迁移。他们长途跋涉，最终抵达一处宽阔的水域。由于没有渡船，他们无法过河。当时他们已经懂得读写一些文字。正当他们站在河边苦于无法渡河时，他们看见有水蜘蛛在河面上爬行，然后他们自问，既然这些小蜘蛛都可以过河，为什么我们却不可以？于是他们尝试过河，结果几乎全部淹没于河中。在拼命挣扎着重新游回河岸的途中，他们将所有写在书本上的文字连同大量河水吞入腹中。自此，他们永远失去了文字。(1904:198-199)

食书说还有另一版本——书本被马匹所食，如传教士奥托·谢茨格（Otto Scheuzger）在泰国北部苗族聚居区收录了这样的传说：

很多年前，为什么那些马匹将我们先祖的书本食入腹中？从前我们拥有属于本民族的国土，还有苗王。当时我们属于最为强大的民族。但是汉族人比我们更为聪慧，他们的马匹更为强壮，武器更为精良。尽管我们作战勇猛，但最终惨遭失败。当一部分逃亡的族人来到宽阔的江边时，由于疲惫不堪，他们停下来歇息，将书本随手弃于丛林之中。苏醒过来后却发现马匹早已将所有书本食入腹中。自从那时起，我们就不再拥有书本和文字。(1996:92)

苗族"食书说"涉及到书本被食入腹中的情节，从而导致苗族失去了文字。这些神话故事反映了苗族文化中对于文字、知识、文化传承的重视。这些神话故事可能具有多重社会功能，比如加强族群认同感、解释文化现象、传承历史记忆等。文字作为符号和象征，其消失或者失去代表着更深层次的文化转变或者失落。这些故事可以被解读为对于文化变迁、现代化以及全球化的回应。类似的故事在其他地区或文化中也有出现，折射出人类对于知识、权力和文化传承的共同关注和焦虑。总的来说，这些故事为我们提供了一种新的视角，帮助理解苗族文化的价值观，并激发我们对人类共同关心议题的思考，包括文化传承、知识保护，以及在全球化时代中如何保留和传承传统文化的重要性。

三、"文字失而复得说"

第三类苗族文字传说与上述两类略有不同，载有苗文的书本曾在过河时遗失，后来失而复得。因此，近代洋教士、外国苗族民间人士通常将自创的文字与古苗文的神话传说联系在一起，声称这就是苗族人失而复得的文字——苗族古老的文字，利用这样的文字间接地影响着苗族人的宗教信仰。这种神话故事通常与宗教和救世运动有关，其中有文字创制者声称自己是苗王，以此提高自己在族人中的声望。李穆安在《苗族文字纪略》一文中如是写道：

> 多数苗族人不会读书写字，这一事实不能说明苗族人不热衷于文字。反之，毫无疑问，苗族人对汉字所载文献非常重视。他们梦想着上天能赐予他们真正属于本民族的文字。这样的主题在不同的救世运动中一直重演……
>
> 根据救世主的神话故事，苗王即将出世，或已经来到人间，他团结所有苗族人，将他们从其他族人的压迫中解救出来。苗王、苗族人的预言者成功地宣告，上天已经向苗族人授予了文字。文字本身暗示着上天的旨意。（Lemoine，1972：124-125）

传说中书本失而复得的故事包含苗文，这一古老文字被视为重要的复兴元素，揭示了文字在苗族社会中的重要地位。这种说法反映了苗族社会对文字的渴望以及对本民族文化认同的强烈追求。然而，我们也应审慎对待文字失而复得的说法，因为它可能是一种社会构建的神话，旨在加强文字创制者在族人中的地位。文字创制者声称自己是苗王并创造出失而复得的文字，可能试图获取权力和声望。这种行为在社会中并不罕见，许多文化都有类似的传说或神话，用以巩固权力结构和社会秩序。

以上远古的传说不仅蕴含着苗族对文字的强烈渴求，现代苗族飞歌也唱出了他们对文字的梦想。1956年中国科学院民族语言调查队深入凯里市舟溪乡调查苗语时，当地的苗族同胞毅然将一面无字锦旗献给语言调查队。这面无字锦旗深刻地道出了一个民族没有文字的痛苦。当时，有位苗族姑娘抑制不住生活激情，便放声高唱：

Mangx gangl fangb pit bil,	你们从遥远的地方，
Gangl Wangx diongb qut lol.	从首都北京来。
Lol qeb Hmub hseid mongl,	来学我们苗语，
liek xangs caod leix nal,	你们回去给我们创造文字，

Vongs vongs hsongt nenx lol.	赶快把苗文送到我们家乡。
Job dluf Hmub laix dail,	我们学习自己的文字,
Daib Hmub hxut Fangx nangl.	老老少少心里亮堂堂。
Fangb Hmub vut dax dail,	苗乡就美好起来,
Nes hxat dliangb gheix xil!	我们多么高兴呀!

这首飞歌,不仅抒发了姑娘们的内心世界,也表达了苗族人民对文字的夙愿。

四、关于苗族文字的史歌

除了民间的神话传说之外,苗族的一些史歌也反映苗族曾经有文字,后来因为种种原因失传了。贵州省台江县有一首古老歌谣唱道:话说古时候,"央公造绳文,挑着到处走,教男人女人,大家都学得,全懂公绳文"。(唐春芳,1996:23)

另外,姜永兴(1989:113)引用古歌《叙述文字的由来》中关于文字的记述,以此说明苗族曾有文字:"文字始祖榜襄公教授第一个学生通养创造苗文的情节。而在《造纸歌·写字歌》中则唱道,'通养跟汉族先生一起写字,老师写的字,一划成五朵,五朵像蚊子;通养写的字,一挥成五行,就划成马脚'。古歌形象地提供了苗文的字体,它跟刺绣图案极为相似。"不过,在论文中我们没有看到作者提及的字体。

更为珍贵的是,苗族中尚有完整的叙述造纸技术与历史的古歌,也反映苗族过去曾有文字。例如,贵州民间文学工作者于新中国成立后在黔东南苗族中搜集、整理了一些苗族民间歌曲,其中《找书找纸歌》《造纸歌》两首歌曲均折射出苗族古有文字。《找书找纸歌》由凯里丹江公社苗族歌手潘玉发唱,于贺勇记译,龙玉成整理,约80行,根据内容可分为两部分。第一部分叙述造纸过程:"从山坡、山岭上砍来竹子,挖井浸竹,用石灰来渗,浸了三天半。这些竹都软了。"[①]从歌曲的内容可以了解到,古时苗族人没有纸张,他们应用碱来浸泡竹子,以此当作纸张的原料。第二部分记述纸张用于写字的功能:这种纸"天天拿来写",不仅本寨用,还"通到各地方寨子,分给苗族、

[①] 《找书找纸歌》,载中国作家协会贵阳分会筹委会编《民间文学资料 第25集 苗族酒药歌造纸歌等合集》,中国作家协会贵阳分会筹委会印,1959年:第142页。

汉族"。在当地,"汉族有学校,教小孩子去读书"。①

潘启胜记译、龙玉成整理的《造纸歌》是凯里县②凯棠苗族歌手故礼唱的,这首歌唱出了苗族造纸的历史:"从前没有纸",后来"青苔来养纸";"纸的母亲是竹叶,是竹笋来养"。③由后一句可以理解:苗族传统地造竹纸,谁开始造纸呢?"榜香由死了,埋在山坡上,晚上生了都养,都养来造纸。"④在苗族传说中,榜香由是盘古式的老公公,活了一万八千岁,死后,他的身体变成世上的江、河、金、银和动物等很多东西。似乎由他复生的都养,是苗族先民智慧才能集中的代表形象,所以能造纸。这反映了苗族先民造纸的史实,不能因其具有神话色彩而轻率斥为虚妄。这首歌的第二大部分是"写字歌",是在"纸也得来了"后接唱的,看老师写字、文房四宝都有唱到:竹子笔杆,羊毛笔尖,"墨在场上买","喂鱼的大田坝是砚台"——这种比喻值得推敲;都养写字的"墨由瓦厂来",也有待研究。

这些苗族史歌为研究苗族文字的历史提供了宝贵的线索和洞见。尤其是《找书找纸歌》和《造纸歌》详细描述了制作纸张的过程以及纸张被用于书写的情景,从中我们可以推断出苗族过去可能存在一定程度的文字和书写传统。然而,这些史歌并没有提及具体的文字内容或文字形态。

要确定苗族是否真的拥有古文字,需要进一步深入的考古和历史研究来提供更具体的证据。这可能包括对苗族遗址进行考古发掘,分析历史文献和文物,以及深入调查苗族口头传统和文化实践。只有通过这些综合性的研究方法,才能更准确地了解苗族文字的存在与特点。

第二节 关于古苗文的记载

神话传说与史歌只是反映出苗族人对文字的渴求,毕竟不能作为考证苗族有否古苗文的凭证。一些历史文献记载了苗族古文字,以下分别论述。

---

① 《找书找纸歌》,载中国作家协会贵阳分会筹委会编《民间文学资料 第25集 苗族酒药歌造纸歌等合集》,中国作家协会贵阳分会筹委会印,1959年:第143页。

② 1983年8月19日,国务院批准撤销凯里县,设为凯里市,1984年1月,凯里市成立。

③ 《造纸歌(一)》,载中国作家协会贵阳分会筹委会编《民间文学资料 第25集 苗族酒药歌造纸歌等合集》,中国作家协会贵阳分会筹委会印,1959年:第123页。

④ 《造纸歌(一)》,载中国作家协会贵阳分会筹委会编《民间文学资料 第25集 苗族酒药歌造纸歌等合集》,中国作家协会贵阳分会筹委会印,1959年:第123页。

一、《峒溪纤志》记载的苗文

从收集的历史文献来看，较早记录苗族文字的是清代末期陆云士（又名陆次云），他在其所著的《峒溪纤志·志余》曾记载："苗族人有书，非鼎钟，亦非蝌蚪，作者为谁，不可考也，录其二章，以正博物君子。"

《峒溪纤志·中卷》木契条载："木契者，刻木为符，以志事也。苗族人虽有文字，不能皆习，故每有事，刻木记之，以为约信之验。"《峒溪纤志·中卷》插牌条载："苗族人欲举兵攻杀，先期集众插牌于山，侦知得以预备。"说明古代苗文曾用于刻木记事及军事联络等。直到现在，湖南城步、绥宁两县一些上了年纪的苗族木工，仍在使用一些较为简单的苗文来记数或在木料上做记号。该书保留了"苗书二章"，尤为珍贵的是对苗书进行了汉苗文字对照翻译，是我国现存唯一的古苗文史料。[①]

陆次云所记文字是否属于真正苗文，西方学者观点不一。法国传教士保罗·维亚尔（Paul Vial，汉语名邓明德）认为这种文字属于栖居贵州的苗族、瑶族与仲家族[②]曾使用的文字。在众多西方学者中，法国传教士德维里雅（Devéria, 1891: 16-17）认同陆次云的观点，发表《倮倮和苗人——云南教士邓明德的小册子》（*Les Lolos et Les Miao-Tseu, À Propos D'une Brochure De M. P. Vial, Missionnaire Apostolique Au Yun-Nan. Paris: Imprimerie Nationale*）一文，呈现了陆次云收录的苗文，并且提及他本人发掘的两首苗族人所创的歌谣，其中的一首歌谣刊载于此文中。不过，法国探险家多隆（D'Ollone, 1912: 269-273）指出德维里雅的资料来源不具有可靠性，认为陆次云所记录的文字与其说是苗文，不如说是瑶文。但是多隆却无法论证这样的说法，他认为该文字可能与彝文有关，因为彝文不属于象形文字，而属于表音文字。最后他指出："学者通常将苗文与彝文混为一谈，因此单就陆次云所列的文字而言，不足以说明苗族过去曾有文字。"

关于陆次云所列的文字是否属于苗文，国内学者也有过探讨。著名民族学家闻宥先生在《贵州雷山新出苗文残石初考》一文中明确指出："……就作者看来，这两首歌词大约和《后汉书》所载白狼歌的性质相似，是先有了汉

---

① "苗书二章"转引自清吴淇《粤风续九》一书。吴淇（1615—1675），河南人，清顺治十五年（1658年）戊戌科进士，任广西浔州（辖桂平、武宣、贵县、平南）推官时，利用职务之便与同辈赵龙文、吴代、黄道搜集浔州府各县民谣、文字、传说等资料，编辑成《粤风续九》一书。该书卷首言："友人示余粤风四种，种种各臻其妙，遣词构思迥出寻常词人之意表，益信深山穷谷之中，抱瑾握瑜之余波犹在云。"此书已不存，散见于《峒溪纤志·志余》等清代著作中。

② "仲家"系布依族的旧称，栖居于贵州、湖南侗台语族（Kam-Daip people）的一个支系。

文而后译成殊语的。这种文字的真实性如何，至今尚无法断定。但即使是真的，也未必是苗文。因为以往所用的'苗'字含义甚宽，并不即等于狭义的苗族。"①

陈其光（1990：286-288）却持不同的观点，他在《中国语文概要》一书中对《铎训》《歌章》中180个汉字与未识字进行比较，认为《峒溪纤志》里所载的"苗族人有书"并非毫无依据。但阎幽磐（1995a volume1：63）却认为，由于陆次云在其著作中没有标明《铎训》《歌章》的出处，这两首歌中所载的文字是否属于苗文，还有待考证。

基于以上文献，《峒溪纤志》所载文字是否属于真正苗文还有待更为充实的论据来考证。

二、《宝庆府志》记载的苗文

据清《宝庆府志》《城步县志》等史料载：明正统元年至元顺年间（1436—1464），城步爆发了蒙能、李天保领导的苗民起义。明弘治年间，城步再次爆发了李再万领导的苗民起义。在这些声震朝廷的湘桂黔三省边境苗民起义中，苗族义军曾广泛使用过苗文。据《清代前期苗民起义档案史料》等文献记载：乾隆四年（1739）至乾隆六年（1741），城步再次爆发了苗族首领粟贤宇、杨清保领导的苗民起义，在起义过程中，起义领袖为了逃避清廷的通缉、围剿，所刻制的印信、图章，所印发的文告以及往来书信、手札，均系苗文。这种似篆非篆的文字，就是城步苗族先民精心创造的"苗文"。"苗文"最早在城步横岭峒一带使用，到了清朝乾隆年间，已在城步五峒四十八寨广泛流传使用，进而影响到湘桂黔边境的绥宁、通道、龙胜、锦屏等苗族地区，但与苗民分界居住的汉民并不认识"苗文"，高高在上的清廷官兵更把"苗文"视为"天书"了。

正是基于这些文献的记载，有学者认为城步之前确实有苗文。但阎幽磐认为《宝庆府志》所记载的苗文不一定为真，因为他在中国开展苗文史研究的时候，既没有能够找到该书，也没有搜集到有关该苗文的第一手资料。他的研究主要基于对其他国内学者的访谈之上。

有关城步苗文的探讨一直延续到最近几年，2011年，湖南省城步苗族自治县在进行第三次文物普查时，在该县丹口镇陡冲头村发现了13块古苗文石

---

① 闻宥：贵州雷山新出苗文残石初考[M]//中央民族学院.闻宥论文集.北京：中央民族学院科研处，1985：67.

刻，有的耸立在高高的田坎上，有的横卧在草丛中且已破损断裂，还有的已被溪水冲倒且被厚厚的泥沙和深深的灌木填埋。不过，这些石刻是否属于真正的篆体苗文，仍有待进一步的考证。

三、雷公山苗文碑

贵州省雷山县境内也流传着苗族古有文字的说法，这样的说法主要依据雷公山的苗文碑。对该苗文较早的研究者是我国著名民族学家闻宥先生。1949年冬天，闻宥得到贵州某女士的一封信，叙述她暑假访问黔东南雷山县苗族聚居区遇见了苗文碑，同时附了一张拓片。

闻宥将该女士的书信与其他苗族历史的资料进行比较，认为信里所引的传述大概是可靠的，因为这正和清徐家干《苗疆闻见录》所记相符。闻宥先生援引了《苗疆闻见录》一段文字：

> ……同治间苗酋张臭谜[①]等败于楚军，窜伏山左右之南刀憨洞、九眼塘、燕子窝、雷公坪……
>
> 雷公山之巅，有地名诸葛台。咸丰间苗叛。有教匪杨大和者不知为何方人，自方诸葛亮，盘踞于此，煽惑各苗酋，奉为军师，并伪造王府，铸伪印伪钱。（1985：63）

闻宥获赠的拓片共有39个字，经他考证，认为石碑上的字不是象形字，也不是音素字，很可能是音节字。基于所有的论据，闻宥（1985：69）明确指出："总之，在今日所有的一些薄弱知识之下，我们暂时假定这种新发现的文字为苗文。"

1982年陈其光从李廷贵处得到了雷公碑的第三块拓片，上面有13个字，字形与闻宥所得完全一样，这样就共有52个字。他在《中国语文概要》一书中也对其进行了分析："……这种字的笔画很像汉字隶书的笔画，有横、竖、撇、捺、点、钩、折，撇、捺都有挑法，点带拖势。字从上往下排，不成方块形，而成长串，最长的一串有十六画，似乎每个字记录的不是一个音节，而是几个音节。如果拿他同中国的契丹字、女真字、西夏字及其他阿拉美系文字比较，可以看出，它也许与汉字有渊源关系。"（1990：288）陈其光没有明确地指出拓片上的文字是否属于真正的苗文，从这段文字叙述来看，拓片

[①] 张臭谜应该为张秀眉。

上的文字与古汉字存在紧密的关联，但是否属于苗族仿造汉字所创的苗文，目前作者还没有找到相关可供借鉴与参考的文献记载。

图1-1　西江苗族博物馆珍藏的雷公碑（蒙昌配 摄）

阎幽磬也对雷公碑进行过考证。不过，由于作为外国学者，他在中国境内开展田野调查受到一定的局限，没有找到雷公碑苗文的拓片，所得文字样本主要来自闻宥与李廷贵的文字图片，而且有关苗文的背景资料也仅仅是通过其他渠道获取。他对闻宥、李庭贵、姜永兴、李炳泽等人关于雷公碑招致损坏的时间进行了比较。此外，阎幽磬（1995a volume 1：69-70）对李廷贵所提供的苗文拓片进行了仔细研究，认为李廷贵的拓片属于赝品，并且明确指出："这张拓片具体由什么方法所造而成，我们不得而知，但很有可能由手工仿造，因为文字上的笔画清晰可见，况且字体太小，不像碑文的刻字。"由于阎幽磬本人也没有找到真正的月亮山苗文碑，因此他认为，目前单从雷公山苗文拓片来看，不足以说明雷公山地区的苗族过去曾有过属于本民族的文字。（Enwall，1995a volume 1：72）与此相同的是，《苗族简史》一书前言写道："近年来在雷公山和月亮山的苗族聚居区内发现一些碑文，当地人称'苗文碑'，可惜无人认识,是否与古苗文有关,尚难考证。"[1]

2016年作者在黔东南苗族侗族自治州西江苗族博物馆见到了这块神秘的"苗文碑"(见图1-1)。这块残碑"天书"在西江苗族博物馆已珍藏了10多年,遗憾的是,至今无人能解读碑上的字。据博物馆工作人员介绍,此残碑是2004年雷山县方祥乡陡寨村民杨炳森在雷公山上雷公坪拾得,残碑上一共刻有10个字,因无人读懂而被称为"天书",后被收藏进西江博物馆,有待专家来破译。

基于以上论述,雷公山上的残碑是否属于苗文,还有待专家进一步考证。

四、外国传教士记载的苗文

(一)多隆记载的苗文

西方学者对苗族文字极为关注,1906年-1909年间,法国军官多隆在四川南部记录了他所见闻的苗文,载于 *L'écriture des Miao tseu'* 一文。在该文中,多隆首先批判了以往有关苗族文字的记载,然后声称尽管他本人不相信苗文的存在,但他似乎真正找寻到了苗族的文字。以下记录了他偶遇苗文的经历:

> 这是属于我与苗族人唐德忠(Tchang te tsong)共同的发现。该苗族人来自后山堡,距离永宁(现为四川叙永)南部30公里处,此人在一场由中国官员主持的诉讼中需要我的支持。为了去发掘他们民族文字中的秘密,我毫不犹豫将其拘禁,直到我的发掘工作顺利完成——对科学的热爱会宽恕于我。在此之后重现的文字以及一些其他的只言片语印证了他的一些手迹。他向我揭示了苗书的存在,其中有一些是关乎历史的记载。同时,他还对这些书籍的所在地予以了指示。我长途跋涉,翻山越岭,朝着这些书籍的所有者而去,但是当地人发誓自己既没有任何书籍,也没有任何文字。我带了几个士兵随我同行,目的是希望当地的行政长官以及宪兵队的长官予以配合。苗族人害怕看到他们的书籍被汉人占有或是毁坏,也害怕自己因为保存这些禁书而受到惩罚。简而言之,我拥有一部包含338个文字的字典,没有人见过,也没有人确信它的存在。
> 但是,我认为这部字典本身就是有关它真实性的有力证据。一个被认为是野蛮人的普通苗族农民,怎么能够毫无迟疑地立即创作出一组如

---

[1] 《苗族简史》编写组. 苗族简史[M]. 贵阳: 贵州民族出版社, 1985: 3.

此之长的文字？（D'Ollone，1912：270-271）

此处展示几个多隆所列举的苗文：☉天空、G日、♂月、ıo星星、ѡਠ云、ıʌı雨、♂ɜ风、ƧƸ雷、ıʎ闪电、ȣɤ彩虹。（D'Ollone，1912：274）

从多隆的叙述来看，存在以下几种可能。第一种可能，唐德忠为了能够获取多隆的帮助，故意提供虚假的信息，而实际上真正的苗书并不存在。第二种可能，苗书确实存在，唐德忠所言属实，但是当地苗族人出于某种担忧和顾虑，否认拥有苗书的事实。另外，从多隆所列的文字符号来看，既有点像汉字草书的笔画，又有点像古时占卦使用的符号，不易识别。

对于多隆所获的文字是否真属苗文，闻宥先生曾对其进行过考证，认为多隆所称的苗文属于伪造的文字，"……奥伦①探险队的一种，就表面看来，已显然有汉人伪造的痕迹（虽然所注的读音确是苗语）。所以作者在某一篇文章里曾经怀疑过。"（1985：67）闻宥援引芮逸夫书信中的话语进一步论证他的观点："弟于十二月一日自李庄出发来叙永。十五日即至三十余年法人多隆氏所到之后山堡地方，其地附近约有苗民二百余户。弟曾访问不少苗中老者，竟无一人知晓汉字草体之苗文。是多隆氏所记苗文之为赝鼎，已无可疑。"（1985：67）

凌纯声、芮逸夫二人对多隆"苗文"也有过深入的研究，认为不是苗文，并且在《湘西苗族调查报告》一书中做出如下评述：

> 法人多隆氏在《中国非汉民族的文字》（*L'ecritures des peuples non chinois de la Chine*）一书中，也记其所谓苗文。实则其所记三百余苗字中，有很多极易辨认为草书汉字；如犬、马、舌、黑、白、黄、绿、红、蓝、死、葬等等。另有一些则为会意的汉字，如以"好"为苗语"健康"之意，"不好"为"病"，"得生"为"生儿"等等。其数字则为一般商人常用的号码字，即一、二、三……十等等。或多氏不能分辨为汉字，而辨认为苗文，正未可知。（2003，328）

从以上的论述来看，多隆所记录的并非苗文。多隆的探险经历既是对苗族文化深入了解的一次尝试，又是对当地文化保护和尊重的一次反思。学者们对多隆所见文字真实性的质疑为我们提供了审慎对待早期文字记录的观点，同时也突显了在少数民族文化研究中需要谨慎处理外部观察者和当地人之间

---

① 此处所提的奥伦正是作者所提的多隆。

的信息差异。

（二）"费亚苗文"

在早期的苗文研究中，国内的一些学者由于没有对苗文进行较为全面的调研，因此误将外籍教士记录的语言视为苗文。庄启在《苗文略述》一文中论述了法国传教士在云南发现的一种文字。该文首先对苗文的总体特征进行大致论述：

> 法教士费亚君云南有年。从事路南州、陆凉州、广西州三处苗民所用文言，于民国纪元年三年，著法苗文法及字典一书。余得而节述之，以供文学家之研究。……苗文者，太古民之文之一。其字或缺，其式则全。每句之字若易其位，则意亦变，此苗文之强硬处也。苗字半立于象形，其无形者，立于会意，立于谐声。其字之不得以形意声立者，作各种记号以志别之。且有一字数音数字同音者。（1917：3）

然后，庄启列举了费亚以法文的发音对苗文发音的分类：苗文共三十七字母。有音者十。无音者二十七。

有音字母（法文）a e ee ai i o eu iee iai u
　　　　　（英文）ah er ur a e o er u ya oo
无音字母（法文）b ch d dj dl dz f g gh ghh
　　　　　（英文）b sh dr jer dl dz f g gh ghh
　　　　　（法文）gn j k l m n p r s sh shl
　　　　　（英文）gn j k l m n p r s sh shl
　　　　　（法文）t tch tl ts v z
　　　　　（英文）t ch tl ts v z

《苗文略述》一文对"费亚苗文"所记录的苗语发音做出了这样的描述："在发音中，嘘音甚多。凡五音字可作嘘音者均以'''记之。如k'p'sh't'tch'ts'。"该文同时还对苗文的读音进行归纳，共分为五类，即尖音、高音、平音、上音、长音（见图1-2），费亚的苗文字典对苗文的词汇也进行了分类，主要分为九类，包括指字、名字、静字、指代静字、定位静字、统属静字、数字、动字、助动字。

很遗憾的是，庄启所称的费亚苗文实际上是倮倮文[①]。作者查阅相关资料

[①] 即彝文。

发现，他所称的费亚实际上是19世纪末期在云南从事传教的法国教士 Paul Vial①。在云南传教之余，Paul Vial 对当地倮倮②的语言文字进行过考察，编写了《法倮词典》(*Dictionnaire Français-Lolo，Dialecte Gni：tribu située dans les sous-préfectures de" Loú nân tcheou，Lou leâng tcheou "et" Koùang-si tcheou，province du Yunnan*)。维亚词典中的彝文主要用于书写云南省路南州、陆凉州、广西州的彝族语言。可见，庄启误将维亚尔的彝文当成了苗文。作者查阅了这本词典，并且找到了庄启所称的费亚苗文，所列的字体与谢彬的《云南游记》，以及庄启的《苗文略述》所列的一致（见图1-2）。

音别	尖音 1	高音 2	平音 3	上音 4	长音 5
苗字	少	业	川	册	飞
音	那.	那.	那.	耐.	拿,
义	多.	问.	病.	你.	缝.
记号	一	?	八	ノ	八

图1-2　费亚"苗文"读音的分类③

自从《苗文略述》发表以来，国内很多文献相继引用，均普遍地误将维亚尔词典上的彝文当作苗文。谢彬（1924：277）在《云南游记》一文中写道："昔有法国牧师名费亚者，曾至滇省广西、师宗各县苗地传教，苗族人对之感情极好。费亚因此善操苗语，能解苗文。其后归国，遂著有一部苗文字典。左方所录其中之一段。"在此后的论述中，谢彬关于"苗文概说"的论述与庄启的一致。在《大定县志》一书中，有关苗族语言文字的概述记载道："大定土著，以苗族为最古，而文字缺如，旧志亦不载，盖无书可稽也。兹得法教

---

① Paul Vial 在国内的文献中有不同的译名，在朝克、李云兵等著的《中国民族语言文字研究史论》（《中国社会科学出版社》2013年，821页）一书中 Paul Vial 音译为"维亚尔"；在黄建明、燕汉生编译的《保禄·维亚尔文集　百年前的云南彝族》一书中采用了"保禄·维亚尔"的中文名；也有一些文献提及他的汉文名：邓明德。本书的论述中多处采用作者的中文名。

② 即彝族，国外将彝族称为倮倮。

③ 谢彬. 云南游记[M]. 上海：中华书局，1924：278. 庄启. 苗文略述[J]. 东方杂志，1917,14(1)：3.

士费亚氏《法苗文法》一书，谨节录之，以备参考。"①其后有关苗文的概述和列举与庄启的也大体一致。李炳泽（1985：23）在《苗族的文字》一文中论述道："法国人陆西代在云南泸西、路南、陆良等地为当地苗族设计的篆体象形苗文……"尽管该文没有标明具体出处，但其所叙述的苗文特征以及文字创制的地区与庄启所论述的比较吻合。至于为什么该文中法国教士的名字与庄启所提的不相一致，这一点不得而知。不过，在姜永兴（1989：115）所著的《苗文探究》的论著中，法国教士的名字写成了"陆亚代"："法国人陆亚代在云南泸西、路南、陆良地为苗民设计了篆体象形文字。"姜永兴在该文中标明文献来源于《云南少数民族·苗族》（云南人民出版社1980年版），但作者在该著作中没有找到与之对应的相关论述。作者又查询了云南省历史研究所编的该书修改版《云南少数民族》（云南人民出版社，1983年版），但发现该书也没有提及类似的苗文。最后在《云南苗族略述》②一文发现该文引用《宣威县志稿》对苗文的论述，与庄启的一致。可见，《宣威县志稿》关于苗文的论述主要来源于庄启的《苗文略述》。

不过，也有文献认为维亚尔所列的文字不是彝文，而是真正的苗文，如《贵州新创民族文字五十年》论述道：

  国外一些学者如德韦利阿（G'abriel Deveia）、维亚尔（Paul Vial）和德奥·隆（Commandant Douone）等人对苗文曾有过调查和研究。这些苗文字形，与老彝文有某些相似，因而有人曾怀疑是彝文。但与《彝汉字典》对照，并经贵州彝文学者辨别，认为不是彝文，音义差别很大，而苗语却能解之。有的专家研究认为，古苗文确实是存在的，只因应用范围不广或被官府禁用，所以无法流传，史籍才说苗族"无文字，刻木为契"。③

该文献的论述既没有具体标明来源与出处，也没有具体指出辨别文字的彝文学者是谁，很难考证其真伪，因此作者认为维亚尔所列的文字是彝文，而不是苗文。江应梁（1945：27）也对此文字进行过探讨，通过比较，他也

---

① 贵州省大方县县志编纂委员会办公室.大定县志［M］.毕节：贵州省大方县县志编纂委员会办公室，1985：365.
② 《民族问题五种丛书》云南省编辑委员会，《中国少数民族社会历史调查资料丛刊》修订编辑委员会.云南苗族瑶族社会历史调查［M］.北京：民族出版社，2009：10.
③ 贵州省少数民族语言文字办公室，贵州省少数民族语言文字学会编，贵州新创民族文字五十年（内部资料）.2009：128.

认为这是彝文。他在《西南边区的特种文字》一文中写道："……彝文在上述区域中，都仅是一种宗教的专用品，并不通行于民间，唯在云南南部的路南、陆良、泸西、弥勒诸县境中，却称为夷人民间普遍应用着的一种文化工具，原来这一带地方，在清代末年，即已有法国天主教士，深入夷区传教，其中有法人名保禄者（Paul Vial），在这一代地方传教年代最久，他为传教上的方便，把夷人①原有的文字，加以整理后，普遍教之于人民，然后再用彝文编译出《圣经》及各种宗教宣传品，他自己并编著了一本《法夷词典》（Dictinnaire Français-Lolo，Dialecte Gni）"，成为国际学术上知名的著作。"

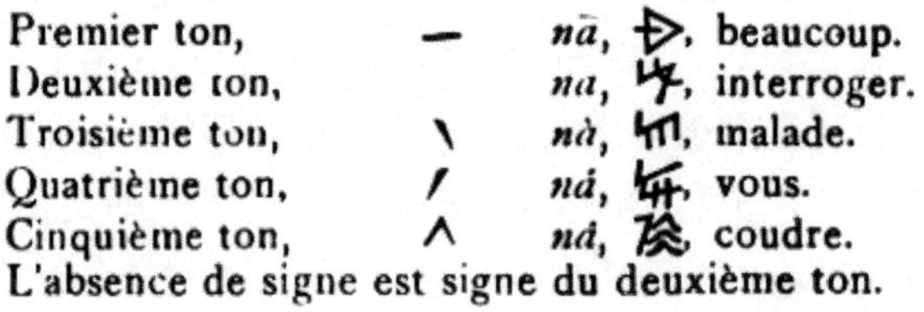

```
Premier ton,        —      nā, ▷ beaucoup.
Deuxième ton,              na, ⼂ interroger.
Troisième ton,      \      nà, ⽫ malade.
Quatrième ton,      /      ná, 舞 vous.
Cinquième ton,      ∧      nâ, 庋 coudre.
L'absence de signe est signe du deuxième ton.
```

图1-3 《法倮词典》上的彝文声调

　　基于本章第一、第二节的论述，尽管苗族传说和苗族古歌里都说苗族有文字，但到目前为止还没有发现有力的证据来证实这些传说。陆次云记述的"苗文"尚无法辨别属于哪一种文字。近些年发现的石刻与史志上所记宝庆府苗文的关系如何，尚无明确结论。现存雷公碑的"苗文"残片及其拓片也未能破译，也难以辨别属于哪一种文字。多隆词典中所录的文字目前看来也无法证实属于真正的苗文。而庄启等人所记述的"费亚苗文"实际上就是云南省路南、泸西、大方的老彝文。由此可见，古苗族文字或篆体苗文仅仅是在一些古文献中偶有提及，或残留在一些拓片与石刻中，是否属于真正的苗文，尚缺乏史料佐证。那么，在没有文字的时期，苗族通过什么样的方式交流、记事呢？从可考的文献来看，在创立文字之前，苗族主要采用实物记事、刻符记事、用汉字记写苗音，西方教士用西文字母记写苗语。

---

① 旧指夷族。

第三节　苗族早期的记事方法

一、实物记事

在没有文字的时期，为了能够在生活与生产中进行正常交流与记事，苗族人民主要是采用实物记事，草标就是其中的一例。作者在黔东南苗寨开展调研时了解到，现在有一些人家仍使用草标来交流信息。例如，把草标插在秧田里，用以警醒其他人看好各自的牲畜，不能让牲畜践踏秧田；又如，将草标插在柴堆上，表示这堆柴火已有所属。未经许可，任何人不得随意搬动。他们还使用其他的实物表达不同的信息，如在岔路口处放置树枝，可以帮助路人指明正确的行路方向。另外，过去在记工分、计数的时候，族人采用数豆子、数石子的方式。以上这些实物记事都属于一种克服文字缺失的方式。但是，这些符号不易保存，在信息交流上存在较大的缺陷，不能像文字那样永久性地记录信息。一旦符号遭到损毁或破坏，符号所表达的意义也就荡然无存，甚至传递错误信息。苗族代表王耀伦在苗族语言文字问题科学讨论会上的发言中说道："凯里炉山县贯洞农业生产合作社用豆粒记工分，结果被老鼠吃掉一些，造成账目混乱。黔东南苗族侗族自治州台江县高江乡苗族农民李九甲家没有人识字，今年建社后，他把劳动评得的一千多个工分用粉笔记在墙壁上，他的孩子顽皮地把记在墙上的工分揩掉了，急得他了不得，只好来了个大概估计。"（贵州省民族语文指导委员会，1957：264）

二、刻符记事

草标、数豆子记事形式比较单一，传递的信息也极为有限，而与此不同的是，刻木（亦称刻道）具有极强的记事功能。较早记录刻木的文献是《苗族简志》："栖居于黔东南地区旧州、清水江、雷山等地的苗族人不能读写任何文字，而且也不能识读历法，因此他们采用刻木的方式来记事。"（Bridgman，1859：257-286）至今，刻木仍然在中国苗族聚居区使用着。苗族的歌棒就是刻木的具体表现之一。使用于贵州施秉县一带的歌棒同时又名为刻道（苗语 Kheik det）。"Kheik"意译过来就是用刀等锋利的工具在木板、石板、土块上刻出痕迹。"det"有两种解释：一种是成活的树木，一般不会单独使用，而是称"det×"，即"××树"，例如"det hleb"便是香樟树等；另外一种解释就是木材，例如用来修建房屋的木料也称为"det"。从严格意义上来讲,"刻道"应该称为"刻木"更为准确。可是,因为汉字"道"与苗语"det"发音相似,并且《刻道》在施秉、黄平苗族酒歌中属于最为正式的"上路歌"之一,有路可走,有"道"可循,故以音译与意译结合称为"刻道",①系苗语称谓,即"歌棒"(苗语:"豆霞")。古代苗族将结婚所需的各种彩礼用符号形式刻在枫树圆木上。古时刻道歌棒很大很重,百余斤,七八人抬。随着时代的发展,为方便传唱记忆,便于携带,歌棒通常制成小木棒,长约一尺左右。

对于刻道歌棒上的符号,姜永兴、阎幽磐等多数中外专家学者将其与结绳、草标等归为一类,视为远古时期的一种记事符号。石朝江(1998:61)也认为,苗族的"歌棒"为表形文字,由于数目不多,也未赋予表音,还不足以作为交际之用。只更多地发挥了记事的作用。与此不同的是,施秉县刻道博物馆馆长潘家相先生对不同歌师版本图案符号进行比较分析,列举了这些符号的相同处与不同点,将各种符号表达的意思做了简单归类,认为刻道符号虽然与汉字表达意思不同,形象也有差别,但从它的象形、偏旁乃至会意、指事(示)等方面来看,跟汉语的单字、词、词组,其结构、组合方式与刻道符号有许多相似之处。作者对潘家相先生进行访谈的时候,他明确表示:"不能把刻道符号与绳索打结记事,用黄豆、苞谷籽计数记账的原始记事法等同起来,那是不切实际,是片面的。"他认为刻道符号就是苗族的古文字。杨培德也认为刻道(歌棒)上的符号不仅仅表示所对应的苗族婚礼礼品,还表示了礼品之外的苗族婚姻文化礼俗。他在《刻道》一书的序言中明确指出:"苗族人完全可以按自己的理论范式将歌棒上的符号定义为自己的文字,不必唯命是从于主流定义。"② 还有学者持相同的意见,如成文魁(1985:139)在《苗族〈开亲歌〉中的"刻道"(歌棒)浅识》一文中明确指出:"'刻道'——这根奇妙的歌棒,虽然刻的符号简单,但却是苗族歌手必读的一部'古书'。"此外,苗族民间人士也普遍认为刻道(歌棒)上的符号等同于文字,如2013年3月30日至4月1日贵州省黔东南苗族侗族自治州施秉县杨柳塘镇屯上村举办"二月芦笙会与'刻道'文化节"。其中组织活动的一名工作人员称歌棒上的符号其实就是古苗文。

至于刻道(歌棒)上的符号是否属于古文字,还需借鉴文字的相关定义与理论来对其评判。赵元任在《语言与符号系统》(*Language and Symbolic*

---

① 刘锋,吴小花.刻道[M].贵阳:贵州民族出版社,2012:绪言.
② 刘锋,吴小花.刻道[M].贵阳:贵州民族出版社,2012:序.

Systems)一文中明确指出:"可视符号唯有同语言建立密切的对应关系时才能算作文字。"(Chao, 1968: 101)根据这样的定义,刻道还不能算作真正意义上的文字。即便如此,刻道符号已经具有文字的一般性质,它们有形体,有意义,而且可以表达一些复杂的概念和意义,表达的意义也比草标、结绳、数豆粒更为丰富。2016年4月作者到贵州省施秉县刻道博物馆开展苗族刻道符号田野调查,收集了刻在歌棒上面的符号(见图1-4),发现这些符号确实表达着丰富的意义。

图1-4 刻在歌棒上面的符号(蒙昌配摄 施秉县刻道博物馆)

作者收集的刻符主要来自不同版本的歌棒,源自不同的歌师,图案形式多样,表达意义非常丰富。所有的符号归纳起来大致有以下四种表达方式,即象形符号、会意符号、指示符号,另有一些难以识别的符号。歌棒共有三面,正面、侧面、背面,所刻的符号均不一样。通过访谈馆长潘家相先生得知,歌棒正面代表重要礼品的第一格表示300两银子,第二格表示300头水牯牛,第三格表示300只公鸡,第四格表示300幅绣花布,第五格表示"破竹",第六格表示1斗2升老人米,23个版本大致相同。侧面代表如碎银之类的次要礼品,第一格表示1两1钱踩大门银,21个版本相同,仅有两个版本不同。在背面,第一格表示12头黄牛,第四、五、六格表示11头黄牛,第七格或第六格、顶格代表10头黄牛,第八格代表铁锅鼎罐煮稀饭,这几个格所在位置、内容,23个版本基本相同。当地歌师根据歌棒上符号所表达的意义唱《开亲歌》。要唱完一根歌棒上面的符号,至少需要几个小时,甚至一两天。苗族过去没有文字，歌师仅凭几十个图像符号就能把这首被人们形容为"管家识字九千九，没有谁能认得透"的苗族刻道歌传承了数百年、上千年，不能不说是个奇迹。看着图符唱开亲歌实际上就是从图形中提取语言信息的过程，有点类似于远古时期的图形文字。尽管这些符号不是文字，但它们已具有文字胚芽的性质。

苗族的图画记事及表形文字除了保留在刻木之上以外，还有的保留在传统的工艺刺绣上。根据苗族知识分子的发掘与研究，目前在刺绣图案上，已识别出了四十多个表形单字。

姜永兴（1989：113）认为，这些刺绣文字，形、音、意俱全。它雄辩地证实，早期苗族文化确曾达到了表形文字的水平，苗族刺绣所保存的若干文字，可谓是苗文发展史上的里程碑。

当然，从科学意义上讲，刺绣文字（见图1-5）与刻符一样，只是一种表形、达意的符号，属于表形文字的初级阶段，它尚不能完满地记录本民族的语言，而对大量的无形可表的语词更是束手无策。

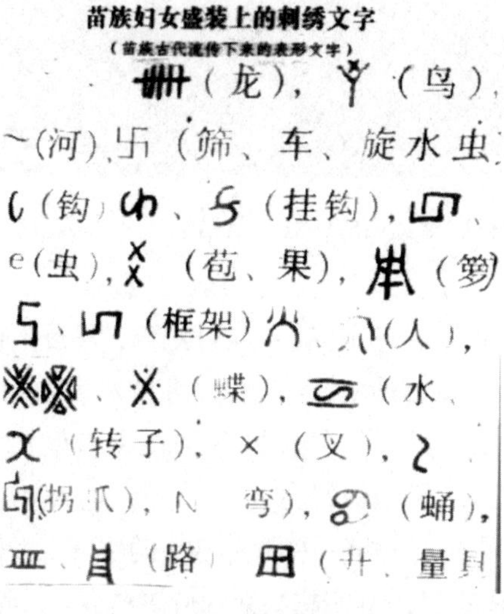

图1-5　苗族妇女盛装上的刺绣文字[①]

刻木和刺绣文字在苗族文化中具有重要的历史意义。虽然它们无法构建完整的文字系统，但它们的存在证实了苗族在古代就具备了一定的书写和记

[①] 中国·贵州·陶尧苗族语言文字保护传承陈列馆图片、文字资料专辑[M].贵阳：贵州省少数民族语言文字办公室，2008：24.

录能力，反映了苗族文化在信息记录和文化传承方面的进步与发展。其次，这种记事方式体现了苗族人民对重要信息的记录和传承的重视。

最后，刻木和刺绣文字为我们提供了深入了解古代苗族社会生活和文化的重要线索。

第四节 汉字记苗音

汉字记苗音的历史源远流长，其实践主要呈现在两个方面。首先，苗语中的地名、人名、物名等缺乏明确的文字标音，为有效地记录和传承这些名称，汉族人采用了汉字进行记载。这一做法为汉族人对苗族地域和文化的认知提供了便利。其次，苗族人将汉字用于记录苗语的语音，以保留和传承本民族的重要文化传统。然而，苗族人在汉字的借用过程中往往直接使用，而不对其进行适当的调整，导致了一系列问题的产生。其中，最主要的问题是汉字的发音与苗语的发音不相对应，造成记录方式的不规范和不稳定。借用汉字记录苗语发音的方式主要针对汉族的读者，《湖南通志》对此种记录方式有所列举；也有的用此法记录苗歌，类似的案例在严如煜所著的《苗防备览》中也有论述。该书所列的汉字记音后来收录于法国著名汉学家克劳婷·苏尔梦所著的《18世纪的贵州：一个汉化的例证》(*Un example d'aaculturation chinoise：La Province du Gui Zhou au XVIIIe Siècle*) 一书中。①

一些地方志或文献中编入了苗语记音的词汇。例如《古丈坪厅志》记录了一些东部方言语音词汇，包括天文类、地理类、植物类、伦纪类、外亲类、常语类、畜产类、器具财货类、身体类、日用类、服饰类、数日类、时序类、方域类、常事类等类别，以上词汇均借用汉字记写。以天文类的词汇为例，苗语的 qo^{54}dha^{35}（天）用汉字"各达"记写；lu^{35}（地）用汉字"罗"记写；n̥he^{35}（日）用汉字"奈"记写；ɭha^{53}（月）用汉字"喇"记写；tu^{35}（云）用汉字"睹"记写；zµ^{35}n̥he^{54}（天晴）用"鲁内"记写；ta^{21}n̥he^{54}（天阴）用"乍内"记写；m̥hã^{35}ŋei^{51}（天晚）用"茫内"记写；ci^{35}（风）用"箕"记写；bhe^{35}（雪）用"拍"记写。这种记音实际上不准确。例如，"天"的苗语发音为 qo^{54}dha^{35}，记写这个音的汉字"各达"音标写作 kə^{51}ta^{35}。汉语没有小舌音，苗语的小舌

---

① Lombard-Salmon, Claudine. *Un example d'aaculturation chinoise：La Province du Gui Zhou au XVIIIe Siècle* [M]. Paris：Ecole Francaise d'Extreme-Orient, Paris, 1972：305-327.

音［q］用汉语的舌根音［k］来替换，另外，汉语没有舌尖中送气边音［dʰ］，只能用舌尖中音［d］替换。再如，"天阴"的苗语音标为ta²¹n̥he⁵⁴，用汉字"乍内"tsa²¹⁴nei⁵¹记写这个音存在三个方面的问题。首先，汉语没有舌尖后清闭塞爆破音［t］，只能用舌尖前清闭塞音［ts］替换。其次，苗语第二个音节的首音是舌尖中送气鼻音［n̥h］，汉语没有这个音位，只能用不送气的鼻音［n］替换。第三个方面的问题是标调不准确，苗语的声调明显多于汉语。苗语的第一个音节为21调，汉语记写的是214调；苗语的第二音节为54调，汉语记写的却是51调。

借用汉字记录苗音的方式一直沿用至新苗文的创立。由于这种文字记录方法未能区分苗语的八个声调，后来苗族语言文字问题科学讨论会指出该方法所存在的缺陷。20世纪末，黔东南苗族聚居区、贵阳高坡地区仍借用汉字来记录苗歌，以汉文作为书面交际工具。苗族民间还普遍习惯使用汉字记录苗歌和其他资料，甚至清朝官方撰写的《湖南通志》和严如煜的《苗防备览》中有关苗语章节，也是用汉字记录苗音的。清朝段汝霖撰《楚南苗志》、田雯《黔书》、贝青乔《苗俗记》以及有苗族的各省县志等，都是用汉字记音，记一些字词。（参见附录一）

第五节　西文字母记写苗语字汇

清朝末年，随着西方列强对中国不断入侵，中国半殖民化不断加深。洋人教士、军人、旅行者深入苗族腹地，在传教事业中，在旅途中根据不同的目的记录了他们所见闻的苗族语言。由于当时苗族还没有真正可行的文字，因此，他们主要是采用各国不同的字母，采用不同的拼法来记写语音。（参见附录二）

19世纪中期国外就已采用此法，最早的是德卡，他在中国苗族地区的旅行中收录了一些当地的苗族方言，采用拉丁字母拼写，比较、分析见闻过的语言，在此基础上对民族部落追踪溯源。例如，他写道："为了更好地对中国各少数民族的族源进行研究，需要将这些民族所讲的语言同邻国民族部落的语言进行比较。以下收集到广东省西北部连州苗族词汇一到两百个左右，同时还附有几条侗语词汇。"① 此处列举其中几个字汇。德卡用"nai"记写苗语的 nhe^{54}（太阳）；用"lo"记写苗语的 lha^{35}（月亮）。艾约瑟栖居中国57年，堪称汉学家、语言学家、翻译家，曾将汉语古文献中的汉字记苗音词汇进行西文字母的转写，汇编成《苗语方言词汇》，发表于《教务杂志》中。他收录的词汇源自《兴义府志》《苗防备览》《广西通志》等古籍。② 所记写的苗文词汇包括安顺苗、青苗、白苗、贵州苗③，其中，安顺苗、青苗、白苗字汇源自《兴义府志》，贵州苗族字汇源自《苗防备览》。谢立山曾广泛游历中国数年，在大渡河与四川、云南西北部边疆地区看到栖居山地的苗族。在与当地族人进行交流的过程中，他匆匆记录下当地族人常用的一些字词，收录了一些简单的苗文词汇，④并在1884年年底对贵州黑苗语⑤进行深入的调查。同年，负责贵阳内地会教会组织的巴子成（J. F. Brounmton）来到重庆开展传教工作。在当地苗族人的帮助下，他把威妥玛（Sir Thomas Wade）收集的一些简单汉语转写成苗语。庄延龄也收集、记录过一些苗文字汇，但记音不准，数量也极为有限。⑥ 法国教士邓明德的苗语字汇主要收录于《法苗字典》中，不过，目前作者没有找到这本词典，而在《云南苗族》一书末尾看到他所列的《法苗字汇》，⑦惜所有字词均为手写，辨认比较烦琐。此处所列词汇源于《倮倮·云南倮倮泼：法国早期对云南彝族的研究》一书。⑧ 日本人鸟居龙藏收录过旅行中所见闻的苗语，采用拉丁字母标音。其中有一部分苗语词汇直接引用前人所录，而另一部分为他本人所录。⑨ 克拉克所收的词汇为贵州东南部黑苗语。他声称已编撰一本苗语词典，共收词条1600多，还编写了一本英苗词典。这部词典现在已无法找到。不过，海恩波（Marshall B. Broomhall）所

---

① Deka. "Spoken Language of the Miau-Tsze and other Aborigines", in N. B. Dennys. *Notes and Querieson China and Japan*（*vol. I.*）Hongkong：Charles A. Saint，1867：131-132.

② Joseph Edkins. *A Vocabulary of the Miau Dialects*［J］. *Chinese Recorder and Missionary Journal*, Volume III, Foochow, 1870：96-9；134-7；147-9.

③ 这里的贵州苗主要是指贵州松桃靠近湘西地区的苗族。

④ Alexander Hosie. *Three Years in Western China*［M］. London：G. Philip & Son，1897：227-228.

⑤ 谢立山采用 Phö 来表示黑苗族。

⑥ E. H. Parker. *Up the Yang-tse*（*Reprinted from the 'China Review'*）［M］. Hongkong: Printed at the 'China Mall' Office，1891：272-274.

⑦ Paul Vial. *Yun-Nan：Miao-Tsze et autres*［M］. Vannes：Impr. de Lafolye frères，1908：51-62.

⑧ Paul Vial. *Les Lolos：Histoire. Religion. Mœurs. Langue. Écriture*［M］. Chang-hai：Imprimerie de la Mission catholique，1898：62-63.

⑨ 鸟居龙藏. 苗族调查报告［M］. 南京国立编译馆，译. 上海：商务印书馆，1936：155-195.

著《大清国》一书的附录列出了一部分黑苗语的词汇。[①] 此外,在《苗文研究》(Miao Studies)这篇文章中,克拉克不仅列出苗语字汇,而且对其进行了简短的分析。法国军人多隆氏记录他在中国苗族聚居区见过所谓的篆体苗文,收录于《苗族文字》[②]一文中,《中国少数民族语言》也同样收录有苗文字汇。[③]

以上所述西方人士收录苗文字汇,尽管与后来新创的文字都是采用拉丁字母,按照各自的拼写法则记录一些单词和词语,这个时期所记录的苗语大多数没有涉及声调,而且所记的字汇基本属于转写借用记写苗音的汉字,无法客观地书写出苗语的音位,可以说记音不准,不能算作真正的文字。

对苗语记载较详细且能顾及声调的,只有法教士萨维纳的苗法字典[④]与《苗族史》中第一章的苗语比较研究。厄斯歧洛(Joseph Marie Esquirol)曾在贵州贞丰传教,编写过《苗法—法苗词典》,[⑤]采用法语标记苗音单字,尽管兼顾了声调的书写,但是符号非常复杂,不易记写。记音比较准确的还有葛维汉。自1921年起,葛维汉开始收集川苗语词汇,对其进行深入研究之后,发现苗语的声调与读音均与汉语迥异。在早期收集字汇的时候,他曾在美国浸礼会国外传教会学习语音知识,为期一周。此外,他没有受过专业的语音训练,难以胜任记音的任务。1931-1932年他师从迪克逊(R. B. Dixon),在哈佛大学专研拉丁字母标音方法。在此之前,美国语言学家已应用这套标音法拼写美印第安语。实践表明,拉丁字母表音法更加易于认读,于是,在成都联盟语言学校校长蒙克利夫(J. E. Moncrieff)教授的帮助下,葛维汉学习了这套记音系统,并且将其应用于记写苗音。1931年伊利瑟夫博士(Dr. Elisseff)来到成都,葛维汉充分利用本次机会,请伊利瑟夫博士为他校对川苗词汇的标音。最终在蒙克利夫与伊利瑟夫博士的帮助下,川苗语记音更加准确。声调的书写主要采用数字标记于音节末尾右上角。这种记苗音的方式应用于记

[①] 参见 Marshall B. Broomhall. *The Chinese Empire. A General & Missionary Survey* [M]. London:Morgan & Scott,1907:421-427.

[②] L'écriture des Miao tseu', in D'Ollone, Henri, and Jean B. M. B. Guébriant. *Écritures Des Peuples Non Chinois De La Chine:Quatre Dictionnaires Lolo Et Miao Tseu* [Z]. Paris:Ernest Leroux,1912:274.

[③] D'Ollone, Le Commandant le Capitanine de Fleurelle, le Capitaine Lepage, le Lieutenant de Boyve.*Langues des peuples non chinois de la Chine* [M]. Paris:E. Leroux,1912:23-187.

[④] François Marie Savina. *Dictionnaire miao-tseu-français,précédé d'un précis degrammaire miao-tseu et suivi d'un vocabulaire français-mioa-tseu* [Z]. Hanoi:Imprimerie d'Extrême-Orient,1917.

[⑤] Joseph Marie Esquirol. *Dictionnaire 'Ka nao-français et français 'ka nao* [Z]. Hong Kong:Société des missions-étrangères,1931.

录苗族《开路歌》，其中有一部分节选于《川苗的故事与歌曲》[①]一书中。另外，凌纯声、芮逸夫的苗语记音也非常具有特色，而且比较准确。1933年凌纯声、芮逸夫在湘西对当地苗疆开展为期三个月的调查。为记录当地的苗语、苗歌，在没有文字的情况下，而且考虑到先前多种外来文字记写苗音不准确，他们采用国际音标来记音，只记音位（phoneme）。至于标声调，则采用赵元任先生的"声调字母"（tone-letter）。关于每个音位的描写，兼用中西语音举例说明，中国语音以国音为主，国音所没有的，以吴方音；西国语音以英语为主，英语所没有的，辅以法德语音。所举诸例，关于国音的，大部分是参考赵元任先生的《国语留声机教程》。（凌纯声等，2003：330；331）

葛维汉、凌纯声、芮逸夫采用国际音标记苗音，能够以书面的形式客观反映苗语的发音，无论是对于开展方言比较研究还是记录语言，都较前人的记音方式更为先进，从理论上来讲，应该成为记事的工具。但遗憾的是，汉字&西文字母记音没有声调，记音不准。国际音标符号比较繁杂，不易于学习、记忆，更不易于拼写和进行现代文字信息的处理，普及性不强，仅仅成为语言学家的工具，难以代替通行的文字。

第六节　创立文字

一、中国苗文的创制

以上所述汉字记音、西文字母记音由于记音不准、认读复杂等因素而不能担起通行文字之大任。但它们在一定程度上促进了后来苗族文字的创立，为其提供了一种思路。汉字记音的缺陷驱使湘西苗族有识之士仿造汉字的结构创制了方块苗文。克拉克所采用的西文字母记音为英国教士党居仁的文字创立提供了一种模式，而党居仁所创的文字缺失声调，鉴于此，柏格理坚定了改进文字的决心。

（一）湘西民间苗文

在深入探讨方块苗字的背景时，我们不得不考虑苗语这一独特语言体系

[①] David Crockett Graham. *Songs and Stories of Chu 'an Miao* [M]. City of Washington：The Smithsonian Institution，1954：55-71.

的复杂性。相对于汉语，苗语所包含的声母和韵母更为繁多。然而，由于汉字的固定性和限制性，其难以完整而准确地表达苗语的复杂语音体系，这成为苗族在书写、记录方面所面临的主要挑战之一。

方块苗字的诞生源于苗族文人对苗语表达的渴望和对汉字局限性的认识。清末时期，苗族文人开始积极思考如何更好地记录和传承苗族的口头文化，尤其是苗族民歌等传统文学。他们决定以汉字为基础，结合苗语的音韵特点，进行拆解、组合，创造一套更贴近苗语表达需求的文字系统。

方块苗字不仅是一种文字工具，更是苗族文化认同的象征。通过这种创新，苗族人民不仅能够更好地书写和传承本民族的语言，还可以解决过去使用汉字时遇到的记音不准、用字无定的问题。方块苗字的灵活性和适应性为苗族社群提供了更多表达方式的可能性，丰富了他们的书写和文学创作。根据文字创立和使用的地区，这套文字分为"板塘苗文""老寨苗文""古丈苗文"。民间的苗文除了湘西地区曾出现苗文以外，清末在贵州黔西县化屋乡，当地苗族杨维舟就用汉字偏旁部首创制过苗文；贵州威宁县张约翰等人也整理创制过两套苗文符号。（袁廷科，2010：100）

（二）传教士苗文

1840年鸦片战争后，中国进入了半封建半殖民地社会，在帝国主义的坚船利炮威逼之下，腐败无能的清政府丧权辱国，先后同英、法、俄等帝国主义国家签订了一系列不平等的条约。中英《天津条约》提出：英国人可在中国自行传教和去往内地游历、通商，其商船可往来于长江各口岸。英国人从此进入中国内地，传教士和商人也随着进入中国内地。1865年戴德生（James Hudson Taylor）在中国创立了内地会，早期内地会的传教活动仅限于中国大中城市。清光绪二年（1876）9月13日清朝与英国在烟台签订《中英烟台条约》，其中该条约的"另议专条"规定：英国取得"由中国京师启行前往偏历甘肃、青海一带地方，或由内地四川等处入藏以抵达印度的探路权利……"该条约的签订使英国得到了我国西南边境（西藏和云南）的所谓"条约权利"。不久之后，其他列强也"一体均染"获取了相应的特权。从此，中国西南门户洞开，外国的传教活动也因此从大城市向中国内地蔓延。

为了便于更好地传播宗教教义、教理，在苗族信徒的帮助下，传教士先后创制和推广了几套苗族文字。以下是各传教士在中国境内创制苗文的大体情况。

1. 党居仁苗文

1877年，英国传教士祝名扬（Charles Judd）由湖南进入贵州，与巴子成在贵阳购置开展传教活动的场地，设立"贵州省基督教内地会总会"。1884年，英国另一传教士白德礼（Charles Edmond Patriat）被派到黔西重镇安顺传教。1888年，又增派党居仁（James R. Adam）。党居仁到安顺后，设立了宣道会，购置土地，始建教堂，并开始与周边村寨的苗族频频接触。在此期间，党居仁开始学习花苗语。经戴德生的提议，他开始教苗族人吟唱基督教教歌。为了更加便于传教工作的开展，1903年至1908年间，党居仁采用拉丁字母开始为当地苗语创制书写系统，但与其他类似文字系统不同的是，这套文字没有声调符号。这样的文字对于拼写以声调为主要特色的苗语而言存在很大的缺陷。这套文字创制以后，曾经在一段短暂的时期内得以推行应用，但还没有来得及发展壮大就夭折了。

2. 滇东北次方言老苗文

滇东北次方言苗文就是书写大花苗（亦称为阿卯）语的文字。不同的文献对这套文字有着不同的指称。国内大多数的文献根据文字书写的方言，将其称为滇东北次方言苗文，也有的文献根据这套文字的发源地，将其称为石门坎苗文。国外的文献一般将其称为柏格理苗文，但实际上这样的指称不够恰当，因为柏格理仅仅是在草创时期对文字的创制做过贡献，柏格理去世后，这套文字经过了多次改良。鉴于此，本书将此套文字称为滇东北次方言老苗文。柏格理20世纪初来到中国石门坎，为了传教而学习苗语。由于当地苗族人无法识读汉字的经书，他决定创制苗族文字。在与当地人合作下，采用独特的符号，设计了简单易学的文字系统。然而，初创的文字存在缺陷，声、韵、调不全，一个符号同时表示两个音位，缺乏标调。经过两次改进，增加字母、声调符号，滇东北次方言老苗文逐渐完善，书写、印刷更为方便。这一文字系统由大字母和小字母组成，分别代表声母和韵母，小字母位置的高低表示声调的高低。

3. 克拉克苗文

1895年克拉克被派往贵州苗族部落开展传教工作，其间曾拜师潘秀山，向他学习苗语。在潘秀山等人的帮助下，克拉克采用拉丁字母创制了苗文，用来记录黑苗语。不过，这套苗文影响力极小，而且由于表音不准、当地苗族人更倾向于学习汉语以及当地反对洋教士的运动等因素，这套文字没有真正得以传播。

4.胡托苗文

传教士在中国境内创制的苗文多是以西洋文字母为符号,但其中也有教士采用奇特的符号来创制苗文,柏格理草创的滇东北次方言老苗文属于其中一例,另外的一例是胡托创制的注音文字。民国时期,胡托在凯里旁海传教,约在1920年他采用注音字母(NPS)取代了之前克拉克创制的罗马字母苗文。这种字母一部分基于汉字偏旁,另一部分仿造日本假名所创。当时的中华续行委办会决定将这套文字使用于传教工作。这套文字主要用于翻译《圣经》、圣歌,没有得以广泛推行应用。

(三)新创苗文

中华人民共和国成立后,苗族人民获得了政治翻身并与中国其他少数民族具有同等的权利。党和国家不仅诚心诚意帮助苗族人民发展经济和文化,而且非常重视苗族文字的创制。为创制出科学合理的文字,在中国共产党和人民政府的领导下,培养了大批包括苗族学者在内的语言学家。为准确划分苗语的方言、次方言、土语,给文字方案提供重要依据,中国科学院和中央民族学院曾多次派工作组到全国各大苗族聚居区对苗语进行了大规模的深入调查,1956年在贵州省贵阳市召开的苗族语言文字问题科学讨论会根据调查材料,将苗语初步划分为东部、中部、西部和滇东北四个方言(后将滇东北方言改为西部方言的一个次方言),决定为东部、中部、西部三个方言各创立一种文字,对滇东北次方言老苗文进行改革,采用拉丁字母书写。此后,根据"少数民族文字方案设计字母的五项原则",结合苗族文字方案(草案)的不足,对苗文方案进行了修订,做到苗文系统清晰、表音准确、字形美观、书写方便,在推行应用中受到苗族群众的欢迎。

二、外国苗文的创制

海外苗族聚居区通行面最广的苗文是RPA文字(老挝拉丁苗文),遍及越南、老挝、泰国、美国柬埔寨、澳大利亚、法属圭亚那、加拿大等国家。但是,在越南、老挝、泰国、美国除了RPA苗文之外,还曾经出现过其他苗族文字,因此本部分将这几个国家创立苗文的历史分别进行论述。从目前收集到的文献来看,柬埔寨、澳大利亚、法属圭亚那、加拿大等其他海外苗族聚居区主要使用通行面较广的RPA苗文,没有创立过其他苗文,因此这几个国家的苗文史不再单独叙述。

（一）越南苗文

在越南苗族中，白苗所占比例最大，其次为青苗。白苗栖居于河江、义安省，青苗居住于老街和莱州。苗族栖居地主要是越南北部的高地，历来非常渴望拥有本民族的文字。越南苗族有一个关于文字的传说："人类拥有文字之前，上帝从天而降，教大地上的所有民族学习文字。上帝教会了京族、汉族人，而对于栖居高地的苗族，他并没有教他们文字，因为他畏惧高地的艰苦生活。那时起，苗族人深感遗憾，穿行于全国各地寻找文字，但最终却未能如愿。"（Bao，1963：18）在法国占领越南时期，许多外籍教士来到此地，尝试创制文字，以此作为传播宗教教义的工具。但这些尝试都以失败而告终，山高路远，异常艰险，教士们很难到达这些地界。曾在越南尝试创制苗族文字的外籍教士有萨维纳与霍默·狄克逊（Homera Homer-Dixon）。

1. 萨维纳苗文

越南最早出现的苗文由传教士所创，比较典型的就是萨维纳苗文。萨维纳创制苗文的具体时间没有记载，只能根据他学习苗语和出版词典的时间段进行大致估算。他的《苗法辞典》（*Dictionnaire miao-tseu-français*）出版于1916年，所以创制文字应该在此之前。在创立文字之前，萨维纳栖居越南当地苗族聚居区。Trivière（1953：26）在《牧师萨维纳》一文中写道："萨维纳曾在越南老街城镇、沙巴周边苗族村寨学习苗语……"，米肖（Jean Michaud）在《偶然的民族志学者——法国教士在越南京东与云南边界的传教》（*Incidental' ethnographers：French Catholic missions on the Tonkin-Yunnan frontier，1880-1930*）一书中也写道："一些法殖民地的作者都曾指出，苗族人一般都不愿意前往老街城镇，更不用说在那里栖居。为学习苗语，萨维纳肯定在老街与当地苗族人居住一段时间。他一定待在第四战区的一些要塞。"（Michaud，2007：173）尽管萨维纳所创的文字后来没有得以推行与应用，但是这套文字所编写的《苗法辞典》却得到同行专家的高度评价，较为全面地考察了苗语，甚至比邓明德1908年出版的法苗小词典收词更为全面。这套文字仿造于越南文而成。1911-1925年期间萨维纳共出版四本小词典，还有八种语言的大词典，总共5000多页，考察了十几种语言。几乎所有的词典都是基于第一手调查资料。学习苗语、创制文字的目的应该与编写《苗族历史》一书有关。为了获取第一手资料，他深入苗族聚居区开展调查工作，笔记均采用法语和苗语，苗语是用越南文来拼写。米肖认为萨维纳在当地进行访谈时可能使用了苗语、越南语，还有可能使用了法语。

2. 霍默—狄克逊苗文

1939年，美国传教士霍默—狄克逊创制了一套文字，用于拼写同青苗语相似的一种越南苗语方言。这套文字借用越南文字母书写苗语，同时借用越南文中萨维纳苗文没有借用过的符号。这套苗文同萨维纳苗文一样，只有六个声调符号。从文字样本来看，这套文字的符号似乎也不完整。霍默–狄克逊在越南老街沙巴时期，曾在高地上努力学习苗语，使用自创的苗文编写三套学习书册。第一套书册旨在教授苗族人学习认读本民族的文字。这套书图文并茂，每一个字母的发音都配有图片。第二套是宗教教义手册，每一页都配有图片，以助读者更好地理解。第三套是音乐教学的书册。总的来讲，这套文字没有传播开来，影响力很小。

3. 越南政府创制的苗文

越南境内，除了传教士创立过苗族文字外，越南北方政府也曾帮助苗族创立过文字。与泰国政府对待少数民族语言文字不同的是，早在1945年，越南民主共和国政府就支持拥有本民族文字的少数民族在初级教育中使用民族语言与文字。对于文字方案的设计，越南政府规定使用越南文字母拼写苗语。越南创立苗文的时间与中国政府帮助苗族创立和改革文字的时间大体一致，也是在1956–1957年间。这套文字创立以来，主要用于编写一系列识字教材，为老街沙巴等苗族地区的扫盲工作带来了一定的成效。但是到了20世纪90年代后期，这套文字不再被苗族人使用，现在能识读这套文字的人也是寥寥无几。

4. 杨雄录苗文

20世纪50年代末，越南苗族聚居区出现了苗族本土人自创文字的案例，杨雄录便是创制者之一。根据相关文献，杨雄录从未习文断字，但他却成功地为越南、老挝苗族人创制了"救世文字"，这不得不说是苗族文字发展史上的一个奇迹。这套文字外形奇特，杨雄录将其称为上帝所赐的文字，追随者对此深信不疑。学习、使用这套文字的苗族人都以为这正是失而复得的古文字。杨雄录受到越南、老挝苗族人拥护、爱戴、追随的同时，他的影响力逐渐引起越南北方政府、老挝巴特寮政府的重视。他先是遭到越南北方军队的追捕，后来在老挝龙镇（Long Cheng）遇害。不过这套文字的传播没有因此而停息，在王泽贵等后人的努力下，文字先后在越南、老挝、泰国、美国苗族聚居区内广泛传播。

（二）老挝苗文

语言学和人类学家通常将传统的苗族社会描述为无文识（non-literate）或前文识（pre-literate）的社会，也就是说，在这样的社会里，没有普遍被人接受的、常规性的文字。斯莫莱将前文识的文化定义为"……孩童从出生到成长，成人从成长到死亡均没有读书写字的强烈欲望。在他们生活的社区里，他们并没有因为缺失通过书面符号交流的能力，而在文化上低人一等，相反，他们可以正常生活。对他们而言，读书、写字并没有成为生活中重要的一部分。"（Smalley，1976：2）20世纪50年代前，老挝的苗寨里没有学校，没有报纸、没有书本，没有符号。学习知识，主要依靠传统的口耳相传。后来战争爆发，运输业、晶体管收音机快速发展，苗寨里的人逐渐与外界接触。即便如此，针对苗族人的文化教育也极为有限。1939年之前老挝当地苗寨的小孩根本没有机会上学，尽管之后苗族地区的学校数量有所增长，一些地区仍然没有学校。根据美国苗族杨道博士（Yang Dao，1975）在《老挝苗族发展史》（*Les Hmong du Laos face au développement*）一书中的论述，一些山区的识字率甚至不及1%。在有学校的区域，学习的主要内容也只是老挝语。苗族小孩上学也是从学习认读老挝文开始，此后所有的教科书全都采用老挝文，授课也是用老挝语。如果授课的老师是苗族人，老师或许使用苗语辅助教学，待学生掌握一定的老挝语之后，就开始用老挝语教学。如果老师是老挝人，所有的授课全部都采用老挝语，因为能说苗语的老挝人寥寥无几。①

1. 民间传说的文字

老挝早期的苗族文字与苗族救世运动有所关联，最早出现的"救世苗文"创制于1919至1921年，据说创制者是老挝苗族人吴巴金（Paj Cai Vwj）。这套文字的创制背景与20世纪初吴巴金领导老挝苗族起义军抵抗法国殖民者的战争紧密关联。法军将这场起义视为"疯人之战"（War of the Insane）。吴巴金将自己视为苗族人的救世主，声称在老挝奠边府建立了苗族独立王国。尽管有关这场战争的记载文献数量有限，但确有相关论述表明吴巴金曾有可能创制过苗文。例如，艾丽顿（Isabelle Alleton）在《中国与越南边界的苗族——

---

① Center for Applied Linguistics. *The Hmong language: sounds and alphabets* [M]. Arlington, Va: National Indochinese Clearinghouse, Center for Applied Linguistics, 1982: 24-25.

疯人之战》(*Les Hmongs aux confines de la Chine et du Vietnam：La revolte du fou*)一文中写道："苗族起义军头领在没有发动起义的苗族村寨里散发印有苗文的传单，号召苗族同胞拿起武器，共同抵抗法军的侵略。"（Alleton 1981：31-46）艾丽顿进一步指出，吴巴金在散发的传单上向村民宣称自己就是古代苗王，此外，他在神奇的布块上写下一些人们从未见过的字符，声称这些字符可以护佑苗族起义军，保护他们在作战时不受伤害。王富文在《政权与反叛——泰国北部的白苗》一书中也有过相关的论述："吴巴金从上天返回人间的途中[①]遇到了'四个可以习文断字的疯子'，于是他用一个字向世人传达上天的指令；吴巴金死后，他留给妻子一块铜币作为遗物，上面刻有神秘的文字。"（Tapp，1989：130）

吴巴金创制的苗文目前已经难以寻到踪迹，作者在美国明尼苏达大学访学期间曾对一些美国苗族学者进行过访谈，他们均表示从未听闻吴巴金创立过文字。但是认识他的苗族人声称确实见过他生前创制的苗文。美国圣母大学杜菲教授（John M. Duffy）对年长的老挝苗族人陆旺宝（Lue Vang Pao）进行访谈时曾向他询问见到吴巴金苗文的情形。陆旺宝用肯定的语气表示，他在年幼时，吴巴金领导的苗族人起义军来到他所栖居的村寨，苗军将全村人聚集在一起，给他们阐释地球的起源、苗族独立王国的灭亡过程以及战争的缘由。以下是杜菲教授对陆旺宝访谈时所做的记录：

> 我见到了吴巴金和他的士兵，他们作战很勇猛。我还见到了他们使用的文字，这些文字正是苗族文字。他们砍下竹子，拿到锅里去煮，将其捣碎，然后用勺把竹浆舀到布块上，再将布块上的薄层撕下来，用鸡毛在上面写字。他们使用一种浓墨汁，用鸡毛蘸上墨汁来写字。写完后，他们向人们详细讲解从洪水滔天到苗王问世的所有过程，而所讲解的这一切都是用苗文来记载。（Duffy，2007：53）

遗憾的是，这套文字样本没得以保留，已经销声匿迹。

吴巴金是否真正创制过苗文，目前很难考证。基于海外民间的传说，可

[①] 传说吴巴金（Pa Chai Vue）原本为老挝一个普通寻常的苗族村民，有一天他意外接到天王和地王（Lub Ntuj Lub Teb）的召唤，极不情愿地来到天堂。他进入一个用砖砌筑的巨大宫殿，里面闪着金光。在大殿里，天王和地王向吴巴金宣称，他们此前将他从天堂派往人间，与苗族人生活在一起，教会他们更好地生活，但是他没有完成使命。因此，天王将吴巴金再次派回人间，让他教会苗族人改换方式，过上健康、幸福、富裕的生活。

以看出，吴巴金所创的文字与海外苗族的救世运动有所关联。海外苗族聚居区有很多"救世文字"，具有显著特征：文字的创制者都自称为预言者，他们可以预示苗王即将降临，向苗族民众传授新文字。这些文字同苗族人的文化生活、政治生活、心灵的重生息息相关，因而又被称为代表心灵的苗族文字。美国语言人类学家斯莫莱（1996）在《苗族文化与文字》（*Hmong Culture and Written Language*）①一文中共梳理出8套类似的文字（见表1-1）。

表1-1 "救世苗文"

（Hmong Messianic Writing System，or Hmong Spiritual Writing Systems）

文字名称	文字类型	发源地	创制者	创制/发掘的时间
吴巴金苗文	未知	越南、老挝	吴巴金	1919-1921年
杨雄录苗文	字母文字	越南、老挝	杨雄录	1959-1971年
熊智苗文	未知	老挝	熊智	20世纪60-70年代
邵毅苗文	未知	泰国班维奈难民营	邵毅	1976年
沙耶武理苗文	音节文字	泰国清康难民营	侯嘎旺	1983年
杨硕苗文	未知	老挝釜边山	杨硕	20世纪80年代
刺绣文字I	未知	泰国班维奈难民营	苗语教育基地	1990年
刺绣文字II	未知	美国加州弗雷斯诺	杨友亚	20世纪90年代初

上表所列的8套文字中，目前找到相关资料的只有杨雄录苗文、沙耶武理苗文以及刺绣文字，在下文中将做具体论述。

2. 老挝拉丁字母苗文

老挝拉丁字母苗文原名为 Romanized Popular Alphabet。目前国内学术界对其尚没有统一的指称，国内的一些苗族人与学者把这套文字称为"国际苗文"，也有的将其称为老挝苗文。根据作者的考察，这样的指称仍有待斟酌，主要有几个方面的原因。

首先，这套文字的英文名称 Romanized Popular Alphabet 并没有体现出"国际苗文"的真实含义。该名称实际上是指通用的罗马字母文字。这里的"通用"并非指这套苗文得以通行应用，而是指罗马（拉丁）字母在世界范围的通用性。多数西方学者将其简称为 RPA，或 Hmong RPA，斯莫莱本人称其为

---

① William A. Smalley. *Hmong Culture and Written Language.* Paper Presented at the Hmong Stout Student Organization Conference. Menomonie，WI，March 30，1996.

拉丁文字，也有很多学者沿用这样的指称。① 纵观西方的学术性文献，作者并没有发现"国际苗文"之说。就文字的拼写功能而言，这套文字不具有跨方言拼写的功能。苗语有东部、中部、西部三大方言，另外还有川黔滇次方言，目前各套方言分别使用不同的文字来拼写。所谓的"国际苗文"仅仅用于拼写西部方言。西部方言又包括白苗和青苗两种次方言，但这套文字对两种文字的拼写均不具有同等的拼写功能，它主要适用于拼写白苗语。由此看来，将 RPA 翻译为"国际苗文"显然不妥。那么究竟应该采用什么样的翻译呢？我们似可从现有苗文的命名方式中获取一定的借鉴。纵观中外苗族文字的创制史，不难发现，一些文字是以创制者来命名，如柏格理苗文、党居仁苗文、胡托苗文、杨雄录苗文、萨维纳苗文（越南）、龚泽旺苗文（美国）。不过，基于创制者的名字来翻译 RPA 也不够准确。因为 RPA 的主要创制者有三位，分别为恩保羊、斯莫莱、巴尼。这套文字的创制得益于三人的共同协作。在创立文字的过程中，三人有着明确的分工。因此，无论是以三个创制者中哪一个来作为这套文字名称的翻译都不能客观反映出文字的创制史。以文字的创制地点为新创的文字进行命名也不在少数，如石门坎苗文（柏格理苗文的另一种指称）、花垣苗文、老寨苗文、沙耶武理苗文（老挝）等。不过，采用地点名称来翻译这套文字，将 RPA 译为老挝苗文，也有不妥之处，因为老挝境内曾经出现过很多苗族文字，以地名为基础来翻译这套文字不易于辨认。以文字所拼写的方言来命名一套文字的案例为数不多，但它却客观地存在着，如滇东北次方言苗文、川黔滇方言苗文等。但这种方式根本不可能用来翻译 RPA 苗文。因为海外苗文拼写的方言均为西部方言。如果采用这样的方式来翻译文字的名称，那么就会增加对其辨认的难度，国内学者极有可能将其与中国政府创立的西部苗文混为一体。也有采用文字所使用的符号名称来命名所创的文字，如 Lao-based alphabet（寮字苗文）、Thai-based Writing System（泰字苗文）。如果采用此种方式，按照字母的字面意思将其译为罗马通用文字或拉丁字母文字，这样也不便于辨别。因为斯莫莱等人在创制文字的时候，尚难以对苗族文字的发展趋势做出正确的预测。1956 年中国政府采用拉丁字母为中国苗族创立了文字，如果直接按其字面将 RPA 翻译为拉丁字母，这不利于国内学者辨认，甚至会将两套文字混为一谈。单就海外苗文来讲，"拉丁字母苗文"的翻译足可将这套文字与其他文字区分开来，但如果从全球的视野

---

① William A. Smalley. *Reasons for Writing Hmong* [C]. Hmong International Symposium St. Paul/Minneapolis, August 26-30, 1995: 2.

来看，这样的译文显然不恰当。RPA 名称的翻译之所以存在如此之多的问题主要存在几个方面的因素。首先，当时创制者无法预估拉丁字母应用于苗文创制的未来趋势。另外，由于历史等客观因素，海内外均出现过多套苗族文字，使得我们对这一套文字的辨认更为复杂，而这一点因时空的制约未能作出准确的预测。从以上的论述来看，任何单一的命名方式都难以对 RPA 的名称翻译提供有益借鉴，需要采用复合的命名方式。湘西方块苗文的命名是基于地名 + 文字的特征；怀特洛克老挝语字母苗文是根据人名 + 创制文字的符号名称来命名。基于这样的分析，本书采用加注与直译的方式来翻译 RPA，译为老挝拉丁字母苗文。①

尽管有传言称吴巴金曾在老挝创立过苗文，但毕竟后人无法寻到文字踪迹，由此可以大致推测，20世纪50年代以前，老挝苗族是没有文字的，记事主要采用口述与记事符号。苗族小孩接受的识字教育主要是村庄小学、军方提供的识字培训课程，均以老挝文为主要载体。从可考的文献来看，老挝苗文的创制与宗教传播密切关联。自1940年以来，新教开始在老挝以北的川圹省②传播。二战爆发后，传教遭到严重侵扰。1949年一对年轻教士夫妇来到川圹，重启传教工作，学习老挝语言。与此同时，天主教开始在苗族聚居区传播，但苗族人漠然视之。由于没有教士能懂苗语，传播教义都只能依赖于翻译。（Barney，1967：211-222）采用外来语言文字开展传教工作显然不利于本土族人的理解，难以收到明显的效果。这种形势一直持续到新教教士巴尼、斯莫莱和天主教士恩保羊三人的到来。为了推动老挝传教事业的发展，在当地人的协助下，三人最终制订了书写苗语的方案。

3. 巴特寮老挝苗文（The Pathet Lao Alphabet）

印度支那战争爆发时期，老挝王国军队与巴特寮均有苗族参与战争，于是有人开始仿照老挝文分别为双边苗族人创制不同的文字系统。第一套文字创制于20世纪60年代末，文字创制者主要是老挝共产党、越南共产党。这套文字的一部分拼写符号主要借用同苗语音值相似的老挝文符号，但为数不多。还有另外一部分符号则是在老挝文的基础上进行修改，在此基础上新增17个符号，用于书写其余的苗语声母。除了不规则的 d- 声调（214调）之外，所有的语音都可以由对应的符号来书写。这套应用老挝文创立的苗文与拉丁苗

---

① 在本书的论述中，为了避免重复，有时候将其称为 RPA 文字，有时候称 RPA 苗文，有时直接用 RPA 表示。

② 苗族人大概于19世纪20至40年代迁入老挝川圹省。该地区的苗族人栖居于海拔4000-8000米的高地，仍然保留着刀耕火种的农业生产模式。

文在符号组合的顺序与结构上存在根本性的差异。巴特寮老挝苗文在某些方面仍然保留老挝文的拼写规则，即韵母符号排列于声母周围。不过，这套文字的书写方式又与老挝文有所不同，即每一个声调均由不同的符号来表示。但是这套文字没有得到广泛推行。

4. 怀特洛克寮字苗文

在老挝苗文发展史中，采用老挝文拼写苗语产生两套文字系统，第一套由老挝巴特寮政府官员所创；另一套由传教士斯莫莱与怀特洛克所创。斯莫莱在老挝同巴尼、恩保羊创立老挝拉丁字母苗文，并将其应用于传教。然而，不久之后，老挝拉丁字母苗文面临老挝王国政府的强烈反对，新教徒不得不停用这一文字系统。在迎合老挝政府的语言文字政策的同时，也考虑到更有利于苗族人的学习需求，因此，他们做出了决定，选择采用老挝文拼写苗语，以确保苗族文化传承和苗族语言发展在当时老挝的政治环境中能够得以顺利进行。与巴特寮老挝语字母苗文不同的是，怀特洛克苗文在声调的书写方式上尽可能遵循泰文和老挝文的方式。苗语的音位明显多于老挝语，但是怀特洛克并没有创立新的声母符号，而是采用字母组合的形式拼写苗语中有而老挝语中没有的音位。

5. 沙耶武理苗文

老挝境内出现的苗文数量较多，其中有传教士为苗语创制的书写系统，有政府创制的文字，也有民间人士自创的文字，另外还有神赐苗文之说。起源于越南，在老挝传播的杨雄录苗文就与神赐苗文有所关联。杨氏苗文问世20多年后，老挝沙耶武理省再次出现神赐苗文的说法。1983年老挝苗族青年侯嘎旺（Nkaj Vas Hawj）向联合国难民事务高级专员辖下的陆军校级军官妮娜—维姆蒂科索尔（Nina Wimuttikosol）提交了一套手写文本，共分9卷，图文并茂，无人能识。侯嘎旺称，手稿上的文字由神传给他的父亲，然后再由他的父亲转交给他留存。父亲告诉他手稿与苗族的救世运动有关，已有706年的历史，存放比较隐蔽，主要用于宗教仪式。不过，这套文字从未得以推广使用，知道这套文字的人为数不多。

6. 王祝义文字

1976年，18岁的学生王祝义（Tysuj Yig Vaj）在老挝万象开始创制苗语生活常用的文字（苗语名：Ntawv Neej Hmoob）。在选择文字方案的时候，他曾考虑过借鉴和仿造杨雄录苗文和老挝拉丁字母苗文，很快就放弃了这样的想法。他认为杨雄录的 Pahawh 文字属于苗族救世运动的产物，不利于识字教育的发展，而且学习这套文字可能会卷入危险的政治波澜当中，这令王祝义深感担忧。至于老挝拉丁字母文字，他认为此套文字系统过于复杂，有时候表达一个简单的音位就需要很多的字母（如 ntxh）。由于对现有文字感到不满，他选择自创一套新的苗文。（Ogden，2008：151-153）这套苗文也属于仿造的文字，其创制原理有点类似于汉字，共有62个声母、14个韵母、7个声调。1997年他在美国出版了自己所创文字的基础教程，并将这套文字命名为"Ntawv Neej Hmoob"。这套文字首创于老挝，但直到创制者定居美国之后才着手推行。但至今为止，这套文字没有在苗族聚居区得以真正推行应用。

7. 熊哲智文字

这套文字的创制者是老挝苗族人熊哲智（Cher Ze Xiong），创制地点在老挝。印度支那战争爆发后，他曾到过俄国、美国波特兰求学。回国几年后老挝王国政府瓦解，之后他跟随苗族难民大军前往泰国、美国避难，并且在芝加哥定居。这套文字创制于20世纪50年代后期，20世纪末熊哲智出版了这套文字的基础教程，然而这套文字在国外苗族聚居区的推行面极为有限。除了创制者本人之外，估计只有另一个名叫熊钟正（Coj Tseeb Xyooj）的苗族人学习过这套文字。

8. Ntawv Hmoob 92苗文[①]

海外苗族聚居区还有一种人们称为苗族力量的文字（Ntawv Hmoob Tsa Hwj Chim）。[②]1992年一群名为"东南亚苗种"（Noob Hmoob Xov Tshoj）的苗族人开始推行这套文字，不过这套文字创制的时间应该是在1968年。有关这套文字创制背后的故事颇为神秘。据说有一天，一个苗族人做了一个梦，梦见上天有人将他带到一块田地。他在那里看到很多的家族，来自世界各地的族群部落。这时，从天上来的那个人，带来了上天的旨意，并且当众宣读旨意。最后他告诉那名苗族人，苗文种子已降临老挝，但一直以来无人能够找到这粒种子，因此无法使用。这就是为什么老挝苗族人后来创制了很多文字，约12套。天上的差官告诉这个苗族人去找寻苗文种子，如果能找到，他就可以在苗族人中开始推行。不过，差官告诉他，这套文字很奇特，需要由他来释读文字之意。直到1992年那位苗族人才能真正理解文字之意。此后，他开始在"东南亚苗种"中担起大任，终于在1992年创制了这套文字。后来，这位苗族人又梦见原来的差官对他说，既然你已经创制了这样的文字，取得如此之大的成就，从此以后，苗族人不再创制、使用其他的文字。因为东南亚

---

① 有关这套苗文的论述主要基于作者2017年对美国明尼苏达州圣保罗苗族书店（Hmong ABC）店长熊玉平（Yuepheng Xiong）的访谈。

② 也有人称其为"2500苗文"（Ntawv Hmoob 2500），还有人将其称为1992苗文。

苗族人已经寻到了苗文之根。这套文字的声、韵母主要由苗族的氏族名构成。由于有关这套文字的介绍仅限于"RPA苗文"的文献材料，因此极少有人了解这套文字。

这个故事涉及到梦境和上天旨意等超自然元素，并反映了海外苗族人对文字起源的神秘化和神圣化的信仰。他们将文字的创造过程与神灵和神秘力量联系在一起，表达了对文字的尊重和崇拜。此外，这个故事也反映了苗族人对自身文化传承的关注，文字的创造被视为一项神圣使命，是苗族人维护本民族文化和身份的一种表现。

（三）泰国苗文

泰国苗族文字的创制历史可以追溯到二战前，但这个时期该国对少数民族文字的创制不够重视。来自缅甸的一些克伦族基督徒开始与泰国边境的克伦族接触，缅甸普遍使用的布韦文字也因此传入泰国，开始在当地推行，但推行面并不广泛。

1. 特朗文字

1932年，越南传教士特朗（C. K Trung）借用泰文字母来拼写青苗语，却有别于泰文的拼写方式。根据泰文的拼写习惯，韵母应该置于声母之前、之上或之下，但有趣的是，这套文字韵母置于声母之后，类似于老挝拉丁苗文的拼写。这套文字仅仅用来出版了少量的《圣经》，此外，既没有用于识字教育，也没有用于传教。载有这种文字的文献目前几乎踪迹全无，只能在《音素与拼写：泰国少数民族语言计划》的书上找到残缺的样本。[①] 以下是作者根据图片整理的文字。

วักย ซี่ ล่เง ตี่ อั่ว ครเาย้ใ
มเา ม๋า- ถุ่ง, ม่า ล่เง คี่ ข่าว กู ล่เ กี่ คี่ คั่ย ล่เา น๋า ฮล่ั่ว ฮา ย่าว
กู ล่เ เม๋า

图1-5 特朗仿造泰文创立的文字

2. 怀特洛克泰字苗文

泰国政府在创立少数民族文字工作上没有起到主导性的作用，因此，为

---

① 参见 William A. Smalley. 1976. *Phonemes and orthography: language planning in ten minority languages of Thailand* [M]. Canberra: Dept. of Linguistics, Research School of Pacific Studies, Australian National University, 1976: 9.

少数民族创立文字成为外籍教士关注的焦点。1958年，斯莫莱在泰国清迈主持为期一周的学术研讨会，主要探讨使用泰文拼写少数民族语的问题。当时很多传教士都主张采用外来文字拼写泰国少数民族语言，但也有部分教士坚持采用泰文拼写少数民族语言，并且积极商讨如何形成文字方案。选取泰文符号创立民族文字也出于该国少数民族对泰国文化与教育的态度转变。移入泰国之初，很多苗族人对泰国文化与泰文教育不感兴趣，后来在生活、贸易、接受教育等方面，苗族人与泰国人交往越来越密切，他们需要学习泰国文字，了解泰国文化。在这样的背景下，一些文字创制者认为，采用泰文拼写民族语言可以为少数民族今后学习泰文做好铺垫。

有部分教士已经尝试性地开展了泰文教育，但是与说少数民族语言者进行交流的问题至关重要。在少数民族地区，要认识泰文，熟练掌握泰文需要很长的时间。此时，教士们看到采用泰文拼写少数民族语言可以很好地帮助民族学生学习泰文。因为以这样的方式，山地民族就能很容易学习拼读、拼写他们已经熟悉的语言，而不需要在学习泰语的同时还要学习泰文。相反，一旦泰国苗族学会拼写本民族语，他们同样也可以用这样的方式去学习拼读泰文。从教学法的角度来看，这一点也很合乎情理。山地民族想要与泰国人进行交流，他们必须学习泰文。当他们学会用泰文来拼写本民族语言时，就可以增加他们的语言学习优势。（Nida, 1949: 16-20）在这样的背景下，泰国少数民族语言都采用泰文来拼写，苗族文字当然也不例外。

外籍传教士在泰国传教时，老挝拉丁苗文已经传入当地苗族聚居区。但当时真正能使用这套文字的当地苗族人为数不多，不到100人。而在老挝，已经有很多苗族人在学习这套文字。此外，老挝拉丁苗文所载的读物在泰国数量也仅限于《圣经》《赞歌》等，对于开展识字教育还未能发挥重要的作用。在泰国的传教士都认为应该仿造泰文的书写方式创制苗文。1958年他们开始进行尝试，探索创制这套文字所需的准备工作，其中斯莫莱与怀特洛克做出了巨大的努力。当时在泰国的一个村寨里，泰字苗文比拉丁字母苗文更受到村民们的青睐。怀特洛克以及她的几位白苗助手准备了几套识字教程。他们将原先拉丁字母苗文又改写为泰文记苗音，但收效甚微。怀特洛克后来去了老挝，因为当时老挝有更多的苗族人热衷于学习苗文。泰国推行苗文的工作也一直在持续，但是也没有能够激起当地苗族人的学习兴趣。

寮字苗文与泰字苗文的创制工作几乎齐头并进，两者之间相互借鉴经验。老挝文的字母数量不及泰文字母，因此对于处理拼写苗语方言中缺失对应字母的音，两者各有不同之处。不过，寮字苗文的应用面要比泰字苗文广泛。

究其原因，老挝苗族教徒数量远大于泰国，他们对学习认字产生强烈的需求。另一个重要的原因是，老挝政府有明文规定，苗文识字教程的编写只能采用寮字苗文。

3. 刺绣苗文

在泰国除了传教士仿照泰文创制苗文之外，苗族民间亦有人士曾经做过尝试。1988年苗族人熊纳德（Nom Dawb Xyooj，后移居美国威斯康星州）等人在泰国班维纳难民营决定重新恢复苗族人在远古时期曾经遗失的文字，他们仿照苗族刺绣上的精致图案，创造了一套文字。创制者声称他们已经寻回了苗族古老遗失的文字。（Lee，2010：48）为创制文字，熊纳德与苗族教育基金会成员首先收集了大量远古时期与现代的刺绣样本与图案，细细考究，然后对其分门别类。（Ogden，2008：153-154）他们最后从图案中提取苗文字母的形状，并将其命名为 Qauv Ntaub Quav Ntawv Hmoob——苗族图形文字。[①]

（四）美国苗文

美国苗族聚居区出现的苗族文字来源有几种。第一种是原先创制于老挝、越南等东南亚苗族聚居区，后来传入美国苗族聚居区的文字，如老挝拉丁苗文、杨雄录苗文、刺绣苗文等。另外一种是美国当地教区牧师与美国一些苗族人自创的文字，推行应用面极其狭窄，鲜为人知。20世纪80年代，随着越来越多的苗族信徒移入美国，美国基督教联合会自由福音教会（United Christians Liberty Evangelical Church）苗族牧师龚泽旺创立了一套刺绣文字。文字原名为 Nyiakeng Puachue（ꧏꦁꦃꦁꦠꦉꦏꦉꦏꦏꦡ，用老挝拉丁苗文表示为 Ntawv Nyiajkeeb Puaitxwm Hmoob，古苗文）。Ntawv 意即"字母"，Nyiajkeeb 起源，Puaitxwm 表示"完整"之意。这套文字用于拼写白苗和青苗两种苗语方言。文字又以其创制者命名为 Ntawv Txawjvaag 'the Chervang script'（龚泽旺文字）。文字使用范围仅限于龚泽旺所在的教堂以及少数苗族人中，主要用于印刷资料，出版光碟。据说这套文字还使用于老挝、泰国、越南、法国、澳大利亚。这套文字还有其他的命名，Hmong Kong Hmong（ꧏꦁꦃꦁꦠꦉꦏꦉꦏꦏꦡ，Ntawv Hmoob Koob Hmoov，苗族福音文字），另外还叫 Pa Dao Hmong（ꧏꦁꦃꦁꦠꦉꦏꦉꦏꦏꦡ，Ntawv Paj Ntaub Hmong），意为"刺绣文字"。1995年龚泽旺接受访谈的时候，表示在美国至少有3500苗族人能够读写这套文字，数

---

① 这套文字的命名基于 ntaub ntawv，将"布料"与"纸张"结合在一起，表示读与写，富有诗意。从词的组合来看，刺绣与文字长期以来紧密相连。Qauv 指图案，如刺绣图案。因此这一命名显然体现出深层次的苗族文识，尤其是 paj ntaub 暗表苗族文字失而复得。

量估计还会逐年上升。(Na Vangay, 1996：61)

近年来，一些国外苗族社区，尤其是在美国中部，开始尝试推行一些新的苗族文字。这些文字并非由政府或相关机构创制，而是由生活在国外的苗族民间人士所创。尽管这些文字的推广范围有限，但它们的出现为苗族人提供了一种重要的方式来表达自己的文化身份和认同。这也体现了苗族人在国外社区中努力维护和弘扬本民族文化特色的努力。

在海外苗族聚居区，拉丁字母苗文等外来文字的广泛推行引发了苗族人对文化认同的深刻思考。他们认为这些文字带有欧洲殖民主义文化的烙印，因此，探求一种真正反映苗族本民族身份的文字已成为十分迫切的任务。正是在这样的背景下，2007年詹姆斯（Ian James）撰写《苗族新文字——基于东南亚文字模型的理论通用》（*A New Script for the Mong Language：Based on a Theoretical Generic Southeast-Asian Orthographic Model*）一文，[①] 提出苗文新方案的构想。新创的苗文既要体现东南亚文字的书写特征，还要力求表音功能的完善。根据这一宗旨，文字方案主要采用帕拉瓦文字符号。在拉丁字母传入东南亚以前，绝大部分东南亚国家使用的新创文字大部分以帕拉瓦文字系统为基础，如目前能见到的缅文、泰文、寮文、高棉文皆基于帕拉瓦文创立而成。鉴于此，詹姆斯认为基于帕拉瓦文所创的文字比较符合东南亚民族的文字观。

本章节较为全面地梳理了中外苗族文字创制的大致历程，并且分别将其划分为不同的几个阶段，与先前相关研究对苗族文字发展时期的划分有所不同（见表1-2）。国内较早对苗族文字历史时期进行划分的代表性学者是姜永兴，他在所著题为《苗文探究》的论文中将苗族创造文字的历史划分为三个时期：苗文的萌芽时期——相当于苗文古代时期，苗文创制的尝试时期——相当于苗族近、现代时期，苗文形成统一文字时期——20世纪50年代以后。(姜永兴，1989：112) 但基于本书的研究，作者认为不应该将苗文的古代时期列为苗文的萌芽时期，因为古苗文是否真的存在，目前的论据尚不充足。此外，现代时期的苗族文字也并非与古书中所记载的苗文一脉相承。另外，斯莫莱（Smalley，1990：149）在简述中国苗文历史的时候，将多隆所记载的文字视为篆体苗文，但从前文的论述来看，目前没有充实的论据能够证明多隆所记载的文字属于苗文。基于本章节的论述，中国苗文的历史应该始于汉

[①] Ian James. "*A New Script for the Mong Language：Based on a Theoretical Generic Southeast-Asian Orthographic Model*", published on http：//skyknowledge.com/newmong-details.htm, August 2007.

字记苗音与西文字母记录简单苗文字汇时期。因为这段时期应用了真正的文字符号去记写语言，这与此前的草标、数豆子、结绳以及刻道有了本质性的区别，不再是简单的记事符号，而是真正的文字。不过，这样的文字在表音上存在很大的缺陷，不能准确地记录苗语，因此这个阶段不属于苗文创立时期。后来由于汉字记音不准，清末民初，一些苗族民间人士仿造汉字的形式创制了方块苗字。西洋教士也意识到机械地使用西文字母记写苗音导致表音不准的问题，于是各自采用不同的方法创制不同的苗文，但是他们创制的文字仅仅在各自的苗语方言区使用，推行范围极为有限，没有能够形成统一的文字，因此这个阶段应该属于多套文字创制时期。中华人民共和国成立之后，党和政府应用拉丁字母为三大方言创立了文字并且改革了滇东北次方言苗文，此后的这段时期除了滇东北次方言使用三套不同的文字外，东、中、西部方言已形成统一使用拉丁文字的时期。

　　海外苗文发展史起步较晚，而且早期的文字类型也比较单一，主要是传教型文字，但这些文字均没有得到真正地推行使用。到了20世纪五六十年代，海外苗族聚居区进入多套文字创立的时期，涌现了老挝拉丁苗文、杨雄录苗文、怀特洛克寮字苗文、老挝巴特寮苗文、越南政府苗文等多套苗族文字。海外苗族聚居区在这个时期出现了多套苗族文字，所有文字同时推行应用，书写着几乎相同的苗语方言。这段时期属于多种文字创制时期。到了20世纪80年代，老挝拉丁苗文在书写、学习、文字信息处理方面逐步体现出自身的优势，成为海外苗族聚居区通用的文字，但与此同时，还有其他的群体也在极力推行其他的文字。这个阶段应该属于拉丁文字为主、多种文字并存的时期。

表1-2　中外苗族文字历史阶段比较表

中国苗文史		外国苗文史	
年代	文字时期	年代	文字时期
19世纪	一、文字探索时期	20世纪20年代—40年代	一、文字探索时期
	汉字记苗音		传教型苗文
	西文字母记苗语字汇		1.萨维纳苗文

续表

中国苗文史		外国苗文史	
年代	文字时期	年代	文字时期
20世纪初—20世纪中期	二、多种文字创制时期		2. 霍默—迪克逊苗文
	1. 苗族民间自创文字		3. 特朗泰字苗文
	湘西方块苗文		
	2. 传教士苗文时期		
	克拉克苗文		
	党居仁苗文		
	柏格理苗文		
	胡托苗文		
20世纪50年代以后	三、中、西、东部方言统一使用拉丁苗文	20世纪50年代—80年代	二、多种文字创制时期
	滇东北次方言拉丁苗文		传教型苗文
	滇东北次方言老苗文		1. 老挝拉丁苗文
	滇东北次方言规范苗文		2. 怀特洛克泰字苗文
			3. 怀特洛克寮字苗文
			帮助型苗文
			1. 巴特寮老挝寮字苗文
			2. 越南拉丁苗文
			苗族民间自创苗文
			1. 杨雄录苗文
			2 沙耶武理苗文
			3. 海外刺绣苗文
		20世纪80年代以后	三、拉丁文字为主，多种文字并存时期
			1. 老挝拉丁苗文
			2. 杨雄录苗文
			3. 龚泽旺苗文
			4. 刺绣苗文

续表

中国苗文史		外国苗文史	
年代	文字时期	年代	文字时期
20世纪50年代以后			5. 王祝义苗文
			6. 新苗文

第二章　中外苗族文字创制背景比较

对中外苗族文字发展史进行大致梳理，可以看出，中国苗族文字经历过文字探索时期、多种文字创制时期、形成统一文字时期三大阶段，这与已有研究有所不同，特别是苗文的早期阶段，中外学者所持观点不相一致。姜永兴认为中国最早的苗文时期为萌芽时期，认为苗族历史上有过文字萌芽。这一观点主要是基于一些文献所记载的"古苗文"。不过第一章已经明确指出《苗文略述》《云南游记》《大定县志》等文献所载的古苗文实际上是彝文。李炳泽也认为苗族古有文字，他把中国境内的苗文分为表词文字和表音文字，其中表词文字就是指篆体苗文，包含城步苗文、陆亚代苗文、石板塘苗文。将"古苗文"纳入苗文的萌芽时期显然不合适，因为古籍所记载的苗文还有待证实，另外，古籍文献记载的苗文既没有同后人创制的苗文一脉相承，也没有为后人创制苗文提供相关的借鉴和参考。

从第一章的梳理来看，中国境内真正创立苗族文字历经苗族民间自创文字、传教士创制文字、党和政府创立新苗文三个阶段。海外创制苗文的历史要晚于中国。海外创制苗文的国家有越南、老挝、泰国、美国，因此本书要分析和比较的海外苗族文字分散于各个不同的国家里，而且有的文字同时在几个不同的国家得以传播和使用。因此对中外苗族文字史进行比较，不是将中国境内的苗族文字分别同海外每一个国家的苗文进行比较，而是将海外各国的苗族文字作为一个整体（统称为海外苗族文字）与中国境内的苗族文字进行比较。鉴于中外苗族文字数量较大，类型较多，首先将中外苗族文字进行分类，然后再进行比较。不同的苗文可以按照文字符号、文字的创制者来进行分类。按照文字符号，中外苗族文字可以分为汉字苗文（湘西方块苗文）、拉丁字母苗文（克拉克苗文、党居仁苗文、萨维纳苗文、霍默—迪克逊苗文、老挝拉丁苗文、越南拉丁苗文、中国新创拉丁苗文）、泰字苗文（特朗泰字苗文、怀特洛克泰字苗文)、寮字苗文(怀特洛克寮字苗文、巴特寮苗文)。另外还有一些苗族文字由于选用的符号比较奇特，有的同时借用很多文字系统的符号，很难将它们归属于现行的文字系统中，暂时将它们列为自成体系的苗字系统，如滇东北次方言老苗文、规范苗文、胡托苗文、四种版本的杨雄录苗文、沙耶武理苗文、刺绣苗文。按照苗文的创制者、参与者，或领导苗文创制的机构，中外苗族文字可以分为苗族民间自创文字（亦称自主型苗文，包括湘西方块苗文、杨雄录苗文、刺绣苗文)、传教型苗文（克拉克苗文、党居仁苗文、滇东北次方言老苗文、老挝拉丁苗文、寮字苗文、泰字苗文)、帮助型苗文（中国政府帮助苗族创立和改革的苗文、越南政府创制的苗文）。中外苗族各阶段出现的文字在创制时间与地点、创制者、创制方法、创制动因、创制文字所拼写的方言方面都存在很大的异同，本章节将对这些苗文的创制背景进行比较。中外苗族文字种类繁多，因此对文字进行同类比较。

第一节　传教型苗文创制背景的比较

文字的创制背景涉及很多方面的因素，主要包括文字创制者所受教育的程度、语言文字能力、创立文字前的准备工作、创立文字的动因等。关于文字的创制，斯莫莱曾提出几个重要的因素："一是创制文字的准备工作必须有文字所拼写的方言者参与。外来人无论如何训练有素，无论如何精通这门语言，都永远不能胜任文字的创制工作；第二，文字的设计工作必须有精通语言的专家，同时具备该门语言较强的听音和辨音能力；第三，文字的创立必须经历试行阶段与修改阶段。"(Smalley，1976：25-26)因此对中外苗族文字创制背景的比较主要关注文字的创制时间、创制地点、文字的创制动因、文字创制者的语言能力几个方面。

一、文字创制时间、创制地点的比较

传教士在中外苗族聚居区创立的文字数量几乎达十几种，占据苗文发展史上苗文数量一半的比例。但是，除了几套影响力较大的文字之外，其余文字创制的具体时间、地点均没有清楚的记载，本部分主要基于现有的文献，对其进行推测，比较与分析。

<<< 第二章 中外苗族文字创制背景比较

中国境内传教型苗族文字主要用于拼写两大方言，即黑苗语和滇东北次方言。现有研究基本一致认为，柏格理草创的滇东北次方言苗文属于最早创制的传教型文字，也是最早的苗族文字，但根据掌握的材料，其实早在19世纪末，外籍教士克拉克就已经为黑苗语创立了文字。主要依据源于1895年他在《亿万华民》发表题为《苗语研究》的文章，其中叙述了他学习苗语，编写苗语词典的经历：

> 我已编撰一本苗语词典，共收1600多词条，我还编写了一本《英—苗词典》。① 我学习苗语已有三个月之久，现在可以同我的老师进行日常会话。我可以用苗语给他讲故事，他也可以用苗语给我讲故事。但是我的老师更容易听懂我讲的苗语，我却不能很好地听懂他讲的话。我真心希望他现在不要讲汉语，这样我们就可以完全用苗语交流了。但他通常用汉语来解释，而有时候我要是无法用苗语阐述观点，我也会使用汉语来讲。我已经编写、修改了17个苗语故事，并且为文本标记了声调。这些故事都是我的苗语老师给我口述，然后我用文字记录下来的。所有的故事占据普通练习本80页纸的篇幅。由于苗族没有文字，这些就成了他们的通用语言文字，而且对于将来任何学习语言的学生来讲，这将大有裨益。（Clarke，1895：148）

从这段文字的叙述来看，可以判断克拉克创立苗文的时间应该是在1895年。只不过由于这套文字没有广泛推行应用，没有得到关注。

创立滇东北次方言老苗文的具体时间也没有明确记载。根据柏格理1904年10月所写的日记，可以看出他开始尝试创立文字的时间是在1904年。文中写道："……今天我尝试着为苗族人创制文字。具体做法就是用我自己创制的元音与辅音字母去拼写他们的语言。时至今日，一切顺利。"（Kendall，1954：82）

另外，《在云的那一边——柏格理在中国西南纪实》一书也有相关记载：

> 正当苗族人从昭通像潮水一样涌入他的住处时，柏格理开始着手

---

① 这部词典现在已无法找到，不过，《大清国》(*The Chinese Empire. A General & Missionary Survey*) 一书的附录列出了一部分黑苗语的词汇。参见 Broomhall, Marshall. *The Chinese Empire. A General & Missionary Survey* [M]. London, Morgan & Scott; Philadelphia, China inland mission, 1907：421-427.

创制至今有名的"波拉德"文字，这是一个有趣的发现。每天到访的苗族人大约有二十个，在住所的周边都能看到不同的来访者。柏格理就在忙着设计书写苗语的最初文字形式。从表面上看，他们是学生，他是老师，但实际上如同他们的汉语程度一样，他也才刚刚着手学习苗语的基本知识。日复一日，他不断学习苗语词汇，并匆匆把它们记写下来。（Kendall，1947：123）

党居仁在贵州安顺开始从事传教的时间是1888年，创制大花苗语文字的具体时间虽然没有明确记载，但可以从现有的文献来进行推测。党居仁是在1903年的时候才开始结识大花苗，那么应该是在这个时候才开始学习大花苗语。尽管此前在安顺花苗族聚居区传教的时候他也曾学习过花苗语，但两种语言存在一定的差异性。另外，党居仁在1908年5月第二次休假返回安顺的时候开始采用大花苗语文字大量翻译《圣经》，可以推测出他创制苗文的时间大致是在1903年至1908年的五年时间里。

胡托创立苗文的时间大约在1920年，也就是在1919年《亿万华民》发表《新文字》的文章，[①]向外籍教士介绍这套文字之后。

在海外苗族聚居区，传教士最早创制用于书写苗语的文字是萨维纳苗文，创制地点是在越南，但具体时间没有记载，只能根据他学习苗语和出版辞典的时间段来进行大致估算。萨维纳出版辞典的时间是在1916年，因此判断，文字创立时间应该早于1916年。1932年，越南传教士特朗（C. K Trung）仿造泰文创制拼写青苗语的文字。1939年，美国传教士霍梅拉·霍默—狄克逊（Homera Homer-Dixon）仿照越南文创制了拉丁字母文字，用于拼写同青苗语相似的一种越南苗语方言。尽管这些文字创制时间很早，但是都没有得以推广应用。1951年恩保羊、斯莫莱、巴尼等人创立老挝拉丁苗族文字，在老挝、泰国推广应用的过程中，由于要顾及当地政府施行的语言文字政策，因此20世纪60年代斯莫莱、怀特洛克又仿造老挝文与泰文创制了另外两套苗文。

基于以上的比较，中国境内传教型苗文的创制时间明显早于海外传教型苗文。

二、文字创制动因的比较

通过比较中外传教型苗族文字的创制动因，可以发现这些文字的创制都

---

① "The New Script"［M］//*China's Millions*. Ed. James Hudson Taylor. London：Morgan & SCOTT，1919：43.

具有以下共同点：

（一）创制文字主要用于传教。

在基督教文化传入苗族聚居区之前，苗族人基本不懂汉语，不识汉字。传教士初到苗族聚居区最大的困难是"方言"问题。苗语和汉语同属汉藏语系，但两者在音系、语法上存在很大的差异。苗族历史上没有形成公认的文字，历史文化主要依靠古歌传承，严重妨碍了苗族文化的发育和交流。柏格理首次进入苗族聚居区时，他发现苗族没有文字。尽管这些苗族人会说苗语，但他们从未想过创制文字。于是柏格理立即着手为苗族人创制文字，但是遭遇重重困难。那时苗族人文化水平很低，学习外来知识比较困难。苗语同汉语一样，都是声调语言，即不同的声调表示不同的发音。（Pollard，1928：148-149）柏格理在1904年10月12日的日记中写道："苗族人每天都要来访问我，我一直在努力学习苗族语言。他们不懂本民族语，很难教会他们认字。我尽其一切力量教他们学会'祷告'一词，但无济于事。"（Kendall，1954：82）从这段文字来看，大部分苗族人不懂汉语，即便有部分人懂汉语，也不足以理解汉语的经书内容。柏格理认为传教的最大障碍应该是缺乏苗文版的《圣经》，因为苗族人不懂汉语，但是他们渴望苗文版的《圣经》。《苗族纪实》中有这样的记载："这些群体最大的需求就是读书。……我们当中没有一个人懂苗语，最初只能使用汉语来教他们。大批大号字体的基督教读物很快就售罄了。"（Pollard，1919：72-73）由此看出，柏格理创制苗文的动因，直接来源于苗族群众力图改变自身无文化、无文字的落后状态的要求。

胡托创制苗文的动因也源于进一步推动传教的需要。1915年5月，内陆会派遣克罗夫茨（Mr. Crofts）前往旁海参与传教工作。当时传教士非常注重学习苗语。早期的传教工作均采用汉语，由翻译辅助。派往中国的教士一般都要接受一年的汉语课程学习，但当时在苗族聚居区里懂汉语的人口比率很小，单靠汉语不可能开展传教工作，因此必须依靠翻译。但是，翻译在工作的过程中会遇到很多术语的问题，往往难以提供满意的译文。（Eber, Irene, Sze-kar Wan and Knut Walf，1999：202-203）由此看来，依靠翻译宣讲宗教教义难以确保传教工作的开展，还得借助苗族文字所载的经书，这是胡托创制苗文的根本动因。

与中国境内的传教型文字一样，外国传教型苗文的创制动因也在于传播宗教教义。巴黎外方传教会天主传教士萨维纳曾与法国殖民政府在越北地区开展传教工作。为了更好地进行传教，他创制了苗族文字，只不过这套文字没有得以成功推行。1929年新教传教士进驻老挝。在法国耶稣教联合会胡格诺派的号召下，法国政府派遣新教传教士到老挝开展传教工作。同年，基督教宣道会成为在老挝北部开展传教的第一个美国新教徒组织。基督教宣道会派遣牧师罗菲到老挝琅勃拉邦建立第一所乡村圣经学院，培养本土干部。由于多数苗族人不识老挝文，传教士最初主要依赖于《圣经》中的图像开展传教工作，但此种方式严重地影响了苗族人对经文的理解。尤其是耶稣的画像与白人传教士通常被混为一谈。[①] 开展传教工作需要文字，缺乏苗族本民族文字的形势加深了创制苗文的需求。萨维纳做出了尝试，但以失败而告终。只有他一人使用这套文字，编写了一部辞典。

二战后，天主教与新教又重新开始在苗族聚居区开展教化工作。基督教宣道会遵循人人都有自由阅读《圣经》，与神建立关系的信仰，派遣人类学博士巴尼前往老挝苗族聚居区传播宗教教义并创制苗族文字。后来巴尼与斯莫莱、恩保羊共同创立了苗文，并且成功地应用这套文字在当地开展传教工作。由此可以看出，海外苗族聚居区传教型苗文创立的动因也是为了传播宗教教义。

（二）创制文字旨在收集苗语，进行语言学习、研究。

多数传教士创立文字的初衷是为了更好地开展传教工作，但也有一些教士起初创立文字是用于记录收集到的苗语，将苗语和其他语言进行比较研究。如克拉克最早在《苗语研究》这篇文章中对收集到的苗语做了简短的分析：

> 苗语有八个声调，句法同汉语非常相似。两种语言最为显著性的差异就是，在苗语的简单短语中，形容词置于名词之后。苗语中有很多汉语借词。其他很多词也体现出与汉语的联系。如果我再有多一点时间学习这门语言，我就能更好地了解汉语和苗语的差异。我现在可以肯定的是，汉语和苗语同源。（Clarke，1895：148）

从这段描述来看，克拉克对苗、汉语的构词进行过一定的比较和分析。后来，他对苗、汉语音节还做过比较："苗语有音节，同汉语有巨大的差异。苗语方言差异如此巨大，分散于不同地区的族人均不能相互通话。但是，将

[①] Seashia Vang. *The Devil is Illiterate：Missionary writings and the modernization of the Hmong of Laos.* Submitted for academic exchange in Cornell Southeast Asia Program，2013：9.（美国康纳尔大学东南亚研究项目学术交流论文）

苗语和汉语进行比较，可以发现两种语言同源。仲家[①]族也有很多不同的方言，但是基本上可以相互通话。"（Clarke，1903：143）这样的研究需要建立在文字书写的语词上。因此他自创文字的其中一个目的是更好地学习、研究语言。他不仅对苗汉双语进行过比较，而且还将苗语同仡佬语、倮倮语、仲家语、暹罗语进行比较。在《贵州省的苗族与仲家族》一文中可以看到克拉克搜集的苗语和其他少数民族的字汇。（Clarke，1904：206）克拉克创立的文字尽管后来也用于传教，但是支持者甚少，收效甚微。因此，与其说创立这套文字的动因在于传教，还不如说用于比较、分析不同的语言。

另外，也有的教士最初创立文字的目的是学习苗语。1950年初，恩保羊来到老挝琅勃拉邦野牛山苗族村寨，向当地人学习苗语，为了更好地学习语言，他设计了一套文字。他在 *Tsim Ntawv Hmoob Teb Zoo Li Cas* 中写道："我学习苗语不容易，因为没有苗族文字。最初一个月，我随便仿照法语文字创制了一套我自己使用的苗文，与我在一起的三个苗族青年也很热心学习。这套临时创制的苗文，我使用了三年。"[②]

基于以上分析，传教士创制中外苗族文字的动因基本一致，大体上都是为了传教，只有少许教士创立文字是为了搜集苗语、学习苗语。

三、文字创制者的语言能力比较

1. 多数文字创制者并非精通苗语的专家，而仅仅参加过一段时间的苗语学习。

自公元1500年，基督教士已经为1000多种语言创立了文字。估计2/3的这些文字可以追溯到公元12世纪，1/3则可以追溯到公元9世纪。最早期的教士主要采用西班牙文拼写美印第安语言。9世纪后，教士开始关注非欧洲语言的文字创立，与此同时，一些教士开始关注语音学的发展，这对于多数新教士学习语言有着重要的作用。对语音学的研究不仅有助于他们学习文字，而且对于分析语言、创立文字也有很大的帮助。他们创立的文字多数是在已有的文字基础上改创。在南亚和东南亚的一些地区，通行的文字一般都比较奇特，主要有梵文、缅甸文、泰文、阿姆哈拉文等。北亚地区主要是西里尔文字，其余地方通常都是拉丁文。对拉丁文的使用一般主要通过改变一些字母原有的形式、增加字母、增添附加小符号。英语国家教士创立文字主要奉行

---

① 布依族旧称。

② Bertrais, Yves. *Tsim Ntawv Hmoob Teb Zoo Li Cas?*［M］. Bangkok: Lomsak, 2003: 5.

"辅音体现英语特征""元音体现意大利语特征"的原则和宗旨。很多教士都认为，最为理想的文字应该具有一个字母书写一个音位的特征。不过，在传教士创立文字的历史上，成功创制全新的文字只有三种，第一种是英国传教士埃文斯创立的克里音节字。据说在10年多的时间内，通过学习这种文字，当地社区的扫盲率达到100%。第二种是柏格理等人创立的滇东北次方言老苗文；第三种是富能仁创立的傈僳族文字。（Allan，1996：777-780）

20世纪后半叶传教士的文字创制工作有了新的转变。多数教士开始从事语言研究工作，参与语言培训。其中世界少数民族语文研究院（Summer Institute of Linguistics）在世界各地提供专门的夏季语言培训。一些大学设置的课程可以帮助传教士获取硕士、博士学位，如老挝拉丁苗文创制者巴尼、斯莫莱就是其中的两个典例。19世纪圣经协会为《圣经》翻译的出版也提供了大力的资助，有力地推动着文字的发展。20世纪圣经协会开始转向研究工作，致力于各种出版工作，而且为传教工作提供翻译服务。参与这些工作的人员往往是接受过高端、专业培训的顾问，他们拥有丰富的文字学研究经验。这方面比较具有代表性的成果有美国语言学家尤金·A.奈达所著的《圣经翻译》（Bible translating; an analysis of principles and procedures, with special reference to aboriginal languages），斯莫莱所著的《文字研究：新文字系统论文集》（Orthography studies, articles on new writing systems）等。

尽管传教士对语言文字有过一定的学习、研究经历，但中外苗族聚居区的所有教士都不是精通苗语的专家，他们要么是被派往苗族聚居区开展传教工作之前，在某个语言学习或培训机构接受过语言培训，要么是进入苗族聚居区之后，出于工作需求，在当地进行过短期的苗语学习。党居仁应该是来到中国后才真正开始学习苗语。他出生于英格兰邓迪市，于1887年4月自愿加入中国内地会，并于当年8月25日作为中国内地会那一年差派的百人中的一员，登船启程去中国。从上海出发到安庆后，党居仁牧师待在内地会新建的语言学校里进行了为期几个月的语言学习，然后从那里出发进入贵州安顺苗族地区。（Broomhall，1916：6，9）他到安顺后，设立了宣道会，购置土地，始建教堂，开始与周边村寨的苗族频频接触。在此期间，他开始学习花苗语，为后来苗族聚居区的传教工作奠定了基础。（Clarke，1911：172）从以上的情况来看，党居仁在创立文字之前，对苗语知识的掌握估计不够深入。

柏格理也并非苗语专家。至少到中国之前，他是不懂苗语的。1887年柏格理从英国到滇北从事圣经基督教传教工作。他先是在安庆语言学校学习汉语，第二年与另一名年轻传教士邰慕廉来到昭通市。该地的传教工作在几个月前已经启动,而且教堂用地也得以购置。昭通的教堂很快就挤满了苗族人。在这个时期,柏格理还不能用苗语开展传教工作。在传授基本宗教教义的时候,他主要依靠精通汉语、懂苗语的张朝向为不懂汉语的其他花苗族人进行翻译。1904年8月7日,柏格理在日记中写道:"晚上做完礼拜之后,在两名翻译的协助下,我们又进行了苗语的礼拜。与他们做礼拜很有趣。我先用英语说几句,然后让翻译用苗语再重复我的话语。通过这样的方式,我也学会了几句他们的语言。"(Kendall,1954:74)柏格理抵达昭通初期,当地苗族人纷纷登门拜访。当时柏格理正在尝试为苗族人创制文字。从表面来看,柏格理是老师,当地族人是学生,但实际上,柏格理也只不过才刚刚学习一些基本的苗语知识,苗语的水平正如同当地人的汉语水平。后来柏格理日复一日地学习苗语,并且把苗语写下来。(Kendall,1954:123)

为了推进传教工作的开展,柏格理努力学习苗语。张坦(2009:199)在《"窄门"前的石门坎——基督教文化与川黔滇边苗族社会》一书中写道:"柏格理进入苗族聚居区传教之初,便拜石门坎苗民杨雅各为师学习苗语。"该书援引《先父杨雅各传略》继续写道:"白日夜晚,除睡觉外,就连行路中柏格理都要求学苗语,几乎在全部生活中都学苗语,先父很想回家,但柏不允许,所以只好整天都教柏学苗语。"

不过,在学习苗语的过程中,柏格理逐渐意识到,仅仅学习苗语,没有文字是不足以开展传教工作的。《苗族纪实》一书中写道:"当我们开始在苗族中传教时,发现他们没有文字,他们只会说苗语,没有人懂文字。实际上,也不曾有人想过苗族人会有文字。"(Pollard,1919:173-174)

根据以上情况,可以看出,柏格理只是在来到中国苗族聚居区开展传教工作后学习过一些苗语,但是他并不精通苗语。

胡托在创立苗文之前,也曾有过学习苗语的经历。根据内地会的祈祷目录,胡托1912年在安庆语言学习中心学习。考虑到他将要留在中部苗语方言区传教多年,他做过大量的黔东苗语、僅人[①]苗语的翻译工作。

克拉克为了创立苗文,也有过学习苗语的经历。1895年他在贵阳负责教堂事宜的同时,开始在苗族聚居区传教。克拉克起初不懂苗语,只能同当地苗族人一道学习。他在贵阳认识中部方言区苗族基督教徒潘秀山[②],请他教自己学习苗语中部方言。

---

① 僅人,主要居住在黔东南,现认定为苗族。
② 在有的文献中此人被称为"潘寿山",他是黄平县飘乡白记村人。

老挝拉丁苗文创制者巴尼起初不懂苗语,为了传教,也仅仅是在短时间内学习苗语。他本人有过相关的叙述:"1951年我的家人与我共同来到老挝川圹省,负责创制苗族文字。因为我不懂老挝文,所以只能使用单语。很快,我不仅学会了苗语,而且还学会了苗族文化。"(Barney,1967:215)

2. 有的文字创制者对苗语有过一定的研究,而且有的甚至对苗语研究拥有很高的造诣。

无论是传教士还是语言人类学家,要创制文字,首先学习文字所要书写的语言。没有记录语言的媒介,学习起来则非常困难。即便是语言学家对标音非常熟练,他们仍然期望一套实用的字母系统,因为这样的书写系统在记写语言方面更为有效。不过,如要创制一套文字,当然不仅仅是听音、记音这么简单,必须对语言做到充分理解,才能创制出与之对应的书写系统,这样的文字符号在记事方面才会具有一致性的特征,才能够得以广泛传播。

从前面关于中国苗族聚居区传教士的苗语程度分析来看,党居仁、柏格理、胡托在开展传教工作之前并不掌握苗语,尽管后来学习过苗语,但是对苗语的掌握程度也不深。较早对苗语进行研究的教士克拉克,曾收集过苗语的一些词汇,并且对汉语和苗语进行过比较分析,但是这样的研究不深入,对苗族文字的创制较少具有指导意义。相比之下,海外苗族聚居区的传教士对苗语的掌握程度更高一些。老挝拉丁苗文的创制者恩保羊意识到学习苗语对文字创立的重要性,在创立文字之前就学习、研究过苗语。《苗族基督教史上的重要人物:教父恩保羊》一文中有过相关的论述:"过去这九年(1953年之前)的时间都用于学习苗语,解密苗语的奥妙之处,包括苗语的音位和语法,思考如何拼写这些语音,创立文字,当然是要以索引的形式编写基本的词汇,看上去就像一本词典。"(Chanson,1993:4)

不过,在众多创制苗文的中外传教士中,对文字创制理论、苗族语言文字研究造诣最深的当属斯莫莱。他的学习经历与学术生涯足以证明这一点。1923年4月4日斯莫莱出生于耶路撒冷。他的父母为美国基督传教士,主要在阿拉伯、耶路撒冷、外约旦从事传教工作。1934年斯莫莱随家人迁回美国后,开启求学之路,1945年他毕业于美国霍顿学院,并获得英语文学学位;1946年他在哥伦比亚大学攻读语言人类学专业研究生,1956年获得哥伦比亚大学博士学位。以往的求学经历为他从事语言学研究的学术生涯奠定了良好的基础。1950年他受基督教会委派,前往越南从事越南南方语言问题研究。翌年,他奉命到老挝琅勃拉邦省研究克木语,以便为其他传教士提供语言培训。自20世纪50年代以来他就致力于语言书写问题的研究,研究成果颇丰,

<<< 第二章 中外苗族文字创制背景比较

如《书写的问题》(*A Problem in Orthography Preparation*)、《如何书写语言》(*How Shall I Write This Language*)、《应用非拉丁文字书写新语言》(*The Use of Non-Roman Script for New Languages*)等系列的论著就属于这方面的研究成果。70年代以后,斯莫莱开始研究各种不同的苗语书写系统。其中包括泰文字母书写苗语的文字方案,学术专著《应用泰文书写泰国少数民族语言的问题》(*Problems in Writing Thailand Minority Languages in Thai Script*)有专章论述此方面的问题。相关的成果还有1976年所著的《苗语声调与声母的问题》(*The Problems of Consonants and Tone*:*Hmong*)、《泰国边缘语言的书写系统:历史与政策》(*Writing Systems in Thailand's Marginal Languages*:*History and Policy*)。以上两篇论文收录于斯莫莱本人所编撰的《音位与书写:泰国十个少数民族的语言规划》(*Phonemes and Orthography*:*Language Planning in Ten Minority Languages of Thailand*)的论文集中。这些成果只是属于对苗族文字的简短论述。1982–1984年他在明尼苏达州大学东南亚难民研究所担任名誉学人,参与苗族难民在美国的生活现状研究项目,对老挝、美国苗族的第二语言习得目的进行比较分析,撰成《苗族语言适应策略:从东南亚高地到美国贫民窟》一文,发表在《语言科学》杂志上,论述美国、老挝苗族的语言适应策略。1990年,他与杨雄录的弟子王泽贵、杨聂易合著题为《文字之母——救世苗文的起源与发展》的著作。同年,他又与王泽贵、杨聂易合著题为《杨雄录传——苗族文字之母》的著作。斯莫莱关于苗族文字研究的成果还有《苗族文化与文字》《另一种救世文字及其文本》等。除了苗族语言文字研究外,他还从事泰国不同的语言和方言的研究,1988年在《语言科学》发表题为《泰国多语现象的层级性研究》(*Thailand's Hierarchy of Multilingualism*)的论著;1994年出版题为《语言多样性及国家统一:泰国语言生态》(*Linguistic Diversity and National Unity*:*Language Ecology in Thailand*)的专著;1996年著有《语言与能量:泰国多语现象的演变》(*Language and Power*:*Evolution of Thailand's Multilingualism*)一文。基于以上的比较,可以看出斯莫莱在创制苗族文字的传教士中苗语的造诣最高,苗族语言文字研究成果也最为丰富。

四、文字创制者合作模式比较

(一)文字的创制由传教士主导,由当地苗族人协助。

西方教士在中国境内所创的文字并非个人的努力,而是在当地苗族人的协助下完成。柏格理草创滇东北次方言老苗文就是其中一个典例,这套文字的创制并不能仅仅归功于柏格理一人。如果没有得到当地汉族人或苗族人的协作或帮助，柏格理不可能草创书写花苗语的文字，很多文献可以提供相关论据。王富文（Tapp，2004：221）在《亚洲苗族》（Hmong/Miao in Asia）中说道："在昭通当地汉族同事，以及当地苗族领导的协助下，柏格理最终创制了一套可以用于拼写大花苗语的文字。这套文字必须满足两个条件，一是能够记录苗语，二是简单易学。"林肯大学的里维斯（R. Alison Lewis）也说道："柏格理与李斯提反试图教阿卯人学习简单的汉字，但是这种方法在不识字的人群中很难推行。认读汉字没有取得成效。于是柏格理与李斯提反下决心要学习当地族人的语言，然后可以教苗族人读《圣经》。在张朝贤的帮助下开始取得了一定的成效。在短短几周的时间内，柏格理与李斯提反已经掌握了一些苗语，足以同阿卯人进行一些简短的对话，为阿卯人记录一些简单的故事，但使用的文字仍然是汉字。"（Lewis，2003：290）从这几句论述来看，柏格理学习苗语，为创立文字做准备工作都是依靠当地苗族人的帮助和协作。他在后来创立文字的过程中，更是依靠当地苗族人的协助。柏格理本人也有相关记载："……李斯提反鼎力协助我的工作。苗语属于单音节词，而且在绝大多数情况下以元音结尾。我们仿造这套文字系统，制成速写文字，将元音符号置于辅音周边不同的位置，通过这样的方式，我们有效地解决了问题。"（Pollard，1919：174-175）《基督教与花苗——文字与力量》（Christianity and the Hua Miao：Writing and Power）一文中也有相关的论据："尝试采用拉丁字母拼写滇东北次方言文字没有取得理想的效果。柏格理想到曾用于北美传教的一套音节文字，于是他转变理念，考虑创制一套奇特的文字。1905年，他与几名花苗牧师紧密合作，创制了一套能够准确拼写花苗语的字母文字。"[①]从以上的文献来看，柏格理草创滇东北次方言苗文得到了当地苗族人的帮助，而并非他一人所能。

克拉克创制苗文的历史没有太多的记载，但现有的一些文献也能体现出文字创制工作并非他一人所能完成，而是得到了当地苗族人潘秀山的帮助。克拉克本人写道："潘工作能力很强，在他的帮助下，我们编写了一本识字教程、一本词典，均已翻译成黑苗语。当地苗族没有文字，但他们有很多关于传说的史诗。在苗族部落中，年长者向年轻的一代传授这些史诗，其中有一首是《创世与洪荒》（Creation and Deluge）。潘在孩提时代学习过这首诗，能

---

① Diamond. Norma. Christianity and the Hua Miao: Writing and Power [M] // Christianity in China: from the Eighteenth Century to the Present. Ed. Daniel H. Bays. Stanford University Press. 1999. 138–157：147.

够熟记于心，在他的口述下，我们记录了这首史诗。"（Clarke，1899：121）

通行面最广的老挝拉丁苗文的创制者也不仅仅只限于传教士，同时也还包括老挝琅勃拉邦野牛山当地的苗族人。恩保羊说："杨若福（Yawg Roff）听完我的话，他认为这种想法很好，几天以后他告诉我他已经与川圹省的朋友邀约在琅勃拉邦见面的时间。他提出将邀请几位语言学家参加，我说我也将邀请两位苗族青年来，因为既然是创制苗文，就应该有苗族参与。他们所说的苗语比较纯正，发音也比较地道。"①这几句描述证明了老挝当地苗族人协助恩保羊创立文字。

（二）在创制文字的过程中，有的创制者各自为政，也有的联合攻关。

中国境内传教士创立苗文呈现出各自为政、一盘散沙的局面。克拉克、胡托所创的文字用于拼写黑苗语，党居仁、柏格理是为大花苗语创立文字。中国境内苗语有几大方言，并且还包含很多次方言。苗语方言的差异性导致黑苗语、大花苗语方言文字创制者难以建立起合作模式。不过，即便是创立同一种方言文字，中国境内的一些洋教士不仅没有在创立文字上进行过有效的协作，甚至形成了对峙的局面。党居仁、柏格理就是其中的典型代表，两人创立文字的时间都在20世纪初。尽管两人创立文字几乎处于同一时期，而且都是为滇东北次方言创立文字，但他们的文字方案却大相径庭。党居仁坚持用拉丁字母，柏格理却另辟蹊径，选择另一套奇特的文字符号。

文字创制者各自为政，必然形成两套文字互争高下的局面。尽管党居仁之前就得知柏格理文字已经得以传播，但他仍然坚持使用自己的文字。1910年他翻译的《马可福音》（没有标注声调）出版，此时，英国海外圣经协会正在争论是否应该采用一套全新的文字，即柏格理文字。一直以来，协会中很多人对于是否使用柏格理文字举棋不定，现在又有了新的文字可供选取。在党居仁的提议下，苏格兰国家圣经协会出版了《马可福音》的译本，《圣约翰》（St John）第一部，第二部，以及《马赛福音》。苏格兰国家圣经协会的斯洛恩(W.J. Slowan) 接受了出版第二套花苗文的经书，因为英国海外圣经协会似乎没有提出任何反对意见。从这些事实来看，党居仁苗文在圣经协会中曾受到青睐，而且同柏格理苗文几乎形成同等的竞争力。而且，由于党居仁苗文采用拉丁字母，与英文比较接近，柏格理文字采用的是不同的系统，英国海外圣经协会曾经提出取消柏格理文字。尽管如此，党居仁苗文也没有占据上

---

① Bertrais, Yves. *Tsim Ntawv Hmoob Teb Zoo Li Cas?* [M]. Bangkok: Lomsak, 2003.6. 恩保羊答复杨绍龙等人的信件——拉丁苗文在老挝创制与推广的情况。

风，这套文字仅仅推行了几年。后来党居仁逝世之后，由于这套文字在表音上存在比较严重的缺陷，最终没有再得以使用，被柏格理所创的文字取代了。

与此不同的是，海外苗族聚居区的苗语方言没有像国内的那样复杂，为教士们创制文字提供了联合攻关的条件。老挝拉丁苗文的创制得益于恩保羊、巴尼、斯莫莱三人的共同协作。巴尼主要致力于青苗语研究，并且同白苗语进行对比分析，斯莫莱当时在老挝专研克木语[①]，巴尼帮助他核对所创立的文字，并与其共同探讨文字创制。与此同时，恩保羊在琅勃拉邦学习白苗语，开始尝试创立自己的文字。（Smalley，1976：87）1952年6月、1953年4月，为共同创制苗族文字，他们三人在老挝一起商讨文字创制的问题。以下是巴尼与斯莫莱在《苗语第三次报告》中关于三人联合创立文字的相关论述：

> 1952年6月到1953年4月，文字创制取得了一定的进展，已经制定了文字拼写的大体法则。此前，天主教士创制了一套独立的文字系统，而且已投入使用，这套文字系统与我们的有所不同。通过本次商讨，我们发现尽管两套文字存在一定的差别，但我们对于苗语音位系统的认知基本一致。两套文字的差别仅仅存在于书写音位的符号。在诸多方面，他们承认我们的系统更为实用。既然符号的选取本身就具有任意性的特征，那么我们也互相作出任意性的让步，系统中的一半符号采用他们的字母，另一半采用我们的字母……[②]

论述中所提到的天主教士指的就是恩保羊。在三人认识之前，恩保羊起初自己创立一套文字。尽管都是采用拉丁字母，但文字方案有所不同。恩保羊设计的文字中有一部分字母采用了变音符号，区别不同字母的发音，以解决拉丁字母不足以拼写苗语发音的困境。巴尼与斯莫莱的文字系统没有使用附加符号，而是采用双音符与多音符书写不同的音位。在使用文字初期，各方的文字方案都能得以兼顾。后来，在斯莫莱的提议下，去除字母上的附加符号，全部改用没有符号的拉丁字母，文字方案得以统一，这一切主要得益于三人的团结协作。

[①] 其成果为 William A. Smalley. *Outline of Khmu Structure* [M]. New Haven, Conn.: American Oriental Society, 1961.

[②] George Linwood Barney and William A. Smalley. *Third report on Meo*（*Miao*），1953. 未出版的手稿。还可以参考 Philippe Chanson. Father Yves Bertrais, An Essential Figure in the History of Hmong Christianity: Tribute in the Form of a Travel Story. Translated by J. L. C. Steenbrink [J]. *Exchange*: *Journal of Missiological and Ecumenical Research 22*（April 1993）1–17. 2–3.

第二节　帮助型苗文创制背景的比较

新中国成立以后，党和政府帮助苗族创立了中部、东部、西部方言苗文，并且对滇东北次方言苗文进行了改进。在海外苗族聚居区，越南政府、老挝巴特寮政府曾为苗族人创制过文字。各国政府所创的文字在影响力和推行面上有所不同，主要与文字创制背景、创制原理、传播方式等因素有所关联，对其进行比较分析将有助于我们了解其中的原因。本部分我们首次对各国创立和改进苗文的背景进行比较。

一、关于少数民族语言文字政策的比较

通过比较，发现中国政府一直以来都高度重视少数民族语言文字工作，包括对苗族等少数民族语言文字的保护和推广。政府通过各种政策和措施，支持和促进少数民族语言文字的使用和发展，以维护民族文化的多样性和传承。越南政府一直对少数民族语言文字也比较重视，尤其是在保护和推广少数民族文化方面采取了一系列政策和措施，例如在教育领域推动少数民族语言文字的教学。相比之下，老挝和泰国政府对少数民族语言文字工作的关注较少。在这些国家，尽管也存在少数民族群体，但政府的政策和措施在少数民族语言文字的保护和推广方面不如中国和越南那样积极。

（一）中国政府少数民族语言文字政策

我国各少数民族语言文字的发展是不平衡的，情况也很复杂。过去由于反动统治阶级的压迫和限制以及各自不同的历史发展条件，有的民族根本没有本民族文字。中国共产党自成立以来就重视民族平等和语言平等。1921年到1934年间，中国共产党坚持"维护各民族语言平等，反对任何语言特权"的思想，既重视发展民族语言文字，又提倡运用民族语言文字，制订且实施了相关政策。1930年5月，《中华苏维埃共和国国家根本法（宪法）大纲草案》强调：苏维埃政府辅助"弱小的或者落后的民族"发展自己的语言文字。这是中国共产党第一次将保护、发展民族语言文字作为纲领纳入宪法中，为民族语言文字政策的形成奠定了基础。1931年11月颁布的《中华苏维埃共和国宪法大纲》和1934年4月中国民族武装自卫委员会筹备会提出的《中国人民对日作战的基本纲领》重申了这一方针。中华苏维埃共和国时期，各革命根据地也出台了具体政策保护、发展少数民族语言文字。1938年，毛泽东同志

在中共六中（扩大）全会的报告中提出："尊重各少数民族的文化，宗教，习惯，不但不应强迫他们学汉文汉语，而且应赞助他们发展用各族自己语言文字的文化教育。"①

1949年通过的《中国人民政治协商会议共同纲领》第五十三条规定："各少数民族均有发展其语言文字、保持或改革其风俗习惯及宗教信仰的自由。"1951年2月5日，政务院公布《关于民族事务的几项决定》，第五条规定："在政务院文化教育委员会内设民族语言文字研究指导委员会，指导和组织关于少数民族语言文字的研究工作，帮助尚无文字的民族创立文字，帮助文字不完备的民族逐渐充实其文字。"中华人民共和国成立之初，国务院总理周恩来对于少数民族语言文字问题给予了重视和关怀，提出要用"还债"的态度来开展少数民族工作，尽快使各民族经济文化事业发展起来，人民生活幸福。相当一部分民族没有本民族的文字，尤其是南方许多人口众多的少数民族如壮族、苗族，这极大地影响了民族地区的建设发展。为此，中央决定为人口较多的没有本民族文字的少数民族创制简便易用的拉丁字母文字。（李锦芳，2005：26）。

政府将保护、发展少数民族语言文字的原则正式写入宪法和纲领，不仅彰显了国家对民族文化多样性的尊重，更是对民族团结和社会稳定的有力支持。通过创制简便易用的文字系统，这一举措有望提高少数民族地区居民的识字率和教育水平，同时也为少数民族地区与汉族地区以及国际社会之间的交流与合作打开新的渠道。

（二）越南政府少数民族语言文字政策

1935年印度支那共产党第一次会议决定实行马克思列宁主义少数民族政策，即每一个少数民族都有权利在政治、经济与文化活动中使用本民族的语言文字。1945年越南宪法规定："已经拥有文字的少数民族可以在初级教育中使用本民族的文字。对于还未拥有文字的少数民族，可以使用越南文拼写民族语。"不过，越南宪法还规定，在初级教育中学生应先接受越南语教育。而对于已经拥有本民族语的一些少数民族，则可以使用民族语。越南政府的政策表现出一种复杂而周密的调和之举，其目的在于维护少数民族的语言文字权利，同时促进国家的统一和文化的融合。政府允许少数民族在政治、经济和文化领域使用本民族的语言文字，体现了对多元文化的尊重和包容态度。政府也强调了越南语教育的重要性，并设立一定的限制条件，以确保国家语

---

① 中共中央统战部. 民族问题文献汇编[C]. 北京：中共中央党校出版社，1991：595.

言的统一性和教育的一致性，从而推动国家的整体统一和社会的稳定。

1953年越南教育部成立解决新文字的机构。经过多年的田野调查与研究，开始为苗族和其他一些少数民族创立文字。1967年清河县宣布已经为67%的越南北方少数民族创立民族文字。（Enwall，1995b：9-10）

（三）老挝政府少数民族语言文字政策

苗族文字在老挝境内得以创立的时间较晚，且苗族文字的发展较为坎坷。20世纪50年代初，传教士创立拉丁苗文，大约10年之后，杨雄录在越南自创的苗文也传入老挝境内。尽管那时老挝出现了两套苗族文字，但推行应用没有多久就被迫中止了，这主要与老挝政府施行的语言文字政策有关。老挝王国政府禁止使用任何少数民族语言文字，政府意义上的少数民族仅限于老挝族；政府只允许本国的少数民族接受老挝语教育，读书写字也仅限于老挝文。尽管政府的立场没有成为强硬的政策，但是对于使用不同文字的群体和老挝政府官员却成为一种压力。后来这种压力得以一定缓减，原来禁止使用任何少数民族文字的规定转变为可以应用老挝文字符号创制少数民族文字。（Smalley，1990：152，159）哈尔伯恩（Joel M. Halpern）在《老挝政府、政治、社会结构：传统与革新的研究》（*Government, Politics, and Social Structure in Laos: A Study of Tradition and Innovation*）一书中明确指出："战后时期，老挝王国政府的任何一个官员对老挝少数民族从未采取积极的态度，他们仅仅是关心比较模糊的民族同化政策。这样的态度还表现在另一方面，老挝教育部官员禁止传教士在该国传播专用于传教的苗文；另外，政府官员倾向于在低谷地区建立学校。[①]尽管政府培训了一些少数民族教师，并且在高地也建立了一些学校，但在比率上远远低于老挝族。"（1964：90）老挝属于多民族、多语言的国家，六大语族分歧较大，单一的语言政策不符合老挝的国情，不利于各民族经济、文化的发展。

（四）泰国政府少数民族语言文字政策

泰国政府一向不重视少数民族语言文字问题，甚至到了20世纪60年代，泰国政府对任何形式的少数民族教育或泰北山地民族的语言政策仍漠不关心。当时北部高棉人居住区已兴建很多学校，极大地促进了多语言的发展。20世纪70年代，即便是政府极度关注民族语言多样性可能会危及国家的统一，此时政府仍然没有为少数民族出台语言政策。Noss（1967：193）指出："泰国宪

[①] 在老挝，苗族、克木人等其他少数民族一般栖居于高地，而占据河谷低地的都是老挝族。

法或其他的官方文件均没有关于总体语言政策的陈述。有时，在法律性与官方性的陈述中，只能看到一些关于少数民族问题的内容。"

尽管泰国教育部门做了相应的努力，建立了很多学校，但收效甚微。后来政府部门采取了温和政策，鼓励民族地区的政府工作人员讲民族语言。1965年5月16日，泰国时任副首相做出指示："少数民族地区政府工作人员必须具有使用所在工作区域民族语的能力。素林省长须建立语言培训班。该项政令即将颁布。素林省将成为第一个试点。"（Smalley，1976：17）

不过，尽管有部分官员认真学习民族语，这项"政策"仍然没有得以有效或广泛的施行。关于创立少数民族文字的问题，尚没有形成官方性的政策。政府官员各执己见，对少数民族语言文字问题，有的保持敌视的态度，有的则表示同情。但总体而言，主要观点有两大方面。一方面，因为民族区域的下一代终究要学习泰文，创立少数民族文字没有意义；另一方面，创立民族文字的难度很大，几乎难以实现。泰国政府在创建少数民族文字方面缺乏主导作用，这一现象可能反映了政府未充分重视文化多样性和语言权利。与此同时，传教士将文字创制工作视为关注的焦点，这表明了他们对少数民族社区的文化和社会发展有着浓厚的兴趣，同时将其视为传播宗教和扩大影响力的机会。

二、文字的创制动因比较

从可考的文献来看，外国政府很少关心海外苗族文字的创制，海外苗族聚居区的苗族文字大多是由传教士和苗族民间人士所创，因此很难找到有关外国政府创制苗文动机的描述。只有越南政府真正领导、组织越南国家苗族文字的创制，该国创制苗文主要是为了推进扫盲工作。因此可以说外国政府创立苗文的动因是比较具有局限性的。相比之下，中国政府创立苗文是出于多个方面的迫切需要。

1.中国政府创立苗文是为了实现苗族长期以来对本民族文字强烈需求的夙愿。

过去苗族人民用结绳、刻木、数豆等原始方法计事、记账和立合同，是很普遍的现象。贵州省台江县巫脚乡苗族人民在没有本民族文字之前，一直保留刻竹记账的方式。在新中国成立初期，许多苗族聚居区均难以找出一个识字的人，在每次社会改革运动中，都是从外县调来大批干部协助开展工作，后来虽然培养了大批的民族干部，比新中国成立初期有着根本的改变，但与整个形势发展比较起来，无论是在干部的数量、质量上，均还差得很远，这个问题成为新中国成立初期建设社会主义事业中的障碍。党和政府也早预见到苗族人民对文字的迫切要求，早在1950年就开始研究苗语和组织人员从事苗语的调查工作，后来终于为苗族人民提供了创造民族文字的条件。国家民族事务委员会文教司副司长、中国科学院少数民族语言研究所筹备处主任曾在《关于少数民族语文工作和苗族语言文字问题》的报告中说道："各少数民族对创造和改革文字的需求是很迫切的。苗族人民曾分别向中央民族学院的实习学生和调查组送过两面无字锦旗，这件事例在我们的心中留下了深刻的印象。这种心情是完全可以理解。对此，我们应当予以足够关怀并给予大力帮助。"（贵州省民族语文指导委员会，1957：4）副司长在报告中表达了对少数民族创造和改革文字需求的理解和关注，强调了中国政府应当提供足够的关怀和帮助。这体现了政府对苗族人民语言权利和文化权益的重视，彰显了政府对多元文化的保护和发展的承诺。

2. 中国政府创立苗族文字是社会主义经济、政治与文化发展的需求。

在历史上，苗族的经济发展道路崎岖不平。经历了漫长的原始时期，到了唐宋年间，苗族的农业、手工业、商业均得到了一定的发展。明清时期苗族地区先后实行改土归流，采取了很多发展生产的经济措施，促进了农业和手工业的发展。19世纪80年代以后，西方列强的政治势力和经济势力开始渗入苗族地区，苗族地区的社会经济逐步半殖民地半封建化。新中国成立后，苗族人民当家做了主人，苗族地区先后建立了自治州和自治县，开始积极发展社会经济。随着民族关系的根本改变，苗族的各项事业得到了蓬勃的发展。但苗族没有本民族文字，这种情况使他们在发展其经济、政治和文化事业中，遭遇到很多困难。在社会主义事业中，在行使各民族的自治权、普及教育、扫除文盲以及提高人民群众文化水平等方面，由于没有文字或有文字而不通用，受到了很大影响，增加了不少困难。因此，要发展社会经济、推进政治与文化建设，必须创立文字。傅懋勣在《创制和改革少数民族文字的重要意义和工作情况》的报告中也指出：

> 中华人民共和国建立七年以来，各少数民族在党和政府的领导下，都积极地同汉族一道参加了祖国的社会主义建设和社会主义改造，并且已经取得了很大的成绩。但是，由于许多少数民族没有文字或有文字而不完善，在工作进程中也就受到了一定的限制，遇到了不少困难。
>
> 这种困难首先表现在少数民族地区所进行的社会改革和民主改革方面。如在许多兄弟民族的农业生产合作社里，找不到懂文字的办事员，

有的几个社合用一个会计，有的村寨到很远的村寨去招懂文字的汉人做上门女婿，以便到自己的合作社里做会计。在找不到会计的农业生产合作社里，相当普遍地使用许多原始的帮助记忆的办法。最近我在贵阳就听到开会的苗族代表反映，没有文字给社会改造带来很多困难。（贵州省民族语文指导委员会，1957：304）

这份报告强调缺乏文字限制了社会主义建设，指出创立苗族文字是解决实际困难的关键，也是实现长远社会主义目标的重要举措。

3. 中国政府创立文字是为了更好地进行政策宣传。

苗族没有文字的困难还不仅限于合作社的记工记账，同时还影响到政策的正确宣传和生产技术的改进。在苗文还没有创立之前，黔东南苗族侗族自治州的某些苗族地区，曾经把"统购统销"误解为"卖去买来"。当时苗族人民还有很大一部分文盲，不识汉字，无法理解党的发展大计和方针政策。例如，有的苗族人在学习和贯彻党的政策方面，也出现了一些偏差，把"男女平等"译为 niyŋi˥niytaN˥（意为一点肉一点油），使妇女群众争取男女平等的积极性受到压抑，同时也为社会主义改造和社会主义事业的建设带来了不少困难。

文字对政策宣传的作用十分重要，特别是在苗族等少数民族地区，文字的创立可以解决类似于"统购统销"被误解的情况，促进政策的正确理解和执行。通过文字，政府可以更加清晰地表达政策内容，同时，还可以通过文字材料对政策进行解释和说明，帮助民众正确理解政策的内涵和目的，增强他们参与社会主义建设的信心和积极性，从而推动社会主义建设的顺利进行。

三、文字创制准备工作的比较

文字必须反映要创立文字的那个语言或方言的全部音位，因此在创立文字之前需要进行大量的准备工作。首先要对一种语言的各个方言、土语进行全面调查，就语言的各个方面进行比较研究。开展访谈，了解各方言区的民族人士对各自地区方言土语的看法，倾听他们的意见。选择标准音，比较、分析基础方言和其他各方言，比较、分析标准音点和其他重点地区的语音，确定书面标准语的音位系统。接下来还要设计字母形式，确定字母和音位的关系，制定正字法。

从掌握的材料来看，我国在创立少数民族文字之前就做了大量的准备工作。首先是对苗语各方言的调查研究。新中国成立前，我国有些科学工作者

<<< 第二章　中外苗族文字创制背景比较

做过一些苗语的调查研究，但由于国民党反动统治，这种工作没有得到任何支持。新中国成立后，党和政府对少数民族的语言和文字发展给予深切关怀，这大大地鼓舞了语文科学工作者对少数民族语言的调查研究。1950年中国科学院语言研究所和中央民族学院曾派工作组到贵州从事苗语的初步调查。其后中央民族学院曾三次派出语文系学习苗语的同学分别到黔东、黔西、湘西一带进行苗语调查实习，他们不但学会了苗族语言，而且搜集了许多宝贵的苗语材料。1955年5月中国科学院和中央民族学院组成了苗语调查组在贵州、云南、广西进行了七个月的调查。在贵州调查了贵阳、贵定、贵筑、惠水、清镇、龙里、大定、黔西、纳雍、织金、安顺、平坝、普定、兴仁、安龙、盘县（今为盘州市）、晴隆、望谟、关岭、贞丰等20个县市的苗语。在云南调查了蒙自、屏边、金平、开远、故旧、文山、砚山、马关、邱北、麻栗坡等10个县市的苗语。在广西调查了大麻山、隆林、河池等三县的苗语，此外还附带记录了越南民主共和国老街地区的三份苗语材料。通过这次调查，对云南、广西的苗语和贵州中部、西部的苗语有了进一步的了解。1955年12月"民族语文科学讨论会"的苗语调查报告就是这几次调查研究的总结。（贵州省民族语文指导委员会，1957：12-13）

根据中央的指示以及少数民族语文工作规划，苗语将在1956年提出文字方案。为了在规定时间内完成这一任务，第二工作队[①]根据苗语方言分布情况将全队120多人分为东路、中路、西路和黔中等中队以及海南岛小组，分头进行调查。全队从5月21日起陆续离开北京，先后赴湖南、湖北、贵州、广西、四川、云南和海南岛等地开展工作。

8月27日至9月2日在贵阳召开了苗语科学讨论会的预备会议。这次会议后，根据代表们对各方言区提供的标准音地点的意见和实际工作的需要，为了慎重地选择标准音，又补充调查了一些地区。四个月以来，先后组织了35个调查小组，调查了70个县市的苗语以及其他与苗语关系接近的语言（不包括往年的调查点），一共记录了203个点的材料。语言工作组在创立文字之前对苗语各方言所做的调查为苗文方案提供了翔实的支撑材料，对于几大方言到底是创立一套文字还是不同方言创立不同的文字，这些调查材料都提供了重要的依据。基于苗语方言的调查，工作队认为由于苗语方言复杂，虽然在

[①] 第一、二、四工作队：袁家骅、马学良、王均、喻世长、常竑恩、王辅世、何汝芬、龙正学、张斐然、张永祥、邰昌厚、吴德堃、王德光、年震、程明珍、韩绍昌、今旦、石如金、刘利群、潘文忠、罗文明、潘玉兴、勇耶、盘承乾、张济民、陈克炯、王承华、何天真、鲜松奎、徐志淼、龙德华、陈其光、易先培、王美德、罗品艰、林宜治。

语法上基本是一致的，但各个方言之间在语音、词汇上有很大的差异，要为全国苗族创立一种文字是不可能的，因此，决定在东、中、西三个方言各创立一种文字；滇东北方言原有的文字有其缺点，同时为了与新创立的几种文字在字母形式上取得一致，以便于民族内部的文化交流，按照滇东北方言区人民的要求，决定进行文字改革工作。（贵州省民族语文指导委员会，1957：15）

对于海外苗族聚居区的政府为苗族创立文字之前是否也开展过以上提及的文字创制所需的准备工作，从有关中外苗族文字创制史的文献和材料来看，目前难以找到相关的论述。

四、文字创制者的比较

为创立科学的苗语书写系统，在党和政府的领导下，中国科学院语言研究所的语文工作者、中央民族学院工作组对苗语各方言进行全面系统的调查，召开苗族语言文字问题科学讨论会，提出苗文草案，广泛征求意见，进行科学论证，对文字草案逐步修改。参与苗族语言文字问题科学讨论会的专家和学者有来自中央和地方各省的代表，如中央代表有尹育然、傅懋绩、谢尔久琴柯、刘涌泉、马基新；湖南省代表有龙再宇、张涛、催克南等；云南省代表有冯德、黄寿云、罗大、项朝忠等；广西壮族自治区的代表有杨文贵、陈竹林、杨宗德等；四川省的代表有罗文才、杨述勤、曾明高等；贵州省的代表有周林、苗春亭、欧百川、杨汉先、张超伦等。此外，还有来自第一、第二、第四工作队的代表，包括袁家骅、马学良、王均、喻世长、王辅世、邰昌厚、今旦、石如金、鲜松奎、龙正学等，他们都是民族语或苗语方面的专家与学者。与中国苗文创制相同的是，越南苗族文字的创制工作是在越南政府的领导下，由越南苗语专家及苗族代表共同参与创制。文字的创制者主要包含越南苗语专家阮文胜（Nguyễn Văn Chinh）、杨春福（Duong Xuan Phu）、潘青（Phan Thanh）、王青山（Wang Qingshan）、王庆英（Wang Qingying）等人。与此不同的是，老挝政府与泰国政府几乎不关心少数民族文字的创制，因此创制苗族文字的人主要是一些外籍教士。

中外苗族文字创制者在文字创制过程中展现出明显的差异。中国和越南的文字创制工作是在政府的领导下进行的，政府给予了重视和支持，有利于资源的整合和组织协调。创制者主要是本国的语言学专家和民族代表，具有深厚的语言学和文化背景，能够更好地理解和满足少数民族群体的需求。在文字设计上，更注重本土化，尊重和保护少数民族的语言和文化传统。文字创制工作通过专家和学者的讨论、科学论证以及广泛征求意见来进行，最终形成了共识，有利于文字的推广和接受。相比之下，老挝和泰国的文字创制工作受政府支持较少，主导者主要是外籍教士，可能更多受到国际化的影响，缺乏对当地文化的深入了解。

五、文字所拼写方言的比较

中外苗族聚居区所出现的苗文种类繁多，书写着不同的方言。苗语方言、次方言差异很大，土语数量众多，是一种极其复杂的语言。一方面，对于方言、次方言、土语划分缺乏绝对标准。另一方面，苗族分布辽阔，对各方言的调查难免不够全面，因此，一直以来，对苗语方言、次方言、土语存在多种划分方法，没有形成统一的意见。总体来讲，20世纪50年代中国科学院少数民族语言调查第二工作队的划分法与20世纪80年代王辅世的划分法比较具有代表性。根据中国科学院少数民族语言调查第二工作队的意见，苗语划分为四大方言，包括东部方言、中部方言、西部方言和滇东北方言，另外还有6个次方言和11个土语。20世纪80年代，王辅世主编《苗语简志》，根据语音、词汇、语法的异同并参照苗族的自称，居住地区和生活情况，对苗语方言的划分重新做了调整。其中，考虑到滇东北方言和西部方言之间的同源词比例远远大于其他方言之间的比例，同时古鼻冠音声类的反映类型属于同一类，与其他方言不同，因此将滇东北方言和西部方言合并，这样，原来的四大方言改为三大方言，即东部方言、中部方言和西部方言。原来的滇东北方言归属于西部方言中的次方言。

苗语东部方言有48个声母，它们是：

p ph m w t th n l k kh ŋ h tɕ tɕh ɕ z ts tsh s z̢ t t^h
ṣ ɳ q qh p pʰ m lʮ mʰ ɲʰ l̥ mp mph nt nth ŋk ŋkh ntɕ
ntɕh nts ntsh ɲt ɲtʰ mpʮ mpʮh Nq Nqh

东部方言有35个韵母，它们是：

a o e a ei ɔ ɤ ɯ a ɜ u ŋa oŋ i iu ia io iə
ei oi ui i ŋoi ua ɳoi ai ɤi ɯ iɯ iɛ ien iaŋ ioŋ u uɑ ue ua uei uɤ
u ɯ uɛ uen uan

东部方言有6个声调：

调类	1	2	3	4	5	6
调值	35	31	44	22	53	42

苗语中部方言有32个声母，它们是：

p ph m m̥ f f̥ v t th n n̥ l l̥ lh ts tsh s sh z tɕ tɕh ɕ ɕh z̧ k kh ŋ ɣ x q qh h l

中部方言有26个韵母，它们是：

i ə a o u ɛ ei en aŋ oŋ ia io iu
iə ien iaŋ ioŋ e ao ie iao uei ua uɛ uen uan

中部方言有8个声调：

调类 1 2 3 4 5 6 7 8
调值 33 55 35 22 44 13 53 31[①]

苗语西部方言有56个声母，它们是：

p ph mp mph m m̥ f v pl plh mpl nplh t th nt
nth n n̥ tl tlh l l̥ ts tsh nts ntsh ʂ ț țh nț nțh
tʂ tʂh ntʂ ntʂh ʂ z̧ tɕ tɕh ntɕ ntɕh n̠ n̠̥ ɕ z̧ k kh
ŋk ŋkh ŋ h q qh Nq Nqh w

西部苗语有29个韵母，它们是：

i e a o u eu ai ao ou ua en aŋ oŋ ie io iu
iao an ian ien iaŋ y uei ue uai uen uan uaŋ ɚ

西部方言有8个声调：

调类：1 2 3 4 5 6 7 8
调号：43 31 55 21 44 24 33 13

滇东北次方言有55个声母，它们是：

p ph mp mph m m̥ f v w t th nt
nth n n̥ tl tlh ntl ntlh l l̥ ts tsh nts ntsh s z
ț țh nț nțh tʂ tʂh ntʂ ntʂh ʂ z̧ tɕ tɕh ntɕ ntɕh ŋ
ɕ z̧ k kh ɣ ŋk ŋkh ŋ h q qh Nq Nqh

滇东北次方言有21个韵母，它们是：

a o ə i u y w ai au eu ia ie iw iu
io iau iai ieu aŋ iaŋ ua

滇东北次方言有八个声调：

调类 1 2 3 4 5 6 7 8
调值 54 35 55 11 33 31 11 31

[①] 王辅世主编的《苗语简志》，第4调调值为11，李锦平主编的《苗语方言比较研究》将其改为22。本书采用李锦平的标法。

东南亚的越南、老挝、泰国、缅甸、菲律宾以及美国、法国、法属圭亚那、加拿大、德国、澳大利亚、阿根廷等地苗族所讲的苗语是国内通行面最广的川黔滇方言川黔滇次方言（简称川黔滇苗语）。王辅世、毛宗武在《苗瑶语古音构拟》中明确指出，在越南、老挝、泰国、缅甸等国靠近我国的地区的苗族基本上都说川黔滇方言第一土语。① 尽管川黔滇苗语的内部一般都比较一致，但是在不同的国家之间，由于所处的政治、经济、文化和地理等环境不同，受不同语言等多种不同因素的影响，不同国家之间的苗语虽属相通的方言次方言，但实际也有一定的差别，特别是老挝、泰国以及西方国家中的苗族所讲的苗语与国内的差别更是明显，双方的人在一起，如果互相没有经历过一定的适应过程，交际往往就不能顺利进行。（熊玉有，1993：72）在此有必要对国内川黔滇苗语与国外苗语的音系进行比较。根据李锦平所著的《苗语方言比较研究》，川黔滇次方言苗语声母共有56个，与川黔滇方言（亦称西部方言）声母数量和内容一致，在此不再单列。根据海姆巴赫《（白）苗英词典》（*Meo-English Dictionary*），国外苗语声母共有58个，列举如下：

p　pl　ts　t　tɬ　　ʈ　tʂ　tɕ　k　q　ph　plʰ　tsʰ　tʰ　tɬʰ

tʰ　tʂʰ　tɕʰ　kʰ　qʰ　mp　mpl　nts　nt　ntɬ　ɳʈ　nts　ȵtɕ　ŋk

Nq　mpʰ　mplʰ　ntsʰ　ntʰ　ɳʈʰ　ntʂʰ　ȵtɕʰ　ŋkʰ　Nqʰ　m　n

n̥　ŋ　m̥　n̥　ɳ̊　f　s　ʂ　ɕ　h　v　l　z　ʐ　ml

m̥l　l̥

通过比较，发现国内苗语有双唇声母w，国外苗语没有这个声母。国外一律用双唇浊擦音v替换这个音位。国外苗语有鼻冠舌尖中边塞音 ntɬ，鼻冠舌尖中不送气浊擦边音 ml，鼻冠舌尖中送气浊擦边音 m̥l，国内没有这三个声母。

国内川黔滇次方言有14个韵母，列举如下：

i

e　en　eu　ɚ

a　ai　ao　aŋ

u　ua

o　ou　oŋ

国外苗语韵母有如下12个：

e　a　o　ai　eu　ao　ou　en　aŋ　oŋ　i　u

---

① 王辅世、毛宗武.苗瑶语古音构拟［M］.北京：中国社会科学出版社，1995：5.

通过比较，可以看出，国内苗语有单韵母 ɤ，复韵母 ua，国外苗语没有这两个韵母。但实际上，除了以上所列的韵母外，国内外川黔滇次方言还有一些专拼汉语借词的韵母，如 ei、iou、ien、uaŋ、uei、uai、uen 等。国外苗语没有这些韵母。国内苗语与国外苗语声调的调类和调值都是相同的。

以上论述体现了外国政府与中国政府在处理苗族文字创制工作时所面临的差异。外国政府面对相对简单的任务，这反映了其处理单一语言变体的能力，使得他们能够轻松地找到标准音点并创制相对统一的文字系统。相比之下，中国政府面对多种不同方言的挑战，需要进行更加深入地调查研究，并可能需要考虑创制不同方言的独立书写系统。这种差异既体现了中外政府在处理少数民族文化问题上的不同关注度，也反映了其在处理语言多样性方面的不同能力和经验。在应对这一挑战的过程中，政府的支持和领导至关重要，同时需要与语言学专家和民族学者等专业人士密切合作。这种合作能够帮助政府更好地理解和应对方言差异等各种挑战，确保创制出符合实际需要的文字系统，并促进少数民族文化的传承和发展。

第三节 自主型苗文创制背景的比较

一、自主型苗文创制者比较

在中外苗族文字发展史上，苗族民间自创的文字主要有中国湘西民间苗文、越南杨雄录苗文、老挝沙耶武理苗文、泰国和美国创立的刺绣苗文，这些文字的创制者都是苗族人。但不同的是，中外苗族聚居区自创文字的苗族人所受教育的水平存在着较大的差异。从目前可考的文献来看，湘西民间苗文的创制者主要有石成鉴、石板塘、石启贵等，他们在创制苗文之前曾受过良好的教育，这为后来创立苗族文字奠定了一定的基础。国外苗族民间苗文创制者基本都是普通的农民，在创立文字之前，几乎没有受过教育，甚至连基本的读书认字都不会，但是他们却努力尝试，争取为海外苗族创制独具一格的民族文字。

据相关资料记载，老寨苗文为花垣县麻栗场老寨村苗族人石成鉴所创。他在创立苗文之前受过一定的教育，对汉文化有很好的了解。1913年10月15日，石成鉴出生于湖南永绥县太平乡老寨村（现为湖南花垣县麻栗场镇老寨村），字明三，乳名石银；1921年在太平乡老寨学堂读书；1926年在太平乡尖岩学堂读书；1928年在桃花乡龙孔学堂读书；1936年春考入湘西特区师训所学习；1939年春毕业后转入太平乡望高小学教书。石成鉴的父亲是清末苗族秀才，在其父亲的熏陶下，他从小就热爱苗乡民间文学艺术。20世纪50年代初，石成鉴等人在家乡麻栗场老寨村创造了一些方块苗文。①

板塘苗文的创制者是石板塘。他于同治二年（1863）出生于湖南永绥厅板塘寨（今花垣县龙潭镇板塘村），乳名石豹，书名石皇玺，字号板塘。其父名叫石象（书名石庆荣），是个老秀才，家里藏书较为丰富，为石板塘的学习提供了当时一般苗族人民难以得到的优越条件。板塘自幼聪明过人，嗜学成癖，所观之书，能过目成诵。传说，他五岁时便已经能够熟背《千字文》《三字经》《增广贤文》以及《幼学琼林》等多种启蒙书籍了。这些有韵的文字，为他后来创作苗歌打下坚实的基础。（刘自齐，1982：142）石板塘对苗语、汉语的声韵具有较强的驾驭能力，这对他的苗歌创作具有重要的意义。

速写符号创制者石启贵，在创立文字之前，不仅受过良好教育，而且精通苗语。1896年他出生于今湘西吉首的一个苗族农民家庭，12岁始读私塾，16岁入乾州厅高等小学堂，1918年考入湖南群治法政专门学校自治讲习科。1926年至1933年，他在乾城县模范小学和女子小学任教。石启贵先生致力于苗族研究的工作，先后在保靖、古丈、泸溪、乾城（今吉首）、永绥（今花垣）、麻阳、凤凰等地进行长年累月的考察。生前他著有《民族速记学》《速记讲义精详》《苗汉训古学》《苗语初析》《苗语文学解》《苗文草创》《苗语声韵学》《苗族歌韵大会》《解放民歌集》等书。根据这些著作，可以看出，石启贵先生对苗文的创制是有过较为深入的专研，而且取得了丰富的成果。

相比之下，国外苗族聚居区Pahawh苗文创制者杨雄录、刺绣苗文创制者熊纳德没有受过创立文字应有的教育或专业培训。无论是从可考的文献，还是根据作者对知情人的访谈，在创制苗文之前杨雄录不会读书认字，他只不过是一名穷苦的、未受教育的农夫，在干涸的山坡上种植旱稻。杨雄录出生的村寨与老挝川圹省农黑县城相毗邻。村寨位于偏远的山区，交通极为不便，周边没有学校。这里的苗族人没有受到过外来文化的影响。杨雄录从未上过学堂，在Pahawh苗文创制之前，他仅仅懂得种植一般的农作物和编织苗民使用的背筐，然后拿到集市上去出售，对读书认字几乎一窍不通。②此外，2017

---

① 花垣县民族事务委员会，花垣县政协文史委员会. 花垣苗族 [M].1993: 169-170.
② 以上所述主要基于《文字之母》（*Mother of Writing*：*The Origin and Development of a Hmong Messianic Script*）、《杨雄录传》（*The Life of Shone Lue Yang*：*Hmong Mother of Writing*）两本著作。

年4月作者在美国威斯康星州对杨雄录弟子王泽贵进行访谈时，他也表示，在创立文字之前，杨雄录从未受过教育，不懂读书认字。

在法国入侵老挝之前，栖居老挝的苗族人与多数老挝人都没有能够接受西方意义上的正规教育。苗族人也根本没有接受过正规教育，主要是在家里或村子里开办的学习班接受临时教育。[①]1917年法国建立公立学校系统之后，老挝的教育开始从宝塔学校向正规的学校转变。多数老挝人开始接受法式教育，但仅限于一定阶级的老挝人。苗族小孩接受教育的机会远远低于大多数老挝孩童。苗族领导不断向法殖民政府请求之后，1939年农黑开始建立唯一的学校。（Yang Dao，1993：83）从这样的教育形势来推测，杨雄录在创立文字之前受教育的可能性不大。尽管杨雄录从未习文断字，但是他却成功地为越南、老挝苗族人创制了 Pahawh 苗文。

海外刺绣文字的创制者熊纳德受教育的情况没有相关文献记载。2017年7月作者在美国威斯康星州拉克罗斯县对熊纳德进行了访谈，他本人表示，自己没有受过教育，也不具备语言学、文字学的知识，在创立文字之前自己就是一个地道的农夫。

在教育资源匮乏的环境下，海外苗族创作者依然以其坚韧的意志和丰富的创造力，为民族文化的传承与发展作出了重要贡献。这种成功提醒我们需要更全面地理解创新的动力。尽管教育在知识获取和思维培养方面发挥着关键作用，但对于民族文化的传承与发展而言，个体的创造力和热情同样不可或缺。在全球化和文化交流日益频繁的背景下，民族文化的传承与发展面临着前所未有的挑战。然而，海外苗族创作者的成功经验证明，只要有坚定的信念和自主创新的精神，民族文化就能够在现代社会中焕发新的生机。因此，政府和社会应当更加重视和支持民族自主创新，为其提供更多的资源和机会，促进民族文化的繁荣和传承。这不仅是对民族文化的保护，更是对多样性和创新的珍视与尊重。

二、文字的创制动因比较

通过比较，发现国内苗族民间自主型苗文的创制动因主要是振奋民族精神，唤醒民族觉悟，传承弘扬民族文化，同时用于调查记录，而海外苗族文字的创制动因与海外苗族的"救世"运动密切关联。

[①] Bliatout, Bruce Thowpaou; and Others. *Handbook for teaching Hmong-speaking students*. Folsom, CA: Folsom Cordova Unified School District. 1988：15–30.

第二章 中外苗族文字创制背景比较

国内的自主型苗文数量比较有限，主要是湘西方块苗文。创立文字的动因首先是振奋民族精神与唤醒民族觉悟。石板塘所处的时代，是苗族技术落后、缺乏教育、遭受压迫的时代。他自幼立志考取功名，但是后来随着清王朝的覆灭、资本主义思潮遍及全中国。在这样的新形势下，石板塘放弃了考取功名的念头，而逐步意识到振奋民族精神与唤醒民族觉悟的重要性。他反对迷信、落后、残酷、专制，提倡科学、进步、文明、民主，竭力唤醒苗族民众、提高民族自信心。于是他想通过苗歌向苗族人民灌输各种知识，逐渐改变当时苗族的落后状态。但是在搜集、整理、创作苗歌的过程中，没有本民族的文字，对苗歌的编辑与整理造成了很大的障碍。因此，要唤醒民族觉悟，首先要解决的问题是创立文字。石板塘受过汉族文化的教育，熟知汉字的符号，于是借用汉字创造了方块苗文。他利用汉字的"形声""会意"两种造字方法，创制了一千多个方块字形的苗文。刘自齐在《苗族歌圣石板塘》一文中写道："板塘在编写苗歌的过程中，碰到的最大困难就是将苗歌准确地书面化。为了做到苗歌比较准确地书面化、定型化，突破前人只能用口头传歌的狭隘性，他用尽心血仿照汉字的'形声'和'会意'两种造字法，借汉字的音、形、义，创造了一套比较完整的苗族文字，并编著了《苗文字典》一本。"（刘自齐，1982：143）

石板塘创立苗文，编写苗歌，将苗歌进行传唱，同时还有助于传承弘扬民族文化。这也是当时民间文人自创苗文的最大动因。湘西花垣苗族民间歌谣内容十分广泛，涉及苗族群众的物质生活、精神生活、婚姻生活等诸多层面。其表述艺术形式，因地域不同、方言土语的差异而丰富多彩，这些都是人们了解苗族人民生活习俗和文化现象的宝库，也是研究苗族人民的人生观、价值观、幸福观、道德观、伦理观、审美观、爱情观、婚姻观的一片沃土。在没有文字的时期，苗歌主要依赖于口耳相传，但是这样的方式对于收集、整理甚至是创作歌曲极为不便，因此，热爱苗族文化艺术的知识分子迫切需要一套属于本民族的文字。石成鉴创制苗文的动因就是为了记录苗歌、创作、编写苗剧。1953年，湘西花垣县文化馆在麻栗场乡建立了沙科中心俱乐部，并随之成立了文化站，将熟悉苗族文艺的苗族教师石成鉴调到文化站工作。当地苗族人喜爱看戏，但是当地只有汉语的戏剧，没有苗语戏剧。为了实现当地族人能够看上本民族语言戏剧的愿望，石成鉴立志要创立苗语戏剧。但是编写苗剧需要苗族文字，于是他仿造汉字创立了方块苗文。在县文化馆的支持下，以他为主，将苗族故事《泸溪峒》改编成苗剧《团结灭妖》，交给麻栗场俱乐部排演。

国内民间自创苗文除了弘扬传承民族文化之外，同时也为了记录调研的内容。石启贵长期在苗族地区开展调查工作，所创的速写符号主要用于记录大量的苗族资料。1933年春夏间，我国民族学先驱蔡元培委派凌纯生、芮逸夫两位专家，到湘西开垦民族学处女地，诚邀石启贵协助工作。他们在乾城、凤凰、永绥三县苗乡，实地调查三个月。调查中，凌、芮二位发现石启贵先生是个"苗族通"，"汉文知识也相当不错"，对苗族的研究又有浓厚的兴趣。故在离开湘西前，将所有应调查之事项和全部调查任务，商请他继续代为办理。他还用一种系统有规律的简便符号和缩写法则，快速书写方法记录了大量苗族资料。后来将其整理为"速记音标"，继著成《民族速写学》和编成《速记讲义精详》。（石启贵，2008：573）遗憾的是，原书已遗失，目前能收集到的相关资料只有其所创的苗语速写符号和读音。

　　海外苗族民间自主型文字主要包括杨雄录所创的苗文、刺绣苗文。这些文字创制背景各有不同。杨雄录创制苗文的背景与海外苗族的救世运动密切关联。19世纪苗族人迁徙到越南、老挝时，法国人已经成为当地殖民主，他们借助老挝、越南当地政府行使最高层管辖权，对苗族人与其他少数民族实行压迫。越南、老挝均有苗族人反抗法殖民主义运动。1896年老挝苗族人奋起反抗法殖民主高额的赋税。在越南，苗族人不忍法殖民主的暴政，于1862年爆发"救世"运动，这样的运动一直持续不断。1919年在吴巴金的率领下，苗族人再次发起"救世"运动。此前苗族人一直没有文字，但据说吴巴金却神奇地创制了文字，并且把这套文字传授给其追随者。（Quincy，2012：62）二战期间，日军将法军驱逐出境。战后，法军重返镇压越南人民起义，战火从越南持续蔓延，烧至老挝。1954年，在靠近老挝边界的越南奠边府战役中，法军彻底溃败。

　　在杨雄录看来，海外苗族人长期遭受压迫，根本原因是苗族人缺乏知识、缺乏教育。更为重要的是，苗族人没有文字，不能享有与其他民族同等的权利。因此，苗族人迫切需要文字，"救世"苗文正是在这样的背景下应运而生。不过，杨雄录对世人宣称 Pahawh 文字并非由他本人所创，而是由上帝所赐。他声称上帝向他授予文字，并且差遣他将这套文字传给苗族人。学会文字，接受文字，就能得以拯救，反之将永远遭到其他族人的压迫。《文字之母》一书记录了上帝之子向杨雄录传授"救世"苗文时给他带来的上帝谕旨："使用救世文字的民族将得到上帝的庇佑，而拒绝使用文字的民族将惨遭祸殃。"（Smalley，1990：24）当苗族人还未拥有文字的时候，他们只能渴望着上帝赐予属于他们的文字。杨雄录在当地教授苗文，掀起声势浩大的文化复兴运动，人们慕名而来，将他奉为"文字之母"，不仅学习他所创的文字，同时也倾听他宣讲道义和宗教教义。于是杨雄录就成为无数民众心中的救世主，这些人中既有穷苦的百姓，也包含未受教育、没有文化的芸芸大众。多数苗族人对杨雄录深信不疑。

吴巴金和杨雄录的苗文创立都与苗族人的"救世"运动密切相关。这些文字的创立不仅仅是一种文化现象，更是对民族精神的表达和抗争的象征。这些文字为海外苗族人提供了自我表达和传承文化的工具，同时也加强了他们的民族认同感和团结力量，推动了反抗殖民主义者的运动。通过这种方式，海外苗族人得以更有力地捍卫本民族的权利和尊严，为民族自由和独立而奋斗。不同的是，两套文字的创制者身份各有差别。杨雄录宣称自己是上帝的使者，而吴巴金声称自己就是古代苗王。他们创立文字，旨在吸引大批追随者，唤起他们强烈的民族感，以期实现民族复兴。缺乏教育的普通大众将他们奉为传递神的旨意或是代表某种神灵的超自然人物。当时海外苗族人正身处险境、遭到压迫、难以应对所面临的局势，他们于是忠贞不渝地信奉着这样的部落领导者。

为了能够吸引大众的注意力，海外有的苗族文字创制者在创立文字的时候，借助奇特的文字背景，设置了奇异的文字形状。吴巴金的文字无人能识，杨雄录的文字奇形怪状。吴巴金的文字已经失传，不再赘述。杨雄录的文字问世之前，在越南已经有政府创立的苗文，而在老挝已有传教士创立的老挝拉丁文字。越南苗文借用越南文字拼写，老挝拉丁苗文借用拉丁字母。舍近求远，摒弃已有的文字，竭尽全力创立另一套文字难免得不偿失。不过，杨雄录却认为，苗族应该拥有真正属于本民族的文字。并且，支持"救世"苗文的人认为，使用仿造的文字等同于文化剽窃。他把独具特色的Pahwah文字视为海外苗族人的民族身份象征。基于现代史、海内外苗族人的发展历程，"Pahawh"文字象征着苗族同胞在越战中所经历的创伤。因此，经历磨难，饱受战火困扰的海外苗族人认为只有"救世"苗文才称得上真正意义上的苗族文字。向其他民族乞讨文字属于一种文化犯罪。（Smalley，1990：160）

沙耶武理苗文的来历与杨氏苗文比较相似，根据知情人的述说，这套苗文也是由神所赐，而且文字奇形怪状。揭秘这套文字的人是老挝苗族青年侯嘎旺，根据他的述说，这套文字由咪诺神（Vaj Tswv Mi Mus）①所赐。手稿是1965年2月在一个祭祀仪式上由他的父亲所传。②此后，每逢六月第六天、九月第九天，十二月第十二天，他都要把书卷供于宗教仪式上。从1965年到1972年侯嘎旺父亲临死前的几个月，这些书卷一直由嘎旺保管，放在老挝沙耶武理省的一个村子里。他认为，拥有神灵之物意味着得到神灵之信赖。父亲告诉嘎旺，这套书卷已经保存了700年，历经12代人。因此在这套书卷公之于众之前，嘎旺需要用自己的生命来保护它们。当苗族人拥有真正属于本民族的土地时，这些物品将具有重要的意义，因此要妥善保存。在必要的时候，可以将手稿进行全面、明晰的诠释。其中的一卷手稿是学习认字的教程。③作者曾对一些海外苗族人进行过访谈，他们没有相信侯嘎旺关于沙耶武理苗文来历的说法。

关于沙耶武理苗文的创制动因，只能从这套文字所写的手稿内容来分析。书稿共分八卷。第一卷是识字教程，列举了一些字母。其他书卷写有奇特的文字，而且有很多绘图。这些文字没有人能识读。根据斯莫莱的判断，书卷的内容要么是经书，要么是史书，要么是未来治国安邦的定律。第二卷到第八卷都是有关哲理性和社论性的文章，其中也包含一些政府管理与教育的方法。例如，第三卷图文并茂地描述了未来苗旗的样式，使用的货币，政府办公楼修筑的情况，每一个部分使用了不同动物的图章。书卷中同时包含了不同国家的地图。书卷中还论述了接受宗教教义的重要性，强调族人之间开诚布公、内部团结、公平公正的必要性，并且还论述了优秀领导者应有的素质。（Smalley，1998：107–108）第四卷阐述了世界史和苗族史，预示了世界的未来，包括发展科学技术，以提高交通设施、科学与医学的发展。此外，该卷还阐释了苗族十二个宗族的起源，强调苗族内部需要统一、团结，并且发出警示，冲突只会导致苗族人永远受压迫，永远贫穷。人与自然和谐共处的重要性也有所关照。根据这套文字所记载的内容，再根据揭秘这套文字的时代背景，作者认为，文字的创制者可能将书卷的神圣性质视为一种传承责任的

---

① 根据沙耶武理苗文的背景，书中所述的咪诺神出生于天堂第十二层。他的母亲（此处没有提及父亲）将他送到天庭学习，历时2800年，所以这些圣书应有3526年的历史，其中包括咪诺学习此书的时间。完成学业并结婚后，咪诺了解到了凡间的苗族人，了解到他们需要指导、需要教义。他请求天神将他的智慧传给苗族人，并且获得了许可。作者咨询过宗教界的人士，几乎无人知晓咪诺神，因此作者认为咪诺应该属于沙耶武理苗文背景中虚构的神灵。

② 1988年侯嘎旺向李穆安转述了仪式的整个过程，转述内容录成磁带。

③ 以上侯嘎旺关于文字的述说主要基于斯莫莱等人所著《另一套救世苗文及其文本》（*Another Hmong Messianic Script and Its Texts*）的论文。

象征，以激发每个苗族人对本民族文化的传承与保护的责任心。在这一理念的引导下，创制者期望海外苗族人能够紧密团结，共同努力，实现族群的繁荣发展。

从文字的创制动因来看，杨氏苗文与沙耶武理苗文两者基本相同。杨氏苗文创制于1959年，沙耶武理文出现的时间也大致相同。两种文字创制的时期都处于海外苗族乱世之秋。在战火纷飞的时期内，海外苗族人生死未卜、民族分裂，他们渴望民族团结、和平统一。从苗族神话的角度来看，上帝差派救世主到凡间拯救苗族人、团结苗族人、引领他们追求和平，创造更为幸福美好的生活，为他们创立文字，以此提升他们的地位。因此可以说，面对海外苗族人的危难形势，沙耶武理文与杨氏苗文都做出了同样的回应，他们高度关注苗族人，倡导苗族人精诚团结。这两种文字的创制不仅是对苗族文化的传承和弘扬，更是海外苗族人在动荡时期的心灵寄托和民族认同的表达。通过创制这样的文字，文字的创立者期望苗族人民在乱世中得以凝聚力量，追求和平与团结，为民族的生存和发展奠定了坚实的基础。

除了"救世"苗文之外，刺绣文字也是由苗族本土人所创，而且创制背景与苗族文字的传说紧密关联。龚泽旺文字与刺绣文字便是其中的典例。根据罗本博士（Dr. Bee Lo）的述说，熊纳德等人在泰国班维奈难民营恢复刺绣文字的目的是要让苗族拥有真正属于本民族的文字。[①]但作者认为，这套文字其实不是真正的刺绣文字（详细论述可参见第三章），而是熊纳德等人模仿刺绣纹案，自创的一套字母文字。之所以创立这样的文字，是想借助苗族关于古文字暗藏于刺绣的传说，赋予这套文字应有的权威性，以期让族人相信这就是苗族数千年以前曾经遗失的文字。这套文字创立的时间是在1988年，当时泰国班维奈难民营里已聚集了43000~45000名苗族难民。（Long, 1993: 35-53）他们失去家园、流离失所、前程未卜，将被重新安置到另一个陌生的国家里，在此之前需要学习语言文字，才能够更好地融入新环境中。当时难民营里有宗教机构、志愿者团体、政府部门等提供的各种识字培训项目，其中包括教士举办的老挝拉丁苗文学习班、志愿者举办的英语培训班、宗教信徒举办的杨雄录苗文培训班，甚至还有以个人名义提供的泰文、中文、法文学习培训班。（Duffy 2007: 120）在熊纳德看来，尽管难民营里的苗族人可以选择学习不同的文字，但毕竟这些文字都不属于真正的苗文，不能真正象征着苗

---

① 该述说主要基于2017年4月23日在美国威斯康星州密尔沃基召开第十八届苗族全国发展大会（18th Hmong National Development Conference）之际，罗本博士所做的关于刺绣文字的发言。

族人的身份，因此他才创立了刺绣文字。

　　从梳理的文献与相关的信息来看，海外苗族自主型苗文的创制者都具备几点共同特征。首先，他们宣称所创的文字为曾经遗失的苗族文字，只不过文字失而复得的方式有所不同而已。杨雄录声称自创的苗文就是苗族曾经遗失的文字，众多海外苗族人对此深信不疑。与此不同的是，熊纳德文字的创立基于理性与科学、老一辈人的努力、对文化的专研，而不是基于神话之上。其次，海外苗族自创的文字主要追求奇特的文字外形，新颖的文字结构，特别是刺绣文字，几乎没有摄取英文、泰文、寮文等外来文字的元素，而取材于本民族的刺绣图案。此外，文字的创制没有外族人的参与，也没有学者的指导，完全由本族人独立完成。海外苗族自主型苗文的创制者，因其对本民族文化的认同感和热爱，不仅致力于复兴曾经遗失的文字，而且在创造过程中追求文字独特的外观和结构。他们以本土文化为基础，将刺绣图案等传统元素融入文字设计中，以期展现本族人的文化特色。这种创作精神体现了个体创作者的文化自觉和创新能力。

　　基于本章节的论述，从中外苗族文字发展史来看，中国苗文史呈现苗语方言多、文字创制工作起步早、文字类型少的特征，而海外苗文史则表现为苗语方言少、文字创制起步晚、文字类型繁多的特征。基于中外苗族文字的创制背景，可以看出，中国早期发展的苗文是外籍教士和中国苗族民间人士自创的文字。但是，中国苗语方言比较繁杂，而当时参与创立文字的人从未对所有苗语方言进行过全面调查、比较，仅仅是出于自身的需求独立创制文字，不同的方言区没有形成合作的模式，因此，创制出来的文字具有很大的局限性。传教士创立苗文的目的比较单一，主要为了传播宗教教义。尽管创立文字的动因几乎一致，但教士们创立的文字基本上是各依各的写法，采用不同的字母形式。克拉克与党居仁采用拉丁字母创立文字，胡托采用的是民国时期的注音文字，柏格理则采用另一套完全不同的符号。中国苗族民间有识之士自创苗文，其目的主要局限于记录民歌，创作歌剧，而且他们所创的文字只表意，不表音，文字的笔画比较多，书写和记忆都十分不便。新中国成立后，中国共产党和政府为苗族人民创立文字的举措与先前的文字创制工作有显著的不同，凸显了深刻的政治、文化和社会差异。首先，党和政府在苗文创制中强调的是民族的文化自主性和尊重。新文字的创立目的是满足苗族人民长期以来对本民族文字的迫切需求，同时倡导本土文化的传承，为社会主义经济建设和文化事业发展提供支持。其次，与以往文字创制的单一动机不同，党和政府在文字创制的准备工作中，通过深入苗族聚居区进行多次调查，全面了解苗语方言特征，将苗族的实际需求和文化传统纳入制定文字方案的核心考量。这样的文字创制方式凸显了党和政府对各民族文化平等尊重的理念，同时也体现了党和政府对文化多样性和自主性的重视。

  海外苗文史起步较晚，但文字形式体现出复杂多样的特征。目前在中国境内，几乎是每一种方言只有一种对应的文字形式，而海外苗文所拼写的方言比较单一，却存在十几套对应的文字。海外出现多种苗族文字系统，主要由几个方面的因素所导致。首先是由于不同国家少数民族语言文字政策有所不同，对各国的少数民族的语言文字发展产生不同的影响。越南、老挝、泰国在不同的时期分别出现不同的苗族文字，文字的创制者不仅有外籍教士、苗族民间人士，还有政府机构。各国的少数民族语言文字政策在文字的创制工作中也起到主导性的作用。越南政府所创的苗文采用越南文来拼写；老挝政府的民族语言政策要求采用老挝文来拼写；泰国政府没有明确颁布少数民族语言文字政策，但出于识字教育的考虑，传教士采用泰文拼写苗语。不同的国家很难在民族语言文字政策上达成一致，难以创立同样的苗族文字。其次，不同群体对创制苗文的动因各不相同。传教士创制苗文的宗旨永远是建立在传播宗教教义的基础上，而海外苗族民间人士创立文字的动因与"救世"运动、寻求民族身份认同密切关联。

第三章　中外苗文创制原理与发展比较

第一节　文字创制的原则及理念

　　创立文字之前需要考虑多方面的因素。首先，创立的新文字是否能够准确地反映出语言的发音细节，是否易于学习、记忆。此外，创立的文字需要得到当地人的拥护，政府的支持。对于符号的选取，一般倾向于借用传统的字母，但同时还要考虑这种文字是否拥有现成的软件进行文字信息的处理。在创立文字的过程中，需要考虑语言的声音系统以及社会方面的因素，两者之间往往相互矛盾。针对文字的创立问题，美国语言学家肯尼斯·李·派克（Kenneth Lee Pike）提出语言目标与社会目标。根据语言目标，文字应该选择字母标音，一个字母对应一个发音。如果一套文字的字母数量极为有限，将会出现同一个字母书写不同音位的情况，如字母 p 同时可以书写［p］、［b］；同一个音位不应该由不同的字母来书写，除非有严格的规则限制。对于声调语言，声调的标记必须准确无误。文字创立的另一个难题是借词的拼写。如果借词已经融入当地语言中，应该采用当地语言的拼写习惯；但是，当借词不能完全与当地语言同化，而且借词所包含的语音在当地语言中缺失，则需要增添相应的字母去拼写缺失的语音。社会原则包含以下几点：①创制的文字要得到推行应用，就需要获取文字使用者的拥护。②新文字应尽量避免使用生僻的字母，不过该原则可能会同语言学准则相矛盾。③尽可能避免使用附加小符号，因为这些符号增添记忆、拼写的困难。④优先考虑常用字母。⑤尽可能选取有利于双语教学、双语教育的字母。⑥选取的字母应该代表更为广泛地区的语音。（Pike，1947：208-226）

不过这些原则都会存在自相矛盾的现象，例如，音素字母标音可能会与表示所有发音的要求相冲突；尽量不借用生僻字母与采用不同的字母拼写不同的发音相冲突，如滇东北次方言声母数量较多，老苗文字母不够写。新中国成立后党和政府在改革这套文字的时候，为解决相同字母表示不同发音的困境，曾借用西里尔字母。

关于文字的创制，马隆（Susan Malone）曾在《在少数民族语言文字区开展识字＆成人教育工作指南》一文中指出："鉴于各民族语言族群具体情况各有差异，对于文字的创制没有具体的法则。尽管如此，在创制文字的过程中，仍要考虑一般的准则。"（Malone，2004：40）美国语言学家斯莫莱（Smalley，1976：38）认为，为能够较好地体现出文字的书写功效，文字的创制应该遵循以下准则：

- 动机最大化（Maximum Motivation）
- 书写最大化（Maximum Representation）
- 易学最大化（Maximum Ease of Learning）
- 转换最大化（Maximum Ease of Transfer）
- 现代文字信息处理最大化（Maximum Reproduction）

基于斯莫莱以上提出的准则，马隆进一步提出较为理想的文字还应该符合以下标准：

- 得到绝大多数母语方言人的接受
- 被政府所接受
- 具有准确的表音功能
- 易于学习
- 便于母语方言人在少数人使用的语言及多数人使用的语言之间进行转换
- 便于复制、打印（Malone，2004：40）

创制的文字如果能达到马洛、斯莫莱二人提出的以上准则和标准就可以算作理想的文字。那么，采用什么样的创制方法才能达到这样的标准，作者将在下文进行论述。

鲍鄂斯（John Bowers）在论述语言问题与文识的关系时，援引沃尔夫博士（Dr. Hans Wolf）在《尼日利亚文字》中的相关论述："一套好的文字系统不仅能够准确地书写语言，而且易于学习。"此外，他还指出了这种文字应该具有以下几种属性：

①准确性：文字应该拼写出所有重要的语音；

②简约性：只需拼写出具有区别性意义的音位；

③一致性：在整套系统中，所有字母和字母的组合自始至终都代表同样的语音；

④与其他文字具有相似性。

最后的这条原则仅仅适用于需要拼写的语言具有相似的音位结构。（Bowers，1968：394）

第二节　中外传教型苗族文字创制原理与发展的比较

一、文字符号的比较

对中外苗族传教型文字进行比较，我们能够深入探讨这些文字系统的多样性。这种比较揭示了两个主要方面的差异：一是在不同国家或地区之间的差异，二是在同一国家或地区内部的差异。在不同国家或地区，传教型苗族文字使用不同的符号来书写苗语，这反映了地域和文化背景对文字系统的影响。同时，在同一国家或地区内部，不同的传教组织或个人也可能采用不同的符号系统，这主要受到历史、宗教信仰、文化传统等因素的影响。因此，通过对这些差异的研究，我们能够更深入地理解苗族文字的发展和演变，并且可以洞察不同地域和文化环境对文字理解和运用的影响。

（一）柏格理苗文的符号

柏格理苗文所书写的语音系统是滇东北次方言，属于西部方言的一个次方言。滇东北次方言主要通行于云南省昭通地区和贵州省威宁彝族回族苗族自治县，以贵州省威宁彝族回族苗族自治县的语音为标准音，共有55个声母、22个韵母、8个声调。1904，1905年柏格理为滇东北次方言创立文字，这段时期的文字不完整，声母书写符号只有24个，韵母符号有14个。关于柏格理草创滇东北次方言老苗文究竟选取什么样的符号，国内已有的研究主要是基于柏格理日记等相关文献的介绍以及石门坎当地的田野调查与访谈，并且相关探讨主要是一般性的论述，尚缺乏对文字系统内在的分析。

在《苗族纪实》(*The Story of the Miao*)一书中柏格理写道：

苗族人文化水平不高，从未具有学习的习惯，因此我们需要尽可能采用简单的方法。需要尝试一些简单的文字系统，即便是文化水平很低的人都能很快学会。文字的形式必须是字母，简单易学，这一点至关重要。在尝试创制文字的过程中，我们想起在北美印第安人中传教的循道工会教士所用的音节文字，于是决定也创制一种类似的文字。（Pollard，1919：174-175）

从这段陈述来看，柏格理草创的滇东北次方言苗文应属于西文元素与当地苗族文化的结合。不过，柏格理没有明确说出所创的苗文仿造何种文字，这一问题一直成为学术界的讨论热点。里维斯在《两套本土文字系统——加拿大音节文字与阿卯文字》一文中比较了柏格理文与克里语字母以及早期速写符号的笔画，认为柏格理是在借鉴克里语字母符号的基础上创立用于拼写花苗语的文字。（Lewis，2003：277-304）不过，陈建明（2010：142-149）却持不同的观点，认为柏格理主要是参考汉字的笔画与苗族衣裙的花纹图案，他著有《传教士在西南少数民族地区的文字创制活动》一文，指出，"它[①]以苗语滇东北次方言发音为基础，'参考汉字笔画和苗族衣裙的花纹图案，创造苗文声母，用拉丁字母作韵母，一个声母和一个韵母拼成一个音节……'"

根据作者的考证，柏格理等人所创的苗文确实有一部分符号借用了克里语字母，通过观察，书写舌尖中清闭塞边音［tl］的符号"∆"应该取自克里语字母"∆"［i］；书写双唇浊擦音［v］的符号"V"取自"V"［pe:］；书写舌面浊擦音［ʑ］的符号"∧"取自"∧"［pi］；书写舌根鼻音［ŋ］的符号"⊖"取自"ᑲ"［ka］；书写舌尖后清擦音［ʂ］的符号"J"取自"J"［tʃo］；书写唇齿清擦音［f］的符号"Γ"取自"Γ"［mi］；书写双唇送气清闭塞音［pʰ］的符号"⌐"取自"⌐"［mo］；书写喉音［h］的符号"ㄱ"取自"ㄱ"［me］；书写舌尖中浊擦边音［l］的符号"L"取自"L"［ma］。以上的这些符号属于直接借用，基本没有经过修正或加工。还有一些符号是通过旋转而成，如舌尖中送气浊擦边音［ɬ］的书写符号"ᑯ"取自"＜"［va］，然后对其进行旋转而成；舌尖前清擦音［s］的书写符号"S"取自"∽"［sha］。需要指出的是，柏格理只是借用符号，并没有沿用克里语字母符号的读音。

韵母方面，舌面前音［i］的书写符号"⌒"、舌面后音［u］的书写符号"ᴗ"、舌面前音［y］的书写符号"⊃"都取自克里语字母"⌒"［s］；舌尖前音［ɿ］的书写符号"r"取自"Γ"［mi］。后来增补的舌尖后音［ʅ］的书写符号"ㄱ"也是

[①] 指柏格理草创的滇东北次方言苗文。

取自克里语字母符号"⌐"[me]。舌面后音[o]的书写符号"◦"取自"◦"[w];双元音符号"ˈ"[ɑi]取自"ˊ"[p];"ˈˈ"[ɑu]取自"ˈˈˈ"[p];央元音[ɑ]的符号"-"取自"-"[c];双元音符号"="[ie]取自"-"[c],然后在上面增添一横。"~"[iu]取自"~"[shi];"⌒"[iɑ]取自"⌒";"ᔆ"[æy]取自"ᔆ";"ˀ"[ə]取自"ʔ"。

柏格理苗文还借用一些速写符号,如"†"[ts]借用"†"(x);"⌐"[k]取自"ɔ"[y]。克里语字母通过旋转字形以区分不同的音位,如"△"表示[i];"▷"表示[o];"◁"表示[a];"▽"表示[e:]。与此相同的是,柏格理苗文中也有符号通过旋转方向表示不同的发音,如"⌐"表示[p],"L"表示[l];"ɔ"表示[m],"c"表示[n];"Γ"表示[f],"⌐"表示[h]等。对借用的符号进行旋转或略微改动,这种符号的设计方式有点类似于转注。周有光(2011:137)先生在《世界文字发展史》明确指出:"把符号反过来、倒过去,或者略做变更,成为另一个字,这是转注的一种方法。"

也有学者认为柏格理苗文的符号取自苗族民间的元素,如马理荣认为:"石门坎苗族文字象形源于苗族服饰图案,我看大多还取自于人们生产生活常用工具或现实生活中的物形、物状,文字象形有其不可多得的优点。"[①]

1905年,柏格理开始为这套文字标注声调,其方式与克里语音节文字的类似。克里语音节文字可以在同样的符号上标注附加小符号表示不同的发音,如"▷"表示[o],在符号头上附加一个小圆点后,"▷̇"就变成了长音[o:]。与此相似的是,柏格理等人所创的苗文将韵母标注在声母周围不同的位置,以此表示不同的声调:T̄ T̄ T̄ T̲ T̲,但这个阶段的声调尚存在一定的缺陷。在《花苗一书》中,柏格理共用五个声调,但其中有一个声调在书本中较少应用,如第四个调在400个词中仅应用于六个词汇当中,而且与第五调没有区分。

(二)党居仁苗文的符号

党居仁苗文采用拉丁字母。有关这套文字方案的文献比较稀缺,目前能找到的材料是这套文字所译经文的其中一页。[②]限于可查到的译本,只能考察到部分的文字方案。一些音位的写法与新苗文的方案基本一致,用拉丁字母b书写不送气的双唇清塞音[p];字母p书写送气的双唇清塞音[pʰ];字母d

---

[①] 马理荣.石门坎苗族文字何去何从//滇东北苗语文(大花苗语文)昭通会议文汇,2010:20-21.(未出版的手稿)

[②] 阎幽馨收集了党居仁苗文翻译的圣经,详见 Joakim Enwall. *A Myth Become Reality*:*History and Development of the Miao Written Language*[M]. Almqvist & Wiksell International,1995a(volume 1). 191.

书写不送气的舌尖中清塞音［t］；字母 t 书写送气的舌尖中清塞音［tʰ］；字母 g 书写不送气舌根清塞音［k］；字母 k 书写送气舌根清塞音［kʰ］；字母 s 书写舌尖前清擦音［s］；字母 r 书写舌尖前浊擦音［z］。一部分音位与新苗文的方案不相一致，如用字母 ds 书写不送气舌尖前清塞音［ts］；ts 书写送气舌尖前清塞音［tsʰ］；dj 书写舌面不送气清塞音［tɕ］；ch 书写舌面送气清塞音［tɕʰ］；字母 kh 书写不送气小舌音［q］；gh 书写舌根送气浊鼻音；ng 书写舌根不送气浊鼻音；dj 书写舌面浊塞音［dʑ］；h 书写舌根清擦音［X］。以上所列书写符号尽管与新苗文方案存在差异，但书写符号能够大体上描述苗语的音位。用 kl 书写舌尖中不送气清塞音［tɬ］,gl 书写舌尖中送气清塞音［tɬʰ］从音位学上来看不太合理。根据众多文字方案的设计原则，字母 k 与 g 描述的音位通常为舌根音（抑或软腭音），与舌尖中的音位相差较大。党居仁苗文的另一个问题是，同一个字母同时书写 2～3 个不同的音位。字母 n 同时书写舌尖中浊鼻音［n］与清鼻音［n̥］。另外，该字母还用来书写双唇浊鼻音［m］，字母 m 用来书写双唇清鼻音［m̥］，这种书写方式比较少见。还有一些音位不能准确地书写出来，如鼻冠舌尖中清塞音［nt］用字母 d 书写，只书写出舌尖中音，没有描写出鼻音的特征。

这套文字最大的一个问题是没有声调符号。这样的文字对于拼写以声调为主要特色的苗语而言肯定存在很大的缺陷。阎幽磬认为，这套文字可能仿造于克拉克苗文及其他文字的拼写法则。（Enwall，1995a volume 1：190）阎幽磬正是通过对比党居仁苗文与克拉克 1904 年在《贵州省苗族与仲家族》的黑苗语字汇得出这样的结论。但是克拉克没有大花苗语词汇，而且两种文字的书写方式也有所不同。在克拉克的词汇表中，送气的爆破音（以及塞音）在英文的拼法是采用表示清音的字母来拼写，而不是送气的爆破音。党居仁苗文却与此不同，软腭音与边音采用另一种方式拼写。

党居仁苗文是否真正仿造于克拉克文字，单就这一点来看，目前尚难以定论。此外，党居仁没有考虑到苗语的声调问题，而且在试行这套文字的过程中他似乎也没有意识到此问题的存在，更没有对文字做出改进。早在 1895 年克拉克就意识到苗语的声调问题，并且在其所著的《苗学研究》(*Miao Studies*) 一文中就明确指出："……黔东苗语有八个声调。"（Clarke，1895：148）从该文中，可以了解到克拉克已经记载 17 个苗族故事，并对其进行了修改，对文本进行了标调。如果如阎幽磬所说的那样党居仁苗文仿造于克拉克文字，那么为什么党居仁没有对所创的文字标记声调呢？这一说法还需要对标有声调的党居仁苗文文本进行分析，但是作者目前没有找到这样的文本。

(三) 胡托苗文的符号

胡托苗文（参见表3-1）采用民国时期注音字母符号。1913年，教育部读音统一会根据音韵学，制订了三十九个注音字母；又审定了七千多个常用字的读音，编成国音字典。1918年，教育部公布注音字母。1920年，教育部又公布国音字典。1925年，国语统一筹备会决议以北京（北平）音为标准国音。1926年国语统一筹备会根据标准国音，制定一种国语罗马字拼音法式，作为注音字母第二式。到了1928年由国民政府大学院公布。1930年4月，国民政府中央执行委员会常务会议，议决注音字母改称注音符号。国语注音符号的要素可分声、韵、调三种：声符有二十四个：

ㄅㄆㄧㄈ万　　ㄉㄊㄋㄌ

ㄍㄎㄤㄏ　　ㄐㄑ广ㄒ

ㄓㄔㄕㄖ　　ㄗㄘㄙ

表示韵的符号，叫做韵符。标准国音里面的韵符有十六个：

ㄧㄨㄩ　　ㄚㄛㄜㄝ

ㄞㄟㄠㄡ　　ㄢㄣㄤㄥㄦ

另外，调有音调、词调、语调三种。标准国音里的音调分为阴平、阳平、上、去四种。

胡托在国语注音符号的基础上增创了三个符号：仿照拉丁字母创制"Z"，用于书写[ɤ]（在克拉克词典中拼写为/z/）；仿照拉丁字母创制"L"，用于拼写[ɬ]，"十"仿造于注音字母"一"，在此基础上添加一竖，用于拼写[ɀ]。胡托使用的注音字母共包含39个音符，包括27个声母，16个韵母。这种字母的写法与汉字相类似，从右到左。在整套文字符号中，"ㄖ""ㄕ""ㄋ"三个符号没有得以使用，"ㄓ"与"ㄔ"专为拼写借词而设计。在1928年出版的《赞美歌》中，胡托列举了27个声母，16个韵母。书写格式是由上到下竖写，从右到左提行。音节多数单写，少数用短竖连接。这套文字标点符号不完备，句子里只有"、"号和"·"号，人名在左边加单直线，地名加双直线。分段不提行，只在句首加圆圈○。

表3-1 胡托苗文 注音字母苗文表（摘自《苗族诗歌》附录）[①]

注音字母	苗文字母	国际音标	注音字母	苗文字母	国际音标	注音字母	苗文字母	国际音标	注音字母	苗文字母	国际音标
ㄅ	B	p	兀	ng	ŋ	ㄑ	Ts'	tsh	ㄜ	eh	ə
ㄆ	P'	pʰ	厂	H', hor	χ=h, xʰ	ㄙ	S	s	ㄝ	eh	e
ㄇ	M	m	ㄐ	G, J	tɕ	Z	Z	ɣ	ㄞ	ai	ai=ɛ
ㄈ	F	f	ㄑ	ch'	tɕʰ	L	Li	ɬ, ɬʰ	ㄟ	ei	ei
万	V	v	广	N	nj	十	yee	ʑ	ㄠ	ao	au
ㄉ	D	t	ㄒ	sh	ɕ, ɕʰ				ㄡ	eo	əu=ə, u
ㄊ	T'	tʰ	业	Ts	tʂ	—	E, ih	i	ㄢ	an	an=ɛ
ㄋ	N	n	ㄔ	Ts'	tʂʰ	ㄨ	oo	u	ㄣ	en	ən=en
ㄌ	l	i	ㄕ	Hs, hsih	ʂ	ㄩ	ü	y	ㄤ	ã ng	aŋ=en
ㄍ	k, gore	k, q	日	R, ri	ɿ=z	ㄚ	ā	a	ㄥ	eng	əŋ
ㄎ	K', kore	kʰ, qʰ	ㄗ	Ts	ts	ㄛ	ore	o	ㄦ	er	ɚ

（四）老挝拉丁字母苗文的符号

老挝拉丁字母苗文所拼写的苗语是白苗语和青苗语，与国内川黔滇方言次方言大体相同。但有关老挝苗语的音系，不同的文献存在一定的出入。为了能够比较全面、客观地对其进行考察，作者借鉴了海姆巴赫的《（白）苗英词典》（Meo-English Dictionary）[②]、恩保羊的《苗法词典》（Dictionnaire Hmong-Français）[③]、斯莫莱的《音位与正字法：泰国十个少数民族语言文字方案》（Phonemes and orthography：language planning in ten minority languages of Thailand）[④]，将文献中RPA苗文书写的苗语声母进行列举，用国际音标进行了

[①] 《黑苗诗歌》Black-Miao Hymnary, Panghai：CIM, 1928. Printed by Messrs. James Mc Mullan & Co., Ltd. Chefoo, China. Preface in English by MH Hutton.

[②] Ernest E. Heimbach. White Meo-English Dictionary（Revised Version）[Z]. Data Paper No. 75, Southeast Asia Program. Ithaca, New York：Department of Asian Studies, Cornell University, 1979：XIV.（该词典首次出版于1969年。）

[③] Bertrais-Charrier, M. Dictionnaire Hmong-Français.（mimeo）[Z]. Vientiane：Mission Catholique. 1964.

[④] William A. Smalley. 1976. Phonemes and orthography：language planning in ten minority languages of Thailand [M]. Canberra：Dept. of Linguistics, Research School of Pacific Studies, Australian National University, 1976：109.

115

转写，共59个（参见表3-2老挝苗语声母）。

　　文字设计时需综合考虑多方面因素。其中一项至关重要的原则是确保文字系统准确地呈现语音细节，以便使用者更轻松地学习、记忆文字。此外，文字的推广和应用还需赢得使用者的支持，并取得当地政府的认可。这样的双重努力将有助于确保文字在实际使用中的有效性和可持续发展。对于文字符号的选取，一般比较倾向于借用传统的字母，同时还要兼顾文字的处理技术。斯莫莱等人在创立文字的时候，正是考虑了文字符号选取的原则，最后决定采用拉丁字母。选择拉丁字母出于几方面的因素。首先，文字创制者均认为当时老挝苗族人没有考虑过采用一套特殊的文字符号。其次，多数老挝苗族人认为拉丁字母更为实用，有助于他们学习法语等其他更多的欧洲语言。另外，拉丁字母更加易于苗族人学习、使用，而采用陌生的字母不利于学习。拉丁字母易于打印，复印，这也是比较重要的因素。[①] 对于这一点，恩保羊也在《拉丁苗文在老挝创制与推广的情况》(*Tsim Ntawv Hmoob Teb Zoo Li Cas?*) 一文中对其进行过论述："拉丁字母作为一种字母的基础符号，已传到世界各地，学习起来比较容易。因为拉丁字母的打字机更容易购买，这为促进苗文的普及提供了便利。"[②]

表3-2　老挝苗语声母

	唇音		舌尖前音	舌尖中音		舌尖后音		舌面音	舌根音	小舌音	喉音
		边			边	爆破					
清塞音	p	pl	ts	t	tɬ	ʈ	tʂ	tɕ	k	q	
送气清塞音	pʰ	plʰ	tsʰ	tʰ	tɬʰ	ʈʰ	tʂʰ	tɕʰ	kʰ	qʰ	
鼻冠清塞音	mp	mpl	nts	nt	ntɬ	ɳʈ	ntʂ	ȵtɕ	ŋk	Nq	
送气鼻冠清塞音	mpʰ	mplʰ	ntsʰ	ntʰ	ntɬʰ	ɳʈʰ	ntʂʰ	ȵtɕʰ	ŋkʰ	Nqʰ	
浊鼻音	m			n				ȵ	ŋ		
清鼻音	m̥			n̥				ȵ̥			

---

① William A. Smalley. *Reasons for Writing Hmong* [C]. Hmong International Symposium St. Paul/Minneapolis, August 26-30, 1995: 18-23.

② Bertrais, Yves. *Tsim Ntawv Hmoob Teb Zoo Li Cas?* [M]. Bangkok: Lomsak, 2003: 19-20.

续表

	唇音		舌尖前音	舌尖中音		舌尖后音		舌面音	舌根音	小舌音	喉音
		边		边	爆破						
清擦音	f		s	l̥		ʂ		ɕ			h
浊擦音	v					ʐ		ʑ			
浊音				l							
鼻冠浊音				ml							
鼻冠清擦送气音				m̥l							
半元音											ʔ

26个拉丁字母在中世纪定形以后，成为书写全世界语言的正式文字或非正式拼写法，在字母传播史上开辟了新时期。不过，拉丁字母有它的弊端。这种字母数量有限，苗语的音位数量比较多，字母显然不够拼写所有的语音。为解决这一难题，恩保羊在最初的文字方案中给9个字母分别使用了四种附加小符号。第一种是在字母 s 与 z 上面附加反向抑扬符 ˇ，形成字母 š 与 ž；在字母 n、a、e、o 与音标 ɔ 之上附加波浪号 ~，形成字母 ñ、ã、ẽ、õ、ɔ̃；在字母 u 之上附加分音符 ¨，形成字母 ü；最后在字母 ü 之上附加波浪号 ~，形成字母 ü̃。在拉丁字母传播的历史长河中，给字母"戴帽"属于一种变通的方式，以数量有限的字母书写数量庞大的音位。

以上所列带有附加小符号的苗文字母由拉丁字母传播过程中的某些变音符号演变而来。反向抑扬符 ˇ 正是从变音符号上方的点演变而来。在15世纪的波希米亚改革中，为简化语言的拼写和认读，捷克哲学家&神学家胡斯（Jan Hus）撰写改革捷克语正字法的著作，题为《论波希米亚正字法》（*De Orthographia Bohemica*），[①] 首次提出斯拉夫语拼写改革方案，摒弃原有双字符乃至多字符书写单音素的原则，改用了一种"变音符号正字法"，其中一个字母仅表示一个音位。在其著作中，胡斯将反向抑扬符（连同锐音符）引入捷克正字法。原始形式仍然存在于波兰语字母 ż。然而，胡斯的作品在当时

---

① 该著作原稿1826年被 František Palacký 找到，1857才得以正式出版。参见 Hus, Jan（1857）. Aloys Vojtěch Šembera（ed.）. *Orthographia Bohemica* [Ortografie Česká]（in Latin and Czech）. Vienna.

鲜为人知，16世纪印刷术引入后，反向抑扬符得以广泛传播，对许多其他欧洲语言的正字法产生了决定性的影响。反向抑扬符用于非拉丁书写系统文本的拉丁化，特别是在斯拉夫诸语言的科学标音中。语言学家和标准的芬兰正字法通常倾向于使用这个符号，因为大多数斯拉夫语言仅使用一个字符表音。尽管英语要求使用双字符书写语音，但是美国的很多地图对外国地名拉丁化也通常使用这个符号。在印刷方面，Š/š 和 Ž/ž 属于非西欧变音符号中比较受西方人青睐的字符，因为这两者均属于西欧字符编码的一部分。大多数包括基尔丁－萨米语在内的乌拉尔语系的语言通常用西里尔文而不是拉丁文书写。不过，芬兰－乌戈尔语音标使用 š、ž 和偶尔使用 č、ʒ（交替 tš、dž）转写齿龈后音。这些符号用作基本字母，另外使用变音符号来标记其他的擦音和塞擦音。卷舌音则在带有反向抑扬符的字母下方再打上一个实心圆点，如 ṣ̌[ʂ]、ẓ̌[ʐ]。可以大致推测，巴尼、恩保羊最初的文字方案采用 š 拼写苗语舌尖后清擦音［ʂ］，用 ž 拼写舌尖后浊擦音［ʐ］很可能仿照芬兰—乌戈尔语标音方法，为了简化拼写，去掉了字母底下的实心小圆点。

波浪符 ã 与反向抑扬符有所关联。作为附加小符号，波浪号首先用于古希腊的多调正字法中，作为抑扬符的变体，表示音高上升，然后返回标准音高。在当代葡萄牙语中，该符号可以附加于元音之上，表示基本元音的鼻音化。南美洲的一些土著语言也采用此种拼法。在西班牙语中，带波浪符号的字母 ñ 是一个单独的字母，表示硬腭鼻音［ɲ］，即舌面鼻音。波浪符号在草创老挝拉丁苗文中的使用主要体现于三个方面。首先，该符号表示基本韵母的鼻化，字母 a 之上附加波浪符，用于书写鼻韵母［aŋ］；字母 e 附加波浪符，用于书写鼻韵母［en］、字母 o 之上附加波浪符，用于书写鼻韵母［oŋ］，音标 ɔ 之上附加波浪符号，同样用于书写鼻韵母［oŋ］。其次，字母 n 之上附加波浪符，用于书写舌面浊鼻音。字母 ü 之上附加波浪符并非表示元音的鼻化，而是用来区分字母 u。

分音符用来表示两个相邻元音应读作两个单独的元音而不是一个双元音。音位学中的分音符有时用来表示其他的区别发音符号。带分音符的 u 在加泰罗尼亚语、法语、德语、西班牙语和巴西葡萄牙语中，也作变音字母使用，德语中称这个变音字母为元音变音。斯莫莱、恩保羊、巴尼在统一文字方案之前，曾把该符号附加于 u 字母之上，用以区分 u。

从以上的论述来看，给字母"戴帽"似乎能够解决拉丁字母不够书写苗语发音的问题。不过，另一方面的问题值得考虑。如果苗族人要拥有真正的文字，文字编辑、印刷读物属于文字创制中最为重要的因素。带有小符号的字母不便于文字信息处理。后来巴尼也认为，无论是对于苗族人还是对于传教士，没有小符号的文字系统体现出更多的优势，所有字母在打字机上均有对应的字体，非常便于打印。这一点属于创立实用文字中比较重要的一条原则。中世纪时期，在打字机问世之前，手抄员抄写文字的速度很快，但是在印刷技术发达的时代，手写速度远远不及电脑技术对文字信息的处理。后来，经过斯莫莱的提议，原来使用附加小符号的字母全部换成没有附加小符号的字母。

为全面考察老挝拉丁苗文符号的设置及符号的具体数量，作者借鉴了海姆巴赫的《（白）苗英词典》、恩保羊的《苗法词典》、斯莫莱的《音位与正字法：泰国十个少数民族语言文字方案》，在此基础上列出老挝拉丁苗文声母书写符号表（参见表3-3）与老挝拉丁苗文韵母表（表3-4）。

表3-3 老挝拉丁苗文声母书写符号

p	pl	t	tl（ʔd）	ts	r	c	tš	k	q	ʔ
			\<d\>	\<tx\>			\<ts\>			\<\>
[p]	[pl]	[t]	[tɬ]	[ts]	[ʈ]	[tɕ]	[tʂ]	[k]	[q]	
ph	plh	th	tlh（ʔth）	tsh	rh	ch	tšh	kh	qh	
			\<dh\>	\<txh\>			\<tsh\>			
[pʰ]	[plʰ]	[tʰ]	[tɬʰ]	[tsʰ]	[ʈʰ]	[tɕʰ]	[tʂʰ]	[kʰ]	[qʰ]	
np	npl	nt	((ntl))	nts	nr	nc	ntš	nk	nq	
			\<nd\>	\<ntx\>			\<nts\>			
[mp]	[mpl]	[nt]	[ntɬ]	[nts]	[ɳʈ]	[ȵtɕ]	[ɳtʂ]	[ŋk]	[ɴq]	
nph	nplh	nth		ntsh	nrh	nch	ntšh	nkh	nqh	
				\<ntxh\>			\<ntsh\>			
[mpʰ]	[mplʰ]	[ntʰ]		[ntsʰ]	[ɳʈʰ]	[ȵtɕʰ]	[ɳtʂʰ]	[ŋkʰ]	[ɴqʰ]	
m	ml	n	l			ñ		[(ŋ)]		
	\<nl\>					\<ny\>		\<g\>		
[m]	[ml]	[n]	[l]			[ȵ]		[ŋ]		
(hm)	(hml)	(hn)	hl			(hñ)				
	\<hnl\>					\<hny\>				
[m̥]	[m̥l]	[n̥]	[l̥]			[ȵ̊]				
f	s			š	x			h		
	\<x\>			\<s\>	\<xy\>					
[f]	[s]			[ʂ]	[ɕ]			[h]		

119

v		z	y
		<z>	
[v]		[ẓ]	[ʑ]

在声母表中（表3-3）没有加括号的字母属于巴尼、恩保羊最初所设计的字母，[ ]里的符号为国际音标，< >里所列的字母为斯莫莱提议采用的字母符号，后来得到巴尼、恩保羊的认可。这样的改革方案一直沿用至今。单括号里的符号属于专拼白苗语的字母，双括号里的符号专拼青苗语。ʔ没有对应的书写符号。海姆巴赫采用<'>来表示零韵头。<nl>与<hnl>只出现于海姆巴赫的词典中，在恩保羊的词典里并没有出现。恩保羊采用<ml, hml>。符号"g"仅仅出现在海姆巴赫的词典中，但在恩保羊词典里并没有列出。需要指出的是，[(ŋ)]仅出现于海姆巴赫词典中的两个单词（其中一个单词同时采用两种标音）。参与苗语方言调研的沃尔特·穆迪（Walter R. Moody）声称在青苗语中发现有一个词包含此音，也就是ŋo^{33}（鹅）。不过，巴尼和斯莫莱均未发现此音。

斯莫莱与恩保羊、巴尼就文字方案达成一致后，用字母d替代了原有的符号tl（ʔd）；dh替代tlh（ʔth）；tx替代ts；txh替代tsh；ntx替代nts；ntxh替代ntsh；ts替代了tš；tsh替代了tšh；nts替代了ntš；ntsh替代了ntšh。

韵母表（表3-4）中没有增添任何括号的字母属于巴尼、恩保羊最初设计的字母，< >里的字母是经过斯莫莱提议后采用的字母，单括号里的字母专拼白苗方言，方括号里的符号是韵母的国际音标。统一文字后[①]，ee替代了ẽ、ã；w替代了ü；oo替代了õ；aw替代aü；ww>替代了ũ̈；on替代了ɔ̃。[②] 需要指出的是，ũ̈与ɔ̃仅出现于海姆巴赫的词典。

表3-4　老挝拉丁苗文韵母符号

i [i]	ü [u]	u [o]
	<w>	
e [e] / [i]	a [a] / [aŋ]	o [ao] / [au]
青苗 /ē/= 白苗 /ã/	白苗 /ã/	ɔ̃

[①] 这里所说的统一文字仅限于恩保羊、巴尼、斯莫莱所创的老挝拉丁苗文。

[②] /ww/ 与 /on/ 属于不规则的拼写，而且在拼写中较少出现。在恩保羊的《苗法词典》（*Dictionnaire Hmong-Français*）与斯莫莱的《音位与正字法：泰国十个少数民族语言方案》（*Phonemes and orthography：language planning in ten minority languages of Thailand*）中并没有这两个符号。

续表

<ee> [eŋ]	<aa>	<oo> [oŋ]
白苗 /ia/ [ia]		ua [ua]
ai [ai]	a ü [ɛɯ]	
	<aw>	
	(ū̃)	(ɔ̃)
	<ww>	<on>

（5）萨维纳苗文的符号

本书对萨维纳苗文符号进行考察，主要是根据1917年萨维纳出版的《苗‑法词典》(*Dictionnaire Miao Tseu-français*)。萨维纳曾经在越南京东地区为法国外方传教会（Missions étrangères de Paris）开展传教工作，所以他采用越南文字母创立了苗语书写系统（参见表3-5、表3-6）。萨维纳在越南文字母的基础上作了一些改变，例如用普通的d替换了带横线的đ，用k替换了q和c；用f替换了ph；用w替换了具有半元音功能的o等等。

萨维纳在词典中对苗文的字母发音进行分析：

a 的发音与法语的a相似；

e 与法语的è发音相似；

i 与法语的i发音相似；

ô 与法语的o和au发音相似；

u 与法语的ou发音相似；

ư 近似于法语的u的发音。

表3-5 萨维纳苗文声母符号

p	pl	tx	t	d/ (ngl)	tr	ch	ch	k	kr
[p]	[pl]	[ts]	[t]	[tɬ]	[ʈ]	[tʂ]	[tʂ]	[k]	[q]
ph	phl	txh	th	dh	thr	ts/tsh	tsy	kh	khr
[pʰ]	[pʰl]	[tsʰ]	[tʰ]	[tɬʰ]	[ʈʰ]	[tʂʰ]	[tʂʰ]	[kʰ]	[qʰ]
mb	mbl	nz	nt/nd/ndh	ndr/ntr	nj	nj	ng		
[mp]	[mpl]	[nts]	[nt]	[ɲt]	[ɳtʂ]	[nʲtʂ]	[ŋk]		
ngr	mb/mp	mbl/mpl	nxh	nth	nthr	nsh	nsh		

121

续表

[nq]	[mpʰ]	[mpʰl]	[nts]	[nt]	[ɳʈʰ]	[ɳʈʂʰ]	[njtɕʰ]	
(ngh?)	nkhr	m	n	nh	ng	hm	hn	hnh	v
[ŋkʰ]	[nqʰ]	[m]	[n]	[nʲ]	[ŋ]	[m̥]	[n̥]	[n̥ʲ]	[v]
l	zr	j	f	x	hl	s	sy	h	
[l]	[ʐ]	[ʑ]	[f]	[s]	[ɬ]	[ʂ]	[ɕ]	[x]	

表3-6 萨维纳韵母符号

i	ê	a	ù	o/ ó	ou	au/âu	ay/ây	ao	wa
[i]	[e]	[a]	[u]	[o] (ei)	[ɛɯ]	[əu]	[ai]	[ou]	[ua] / [ɒ]
ôi	eng/enh	ang	ong/ông	inh	wang	i	ung		
[uei]	[en]	[aŋ]	[oŋ]	(ien)	(uaŋ)	(uŋ)	(iŋ)		

萨维纳设计的苗文同时兼顾白苗语和青苗语的书写，以下是白苗和青苗语韵母的例词：

白苗语	青苗语	释义
á	áng	大地、地面
êà	à	苦的
plwà	plà	饮食
lê	li	很多
aô	ô	鸭\雄鸭
hay	ha	说话
ngrày	ngrà	肉

萨维纳词典同时拥有书写白苗和青苗语的声母，列举如下：

白苗语	青苗语	释义
chá	tsá	新的
châu	trâu	足够
chảng	thảng	说话
chỗ sà	txỗ sà	累
dàng	kàng	黄（姓）
dê	tlé	狗
di tê	ndi tê	手指

<<< 第三章 中外苗文创制原理与发展比较

gồng	ngồng	卷拢
hư	fư	瓶子
khrí	nkhrí	渴
mblây	mplây	戒指
ndàu	ntàu	敲、打
ha	tha	更多
ngào	ngrào	吞、咽
njô	nshô	摇动
nkhàng	khàng	抚摸
nshwá	nthwá	打开
nsháng	nthráng	棉花
ntheng	theng	烤，烘
nẓẩy	nẓrẩy	起床
sẩy	tsẩy	血管

（六）寮字苗文的符号

老挝苗族所讲的苗语拥有多套书写系统，除了前面所论述的 RPA 文字，还有另一套是借用老挝文字（寮字 / 寮文）符号①。老挝语共有 33 个声母（参见表 3-7），苗语有 59 个声母，很显然老挝语的声母符号不足以拼写苗语。因此，用寮文拼写苗语主要存在几种不同的方式。

首先是直接借用寮文声母符号拼写苗语和老挝语共有的音位。双唇不送气清塞音［p］是苗语和老挝语共有的声母，两者发音部位和发音方式相同，因此直接借用老挝文 ປ 拼写这个音位，表音准确。苗语的双唇送气清塞音［pʰ］在老挝语中也有对应的音位，不同的是，老挝语的声母分为高声母、中声母和低声母。因此，老挝文低声母 ພ、高声母 ຜ 分别用以拼写苗语的［pʰ］。苗语的双唇浊鼻音［m］用老挝语的 ມ 拼写。唇齿清擦音［f］分别用老挝低声母 ຟ、高声母 ຝ 拼写。双唇浊擦音［v］用低声母 ວ 拼写。苗语的舌尖中清塞音［t］用老挝文的 ຕ［t］拼写；舌尖中送气清塞音［th］分别用老挝文 ທ、ຖ 拼写。舌尖中浊鼻音［n］分别用老挝低声母 ນ 与联合高声母 ໜ 拼写。舌

---

① 寮字苗文实际上有两套，一套由基督教士怀特洛克所创，得到老挝王国政府的支持和推行应用。另一套由老挝苗人罗峰（Lor Fong）创立，老挝巴特寮推行应用。由于罗锋所创的部分文字符号目前没有现成的字体，不便于文字信息处理，所以本部分只分析怀特洛克所创的文字。

尖前清擦音［s］用老挝文舌面中清擦音ຊ拼写。舌尖中浊边音［l］用老挝文的低声母ລ、联合高声母ຫລ拼写。舌面清塞音［tɕ］用จ拼写。舌面浊擦音［ʑ］用ຍ拼写。舌根清塞音［k］用中声母ກ拼写。送气舌根清塞音［kh］用低声母ຄ、高声母ຂ拼写。喉清擦音［h］分别用低声母ຣ、高声母ຫ拼写。以上苗语的声母可以直接用老挝文的声母符号拼写。

苗语中有很多辅音在老挝语中空缺，拼写这类声母其中的一种方法是将符号进行组合。双唇清塞边音［pl］是苗语中独有的声母，老挝语没有这个音位，没有对应的书写符号，只能采用拼写［p］的ປ与拼写［l］的ລ组合成ປລ。送气的双唇清塞边音［plh］是用拼写送气音的ພ［ph］与边音的ລ［l］组合为ພລ。书写这个音位的符号还有高声母ຜ［ph］与边音ລ［l］组合而成的ຜລ。但并非所有类似的边音都采用这样的组合方式。舌尖中清塞边音［t̪］借用老挝语的舌尖中浊擦音符号ດ［d］书写，可能是仿造 RPA 的拼写方式。RPA 就是采用拉丁字母 d 拼写此音位。老挝语的ດ没有送气音，苗语的［t̪h］采用ຫ［h］与ດ拼写。另一种符号组合方式比较奇特，用两个老挝语声母组合拼写苗语单音位。

表3-7 老挝语声母

声母\发音方法\发音部位			双唇	唇齿	舌尖前	舌尖中	舌面中	舌根	喉音	声门音
塞音	清音	不送气	ປ［p］			ຕ［t］	จ［tɕ］	ກ［k］		
		送气	ພ,ຜ［ph］			ຖ,ທ［th］		ຄ,ຂ［kh］		
	浊音	不送气	ບ［b］			ດ［d］				
鼻音	浊音		ມ［m］			ຫນ,ນ［n］	ຫຍ,ຍ［ɲ］	ຫງ,ງ［ŋ］		
哆嗦音	浊音					ຣ［r］				
边音	浊音					ຫລ,ລ［l］				

续表

擦音	清音	ཆ,ຝ [f]		ສ,ຊ [s]	ຫ, ຣ [h]
	浊音	ຫວ,ວ [v]			
半元音	浊音	ວ [w]		ຍ [j]	ອ [ʔ]

  苗语有一对舌尖前音［ts］、［tsʰ］和舌尖后音［tʂ］、［tʂʰ］，老挝语没有这几个音位，只能组合新的符号。对于不送气的舌尖前音［ts］，文字创制者将此音位拆分为［t］与［s］，分别用老挝语的舌尖前清塞音符号 ຕ［t］与舌面中擦音 ຊ［s］组合成 ຕຊ。送气音［tsʰ］则被拆分为［tʰ］与［s］，分别用老挝舌尖中送气清塞音符 ທ［tʰ］与舌面中清擦音符 ຊ［s］组合而成。老挝语声母拼写苗语舌尖后音［tʂ］的组合方式与舌尖前音有所不同，没有将［tʂ］拆分为［t］与［ʂ］。究其原因，老挝语没有舌尖后清擦音［ʂ］。不过，采用舌面中清塞音符号 ຈ［tɕ］双拼的方式书写苗语的［tʂ］，从音系学中似乎找不到合理的解释。同一个符号双拼，书写单音位的方式同样用于小舌清塞音［q］的书写。老挝语没有［q］，用两个舌根清塞音符组合成 ກກ 书写这个音位。拼写送气舌尖后音［tʂʰ］的符号组合方式与不送气的［tʂ］又不相一致。首先是用舌尖中清塞音符 ທ［tʰ］与舌面中清塞音符号 ຈ［tɕ］进行组合为 ທຈ，然后在 ທ 的上方打上一个圆圈表示送气，最后形成 ທ໌ຈ。这种书写方式更加令人迷惑不解，主要存在两个方面的问题。其一，苗语舌面送气清塞音［tɕʰ］拼写为 ທຈ，［tʂʰ］拼写为 ທ໌ຈ，很容易让学习这套文字的人误认为 ທ໌ຈ［tʂʰ］是 ທຈ［tɕʰ］的音位变体，但实际上［tʂʰ］与［tɕʰ］是两个不同的音位，不是同一个音位送气与不送气的区分。其二，［tʂʰ］与［tɕʰ］同属送气音，但表示这两个音位的送气符号却不一样。［tɕʰ］的送气符号是 ທ［tʰ］，［tʂʰ］的送气符号是在 ທ 之上加一个小圆圈 ທ໌。既然 ທ 已经可以表示送气，那么 ທ໌ 又如何解释。寮字苗文送气音的书写没有形成固定的模式。送气小舌音［qʰ］的书写与前面所述的两种情况又不一样，既没有用 ທ［tʰ］，也没有在 ທ 之上标记圆圈，而是用两个送气的舌根音符 ຄ［kʰ］拼合而成。单一的音位［tʂ］被看成是由［t］与［ʂ］两个单音位组合而成，因此采用两个寮文声母符号组合拼写，这样的理解从某种层面上可能说得过去。舌尖后清擦音［ʂ］属于只有一个符号表示的单音位，但是用老挝声符却拼写为 ຊຣ（低声母）、ສຣ（高声母）。无论是低声符还是高声符，两种书写方式都是符号双拼，这样就很难理解了。

舌面清擦音[ɕ]的书写也采用同样的方式，由老挝舌面中清擦音书写符号ຊ[s]与舌面中音书写符号ຍ[j]组合而成。苗语舌尖后清塞音[ʈ]也是苗语中特有的音位，分别采用老挝语舌尖中清塞音书写符号ຕ[t]与哆嗦音符号ຣ[r]组合拼写。

鼻冠声母是苗语中比较常见的音位，对其进行标记主要是在声母之前附加书写鼻音的符号。发音部位不同的声母选用不同发音部位鼻音的书写符号。苗语的鼻冠双唇清塞音[mp]书写为ມປ，由老挝双唇浊鼻音ມ[m]与双唇清塞音ປ[p]组合而成。鼻冠双唇清塞边音[mpl]由老挝双唇浊鼻音符ມ[m]与双唇清闭塞边音符ປລ[pl]组合拼写。苗语鼻冠舌面清闭塞音[ntɕ]的拼写也用同样的方式，在音位[tɕ]的基础上增加鼻冠书写符号，拼写为ມຈ。鼻冠舌根浊鼻塞音[ŋk]则选用舌根浊鼻音符号ງ[ŋ]作为鼻冠音的标记方式，再加上ກ[k]，书写为ງກ。由此可见，老挝文书写苗语鼻冠声母，较为细致地反映出鼻冠音被相邻音位同化的现象。就发音部位而言，音位[p]属于双唇音，前面的鼻音受其影响，同化为双唇鼻音[m]，因此选用双唇鼻音的书写符号ມ。鼻冠舌尖前音、舌尖中音，舌面音均选用舌尖中浊鼻音符号ນ[n]标记在声母之前。鼻冠舌根声母前面选用舌根浊鼻音符号ງ。这样的拼写方式并非一成不变。苗语鼻冠舌尖后清闭塞爆破音[ɳʈ]不是在音位[ʈ]的书写符号ຕຣ基础上增加鼻冠书写符号，而是用老挝舌尖中浊鼻音符号ນ[n]与舌尖中哆嗦音符ຣ[r]组合而成。不过，很有意思的是，送气鼻冠舌尖后清闭塞爆破音[ɳʈʰ]的拼写却是在音位[tʰ]书写符号ທຣ的基础上增加鼻冠符号组合成ນຣ。鼻冠小舌清闭塞音的书写也是如此，并不是将小舌音符号ກກ[q]与鼻音符号ງ组合拼写，而是由ງ与舌根不送气清闭塞音符ກ[k]组合成ຶງກ。这一拼写存在两个问题。如前文所述，声母之上标记小圆圈表示送气，如ຶຕຈ[tsʰ]。但是，ຶງກ[Nq]并非送气音，ງ之上的小圆圈似乎没有表达什么样的语音特征。鼻冠舌根清闭塞不送气音[ŋk]的拼写或许能对这个问题的理解提供一定的思路。[ŋk]用老挝文书写为ງກ，属于[ŋ]与[k]两个声母的组合体。但是老挝语既没有小舌音，也没有鼻冠小舌音，设计新的符号会增加学习、记忆文字的难度，只能对现有的符号进行重组。因此可以理解为ຶງກ[Nq]之上的小圆圈只是一个任意的符号，用以区别ງກ[ŋk]。

苗语的韵母数量不多，只有13个，老挝语有9对韵母，共18个，多于苗语，因此老挝语的很多韵母直接借用来拼写苗语的韵母。老挝语的韵母有长短之分，拼写苗语的是长音而不是短音。老挝文书写长音［i:］的符号◌ীॖ用来书写苗文的［i:］，书写［eu:］的◌ॆ用来写苗语的［u］，符号◌ॖ［u:］拼写苗语的［o］,ເ［e］用来写［e］/［i］，◌ো［o:］拼写苗语的［ao］/［au］，◌ৌ［ua］拼写［ua］，特殊元音字母ໄ［ai］拼写苗语的［ai］，长音符号◌ৌ［i:a］拼写苗语的［ia］。苗语有四个复韵母在老挝语中缺失，其中鼻韵母［en］写作◌ৌ，［oŋ］写作◌ॆ，［ɛɯ］写作◌ে，［ou］写作ໄ◌。

（七）泰字苗文的符号

泰国与老挝所讲的苗语几乎一致，前面已经列举了老挝苗语声母，在此不再单列。泰字苗文借用泰文字母造字。泰语和苗语音系存在明显异同。泰文共有44个辅音字母（见表3-8），由于泰语属于声调语言，而声调的变化与古代声母的类别有关，因此，泰文辅音字母有高、中、低之分。高声母就是古代送气清塞音、清塞擦音以及清擦音，中声母就是古代不送气清塞音、塞擦音以及喉浊塞音，低声母是浊塞音、塞擦音、浊擦音、鼻音、颤音、边音和半元音。苗语中具有区别意义的声调多于泰语。泰语的元音具有很多对立体，包括长元音和短元音，而苗语中没有这样的现象。苗语鼻韵母数量较大，且苗语、泰语两种语言发音也存在很大的异同。苗语没有韵尾，而泰语却允许韵尾出现。

泰文拼写苗语的方式与老挝文拼写苗语方式大体相同。第一种拼写方式也是借用泰语和苗语发音部位和发音方式相同的符号。双唇清塞音是苗语和泰语共有的音位，均有送气和不送气之分，因此借用泰语的ป［p］拼写苗语的［p］。对于送气的音位［pʰ］，泰语有两个对应的符号，一个是高声符ผ，另一个是低声符พ。苗语双唇浊鼻音［m］也是苗语和泰语共有的音位，直接借用泰语高声符หม［m］与低声符ม［m］拼写。苗语唇齿清擦音［f］借用泰语的高声符ฝ与低声符ฟ拼写。泰语的舌尖声母数量较少，只有清擦音［s］与苗语相同，分别有两个书写符号，高声母符号ส与低声母符号ซ。苗语和泰语对应的舌尖中音相对较多，舌尖中清塞音［t］是苗语和泰语共有的音位，因此借用泰文声母符号ต拼写苗语声母［t］。苗语送气的舌尖中清塞音［tʰ］借用泰语的高声母符号ถ与低声母符号ท拼写。泰语舌尖中浊鼻音［n］发音方式与发音部位同苗语一致，泰文高声母หน与低声母น成为苗语舌尖中浊鼻音的书写符号。舌尖中浊边音［l］也是苗语和泰语常见的一个音位，泰文的

高声母 หก 与低声母 ก 可以拼写苗语的［l］。苗语有一对舌面音，分别是送气的［tɕʰ］，不送气的［tɕ］，泰语也有这一对舌面音。对于苗语的［tɕ］，可借用泰语的 จ 拼写，对于［tɕʰ］，则分别用泰文高声母符号 ฉ 与低声母符号 ช 书写。舌根清闭塞音［k］与［kʰ］是比较常见的声母，自然也就存在于苗语和泰语中。泰文的 ก 可以借用来拼写苗语的［k］，高声母符号 ข 与低声母符号 ค 用来写苗语的［kʰ］。以上属于直接借用发音部位和发音方法相同的音位书写符号拼写苗语声母的情况。

表3-8　泰语声母

声母\发音方法		发音部位	双唇	唇齿	舌尖前	舌尖中	舌面中	舌根	喉音
塞音	清音	不送气	ป［p］			ฏ,ต，［t］		ก［k］	อ［ʔ］
		送气	ผ,พ,ภ［pʰ］			ฐ,ฑ,ฒ,ถ,ท,ธ［tʰ］	ฉ,ช,ฌ［tɕʰ］	ข,ฃ,ค,ฅ,ฆ［kʰ］	
	浊音	不送气	บ［b］			ฎ,ด［d］			
鼻音	浊音		ม［m］			ณ,น［n］		ง［ŋ］	
颤音	浊音					ร［r］			
边音	浊音					ล,ฬ［l］			
擦音	清音		ฝ,ฟ［f］		ซศษส［s］				หฮ［h］
半元音	浊音			ว［w］			ญ,ย［j］		

苗语不仅有单声母，还有复合声母，由两个独立的音位构成。泰文拼写苗语的这类音位通常遵循苗语的音位组合规律，将两个独立的音位符号进行组合。苗语双唇清塞边音［pl］是由双唇音［p］与边音［l］组合而成，分别借用泰语的 ป［p］与 ล［l］组合拼写。拼写送气的边音［plʰ］也是如此。不同的是，送气边音［plʰ］有两组书写符号，一组由高声母 ผ［pʰ］与 ล［l］组合拼写，另一组由低声母 พ［pʰ］与 ล［l］拼写。鼻冠双唇边浊擦音［ml］是由双唇鼻音［m］与舌尖中边音［l］组合而成，泰语拼写这个音位也是采用

>>> 第三章 中外苗文创制原理与发展比较

ม[m]+ล[l]的方式。鼻冠音声母属于苗语中比较常见的复合声母，主要是在塞音和塞擦音之前冠以鼻音。泰语拼写这类苗语声母也基本按照苗语的鼻冠音节构成形式，即鼻音符号 + 相同部位的塞音、塞擦音符号。苗语双唇鼻冠清塞音 [mp] 用泰语的双唇浊鼻音符 ม[m] 与双唇浊塞不送气音符 บ[b] 写作 มบ。送气鼻冠清塞音 [mpʰ] 由 ม 与高声母 ผ 组合拼写，另有一个符号是由 ม 与中声母 พ 组成。鼻冠舌尖中清塞音 [nt] 没有使用双唇浊鼻音符拼写鼻冠音，而是选取舌尖中浊鼻音符号 น[nt]，与相同部位的塞音 ต[t] 组合为 นต。拼写送气的舌尖中塞音 [ntʰ]，将鼻冠音符号 น 分别与高声母 ถ 与中声母 ท 进行组合。带鼻冠音的舌尖中、舌面、舌根音的拼写都遵循"鼻音符号 + 相同部位的塞音/塞擦音符号"这一书写规则。但是鼻冠舌尖后与鼻冠小舌音并没有完全遵循这个拼写法则。通过观察发现，泰语的舌尖前音、舌尖中音、舌面音与舌根音与苗语大体相同，直接借用这些符号书写和苗语相同的音位。在这种情况下，直接将鼻冠音符号与相同部位的塞音/塞擦音符号进行组合。根据这种书写方式，鼻冠舌尖中塞边音 [ntɬ] 可拆分为鼻冠音 [n] 与边塞音 [tɬ]，于是将 น[n] 与ต[tɬ] 组合为 นต。苗语舌面清闭塞音 [tɕ] 在泰语中有对应的书写符号 จ，因此苗语的鼻冠舌面清闭塞音 [ntɕ] 的书写符号由 น[n] 与 จ 组成。拼写送气的鼻冠舌面音 [ntɕʰ] 由鼻音符号 น[n] 分别与 [tɕʰ] 的高声母书写符号 ฉ 以及中声母符号 ช 进行组合。苗语鼻冠舌根清塞音 งก[ŋk] 是由鼻音 [ŋ] 与舌根音 [k] 组合而成，用泰语的鼻音符号 ง 与舌根声母符号 ก 拼写为 งก。泰语没有舌尖后音，缺乏对应的符号拼写苗语的舌尖后清塞爆破音 [ʈ]，只能采用舌尖中清塞音 ต[t] 与舌尖中颤音 ร[r] 拼写为 ตร。不过，泰语拼写鼻冠舌尖后清塞爆破音 [ɳʈ] 并没有遵循"鼻冠音符号 + 相同部位塞音符号"的模式，而是用舌尖中浊鼻音符号 น[n] 与舌尖中颤音 ร[r] 相拼。令人疑惑的是，送气鼻冠舌尖后清闭塞音 [ɳʈʰ] 的书写却是按照 [ɳ] + [tʰ] 的公式，将书写 [ɳ] 的 น 与 ถร [tʰ] 组成 นถร。

苗语的很多音位在泰语中缺失。对于这类苗语声母，泰语没有对应的书写符号，只能通过两个或两个以上符号组合的方式。苗语有一对舌尖后清塞音 [tʂ] 与 [tʂʰ]。泰语没有这两个音位，用两个舌面塞音符号 จ[tɕ] 书写 [tʂ]。送气的舌尖后音 [tʂʰ] 由泰语的舌尖中送气清塞音 ถ[tʰ] 与舌面送气清塞音 ฉ[tɕʰ] 组合而成。舌尖前塞音 [ts]、[tsʰ] 同样在泰语中缺失，但是泰语对于这两个音位的拼写方式却与拼写舌尖后音不相一致。舌尖前清塞音 [ts] 被拆分为舌尖中塞音 [t] 与舌尖前擦音 [s]，用泰语对应的书写符号拼写为 ตส，这是高声母书写符号，对应的低声母书写符号为 ทส。送气的舌尖前塞音

［tsʰ］被拆分为舌尖中送气塞音［tʰ］与送气舌尖前擦音［sʰ］，对应的高声母书写符号为ᨠᩅ，低声母符号为ᨾᩅ。小舌清塞音［q］拼写的模式与舌尖后音［tʂ］一样，用两个舌根音［k］的符号ᨠ进行双拼。拼写送气小舌清塞音［qʰ］的符号有两个，一个是用喉音［h］的符号ᩉ与低声母［kʰ］的符号ᨣ进行组合，另一个是低声母［kʰ］的符号ᨣ。这样的表音很容易将送气小舌音与舌根音混淆。舌面中鼻音［ɲ］在泰语中缺失对应的书写符号。泰语用舌中边音低声母ᩃ［l］与舌面中无摩擦延续音低声母ᨿ进行搭配拼写这个音位。

苗语和泰语中有一些音位在发音部位和发音方法上尽管并不完全相同，泰语尽量选取发音近似的符号书写此类音位。苗语舌尖后浊擦音［ʐ］属于比较特殊的音位。泰语的舌尖中颤音［r］与此在发音上有点相似，因此选取［r］的书写符号ᩁ拼写苗语的［ʐ］。苗语有舌面音［ʑ］，泰语也有舌面音［j］，两者发音部位相同，但发音方式不同。就发音方式而言，苗语的［ʑ］属于擦音，泰语的［j］属于无摩擦延续音。由于没有对应的符号，两者发音部位相同，故选取［j］的符号ᨿ书写苗语的［ʑ］。苗语的鼻音较多，不仅有双唇鼻音，舌中鼻音，舌根鼻音，还有舌面鼻音［ɲ］。泰语没有舌面鼻音，故选用ᨿ

相比较而言，泰语韵母的书写符号与苗语对应较好。泰语韵母［i:］用来写苗语的［i］/［e］；韵母［a:］用来写白苗语和青苗语的［aŋ］/［a］；ᨦ/ia/用来写苗语的［a］/［ia］。泰语的［ua:］用来写苗语的［ua］；［ɔ:］用来写苗语的［au］/［ao］，［e:］用来写苗语的［e］，/ɯ:/用来写苗语的［u］；/u:/用来写苗语的［o］；［ai］用来写苗语的［ai］。苗语的［ɛɯ］、［au］在泰语中没有对应的书写符号。

（八）龚泽旺苗文的符号[①]

龚泽旺苗文共有36个声母，9个韵母，7个声调符号（见表3-9）。复合韵母均由两个单一的符号组合表示，如aw［ɯ］由ᦓ与ᦵ组合而成；au［əu］由ᦓ与ᦵ组合而成；ia［iə］由ᦅ与ᦓ组合而成；ua［uə］由ᦵ与ᦓ组合而成。这套文字符号部分源自希伯来语。书写舌尖后清擦音［ʂ］的符号ᦗ取自希伯来文符号ש［ʃ］；书写双唇鼻音［m］的符号ᦙ取自希伯来文ם［m］；书写舌尖中清闭塞音［t］的符号ᦡ取自希伯来文ט［t］；书写舌根清闭塞音［k］的符号ᦢ［k］取自希伯来文字母כ［k］；书写小舌音［q］的符号ᦥ取自希

[①] 本部分内容主要参考 Michel Everson. *Proposal to encode the Nyiakeng Puachue Hmong scipt in the UCS*（Working Group Document），2017.

第三章 中外苗文创制原理与发展比较

伯来文字母 p [k]；书写双唇清闭塞音 [p] 的符号 ƺ 取自希伯来文字母 ɔ [f]。

通过比较，发现这套文字符号与其他海外苗族文字的符号外形有相似之处，如书写双唇鼻音 [m] 的 ⎕ 形似杨雄录第三阶段的韵母符号 ⍑（kaub [kou⁴³]）；№ [nt]）形似杨雄录苗文的 Ⓝ kuab [kua⁴³]；℧ [h]）形似沙耶武理苗文 ⌑ [p]；Ɛ [ɲt̪]）形似海外刺绣苗文 ɤ [q]；Ʀ [nts̺] 形似沙耶武理苗文 Ƴ [ɲ]；Ↄ [k] 形似寮字苗文声母 ↄ [v]；℥ [nts] 形似寮字苗文 ℥ [s]）。

与其他苗文系统相比较，这套文字符号具有一个明显的特征。有符号既可以用来写声母，同时又用来写韵母，如符号 ㇱ 既书写舌尖后清闭塞爆破音 [t]，同时也书写韵母 [ai]。对于舌尖中清闭塞边音 [t̪]，这套文字有两个书写符号，一个是 Ⅽ，书写白苗语 d，如例词 Ⅽᶤⁿ [t̪e⁵⁵] 狗；另一个是 ⍉，书写青苗语 dl。

龚泽旺苗文声母表没有列出送气声母，拼写送气声母直接加上喉音书写符号 ℧。送气音的拼写有两种方式，如果声母为双唇鼻音 [m]，送气音符号书写于声母之后，如 mɔŋ⁴³，RPA 写作 hmoob，龚泽旺苗文写作 ⎕ [m]+℧ [h]+℥ [oŋ]。舌尖中浊鼻送气音 [n̥] 的书写也遵循这一原则，送气音符号书写于鼻音符号之后。ʬℬ [n̥u⁴³]（太阳）一词按照拉丁苗文的书写方式，通常是鼻音在前，送气音符号在后，龚泽旺苗文的书写顺序为 ʬ [n]+℧ [h]+ℬ [o]。边音送气音的写法也与此相似，如 hlo⁴³（爱）按照读音规则，书写顺序应该为送气音符号、边音符号、韵母、声调。用龚泽旺苗文书写该词，送气音符号 ℧ [h] 书写于边音符号 ↄ [l] 之前，写成 ℧ↄℬ。其余声母的送气音写法采用声母+送气音的写法，如单词 t̪ʰou⁴⁴（穿过）书写的顺序为 Ⅽ [t̪]+℧ [h]+ℳ [ou]=Ⅽ℧ℳ。

这套文字还有另一个奇特之处，除了声、韵调的书写符号之外，还有一组限定符号。这组书写符号不发音，用法与古埃及文字类似，旨在区分同音词。这类符号出现于单词的末尾，不用空格。

符号 ᴀ 指人，或更为确切地讲，主要指人名。该符号置于单词末尾，如 ℨℳⅭℰᴀ（鲍尔）去学校。在这个句子中，符号 ᴀ 放在"鲍尔"之后，就表明"鲍尔"是人名。在一个句子中，如果没有信息表明该词代表人名，在该词的后面需要加上这个区分符号。如果从语境中能够判断单词表示人名，则不需要加区别性符号。以"我弟弟的名字叫 ℨℳⅭℰ"这个句子为例，在这个语境中，单词 ℨℳⅭℰ（鲍尔）后面不需要增加限定符号。

符号"ᵻ"指物，也可以指代物体的名称，根据符号，可以快速判断出单词在句子中的确切含义。如 ꯋꯤꯉ[ntai⁵⁵]既可以表示梯子，又可以表示步子，台阶。加上符号 ᵻ，就可以确定单词 ꯋꯤꯉᵻ 表达的意思是梯子。

符号"ⱶ"指方位。ꯑꯤꯠꯞꯥꯜ 用 RPA 苗文转写为 xait phol，既可以表示英文地名 St. Paul（圣保罗），还可以表示人的名字 St / Saint Paul（圣保罗）。如果在 ꯑꯤꯠꯞꯥꯜ 之后加上符号 ⱶ，该词表示名叫圣保罗的一个地方，如果在该词后加上符号 ᴄ，该词则表示名叫圣保罗的人。

符号"ᴧ"指小动物，用来表示脊椎动物。例如，ꯅꯣꯡ[noŋ¹³]既可以表示小鸟，又可以表示提问或问题。在该词后面加上符号 ᴧ，可以准确地判断该词的意思为小鸟。符号"ᴛ"（poos）表示无脊椎动物，特指无脊椎动物或宠物名称。

符号"ꭥ"表示重复，紧随单词标记其后，表示该词需要重复。ꯀꯣ꯭ꯍꯣ꯭ꯀꯣ꯭！（Ko⁵⁵ hlo⁴³ ko³¹！）表示"我爱你"。在单词 ꯍꯣ꯭（爱）之后加上符号"ꭥ"则起到强调该词的作用。ꯀꯣ꯭ꯍꯣ꯭ꭥꯀꯣ꯭！整个句子则表示"我真的真的很爱你"。如果符号"ꭥ"与前面部分内容具有间隔，则表示前面的整个短语或句子都要重复。例如，句子 ꯂꯨꯅꯣꯠꯆꯤꯑꯣ ꭥ！里两次标记了重复的符号，第一次标记在 ꯆꯤ[tɕi]（照耀）之后，ꯆꯤ 需要读成 ꯆꯤꯆꯤ[tɕi][tɕi]（明媚）。第二次标记在整个句子之后，且与句子保留一定的间隔，整个句子 ꯂꯨꯅꯣꯠꯆꯤꯑꯣ ꭥ！需要读成 lu⁴³ ŋo⁴³ tɕi⁴⁴ o³³！ lu⁴³ ŋo⁴³ tɕi⁴⁴ o³³！（阳光普照！阳光普照！）。

表3-9 龚泽旺苗文

声调

-b　　　'

-m　　　˦

-j　　　ˇ

-v　　　˚

-ø　　　—

-s　　　-

-g　　　ˆ

-d　　　˳

声母

[m]	[tʂ]	[nt]	[t]	[h]	[n]	[s]	[ŋk]
[tɕ]	[l]	[ʂ]	[z]	[ɲtɕ]	[ntʂ]	[k]	[tɬ]（白苗语）
[ɲ]	[ɳʈ]	[v]	[nts]	[ts]	[f]	[ʈ]	[q]
[ʐ]	[ɴq]	[p]	[ɕ]	[np]	[tɬ]	[npl]	[h]
[mpl]	[pl]	[ŋ]	[ʈ]	（青苗语）			

韵母

[a]	[aŋ]	[i]	[o]	[au]	[oŋ]	[e]	[en]	[u]	[ou]	[ai]

二、文字声调的比较

（一）柏格理苗文的声调

滇东北次方言共有八个调类，分别用字母 b、x、d、l、t、s、k、f 表示[①]，其调值采用"五度标记法"进行标记。第一调为高降调，调值为54（见图3-1）；第二调为中升调，调值为35（见图3-2）；第三调为高平调，调值为55（见图3-3）；第四调为低升调，调值为12[②]（见图3-4）；第五调为中平调，调值为33（见图3-5）；第六调为中降调，调值为31（见图3-6）；第七调为低平调，调值11（见图3-7）。第六调与第八调的调值相同，均为31。

[①] 1956年苗语北部方言（后来划分为滇东北次方言）文字改革方案（草案）、1957年第一次修订的文字方案、1958年的第二次修订方案均采用拉丁字母书写滇东北次方言声调。几套文字方案使用的字母略有不同，此处主要采用第二次修订的文字方案调号。

[②] 第四调在不同的文献有不同的调值。在李锦平所著的《苗语方言比较研究》中，第四调1的调值为11（参见187页），Jokiam Enwall 所著的 *A Myth Become Reality: History and Development of the Miao Written Language*（*Volume* 2）一书中，第4调也是11调（参见184页）。在王维阳所著的《苗汉词典》中，第4调的调值为12（参见第7页）。本书采用王维阳的调值。

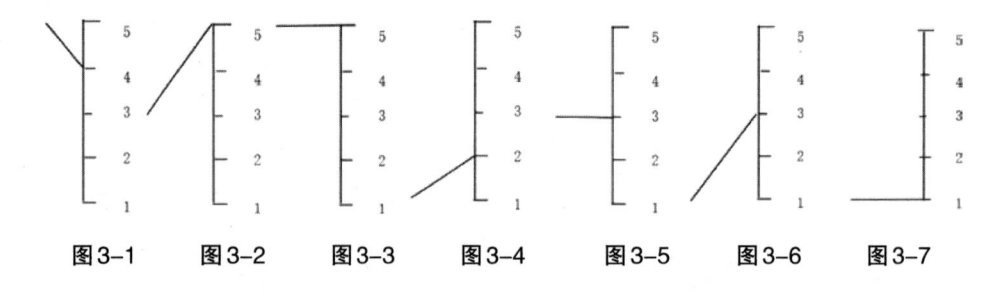

图3-1　　图3-2　　图3-3　　图3-4　　图3-5　　图3-6　　图3-7

滇东北苗语次方言声调共有8个，调类、调号、调值如下：

调类	1	2	3	4	5	6	7	8
调号	b	x	d	l	t	s	k	f
调值	54	35	55	12	33	31	11	31

1904年，柏格理草创的文字是没有声调的。1905年，这套文字开始标注了声调，其方式与克里音节字类似。克里音节字可以在同样的符号上标注附加小符号表示不同的发音，如"▷"表示[o]，但在符号顶上附加一个实心小圆点后，"▷"书写的就是长音[o:]。柏格理苗文将韵母标注在声母周围不同的位置，以此表示不同的声调。这个阶段的声调共有五个调位。图3-8显示，正方形代表声母符号，圆形代表韵母符号。从左至右，第一个图形的调位表示高平调，第二个图形表示高降调和中平调，第三个图形表示中升调，第四个图形表示低平调，第五个图形表示低升调和中降调。

图3-8　1905年柏格理苗文声调调位图

后来经过修改，调位从原来的5个减少到4个。如图3-9所示，从左至右，第一个调位用于书写高平调，第二个调位书写的是高降调和中平调，第三个调位书写的是中升调，第四个调位用于书写低平调、中降调与低升调。修改调位之前，柏格理苗文的小字母（韵母）既可以书写在大字母（声母）的正上方和正下方。这样就会出现上一行位于大字母下方的小字母与下一行大字母上方的小字母混淆。修改调位之后，这一问题得以解决。

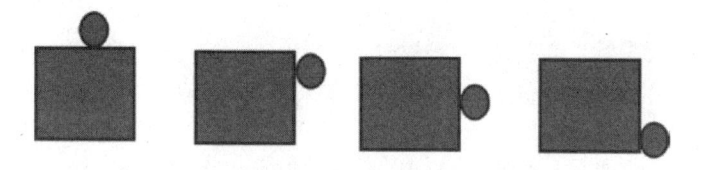

图3-9　修改后的柏格理苗文声调调位图

以下是同一个音节四个不同声调的表示方法：

L̄ [la^{55}]（兔子）、L̚ [la^{54}]（红色）、L˲ [la^{35}]（丢失）、L˳ [la^{21}]（高兴）

如例字所示，柏格理苗文符号 L 书写舌尖中浊边音 [l]，小字母 ˉ 书写的韵母是 [a]。小字母置于大字母的周边，不同的位置表示不同的调值，置于大字母正上方，书写的调值为55调，意为兔子；置于右上方，书写的调值为54调，与声母相拼表示红色的意思；置于右边，调值为35调，表示丢失；置于右下方，调值为21调，表示高兴。

尽管做了修改，老苗文的声调还是存在不足之处。首先，高降调与中平调调值不同，但处于同一调位，给词义的判断造成了困难。例如，声母 ꓰ [tɕ] 与韵母 ⁿᶜ [ie] 组合成 ꓰⁿᶜ，韵母所处调位表示的调值既可以是54调，也可以是33调。这个音节可以有两种读法：tɕie^{54} 与 tɕie^{33}，分别表示名词"杉树"与动词"放置"。低平调，低升调、中降调也同处一个调位。因此，同一个声母与同一个韵母组合，韵母置于声母的右下方时，这个音节可能表达不同的意义。例如，声母 Ɉ [q] 与韵母 [a] 组合成音节 Ɉ˳ 既可以表示"青蛙"[qa^{31}]，也可以表示"隔开"[qa^{11}]。另外，ᑕ∆˳ 既可以表示"蚂蟥"[ntla^{12}]，还可以表示"破烂"[ntla^{31}]。

（二）胡托苗文声调

胡托苗文的声母与韵母组合方式比较奇特，声调采用小圆点标注在音节的周边。1928年出版的《圣马可》(*St Mark*)、《圣马太》(*St. Matthew*) 没有标调，但同年出版的赞美诗中却使用了声调，不过仅限于其中一部分。在所有240行赞美诗中，113~148行、187~240行中包含六个不同的声调，而其余的没有声调。1932年出版的《使徒行传》(*Acts of the Apostles*) 与1934年出版的《新约全书》(*New Testament*) 均使用了相同的声调，用图表示如下（图3-10）：

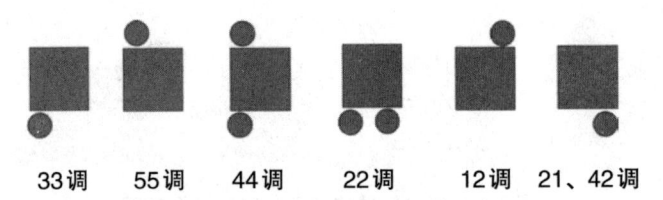

33调　　55调　　44调　　22调　　12调　　21、42调

图3-10　胡托苗文声调示意图（正方形表示声母和韵母的组合，圆点表示声调）

在以上几种不同的声调标记类型中，四种源自1922年之前的汉语注音文字系统。标准国音的音调有阴平、阳平、上声、去声。声调的标记有两种方式。第一种是直接附在韵符之上，如：

阴平　　　　　阳平　　　　　上声　　　　　去声
ㄓ（知）　　　ㄓ（直）　　　ㄓ（纸）　　　ㄓ（至）
ㄕ（诗）　　　ㄕ（时）　　　ㄕ（史）　　　ㄕ（事）
ㄘ（疵）　　　ㄘ（词）　　　ㄘ（此）　　　ㄘ（次）

音调的符号，还有一种用小圆点表示，上声用小圆点标注在韵符的左上角，阳平标注在韵符的左下角，去声标注在韵符的右上角，阴平不用符号（如图3-11所示）。

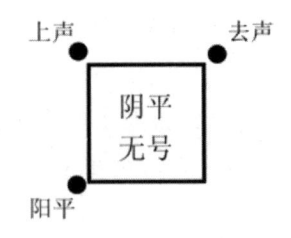

图3-11　汉语注音文字声调示意图

第一种写法是横向式：

阴平　　　　　阳平　　　　　上声　　　　　去声
ㄔ（吃）　　　．ㄔ（迟）　　　•ㄔ（耻）　　　ㄔ•（翅）
ㄧㄚ（鸦）　　．ㄧㄚ（牙）　　•ㄧㄚ（雅）　　ㄧㄚ•（亚）
ㄓㄨ（朱）　　．ㄓㄨ（竹）　　ㄓ•ㄨ（主）　　ㄓㄨ•（注）
ㄒㄩㄢ（宣）　．ㄒㄩㄢ（玄）　ㄒ•ㄩㄢ（选）　ㄒㄩㄢ•（眩）

另一种写法是直行式：

阴平　　　　　阳平　　　　　上声　　　　　去声
一（衣）　　　．一（移）　　　•一（以）　　　一•（意）

一　　　　　　一（幽）　　　·一　　　　　一·
ㄨ（幽）　　　ㄨ·（幽）　　ㄨ（有）　　ㄨ（右）

ㄇ　　　　　　ㄇ　　　　　　ㄇ　　　　　ㄇ
ㄛ（摸）　　　ㄛ·（摩）　　·ㄛ（抹）　　ㄛ·（末）

ㄙ　　　　　　ㄙ　　　　　　·ㄙ　　　　　ㄙ·
ㄨ（虽）　　　ㄨ（随）　　　ㄨ（髓）　　ㄨ（岁）

ㄟ　　　　　　ㄟ·　　　　　·ㄟ　　　　　ㄟ

胡托的字例：

ㄏ　　　·ㄏ　　　·ㄊ　　　ㄌ　　　ㄐ　　　ㄏ·
·ㄚ　　　一　　　ㄚ　　　ㄜ　　　一　　　ㄜ
　　　　　　　　　　　　　　　　　　　　　ㄨ·

ha³³　　ni⁵⁵　　tʰa⁴⁴　　lo²²　　no¹²　　tɕu²¹
鞋子　　他　　　解决　　　来　　　很多　　说

从以上民国注音文字与胡托苗文的声调表示法和字例来看，胡托采用注音字的直行式圆点标调法，不同的是，苗文声调数量多于标准国音。因此，胡托苗文除在韵符四周标调之外，同时增加了两个声调，一种是在声符、韵符左上方与左下方分别打点，另一种是在韵符的下方标上两个小圆点。

（三）寮字苗文的声调

老挝苗语共有7个声调，老挝语有8个调类，但其中只有四个是有标调符号的。老挝语的四个声调符号分别为第一声调符号o̖，第二声调符号ŏ，第三声调符号ō，第四声调符号o̓，最常用的是第一调和第二调，第三调和第四调较少使用。老挝苗语有8个调类，调值为1调43，2调31，3调55，4调11，5调44，6调13，7调33，8调24。老挝语的第一声调符号用来写苗语的44调，第二声调符号写苗语的31调；第三声调符号写苗语的43调；第四调符号写苗语的55调。33调采用零声调符号表示法。13调和24调没有对应的声调符号，只能新创符号。13调采用送气舌尖中清闭塞音的书写符号ຫ，在符号之上附加´，构成ຫ́。24调采用送气舌根清闭塞音的书写符号ຄ，在符号之上附加´，构成ຄ́。

寮字书写苗语，声、韵母位置不同，声调的位置也会发生相应的变化。现在为了便于论述，选用声母［k］的符号ກ分别与不同的韵母相拼。首先

是苗语的韵母 [i]，用老挝文符号表示为 ◌ີ，与 ກ [k] 相拼为 ກີ，加上43调的声调符号最后写作 ກີ້，31调写作 ກີ່，44调写作 ກີ໊，33调不用声调符号，表示为 ກີ，55调写作 ກີ໋，13调的写法是在"声母+韵母"的基础上增加 ຫ໌，表示为 ກີຫ໌，24调写作 ກີດ。韵母为 [u] 时，与声母 [k] 的书写符号组合为 ກຸ，用符号标记43调为 ກຸ້，31调标记为 ກຸ່，44调标记为 ກຸ໊，33调没有符号，写作 ກຸ，55调标记为 ກຸ໋，13调标记为 ກຸຫ໌，24调标记为 ກຸດ。韵母为 [o]，与声母的组合结构稍有不同，韵母位于声母之下，写作 ກູ，43调标记为 ກູ້，31调标记为 ກູ່，44调标记为 ກູ໊，33调没有符号，55调标记为 ກູ໋，13调标记为 ກູຫ໌，24调标记为 ກູດ。韵母为 [e]，书写在声母的左边，形成左右结构 ເກ，声调标记在声母之上，其中，43调写作 ເກ້，31调写作 ເກ່，44调写作 ເກ໊，33调没有声调符号，写作 ເກ，55调写作 ເກ໋，13调写作 ເກຫ໌，24调写作 ເກດ。书写韵母 [a] 的老挝文符号为 າ，书写在声母的右边，与声母组合形成左右结构，声调标记在声母之上，43调表示为 ກ້າ，31调表示为 ກ່າ，44调表示为 ກ໊າ，33调没有声调符号，55调表示为 ກ໋າ，13调表示为 ກາຫ໌，24调表示为 ກາດ。苗语韵母 [au] 用老挝文书写为 ◌ົ，书写在声母之上，形成上下结构，声调标记在韵母之上，其中，43调写作 ກົ້，31调写作 ກົ່，44调写作 ກົ໊，33调没有声调符号，55调写作 ກົ໋，13调写作 ກົຫ໌，24调写作 ກົດ。苗语鼻韵母 [en] 用老挝文写作 ເ◌ົາ，与声母组合形成半包围的结构，声母在内，韵母围绕着声母，声调符号标记在韵母之上，其中，43调标记为 ເກົ້າ，31调与声、韵母组合为 ເກົ່າ，44调与声、韵母组合为 ເກົ໊າ，33调没有书写符号，55调的符号与声、韵母组合为 ເກົ໋າ，13调与声、韵母组合为 ເກົາຫ໌，看上去非常繁琐，24调与声、韵母组合为 ເກົາດ。鼻韵母 [oŋ] 用老挝文写作 ◌ົງ，与声母组合形成侧包围结构，书写在声母的上方和右侧，声调标记在韵母之上，其中，43调与声、韵母组合写作 ກົ້ງ，31调写作 ກົ່ງ，44调写作 ກົ໊ງ，33调没有声调符号，55调写作 ກົ໋ງ，13调写作 ກົງຫ໌，24调写作 ກົງດ。苗语韵母 [ia] 用老挝文写作 ເ◌ັຍ，书写于声母的周围，声调符号写在韵母之上，其中43调与声、韵母组合写作 ເກັ້ຍ，31调写作 ເກັ່ຍ，44调写作 ເກັ໊ຍ，33调没有声调符号，55调写作 ເກັ໋ຍ，13调写作 ເກັຍຫ໌，24调写作 ເກັຍດ。苗语韵母 [ua] 用老挝文书写为 ◌ົວ，与声母组合形成侧包围结构，声调书写在韵母之上，其中，44调符号与声、韵母组合写作 ກົ້ວ，31调与声、韵母组合写作 ກົ່ວ，44调写作 ກົ໊ວ，33调没有声调符号，55调写作 ກົ໋ວ，13调写作 ກົວຫ໌，24调写作 ກົວດ。苗语韵母 [ai] 用老挝文写作 ໄ◌，书写在声母的左侧，形成左右结构，声调写在声母之上，其中43调与声、韵母组合写作 ໄກ້，31调写作 ໄກ່，33调写作 ໄກ໊，44调没有声调符号，55调写

138

作 ໄກ່，13调写作 ໄກ້，24调写作 ໄກ໊。苗语韵母 [ɛɯ] 用老挝文写作 ເື ອ，书写在声母的周围，声调书写于韵母之上，其中43调与声、韵母组合书写为 ເື້ອ，31调书写为 ເື້ອ，44调书写为 ເື້ອ，33调没有声调符号，55调书写为 ເື້ອ，13调书写为 ເື້ອຫ，24调书写为 ເື້ອດ່。苗语声母 [ou] 用老挝文符号表示为 ໂ_ອ，书写在声母的两侧，与声母形成水平直线结构，声调标记在声母之上，其中43调符号与声、韵母组合为 ໂກ້ອ，31调表示为 ໂກ້ອ，44调表示为 ໂກ້ອ，33调没有书写符号，55调表示为 ໂກ້ອ，13调表示为 ໂກອຫ，24调表示为 ໂກອດ່。

根据老挝文声韵调的组合原则，对以下寮字苗文进行分析和解读：

ໂພ່ອ ເກື້ອດ ເບດື້ອ ຣມົ໊ງ

首先对 ໂພ່ອ 进行拆分，这个音节的声母是 ພ，书写送气的双唇清闭塞音 [pʰ]，韵母是 ໂ_ອ，书写苗语的韵母 [ou]，声调符号 ່ 书写44调。ໂພ່ອ 可用国际音标转写为 pʰou⁴⁴。音节 ເກື້ອດ 的声母是 ກ [k]，韵母是 ເື້ອ [ɛɯ]，声调符号 ່ 书写苗语的24调。用国际音标转写这个音节为 kɛɯ²⁴。对音节 ເບດື້ອ 进行拆分，声母是 ບດ，书写的音位是苗语的鼻冠舌尖中清闭塞音 [nt]，韵母是 ເື້ອ [ɛɯ]，声调符号 ່ 书写苗语的55调。国际音标转写这个音节为 ntɛɯ⁵⁵。音节 ຣມົ໊ງ 的声母是 ຣມ [hm]，韵母是 ົງ [oŋ]，声调 ໊ 书写苗语的43调，整个音节转写为 moŋ⁴³。

因此，寮字苗文词语 ໂພ່ອ ເກື້ອດ ເບດື້ອ ຣມົ໊ງ 用国际音标转写为 pʰou⁴⁴ kɛɯ²⁴ ntɛɯ⁵⁵ moŋ⁴³，翻译成汉语：苗族识字课本。

（四）泰字苗文的声调

泰语有五个声调。第一声为阴平，不用声调符号；第二声为上声，声调符号为 ่；第三声为去声，用声调符号表示为 ้；第四声相当于老挝苗语的43调，用符号表示为 ๊；第五声的声调符号用小加号 ๋。泰国苗族说的苗语有8个调类，调值为1调43，2调31，3调55，4调11，5调44，6调13，7调33，8调24。泰语的第二声调 ่ 用来书写苗语的33调，第三声调符号 ้ 用来写苗语的31调，第四声调符号 ๊ 写苗语的43调，第五声调符号 ๋ 用来写苗语的55调。苗语44调遵循苗语的声调表示法，不用声调符号，与寮字苗文的声调表示法有所不同。对于苗语的13调和24调，泰语没有对应的声调符号，分别采用 ห์ 与 ด์ 来书写。

采用泰语声、韵、调符号书写苗语同老挝文书写苗语的情况大致相同，声、韵母的位置不同，声调的位置也会发生相应的变化。现在对泰语声、韵、调符号书写苗语的情况论述如下。

为了便于论述,声母用书写 [k] 的符号 ก 表示,分别与不同的韵母相拼。苗语声母 [k] 与韵母 [i] 相拼,组合为 กิ,声母在下,韵母在上,形成上下结构。声调标记在韵母之上,声调为43调,声、韵、调书写为 กิ๊,31调与声、韵母组合写作 กิ่,55调写作 กิ๋,44调不用声调符号,33调写作 กิ๊,13调写作 กิห์,24调写作 กิด์。苗语韵母 [u] 用泰文书写为 ุ,与声母 ก 相拼,声母在下,韵母在上,声调标记在韵母之上,形成垂直线性结构。43调与声、韵母组合,整个音节拼写为 กุ๊,31调拼写为 กุ่,55调拼写为 กุ๋,44调没有符号,33调拼写为 กุ๊,13调拼写为 กุห์,24调拼写为 กุด์。苗语韵母 [o] 用泰语书写为 ู,与声母相拼,韵母在下,声母在上,形成上下结构,声调置于声母之上。这种书写方式有点类似于柏格理草创时期苗文第五声调的标记方式:小字母置于大字母下方。43调与声、韵母组合,整个音节书写为 กู๊,31调书写为 กู่,55调书写为 กู๋,44调没有符号,33调书写为 กู๊,13调书写为 กูห์,24调书写为 กูด์。苗语韵母 [e] 用泰语拼写为 เ,置于声母的左侧,形成左右结构,声调符号置于声母之上,43调写作 เก๊,31调写作 เก่,55调写作 เก๋,44调没有符号,33调写作 เก๊,13调写作 เกห์,24调写作 เกด์。苗语韵母为 [a],用泰语书写为 า,置于声母右边,声调符号置于声母之上。其中,43调与声、韵母组合,音节书写为 ก๊า,31调书写为 ก่า,55调书写为 ก๋า,44调没有符号,33调书写为 ก๊า,13调书写为 กาห์,24调书写为 กาด์。苗语韵母 [au] 用泰语 ๐ 书写,拼写于声母右边,声调置于声母之上,其中,43调与声、韵母组合,书写为 ก๊อ,31调书写为 ก่อ,55调书写为 ก๋อ,44调没有符号,33调书写为 ก๊อ,13调书写为 กอห์,24调书写为 กอด์。鼻韵母 [en] 用泰语书写为 เ็,声母置于韵母之内,声调符号置于韵母之上,其中43调与声、韵母组合书写为 เก๊็,31调书写为 เก่็,55调书写为 เก๋็,44调没有符号,33调书写为 เก๊็,13调书写为 เก็ห์,24调书写为 เก็ด์。苗语韵母 [oŋ] 用泰语书写为 ง,与舌根浊鼻音 [ŋ] 的书写一样。不同的是,舌根浊鼻声母书写于韵母之前,韵母 [oŋ] 书写于声母之后,声调置于声母之上。其中,31调与声、韵母组合,整个音节书写为 ก๊ง,31调书写为 ก่ง,55调书写为 ก๋ง,44调没有符号,33调书写为 ก๊ง,13调书写为 กงห์,24调书写为 กงด์。苗语韵母 [iə] 用泰语书写为 เีย,书写于声母的周围,声调置于韵母之上,其中,43调与声、韵母组合,书写为 เกี๊ย,31调书写为 เกี่ย,55调书写为 เกี๋ย,44调没有符号,33调写作 เกี๊ย,13调写作 เกียห์,24调写作 เกียด์。[ua] 用泰语拼写为 ัว,与声母形成半包围结构,声调标记在韵母之上。其中,43调与声、韵母组合拼写为 ก๊ัว,31调与声、韵母组合书写为 ก่ัว,55调书写为 ก๋ัว,

140

44调没有符号，33调书写为 ก้ำ，13调书写为 ก้ำห์，24调书写为 ก้ำด์。苗语韵母[ai]有对应的泰语书写符号，书写为 ไ，置于声母之前。声调与声、韵母组合，置于声母之上。其中，43调写作 ไก่，31调写作 ไก่，55调写作 ไก่，44调没有符号，33调写作 ไก้，13调写作 ไก้ห์，24调写作 ไกด์。苗语的[εɯ]用泰语书写为 เ̍า，与声母组合形成包围结构，声调置于韵母之上。其中，43调书写为 เก๋า，31调书写为 เก่า，55调书写为 เก๊า，44调没有符号，33调书写为 เก้า，13调书写为 เก้าห์，24调书写为 เกวด์。苗语声母[ou]用泰语书写为 โ า，拼写于声母的两侧，声调置于声母之上。其中，43调与声、韵母组合，整个音节拼写为 โก๋า，31调书写为 โก่า，55调书写为 โก๊า，44调没有符号，33调书写为 โก้า，13调书写为 โกวห์，24调书写为 โกวด์。

党居仁苗文没有声调，就不在此论述。

（五）老挝拉丁字母苗文的声调符号

RPA苗文是用拉丁字母拼写苗语的声、韵母。由于苗语是单音节结构，除鼻音结尾之外，均以韵母结尾，音节结构可以表示为C+V（G）。因此，老挝拉丁苗文声调采用拉丁字母来标记（参见图3-12）。其中，用字母b书写43调，字母j书写31调，字母v书写55调，字母s书写33调，字母g书写13调，字母m书写24调。44调没有符号。在RPA的书写系统中，声母置于前，韵母置于后，声调标记在音节的末尾。拉丁字母拼写苗语声调存在一定的弊端。如果声母之后是鼻韵母[aŋ]、[en]、[ɔŋ]，再加上声调，韵尾就会出现两个辅音字母。为此，白苗语的鼻韵母采用同一韵母双拼的方法表示，如aa[aŋ]、ee[εŋ]、oo[ɔŋ]，可以有效避免这一问题。

图3-12 老挝苗文声调（Samlley，1976：109）

（六）龚泽旺苗文声调符号

龚泽旺苗文有七个声调符号，其中，符号ˊ书写43调，ˇ书写24调，ˉ书写31调，˚书写55调，44调没有对应的符号，ˆ书写13调，ˉ书写33调。另外，与其他海外苗文系统不同的是，这套书写系统还有专拼214调[①]的符号。这套文字的声调符号通常标记在韵母之上。苗语单词ntṣe^{33}（鱼）由鼻冠舌尖后声母书写符号ᘋ[ntṣ]与韵母ᘀ[e]拼合而成，声调符号写在ᘀ的上方，整个音节写成ᘋᘀ。声母与复韵母组合，声调标记在第一个韵母之上。苗语单词tɕua^{24}（长臂猿）由舌面清塞音书写符号ᘌ[tɕ]与韵母ᘍ[o]与ᘎ[a]组合而成。根据拼写规则，声调标记在韵母ᘍ之上，整个音节书写为ᘌᘍᘎ。如果音节只有韵母，没有声母，声调标记在韵母之上，如au^{33}（鸭子）只有一个韵母，用龚泽旺苗文拼写为ᘏ。音节中有送气清声母时，声调的位置有所变化，不再标记于韵母之上，而是标记在送气音符号ᘐ[h]之上。m̥oŋ^{43}（苗族）一词包含送气鼻声母[m̥]，鼻韵母[oŋ]，用龚泽旺苗文组合为ᘑ+ᘐ+ᘒ。根据书写规则，声调标记在ᘐ之上，整个音节拼写为ᘑᘐᘒ。

（七）萨维纳苗文声调

萨维纳所创的苗文对苗语声调的标记有自身的独特之处，既不同于越南拉丁苗文对声调的书写方式，也不同于老挝拉丁苗文对声调的写法。它没有将声调符号标记在音节的末尾，而是仿照越南文字的标调方式，将声调作为小符号标记在韵母之上或之下。萨维纳将苗语的声调划分为五种调类，包括平声、玄声、跌声、问声、重声。

1. 平声　　a　　e　　i　　o　　u
2. 玄声　　á　　é　　í　　ó　　ú
3. 跌声　　à　　è　　ì　　ò　　ù
4. 问声　　ả　　ẻ　　ỉ　　ỏ　　ủ
5. 重声　　ạ　　ẹ　　ị　　ọ　　ụ

1. 韵母 a 不同声调所表示的例词：
cha（保留）　　chá（新的）　　chả（五）　　chạ（兽类）
2. 韵母 e 不同声调所表示的例词：
chê（介绍）　　ché（房屋）　　chè（现在）　　chẻ（甘蔗）
3. 韵母 i 不同声调表示的例词：
chi（烤、烘）　　chí（砖）　　chì（种子）　　chỉ（做记号）
4. 韵母 ô 不同声调表示的例词：
chô（打开）　　chố（管、筒）　　chồ（夯实）　　chổ（蚊子）

---

① RPA 苗文的 d 声调。

5. 韵母 u 不同声调表示的例词：

chū（钟）　　　chú（气味）　　　chǔ（具有）　　　chǔ（堵塞）

从以上的论述来看，显然可以观察到中外传教型苗族文字系统在声调标记方面呈现出复杂性和独特性。这些系统选择了各种不同的标记方式，包括字母、圆点以及符号等，以有效表达其所属语言中的声调特征。在这些系统中，声调符号的数量和位置都呈现出显著的差异，有些放置在韵母周围，而其他则位于音节的上、下方，部分系统呈现出线性排列的特征。此外，一些系统还引入了额外的符号或标记方式，用以表示特定的声调情况。这种差异性的存在，既反映了不同苗族文字系统对声调标记的深刻理解和灵活应用，同时也受到历史、地域、语言特点等多种因素的影响。

从以上的分析来看，中外苗族聚居区传教士所创的苗文声调在书写上存在较多的问题。早期教士们用西文字母记写苗语的字汇是没有声调的。后来一些尝试着用于推动传教事业所创立的文字也没有声调，如克拉克、党居仁苗文。这些书写系统没有声调，可能存在几方面的原因。一方面是苗语属于声调语言，洋教士来华之前接触的文字主要是没有声调的西方语言文字，没有意识到苗语的声调具有区别词义的重要作用。另一方面的原因，苗语的声调系统比较复杂，大多数传教士既不是精通苗语的专家，也没有对苗语进行过全面的调研，无法设计出标记苗语声调的具体方法。当然，教士们可能意识到声调的重要作用，而且他们也在尝试着创制声调的标记方法，但是还没有来得及设计出声调方案，他们初创的文字就已经遭到当地苗族人的抵制或被其他的文字系统取而代之了。

一些传教士草创文字初期没有设计声调方案，在推行使用文字的时候，逐渐意识到文字所存在的弊端，后来逐步完善声调的书写。这种情况以中国苗族聚居区出现的用于传教的文字为主。柏格理、胡托最初的文字是没有设计声调的，而出现于海外苗族聚居区的传教型苗文从创立初期就将声调的书写纳入文字方案中。这样的现象主要有两个原因。首先，柏格理、胡托创立的文字时间比较早。传教士到中国苗族聚居区传教初期，对苗语的掌握程度还不够好，对当地使用的苗语调研不到位，再加上当时海内外均未出现表音功能完善的苗族文字，对声调的书写缺乏参考模式。其次，海外苗族聚居区创立苗文的时间相对较晚。其中，老挝拉丁苗文、泰字苗文、寮字苗文创立于20世纪50年代期间。在此之前出现于中外苗族聚居区的苗文系统可以让文字创制者意识到苗语声调的重要性。更为重要的原因是，在海外苗族聚居区创立文字的传教士对苗语有过深入的研究和调研。老挝拉丁苗文方案的最终确定得益于斯莫莱、恩保羊、巴尼三人对苗语的深入调研与精诚合作。泰字苗文、老挝苗文创立的时间晚于老挝拉丁苗文，而且文字创制者就包括斯莫莱，所以对声调的书写符号就有更为深入的思考。

对于已有声调符号的传教型苗文，它们都有一个共同点。尽管传教士们能够借用其他文字的符号书写苗语，但是没有哪一种文字能够提供完整的符号标记苗语的声调。一是因为苗语的声调调类多于其他语言，二是因为其他语言声调的调值与苗语存在差异。通过比较以上所列的传教型苗文声调系统，发现在符号的选取、声调的标记方式、声调的功能三方面存在着差异。

就声调的符号选取而言，各套文字的声调符号方案有所不同。一些苗文系统借字借调。柏格理的部分书写符号借用克里语字母、速写符号，声调的标记方式也仿照克里音节字的位置标调法。胡托借用民国时期的汉语注音文字符号，同时借用汉语注音文字的声调标记方式，即直行式圆点标调法。老挝拉丁苗文借用拉丁字母作为声调符号。泰字苗文借用泰文的声、韵母书写苗语的声母和韵母，同时借用泰语的声调符号。寮字苗文借用老挝文的声母和韵母符号，同时借用老挝语的声调符号。以上提及的苗文系统中，一些系统借用其他文字的声调，并且在借用的原有声调基础上做了增补。胡托在借用汉语注音文字标调方式的同时，增补了两个声调符号。萨维纳创立的苗文借用越南文字的标调方式，但只有五个声调符号，不足以拼写苗文的声调系统。泰字苗文声调在现有泰文声调符号的基础上又做了增补。泰语有五个调类，但是阴平没有符号，能借用的符号只有4个，后来增加两个声调符号，分别用于书写13调、24调。寮字苗文的声调方案与泰字苗文大致相同，也是在借用文字的现有声调基础上增补新符号。不同的是，两套声调系统对44调和33调的书写有所差异。泰字苗文遵循大多数的文字系统，44调不用声调符号。寮字苗文用老挝语的第一声调符号标记这个声调，而33调却没有使用声调符号，与其他苗文声调的书写完全不同。有的苗文系统只是仿照其他文字的声调标注方式，没有借用其他文字的声调符号。柏格理只是从克里音节字的位置标调法中获取一种思路。克里音节字使用实心圆点标调，但是柏格理并没有采用圆点或其他的符号标记声调，而是把韵母放在声母的不同位置以区分不同的调值。也有苗文系统只借字，但是没有借声调符号。龚泽旺苗文的部分符号借用希伯来文字母，但是声调的标记方式却仿造于其他的文字系统。

传教士在创立苗文时所遇到的声调符号问题，不仅是一项技术和设计上的挑战，更是一次跨文化交流和语言学研究的重要历程。这一过程反映了传教士在面对语言学挑战时所采取的应对策略。他们在设计和改进文字系统时，必须深入了解目标语言的语音学特点，包括声调系统的复杂性和重要性。此外，他们需要充分尊重本土文化，借鉴当地语言和文化的特点，以确保文字系统的适用性和可持续性。

三、文字拼写的问题及改进

文字创立以后，在推行应用的过程中，难免表现出一些不足和缺陷，如设计的符号对音位的表达不够准确，符号不足以书写苗语的音位，书写系统过于复杂，不易于书写、记忆等。梳理中外传教士创立用于传播宗教教义的苗文，几乎所有的书写系统在使用初期都存在各种不同的问题。其中，有的传教士能够及时发现问题，并且积极改进，后来文字得以广泛推行和应用。不过，也有的传教士不能及时发现所创文字存在的问题，或者发现问题后没有对文字进行改进或改良，最终文字没有得以应用和推广。

（一）滇东北次方言苗文的拼写问题与改进

1.老苗文的表音问题与改进

柏格理最初设计的书写符号不足以拼写滇东北次方言的音位。主要是缺失书写舌尖后清闭塞音［ṭ］、小舌音［q］、喉音［h］、舌尖后浊擦音［ʐ］、舌面浊擦音［ʑ］、双唇浊擦送气音［v］、双唇半元音［w］、舌根清鼻音［ŋ］等符号；缺失分别表示清浊音的符号，如"⊐"同时表示双唇清闭塞音［p］、双唇浊闭塞音［b］；"T"同时表示舌尖中清闭塞音［t］、舌尖浊闭塞音［d］；"⊏"同时表示舌尖后清闭塞不送气音［ʈʂ］、舌尖后清闭塞送气音［ʈʂʰ］等。此外，舌面音与舌尖后音的区分是通过增加元音介音"i"来实现，如⊏书写舌尖后音［ʈʂ］，如果在其后加上 ͺ，组合为"⊏ͺ"，那么这个组合就可以用来拼写舌面清闭塞音［tɕ］。清鼻音的表示方法是在鼻音之上打一个逗号。

柏格理草创的滇东北次方言苗文存在一个字母拼写多个音位的现象，这可能受到英语拼写模式的影响。英文字母只有26个，但是英语中具有区别意义的音位却远远多于字母的数量，因此一些音素字母就要担任拼写多个音位的重任。例如，字母 a 在英语单词 what 中书写后元音［ɒ］，在单词 hat 中书写前元音［æ］，在单词 father 中书写长元音 [a:]，在单词 again 中书写中元音 [ə]。再如，字母 t 与 h 组合，在单词 thin 中书写无声齿摩擦音［θ］，在单词 then 中书写舌齿擦音［ð］。另外，英语中也存在同一个音位由多个字母拼写的现象，如唇齿清擦音［f］通常由字母 f 拼写，同时也可以由字母 ph 拼写，如单词 Philip。英语中同一个音位由不同字母拼写的典型案例是 Ghreti Ghoti

145

for Sale 。英文字母 g 与 h 组合可以书写不发音的音位（如单词 eight，high 等），同时还可以书写发音的音位 [f]（如单词 enough）。字母 t 与 i 组合可以读作 [ʃ]，因此 "Ghreti" 拼写的语音就是 [freʃ]，"Ghoti" 拼写的语音是 [fiʃ]，短语 Ghreti Ghoti for Sale 可以转写为 Fresh Fish For Sale（鲜鱼出售）。赵元任将英文字母对语音的这种拼写模式总结为 many-to-many（多对多）。①

自柏格理创立文字以来，不断对书写符号进行增补。1908 年增添书写小舌音 [q] 的符号 J；1913 年增添小舌清擦音 [ɣ] 的符号 I，增添符号 R，用于拼写舌尖后浊擦音 [ʐ]。通过组合的方式又新增了一些符号，用于书写鼻冠声母，如符号 C 与 t 组合成 Ct，书写鼻冠舌尖前清闭塞音 [nts]，符号 C 与 ⊏ 组合，书写鼻冠舌尖后清闭塞音 [ntʂ]、符号 C 与 ⊐ 组合，书写鼻冠舌根清闭塞音 [ŋk]，符号 C 与 T 组合书写鼻冠舌尖中清闭塞音 [nt]，符号 C 与 Δ 组合，书写鼻冠舌尖中清塞边音 [ntl]，C 与 T 组合，书写鼻冠舌尖后清闭塞爆破音 [nʈ]，符号 C 与 ⌐ 组合，用于书写鼻冠双唇清闭塞音 [mp]，符号 C 与 J 组合，书写鼻冠小舌清闭塞音 [nq]。另有两个符号是在柏格理逝世之后增加的，一个是书写半元音 [w] 的符号 U，另一个是表示零声母的符号 Y。增添符号之后滇东北次方言老苗文的声母方案可参见表 3-10。

表 3-10 增加符号之后的老苗文声母方案②

字母	Y	⌐	⊃	Γ	V	U	t	S
读音	零声母	[p]	[m]	[f]	[v]	[w]	[ts]	[s]
字母	Ʒ	T	C	Δ	L	ᑡ	ꞱT	⊏
读音	[z]	[t]	[n]	[tl]	[l]	[l̥]	[ʈ]	[tʂ]
字母	J	L	G	I	⊐	J	⌐	ʌ
读音	[ʂ]	[l]	[N]	[ɣ]	[k]	[q]	[h]	[ʐ]
字母	R	Ct	C⊏	C⊐	CT	CΔ	CT	C⌐
读音	[ʐ]	[nts]	[ntʂ]	[ŋk]	[nt]	[ntl]	[nʈ]	[mp]

小字母符号在原有基础上也得到了一定的增补，如 1912 年增添了舌尖后

---

① Yuen Ren Chao. *Language and Symbolic Systems* [M]. Cambridge, Cambridge University. Press, 1968: 111. 赵元任同时还总结了其他西文的拼写模式，其中芬兰语为 1-to-1；法文为 1-to-many。
② 这个表里的符号不是老苗文最终的声调符号，只是文字创立以后，柏格理及后人增补的符号，在此之后，还增补了其他的符号。

元音［ɿ］的书写符号ᴦ，1917年增添复合元音［ie］的书写符号 ̄；1912年增添舌面后圆唇音［ɯ］的书写符号 ﾞ。增补的符号还有 ˊ［æy］、ˋ［e］、ᵟ［ɑw］、ᴖ［ei］、ᴨᴄ［ie］、ᴔ［io］、ᴗ［ui］、ᴜ［iɑi］、ᴨᴨ［iɑu］、ᴖᴝ［iɯ］、ᴖᴄ［in］、ᴖ［iə］、ᵌ［iɑɯ］、ᵌ［ɑn］、ε［ne］、ᴈ［ŋe］、ᑫ［ou］、ᴗ-［uɑ］、ᴗ-ᴳ［uɑŋ］、ᴗᴖ［uei］、ᴖᴜ［ou］、ᴔ［ɑŋ］等。

最初的文字方案对零声母音节的拼写直接用韵母来表示，对识别零声母音节的声调比较困难。a³³（建造）、a³¹（表责怪的语气）都属于零声母音节，如果用最初的老苗文书写这两个音节，a³³写成 ̄，a³¹写成 ₋。韵母符号比较小，在进行文字处理和阅览中很容易被忽略，再加上没有大字母作为参照，很难对调位进行识别，从而导致对调值进行误判。后来杨荣新等人用Y标记零声母，加上韵母就构成了完整的零声母音节拼写形式。因此，a³³用修改后的文字方案可以写成Y ̄，a³¹写成Y₋。

1949—1950年张有伦、杨忠德、杨荣新又对柏格理草创的滇东北次方言苗文进行了修改。首先是对声调标记方式的修改。在原先的文字系统中，韵母标记在声母周围的不同地方，以表示不同的调值。经过修改后，增加了一些特定的符号，并且韵母标记在同一个地方，这样就更加便于打印。

不过，本次对声调的改进不彻底。另外的一个修改是增加了表示浊声母的符号，在声母的后面打上一个点，以区分清浊音。这套区分清浊音的符号之前一直都在使用，如教授柏格理文的王明基老师在他1946年编撰的花苗语词典中就使用过，只不过逗号是倒竖的，如 Ɔ'［g］。逗号表示送气音，这一点同早期的柏格理苗文一致；一个点表示浊音；一个倒立的逗号表示浊音送气音。1936年出版的《新约全书》声母几乎保持不变，新增的声母为"ᴔ"［tɕ］，实际上是在 Ɔ［tʂ］的基础上增添一条横线而成；新增"<"［nj］，是通过倒立 Ƃ［ŋ］而成；新增"ᴔ"［χ］（主要用于拼写汉语借词），是通过倒立 ᑭ［ɬ］而成，抑或在 ᒣ［h］的基础上增添一笔而成。送气符号总是标记在声母之后，形成以下组合：Ɔ，［m̥］Ɔ，［n̥］Y，［h］。在增添符号的同时，也去除了一些用于拼写汉语借词的符号：ᵌ［ɑn］、ε［ne］、ᴈ［ŋe］。声调（见表3-11）改用字母标记，置于韵母之后，有点类似于规范苗文的标调方式。

表3-11　1950年修改后的柏格理文声调系统①

调类	符号	调值	汉语借词调类	柏格理文声调位置
I	ᴖ	55	上声	2
II	ᴔ	24	去声	3
III	零声调	55		1
IV	ᵹ	22		4
V	ᴇ	33		2
VI	ᴦ	21	入声	4
VII	ɯ	53		2

2. 党和政府对滇东北老苗文的改革

尽管柏格理草创苗文之后，对文字进行了一定的修改，但还是存在很多缺陷。主要体现在声母的表音和文字的信息处理方面。在苗文创制工作讨论会上，中国科学院少数民族语言调查第二工作队在递交的报告中就明确指出柏格理苗文所存在的缺陷，"……可以看出这种文字有很大的缺点，既不能正确表示声母，又不能正确表示声调。同时，没有书写体，所以写起来很慢"。（贵州省民族语文指导委员会，1957：62）苏联谢尔久琴柯在《论苗族的语言文字》的报告中也对柏格理文字进行了批判："柏格理创造的文字，没有照顾到云南东北部和贵州西北部苗语中的许多重要的语音和声调特点。"（贵州省民族语文指导委员会，1957：237）王辅世在《苗族文字改革问题》一文中也曾对柏格理文的优缺点做过详细的论述，认为这种文字具有读写比较容易的优点，但不便于区分清浊音、标调不严密、文字未定型的缺点。（王辅世，1952：12-14）

正是在这样的背景下，国家有关部门决定对柏格理苗文进行改革，采用拉丁字母拼写滇东北次方言。改革的新苗文共有七十五个声母，其中单字母有二十四个，双字母有三十八个，三字母有十三个。

本次文字的改革从根本上解决了之前文字所存在的不足，在表音上具有很多优点。首先，改革后的文字明确地区分了清浊音、送气与不送气音。改革的文字采用拉丁字母（参见附录七），例如，不送气的双唇音[p]用拉丁

---

① 参见 Joakim Enwall. *A Myth Become Reality: History and Development of the Miao Written Language* [M]. Almqvist & Wiksell International, 1995a(volume 2)：21.

字母 b 表示；送气的双唇音［p'］用字母 p 表示；浊音［b］用俄文字母 Б 表示，这样就有效地解决了原来 ⌐ 同时拼写双唇清音［p］和双唇浊音［b］的问题。通过这样的方式，原来 Cコ 同时表示送气鼻冠清闭塞音［mp］、不送气鼻冠清闭塞音［mb］的问题也同样得以解决，分别用字母组合 nb 与 nБ 来表示。旧文字[①]† 同时表示舌尖前清闭塞音［ts］、舌尖前浊闭塞音［dz］，为明确区分这两个音，新文字采用俄文字母 з[②]，由拉丁字母 z 拼写［ts］，з 拼写［dz］，c 拼写［ts'］。在此基础上也解决了 C† 同时表示鼻冠舌尖前清闭塞音［nts］、鼻冠舌尖前浊闭塞音［ndz］的困境，新文字采用 nz 拼写［nts］，用 nз 拼写［ndz］，用 nc 拼写［nts'］。新文字还解决了 匚 同时表示舌面前清闭塞音［tɕ］、舌面前浊闭塞音［dʑ］从而导致表音不准确的困境，采用 zj 拼写［tɕ］，用 зj 拼写［dʑ］，用 cj 表示舌面前清闭塞送气音［tɕ'］。老苗文的 C匚 同时拼写鼻冠舌面前清闭塞音［ȵtɕ］、鼻冠舌面前浊闭塞音［ȵdʑ］，导致表音不明确，新文字采用 nzj 拼［ȵtɕ］，用 nзj 拼［ȵdʑ］，用 ncj 拼［ȵtɕ'］。老苗文的 T 同时要拼写舌尖中清闭塞音［t］、舌尖前浊闭塞音［d］，为解决这一问题，新文字采用俄文字母 ₫[③]，由此，d 拼写［t］，₫ 拼写［d］，t 拼写［t'］。增加的音还解决 CT 同时拼写鼻冠舌尖中清闭塞音［nt］、鼻冠舌尖中浊闭塞音［nd］的困境。新文字用 nd 拼写［nt］，用 n₫ 拼写［nd］，用 nt 拼写鼻冠舌尖中清闭塞送气音［nt'］。旧文字的 Δ 既拼写舌尖中清塞边音［tl̥］，又拼写舌尖中浊闭塞边音［dl］，新文字将新增的 ₫ 与 l 组合，有效地区分了老苗文标音的问题，用 dl 拼写［tl̥］，用 ₫l 拼写［dl］，用 tl 拼写［tl̥'］。在此基础上同字母 n 组合，还可以有效解决 CΔ 同时拼写［ntl］、［ndl］的困境。新文字用 ndl 拼鼻冠舌尖前清闭塞边音［ntl］，用 n₫l 拼写鼻冠舌尖前浊闭塞边音［ndl］，用 ntl 拼写鼻冠舌尖前浊闭塞送气边音［ntl'］。新文字的一些字母组合方式也解决了老苗文表音不明确的问题。为解决老苗文 T 同时拼写［ʈ］、［ɖ］的问题，新苗文用 dr 拼写［ʈ］，用 ₫r 拼写［ɖ］，用 tr 拼写［ʈ'］。将 dr、₫r 分别与 n 组合，有效解决了 CT 同时需要拼写［ɳʈ］、［ɳɖ］的困境，主要表现为用 ndr 拼［ɳʈ］，用 n₫r 拼写［ɳɖ］。旧文字 ⊐ 同时拼写［k］、［g］，为解决这样的困境，新苗文用 g 拼写［k］，用新增的 Г[④] 拼写［g］，用 k 拼写［k'］。在此基础上，与 n 组合，还解决了 Cコ 同时拼写［ŋk］、［ŋg］的困境，

---

① 柏格理创制的滇东北次方言老苗文。
② з，з 是一个广泛用在斯拉夫语言的西里尔字母，由希腊字母 Z 演变而成。
③ ₫，₫ (D-topbar) 属于拉丁文扩展字符。
④ Г，г 是一个广泛用在斯拉夫语言的西里尔字母，由希腊字母 Γ 演变而成。

主要表现为用 ng 拼写［ŋk］，用 nΓ 拼写［ŋg］，用 nk 拼写［ŋk'］。新文字有十二个韵母，其中单字母的韵母有七个，双字母的韵母有五个。六个双字母的韵母中有五个是由双字母音组成的，还有一个是由 e 和子音 r 组成的。

3. 规范苗文

从以上对滇东北次方言老苗文和新苗文的论述来看，新老苗文都存在一定的不足。尽管老苗文后来得以多次改进，但仍然存在音位、声调符号不全、一字多音多义的问题。政府改革的拉丁新苗文通过增加字母以及字母组合的方式，解决了老苗文表音不准的缺陷，但使得字母结构过于繁杂，难以辨读。如"桌子"一词若用老苗文拼写只分别需要三个大字母，拼写为Ɣ⁻Γ3"，用新苗文拼写，需要10个字母：aqfaudraub，比较复杂。1981年8月10日，在武定县召开的云南楚雄苗语文工作座谈会上，参会的苗族代表一致提议要求对滇东北老苗文进行改进和规范，以供苗族群众学习、使用。在云南省少数民族语言文字工作指导委员会和各级政府的直接领导下，滇中苗族知识分子与中外有关专家基于反复调查研究，进一步充实声、韵母符号，并且对浊化、声调的书写等进行了改进和规范。（参见附录七）

首先是声母符号的增补。在滇东北老苗文中，符号 C 同时书写舌尖后音［tʂ］与舌面前音［tɕ］；C 同时书写［n］、［ɳ］、［ȵ］三个鼻音；J 同时书写［ʂ］、［ɕ］。为克服老苗文一个音位表达两个乃至多个不同音位符号的缺陷，增加符号 J 书写［tɕ］，以区分舌尖后音与舌面音；增加符号 3 书写［ȵ］；增加 ɵ 书写［ɳ］，将舌尖中鼻音、舌面鼻音与舌尖后鼻音区分开来。这些音位符号的充实，有助于快速区分原来老苗文中容易混淆的音位。例如，老苗文 C'' 既可以转写成 zhao［tʂau⁵⁴］，也可以写成 jaob［tɕau⁵⁴］（多）。当然，根据上下文或依靠一定的拼写规则，也可以判断出单词 C'' 所表达的意义。采用规范苗文，意义的表达则更为直接。韵母的符号同时也得到了增补，主要用于书写汉语借词。声调经过改进后，与老苗文存在很大的不同。在老苗文中，韵母标记在声母正上方、右上方、右侧中央与右侧下方，表示不同的调位和调值。规范后的文字没有再体现出元音附标文字的特征，分别用 r、ɜ、m、ɾ、s、ʟ、t 这七个符号表示（见表3-12），标记在韵母的后面。音节的形式与拉丁苗文一样，形成"声母＋韵母＋声调"的线性结构。

表3-12　规范苗文声调

调类	1	2	3	4	5	6	7	8
调号	ꛜ	ꛞ		m	r	s	l	t
调值	54	35	55	12	33	31	11	31

除了增设声、韵、调符号，还增设了表示浊化的附加小符号。原来老苗文不分清浊，苗文规范后，用实心圆点标记浊化，统一附在声母右上角。例如，Ṭis[dæ³¹]（出售）、ṭoᴛ[dzo³⁵]（渔网）。

规范苗文按照清浊音之分归纳音位，声母数量达100多个，语素音位足以涵盖滇东北次方言。规范后的文字系统标调准确，不生歧义。但是，一套文字的符号数量越多，需要学习、记忆的符号也越多，无疑增加了学习、记忆的难度。实际上滇东北次方言的清浊音可以根据音节的声调加以区分，可以使用同一个声母符号书写全清音和全浊音。

（二）胡托苗文的表音问题

胡托苗文在表音上的问题与草创的柏格理苗文类似，体现为同一个字母表示不同的音位，如"ㄍ"既表示舌根清塞音[k]又表示小舌清闭塞音[q]；"ㄎ"既表示舌根清闭塞送气音[Kʰ]又表示小舌清闭塞送气音[qʰ]；"ㄒ"既表示舌面清擦不送气音[ɕ]，又表示舌面清擦送气音[ɕʰ]；"L"既表示[ɬ]又表示[ɮ]。另外，草创的文字没有声调，识读比较困难。1928年出版《苗族诗歌》，标题没有声调，很难准确理解其义。苗语的书名标题是这样写的：ㄍㄚㄏㄨLㄟㄗㄢㄇㄟㄨㄤㄨㄞㄅㄧㄝㄒㄚ。前言有罗马字书名 Ca Neo Llei Dsan Mei Vang Vai Bie Sh'a。根据中文标题《苗族诗歌》、英文标题 Black-Miao Hymnary，该书的标题用标准音应该写为：

Ghab Nes Dlaib zaid meix（Xangx Hent）wangx vaix bangf hxak

qa³³　nəu¹³　dɛ³³　　　　ɕəŋ⁵⁵　hen⁴⁴　vaŋ⁵⁵　vɛ⁵⁵　paŋ³¹　ɕa⁵³

（黑苗赞美上帝的歌）

（三）党居仁苗文的表音问题

有关党居仁苗文的表音问题，在本章第二节介绍这套文字符号的时候已有论述，可以归纳为这三点。首先，对部分苗语声母的书写缺乏音位学的合理解释，采用舌根音的符号书写舌尖中音就是其中一例。缺乏表示鼻冠音的符号也是这套文字书写的另一缺陷。其次，同一个符号书写两个不同的音位，进一步增加了识读文本的难度。尽管柏格理等人草创的老苗文也存在类似问题,但是文字方案得以完善以后,逐渐增补了符号,而在党居仁苗文中这一问题却没有得到改进。第三,比较重要的一个问题是,党居仁从创制文字初期没有顾及苗语的声调书写,后来也没有改进这一缺陷。

(四)寮字、泰字苗文的书写问题

本部分对寮字、泰字苗文的书写问题统一归纳,主要考虑到两套文字的创制者均为教士怀特洛克等人。他们对文字符号的选取,文字结构的设计,声调的标记大体上有相似之处。两套文字的书写问题归纳为这几点。从符号的选取来看,由于苗语的音位,特别是声母的音位数量远大于老挝语、泰语。现有的寮文、泰文声母符号不够书写苗语的音,只能通过字母的组合补充缺失的书写符号,但是有些符号的选取、组合比较具有任意性,缺乏音位学的合理解释,如苗语的小舌音[q]在泰语中缺失,通过双拼 n [k],写作 nn。寮字苗文也采用同样的组合方式。从文字的结构来看,泰字、寮字苗文分别沿用泰字、寮字的书写方式,声、韵、调的组合包括上下、上中下、左中右、半包围等结构,书写比较烦琐。特别是在这种元音附标的结构中,附加在声母周围的苗语韵母符号比较小,无论是在文字处理还是阅读文本的过程中都极为容易被忽略。声调的书写也存在一定的缺陷,尽管两套苗文都有完整的声调符号,但是,直接借用的声调符号比较小,甚至小于韵母符号,既不便于书写,也不便于阅读。缺失的声调符号只能是任意选取一个符号,标记在声母和韵母的右边,无疑导致音节结构更加繁杂,如寮字苗文 ເກີວດ [kɛɯ^{24}]。

(五)龚泽旺苗文书写问题

龚泽旺苗文拼写不一致,有时候按照白苗语的拼法,有时候按照青苗语的拼法。ວາ້ຈ ກາ້ວຈ ກຈ《学习苗文》教材对"苗族"一词的拼写采用不同的方式。封面拼写为 ຫຼວ່ງ [mɔŋ^{43}],拼写的是白苗方言,课文引言拼写为 ຫຼວ [moŋ^{43}],拼写的是青苗方言。

龚泽旺苗文可以拼写白苗和青苗两套方言的发音。对于苗语韵母[o],RPA 苗文有两种拼写方式,白苗语用字母 o 拼写,青苗语用 u 拼写,龚泽旺苗文用 ວ 拼写该音位。例如,ho^{43}(水壶)一词,龚泽旺苗文拼写为 ງວ່ງ,在这个词中,符号 ວ 拼写的是韵母[o]。对于 tʂau^{55}(老虎)一词,龚泽旺苗文的拼写是 ງວ່ຈ,在这个词中,ວ 拼写的音位却是[au]。也就是说,符号 ວ 的拼写不具有一致性。此外,根据这套文字的拼写规则,າ 拼写[a],用 RPA 表示为 a(青苗语为 ia),ຈ 拼写 a(青苗语为 aa),ຫ 拼写[i],用 RPA 写作 i,ວ 拼写[o],用 RPA 写作 u,ຫ 拼写[au],用 RPA 写作 o(有时写作 u)。ຫ

的书写存在一定的问题，拼写复韵母是采用两个单韵母叠加的方式。sou[55]（银项圈）用 RPA 拼写为 xauv。该音节可分解为舌尖前清擦音 s，双元音 au，声调55。根据龚泽旺苗文的拼写规则，该音节可分解为舌尖前清擦音 s，前元音 a，后元音 u，声调55，符号组合理应为“ꞕ［s］+ꝯ［a］+Ʒ［o］+°”，应该拼写为 ꞕ°ꝯƷ，但是却拼写成 ꞕ°ꝯꞖ。究其原因，龚泽旺苗文对复韵母的拼写是对照 RPA 文字，符号 Ꞗ 不仅可以拼写白苗的 o［au］，又可以拼写青苗的 u［o］。拼写单韵母时，Ꞗ 书写韵母 o［au］，如 ꞨƷ˥［tʂo[55]］（老虎），但是，当 Ꞗ 与其他单韵母构成复合韵母时，这个符号书写韵母 u［o］。以 RPA 文字为参照，将复韵母拆分为两个单韵母进行拼写会存在一定的出入。双元音的发音并非两个单元音发音的简单相加，而是从第一个元音逐渐滑向第二个元音。

四、中外传教士苗文的文本举例

（一）滇东北次方言老苗文样本[①]

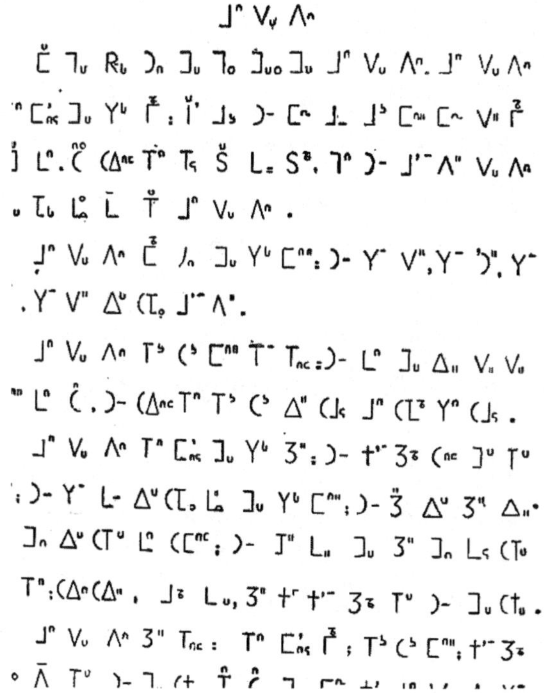

① 贵州省民族语文指导委员会．苗族语言文字问题科学讨论会汇刊［M］．贵阳，1957：212-213.

汉语译文：

我们的国家

中华人民共和国是我们的国家。我们的国家幅员辽阔，全国面积约有九百六十万平方公里。世界上除苏联、加拿大之外，没有比我国更大的国家了。

我国的民族很多：有汉族、苗族、布依族、回族等民族。

我国的人口很多：有六亿多人，占全世界人口的四分之一。

我国的地方很好：地下蕴藏着各种贵重金属矿产和煤炭，有茂密的森林和丰富的农作物，像米棉等。

我们的国家真好：土地广阔，人口众多，物产丰富，这些都是建设新中国的基础。

（二）泰字苗文文本[①]

เนดวด์	นอ	ไห้	หมู่	ไห้	ตซอห์	อ้ว	เจจ๋	ชรง
ntɛɯ²⁴	nau⁴⁴	hai³³	mu³³	hai³³	tsau³³	ua⁴⁴	tʂe⁵⁵	ɕoŋ⁴⁴
Ntawm	no	hais	mus	hais	txos	ua	tsev	xyoo
这里	这个	说	向前	说	关于	做	房子	年

翻译：从这里开始我将要讲述造房子的事情。

อ้ว	เลียห์	อื้	หมู่	ตซอห์	ดอหญ่า	หม่า	อื้	นรอห์
ua³³	liə¹³	u⁴³	mu³³	tsau³³	kʰoŋza³³	maŋ³³	u⁴³	ŋtau¹³
Uas	Liag	wb	mus	txog	khonyas	mas	wb	nrog
哪一个	李其	我们	走	到达	康亚		我们	和

翻译：我和李其去康亚的那一年，我们和其他人同住在一起

เหลิว	ญ่อ	โตว	อี้	หดู	เที่ย	ลี	ตรอ	กก้า
lɛɯ⁵⁵	ȵao⁴³	təu⁴⁴	i⁴³	ŋtu³³	tʰiə³¹	li⁴⁴	tau⁵⁵	qaŋ⁴³
Lawv	nyob	tau	ib	ntus	thiaj	li	rov	qab
他们	居住	过去	一个	季节	因此		返回	

翻译：有一段时间。然后我们返回去把猪

[①] 本部分泰字苗文文本选自 William A. Smalley. 1976. *Phonemes and orthography：language planning in ten minority languages of Thailand* [M]．Canberra：Dept. of Linguistics, Research School of Pacific Studies, Australian National University, 1976：120-121. 作者用国际音标对文本中的 PRA 苗文进行了转写，并且翻译成中文。

<<< 第三章 中外苗文创制原理与发展比较

ตั๋ว	เหลิว	นขัว	ปวห์	ตีด์	กยุ๊	เจจ่	ตีด์	หอ
Tua³¹	lɛɯ⁵⁵	mpua⁴⁴	pua¹³	ti²⁴	qu⁴³	tʂe⁵⁵	ti²⁴	nau⁴⁴
Tuaj	lawv	npua	puag	tim	qub	tse	tim	no
来	驾驶	猪		那里	老	房子	那里	这里

翻译：从原来的村庄那一边运到这边。

เหลิว	มขัว	หมู่	ตซอห์	หม่า	เที่อ	ลี	ปี๊	อัว	เจจ่
lɛɯ⁵⁵	mpua⁴⁴	mu³³	tsau³³	ma³³	thiə³¹	li⁴⁴	pi⁴³	ua⁴⁴	tʂe⁵⁵
Lawv	npua	mus	txog	mas	thiaj	li	pib	ua	tsev
驾驶	猪	去	抵达，		因此	开始	做	房子	

翻译：我们把猪运过来，然后就开始造房子。

อัว	เจจ่	หม่า	ม่า	มาด์	อัว	โตว	อัว	โตว
Ua⁴⁴	tʂe⁵⁵	maŋ³³	maŋ³¹	maŋ²⁴	ua⁴⁴	tou⁴⁴	ua⁴⁴	tou⁴⁴
Ua	tsev	mas	maj	mam	ua	tau	ua	tau
做	房子，		逐渐地		做	过去。	做	过去

翻译：渐渐地，我们造好了房子。当我们

หมา	สอ	ชยัง	ชี้	จจี่	ก๊า	กู่	ห้า	อัว	ตซา
maŋ³³	sau⁵⁵	ɕoŋ⁴³	sɯ⁴³	tʂi³³	kaŋ⁵⁵	ku⁵⁵	haŋ³¹	ua⁴⁴	tsaŋ³¹
Mas	xov	xyoob	xwb	tsis	kav	kuv	haj	ua	txaj
	篱笆	竹子	仅仅	尽管如此		我	仍然	做	房间

翻译：把房子造好后，尽管只是用竹子搭建的房子，我还是做了一间客房。

ฉ้า	หูชรี	วีด์	สา	เต่ย	โรวด์	ยอห์	มั่ว
qhua⁴⁴	ho⁵⁵ʂi⁴⁴	vi²⁴	ʂaŋ⁵⁵	tiə³³	zɤu²⁴	zau¹³	mua³¹
qhua	huvsi	vim	xav	tias	zaum	yog	muaj
客人	所有事情	因为	想	正在想	时间	如果	有

翻译：因为，我想，当客人

กุ๊ตี้	ตั้ว	สยั่ว	หม่า	เที่อ	ลี	โตว	เชว	ปี้
kɯ⁵⁵ti³¹	tua³¹	ɕua³³	maŋ³³	thiə³¹	li⁴⁴	tou⁴⁴	tɕhɛɯ⁴⁴	pɯ⁴⁴
kwvtij	tuaj	xyuas	mas	thiaj	li	tau	chaw	pw
朋友	来	访，		因此		过去	地方	睡觉

翻译：来访的时候就可以有地方给他们睡觉。

155

第三节　中外拉丁苗族文字创制原理与发展的比较

前面一个小节对中外传教型苗文进行了比较和分析，主要涉及苗文的符号、苗文的声调、文字的表音问题几个方面。这种比较和分析的方法不适用于本节对中外拉丁苗文的比较。因为中外拉丁苗文系统基本上采用相同或相似的字母，而且声调的标记方式也大体上一样。所存在的差异性主要在于不同的拉丁苗文发展的历程不一样，创立文字所遵循的原则不一样，另外，对同一个苗语发音所采用的书写符号也不一样，因此本小节主要从文字符号的选取、文字改进历程、文字创立原则这几方面对中外苗族拉丁苗文进行比较和分析。

一、文字符号的选取和改进历程比较

通过比较可以发现，中外拉丁苗文对符号的选取都各不一样。中国新苗文最初的文字方案并非全都采用拉丁字母，而是采用拉丁字母与其他字母的混合字母方案，然后在原有的文字草案中不断进行改进，直到实现文字的拼音化。整个文字方案的制订经历了早期苗文探索、中央民院[①]的文字创制、苗族文字方案草案、苗文文字方案修正草案、苗族文字拉丁化等过程。与此不同的是，越南苗文的字母选取就没有经历这么繁杂的过程，尽管老挝拉丁苗文也经过一段时间的改进，但总的来讲，文字的创制历程没有像中国新苗文的创立如此繁杂。以下是中国拉丁苗义、越南拉丁苗文、老挝拉丁苗文关于文字符号的选取和改进历程的比较。

（一）中国拉丁苗文

1. 文字方案的依据

1950年中国科学院语言研究所和中央民族学院曾先后派工作组到苗族聚居区开展苗语调查工作，共记录203份材料。经过专家们用语言科学的理论和方法进行研究，认为给三个大方言创立一种文字或给两个方言创立一种文字都有实际的困难。比如说，给三个方言创立一种文字，而选定中部方言为

---
① 即中央民族大学

基础方言，选中部方言区的一个地方的语言为标准音，那么东西两方言的人学这种文字时要死记一半多的在自己方言中不适用的词，另外的少一半的词，也得要死记一大部分，因为说某些字同源，只是从语源上证明出来的，在听觉上有时相差很远。（贵州省民族语文指导委员会，1957：61）有鉴于此，工作队认为需要创立一种以上的文字。由于苗语东、中、西和滇东北方言之间在语音、词汇上有很大的差异，各方言之间的语法也有一定程度的差别，因此应该给没有文字的东、中、西三个方言各创立一种适合于说这些方言的人使用的文字。滇东北次方言原有柏格理等人所创的老苗文，但是，这套文字还存在着许多缺点。一方面，它不能很好地书写滇东北方言的特点；另一方面，由于这套文字外形特殊，不便于书写和印刷。正因为它本身存在着这样多的缺点，并且考虑到今后与新创造的各方言文字的字母形式取得一致，在苗族语言文字问题科学讨论会预备会上，代表们要求创造的各个方言文字的字母形式应该取得一致，因此提出了滇东北次方言苗文的文字改革方案。

参照1956年10月20日的民族文字字母形式问题讨论会关于字母形式一致的原则，结合苗族语言的实际情况，提出了中国苗文的创立原则。在字母形式上，尽可能地与汉语拼音方案取得一致，以相同的字母表达相同相近的语音。中国南部的少数民族文字主要是选取拉丁字母，这主要是考虑到我国南部的少数民族同拉丁字母的文字关系较为密切，或是人民群众对拉丁字母的形式较为习惯。另外，主要是考虑到在最大限度内与汉语拼音方案取得一致，便于苗族人民将来学习汉语文和汉族文化。苗族的四种文字，在可能范围内的字母形式上应取得一致，以便于互相交流，互相学习，并为未来统一的苗族共同语言和文字做好准备。对于同语系同族的语言，在字母形式上也尽量做到一致，以便于各民族之间交流文化和互相学习。

2. 中国少数民族文字的第一纲领

1951年11月，在傅懋勣的指导下，基于以上苗族文字创立原则，语言研究所为少数民族文字草拟了指导性的建议，包含三种文字样本，四条总则。首先，本草案提供了三种可选的文字（参见附录三），第一种是国际音标（采用符号与符号的组合方式）；第二种是汉语拼音符号（也是采用字母与字母的组合方式）；第三种完全采用西里尔字母。其次，本草案为声调的标记方式提供了两种思路，第一套与第二套文字采用大写字母，西里尔文字采用小写字母。另外，在为特定的语言创立特定文字的时候，字母与字母的组合形式必须客观反映出该语言的音位。最后，在选取其中一种文字的时候，必须考虑少数民族与其他语言的交际问题，还要考虑文字是否易于学习。

157

这份纲领的制定不仅在技术层面为少数民族文字的发展提供了指导和规范，而且在文化层面为少数民族的传承和发展奠定了坚实的基础。此外，这份纲领为少数民族与其他语言和文化的交流与融合提供了桥梁和契机。

3. 早期苗文方案的探索

中国拉丁苗文的创制始于20世纪50年代初。在中国政府帮助苗族创立文字之前，贵州凯里的一些有志青年就开始对苗文的创制进行了探索。1950年11月，在北京学习的苗族青年吴涤平（今旦）、潘光成、隆和德、张树昌和邰昌发5人，在"中国文字改革协会"主任吴玉章和西南民族事务委员会副主任梁聚伍的关怀指导下，经过4个月的学习研究，拟定了一套《苗语拉丁化学习草案（黔东区）》。① 这个时期的文字创制还没有对苗语方言进行充分的调查，没有对方言进行划分。文字创制者主要是根据黔东方言的台江话为依据，经过几个月的艰辛努力，基于政府所选用的文字样本，创立了苗族文字。

由于缺乏对苗语方言的实地调查，他们认为创立一套文字可以同时拼写几个地区的方言。后来对湘西苗语方言者做进一步的调查之后，他们在原有文字的基础上增添了四个声母（zh、ch、sh、rh）、六个韵母（iai、ieu、uea、ueu、ian、un）。此外，他们还对贵州的苗语方言进行调查，以进一步完善现有的文字。这次的文字创制得到国家民族事务委员会的支持，并且印制了识字教程。但是，有关这套文字的推广和应用无从得知。（Zhou，2003：219-220）

早期苗文方案的探索是苗族语言和文化传承道路上的重要里程碑，展示了苗族青年的热情和创造力。然而，这一探索也揭示了早期文字方案的局限，包括对苗语方言的不足了解和方言差异的忽视。针对这些问题，需要对苗语方言进行更系统、更全面的调查，以确保苗文方案充分反映各地方言的特点，获得广泛认可和应用。

4. 中央民族学院教授的苗文

20世纪50年代初期马学良还创制了另一套拉丁苗文，这套文字仅仅用于中央民族学院的苗语课程。1952年湘西方言与中部方言（凯棠与舟溪方言）的苗文课本就已经出炉，龙正学、石如金、周定一教授湘西方言苗文（参见附录五）；张永祥教授中部方言苗文（参见附录四）。此外，王辅世、张斐然教授滇东北次方言苗文（参见附录七）。不过这个时期还没有设置西部方言苗

---

① 贵州省民委民族语文办公室.贵州省苗族、布依族、侗族文字实验推行总结资料汇编[Z].贵阳：贵州省民族事务委员会，1995：52.（内部资料）

文学习班。这一时期的苗文教学体系为苗族学生提供了多元的学习机会，有助于他们更好地了解和传承自己的语言文化。尽管西部方言苗文学习班尚未设立，但这并不妨碍中央民族学院在苗文教育领域的积极探索与实践。

5. 苗族文字方案草案

1956年10月20日在贵阳举行"民族文字字母形式问题讨论会"，拟定了苗语东部方言文字方案草案（即湘西苗文方案草案）、中部方言文字方案草案（即黔东苗文方言草案）、西部方言文字方案草案（即川黔滇苗文方案草案）、北部方言文字草案（即滇东北苗文方案草案）。本次讨论的苗文方案草案基于1952年、1956年中国科学院与中央民族学院工作组对贵州和全国六个省七十多个县苗语的调查。1956年11月在贵阳召开的由中央和各省代表参加的"苗语语言文字问题科学讨论会"，讨论通过了四种苗文文字方案草案。（参见附录四、五、六、七）本次苗文方案草案对字母形式、借词拼写法、文字方案的推行办法、音位处理等拟定了相应的原则。在字母形式上，西部、东部、中部、北部方言尽量最大限度取得一致，以相同的字母表达相同、相近或有对应关系的语音，字母形式上也尽量与汉语拼音方案[①]取得一致。除相同或相近的音用同样的字母表达外，在不破坏方言语音系统的完整性和汉语拼音方案一致的原则下，有对应关系的音位也应该用相同的字母来表达。对于借词的拼写，汉语借词和新借词均用苗语的音位系统拼写。对于音位的处理，苗语音位比较多，拉丁字母不够用，所以有的音位是用双字母书写，有的音位用国际音标书写，还有的用俄文字母和新造的字母表达。

根据本次草案，东部方言共有22个子音（辅音）字母：

b p m z c s d t n l j ȵ ʃ r g k ŋ ʔ q h w[②] y

母音（元音）字母10个：

i e æ я a θ o ɯ ш ə

从以上所列的字母来看，不能够完全做到一个音素用一个字母来表达。究其原因，苗语的音位数量多，拉丁字母或汉语拼音方案的字母都不够用，所以对于某些音素只能采用双字母来表达。对于清化、鼻冠等具有标记性特

---

① 1956年，民族文字字母形式问题讨论会召开的时候，虽然汉语拼音方案还在进行广泛讨论，没有定案，但是总的体系已较成熟，据此大家议定了一个便于南方少数民族从中选用的字母表。从1956年到1957年少数民族创制文字的字母表，就是根据各自语言标准音的音位系统，参考这个汇通的字母表设计出来的。

② 字母w在本草案中为圆唇符号不发音。

征的音位，需要采用双字母，乃至多字母拼合的方式。清化音在子音的基础上加"h"，如 hm、hn、hl。在子音字母 b、p、m 后加 l 表示唇边子音，如 bl、pl、ml。另外，子音字母 b、p、z、c、d、t、j、ɥ、g、k、ʔ、q、gw、ʔw 等前面加鼻音"n"，可表示鼻冠音。如 mb、mp、nbl、npl、nz、nc、nd、nt、nj、nɥ、ng、nk、nʔ、nq、ngw、nʔw。

中部方言共有辅音字母 21 个：

b p m f v d t n s ʐ z c l g k ŋ x ɣ ʔ q h

元音字母 7 个：

i e æ a o u ɜ

对于苗语中拉丁字母或国际音标单字符不能表达的语音，则采用双字符拼合的方法。在声母之前加上 h，表示清化，如 hm、hn、hl。在子音字母后加 h，表示送气，如 fh、sh、lh。母音字母 e、a、u 与国际音标 ŋ 相拼，分别得到复合韵母 eŋ、aŋ、uŋ。

西部方言共有 24 个子音（辅音）字母：

b p m f v d t n l z c s j ɥ ʃ ʂ k ŋ x r ʔ q g

母音（元音）字母 6 个：

i e ʁ a o u

对于清辅音的书写，在子音字母前加 h，如 hm、hn、hl。西部方言有几个塞边音，不能用单字母表示，需要在子音字母后加上边音 l，如 bl、pl、dl、tl。另外，西部方言有很多鼻冠声母，需要在子音字母之前加上鼻音 n 表示，例如，nb、np、nd、nt、ng、nk、nʔ、nq、nz、nc、nj、nɥ。母音字母 a 与 i 拼成 ai；e、a、o 与 u 拼成 eu、au、ou，与 ŋ 拼成 eŋ、aŋ、oŋ。

滇东北方言[①]有子音字母 31 个：

b p ɓ m f v d t n ɗ s z ʃ l z c ɜ j ɥ ʒ r g k ɣ x ɣ ʔ q ŋ h

母音字母有 8 个：

i e a o u y ɯ ɜ

在子音字母前加 h 表示清化，如 hm、hn、hŋ、hn。在子音字母 d、t 后

[①] 1956 年召开苗族语言文字问题科学讨论会，根据中国科学院少数民族语言调查第二工作队的意见，将苗语划分为四个方言、六个次方言、十一个土语。四个方言即东部方言、中部方言、西部方言和滇东北方言。

面加 l 拼成 dl、tl。鼻冠声母在滇东北次方言中比较丰富，需要采用双字母拼合而成，如 nb、np、nd、nt、ng、nk、nj、nɥ、nʔ、nq。

母音 a 与 e、u、ɯ 拼成 ae、au、aɯ，e 与 y 拼成 ey。

以上各大方言的文字方案（草案）还存在一定的不足。首先，字母的形式还没有做到完全一致。尽管大多数的音位是用拉丁字母来书写，但有的音位却是用俄文字母、国际音标符号和新创的符号来书写。这些字母对于书写和记忆都带来诸多的不便。其次，方言之间，有的音位相同或相近，却采用不同的字母或符号书写。例如，舌尖后送气清塞音 [tʂʻ] 属于东部和西部方言共有的音位，但是东部方言的 [tʂʻ] 是用 ɥ 表示，而西部方言的 [tʂʻ] 是用 tr 表示。东部方言的韵母 [ɤ] 与西部方言的 [eu] 对应，但东部的 [ɤ] 是用 ɘ 表示，而西部的 [eu] 用 eu 表示。中部方言的 [ɣ] 音位与东部、西部方言的 [ʐ]，北部方言（滇东北次方言）的 [z] 音位对应。但是中部方言的 [ɣ] 是用 ɣ 来书写，东部、西部方言的 [ʐ] 用 r 表示，而北部方言（滇东北次方言）的 [z] 是用 ƶ 来表达，几大方言的文字在字形上不能完全汇通。

6. 苗族文字方案修正草案

1956年11月在贵阳召开的苗族语言文字问题科学讨论会初步通过了苗族文字方案（草案）。代表们对字母提出一些意见，第二工作队在会后拟出修正草案（参见附录四、五、六、七）。修正方案跟原方案相比，在体例、字母和拼写法上均做出适当的调整和修正，特别是在字母和拼写法方面改动较大，体现出以下优势：

（1）进一步实现几大方言在字母的形式和拼写上一致。东部方言、中部方言、北部方言（滇东北次方言）原方案的 ɘ 字母取消，统一用 eu 替换。东部方言的 ɥ 字母取消，改用 tr 表示 [tʂʻ]，就和西部方言对同一个音位的书写一致。例如，东部方言的 [tʰei³⁵]（熬）写作 treib，西部方言的 [tʰuə³³]（熬）写作 troub。这两个词是同源的，声母的写法一样。中部方言的 ɣ 字母取消，改用 r 表示 [ɣ] 音位，与西部、北部方言的书写一致。东部方言代表 "ŋ" 音位的字母大写方法和西部方言看齐，写作 "N"。东部方言文字草案规定用 j 表示舌尖后清塞音 [ʈ]，西部方言用 dr 表示此音位。为实现东西两大方言对同一音位书写的一致性，苗族文字方案修正草案改用 dr 表示 [ʈ]。

（2）进一步简化字符的书写。原方案中有很多非拉丁字母，不仅书写麻烦，而且不便于记忆，在本次文字修正草案中被取消。原方案规定东部方言与中部方言的 "æ" 字母可以写作 "ae"，修正草案把 "æ" 字母取消，[ɛ] 音位就用 ae 表示。原因是 æ 字母不好书写，又不好连写。书写东部方言送气小舌音［qʰ］的ʔ字母外观不好看，改用x字母书写。

（3）逐步与汉语拼音方案修正草案汇通。中国科学院少数民族语言调查第二工作队在提交苗语文字方案的时候，就提出在最大限度内与汉语拼音方案的字母取得一致，但实际上，文字草案中一些字母的设计还不能很好地遵循这一原则。首先以西部方言、北部方言为例，在苗语文字方案（草案）中，舌尖后送气清塞音［tʂʰ］由q字母书写，与汉语拼音方案修正草案ch表示的［tʂʰ］不相一致。为了能够与汉语拼音方案修正草案汇通，q字母被ch所取代。原方案以j字母表示舌尖前清塞音［ts］，但是汉语拼音方案修正草案却以ch表示此音位。苗族文字方案修正草案改用zh表示［ts］。此外，原方案以ʃ表示舌尖后清擦音［ʂ］，苗族文字方案修正草案以sh表示此音位，与汉语拼音方案修正草案汇通。北部方言（滇东北次方言）有一组平舌音［ts］、［tsʰ］、［s］、［dz］，其发音部位相同，均属于舌尖前音。另有一组翘舌音［tʂ］、［tʂʰ］、［ʂ］、［dʐ］，其发音部位均属于舌尖后音。在苗文方案草案中，［ts］、［tsʰ］、［s］分别用z、c、s书写，与汉语拼音方案修正草案汇通。［tʂ］、［tʂʰ］、［ʂ］分别用j、q、ʃ书写，与汉语拼音方案修正草案不相一致，因此，依照汉语拼音方案以zh、ch、sh表示［tʂ］、［tʂʰ］、［ʂ］。这里仍然存在一个问题，［dʐ］与［tʂ］、［tʂʰ］、［ʂ］发音部位相同，与［dz］发音方式相同。在原方案中，［dʐ］由ж字母表示，［dz］由3表示。为了能够与汉语拼音方案修正草案汇通，同时又能够与其他发音部位相同的音位在书写上一致，在苗文方案修正草案中，ж字母取消，改用3h书写音位［dʐ］。为兼顾汉语拼音方案修正草案，一些音位的书写做了变更。中部方言的清擦送气音在原文字方案中是采用清擦音后面增加h的方法表示，按照这样的原则，s的清擦送气音写作sh，这与汉语拼音方案修正草案的sh（表示［ʂ］）冲突。声调符号的选取也做了一些调整。东部、中部方言原文字方案曾用c、h作第二调和第四调的调号。汉语拼音方案修正草案用ch表舌尖后音［tsʰ］。为了避免苗语声调符号与声母符号混淆，分别用x、l替换c、h作为调号。

（4）对音位的表达更为合理。西部方言原文字方案以a表示［ua］是为了照顾第二土语和第二次方言，因而要以я字母表示［a］。经讨论，这样的表音方式不合理，所以取消я字母，以a表示［a］，以ua表示［uɑ］。标准音点的选取与字母方案的设计也密切关联。标准音点发生改变，某些音位也会随之改变，因而对此音位的书写也要做出相应的调整。西部方言原文字方案是以四川古宋民主乡为标准音拟定的。民主乡的[h]与[x]音位对立，所以在原方案上用h表示[h]，用x表示[x]，苗语科学讨论会闭幕以后，选定贵州毕节先进乡为标准音地点，在先进乡[h]、[x]不对立，用h表示。设立文字方案需要考虑到音位原则。音位是区别意义的最小单位，在音位理论中，就算音素之间的发音存在差别，只要意义相同，就可以归为一个音位，用一个字母表示。中部方言原文字方案的［z］音位采用ƶ表示。但是这个音位在很多地区都并入［n］音位，在标准音点读作［n］不影响理解。也就是说，在中部方言里，［z］与［n］这两个音位不具有区别性意义的特征，不需要单独给音位［z］设立一个书写符号，在文字方案修正草案中ƶ符号被取消。

（5）增加了书写汉语借词的符号。中部方言增加了书写［z］的rh，专拼汉语借词。西部方言增加代表［w］音位的w字母，用以拼写汉语借词。北部方言增加表示［z_l］音位的rh，多半用以拼写汉语借词。

7. 苗族文字拼音化方案

1957年国务院颁发《关于少数民族文字方案中设计字母的几项原则》，其中最重要的两条原则是：(1) 少数民族创制文字应该以拉丁字母为基础；原有文字进行改革，采用新的字母系统的时候，也应该尽可能以拉丁字母为基础。(2) 少数民族语言和汉语相同或者相近的音，尽可能用汉语拼音方案里相当的字母表示。(黄行，2018：35) 根据这一原则，我国政府先后帮助壮、布依、彝、苗、哈尼等12个民族创制了16种拉丁字母形式的文字。

苗文方案的修改（参见附录四、五、六、七）都是按照这一原则来进行的。各方言文字方案（草案）经中央民族事务委员会批准实验推行一段时间以后暴露出该草案的一些缺点，特别是在字母形式和使用方面跟汉语拼音方案存在不一致的地方。例如，苗语东部方言文字方案（草案）规定使用dr、tr、ndr、ntr、nr、sr分别书写翘舌音［ʈ］、［ʈʰ］、［ɳʈ］、［ɳʈ］、［ɳ］、［ʂ］，与汉语拼音方案修正草案用sh表示的［ʂ］不汇通。1957年6月贵州省人民委员会正式将四种苗语方言文字方案（草案）报送中央民族事务委员会审批。1957年7月29日中央民族事务委员会复函贵州省人民委员会批准了三种苗族方言文字方案和北部方言（滇东北次方言）文字改革方案实验推行。1958年1月下旬，贵州省民族语文指导委员会和少数民族语言调查第二工作队，召集和邀请贵州、云南和在贵州工作的四川省苗语工作者召开了苗文方案修改讨论会，湖南省在会前派人来贵阳协商苗文方案修改问题并提出了书面意见。会上就各苗文方案的修改问题基本上形成了一致的意见。会后贵州省民族语文指导委员会和少数民族语言调查第二工作队，根据讨论会的决议，对四种苗语方言文字方案进行修改。3月，拟出各方言文字方案修正草案。①

---

① 张和平. 贵州省苗族、布依族、侗族文字试验推行总结资料汇编［Z］. 贵阳：贵州省民族事务委员会，1995：123-124.（内部资料）

在改革的方案中，东部方言的声母、韵母、声调全部向汉语拼音靠拢，四个非罗马字母（я、ш、ŋ、ɵ）全部取消，增加字母 v。声母中一些组合字母也取消了，增加了五个新的组合字母，原有的12个旧字母被新字母取而代之（见表3-13）。

表3-13 东部方言苗文拼音方案变化表

旧字母	新字母	旧字母	新字母	旧字母	新字母
nbl	取消①	dr	zh	ng	ngg
	q	tr	ch	ŋ	ng
	nj	ndr	nzh	q	gh
	nq	ntr	nch	x	kh
	x	nr	nh	ng	ngh
	y	sr	sh	nx	ngk

中部方言苗文（见表3-14）也经历了同样的改进，非拉丁字母 ŋ 从字母表中移除，增补罗马字母 w。替换了原有的九个声母，六个旧的声母也得到替换。另外增补六个新韵母专拼汉语借词。三个声调符号也发生了变化（q→t, r→s, g→k）。改革的中部方言苗文有26个拉丁字母，30个声母，16个韵母，8个声调。

表3-14 中部方言苗文拼音方案变化表

旧字母	新字母	旧字母	新字母	旧字母	新字母
fx	hf	lx	hl	e	ei
sx	hs	s	kh		ia
v	w	eu	e		io
r	v	ae	ai		ie
hl	dl	eŋ	en		iu
ŋ	ng	aŋ	ang		iang
q	gh	uŋ	ong		iong

西部方言苗文（见表3-15）中，非罗马字母 ŋ 同样被移除，同时增补罗

---

① 这里主要指旧字母 nbl 在拼音方案中被取消。

马字母 w，14个声母被进行了替换，6个旧韵母（in、ei、er、un、y、yn）被取消，增补新的韵母 ia、iua、iai、iu、ieu、iong。同时还有6个旧韵母被新韵母所取代。

表3-15　西部方言苗文拼音方案变化表

旧字母	新字母	旧字母	新字母	旧字母	新字母
zj	j	hnj	hni	q	gh
cj	q	sj	x	x	gk
nzj	nj	j	y	nq	ngh
ncj	nq	ŋ	ng	nx	nkh
nj	ni	ng	ngg		

韵母

旧字母	新字母	旧字母	新字母	旧字母	新字母
ae	ai	ua	a	a	ea
aŋ	ang	au	ao	uŋ	ong

（二）越南拉丁苗文

由越南苗语专家阮文胜（Nguyễn Văn Chinh）等人创制的越南苗文与萨维纳苗文（见表3-6）、霍默—迪克逊苗文具有相似之处，都属于仿造的文字，借用越南语字母来拼写苗语发音，而且拼写特征趋近于越南文。对这套文字的考察主要基于《苗越词典》。①

《苗越词典》对越南苗文的声母列举如下：

a，b，bl，c，ch，cx，đ，đh，đr，e，ê，f，fl，g，gr，h，hl，hm，hn，hnh，i，j，k，kh，kr，l，m，mf，mfl，n，nd，ng，nh，nj，nkh，nkr，nq，nr，nt，nth，nx，ny，nz，o，ô，ơ，p，ph，pl，q，r，s，sh，t，th，tr，ts，tx，u，ư，v，w，x，y，z

韵母主要有：a，ai，ang，ao，ăng，âu，e，ei，eng，ê，êi，ênh，êu，i，iê，inh，o，oa，oang，ô，ôi，ông，ơ，ơư，u，ui，uô，ư，ưng

声调有：k，s，l，x，r，v，z

将《苗越词典》中所列举的越南苗文字母（见表3-16）同越南语字母（见表3-17）进行对比，发现越南文缺失以下声母与复合声母：bl，cx，đh，đr，e，

---

① Nguyễn Văn Chinh, *Từ Điển Mèo-Việt*, loai nhỏ [Z]. Hanoi, 1971. 325pp.

fl, gr, hl, hm, hn, hnh, j, kr, mf, mfl, nd, nh, nj, nkh, nkr, nth, nx, ny, nz, ts, tx。此外，还缺失韵母 ei，eng。

将《苗越词典》中的字母同李穆安所列的声母进行比较，发现李穆安缺失"w"，韵母缺失 ai，ăng，e，eng，êu，o，oa，oang，ô，ôi，ơ，u，ui，ưng。[①] 阎幽馨所列的声母中增补了"w"，韵母中缺失 oang。[②] 不过他在词典的基础上增加了几个韵母：iu，eo，uan，uong。(Enwall, 1995 (b)：33-37)

阎幽馨所列的文字共有21个单声母，30个双字母复合声母，5个三字母复合韵母，7个声调，所有符号列举如下：

表3-16 越南苗文字母表

单声母（21个）：p[p]　f[pʰ]　b[mb]　m[m]　v[v]　t[t]　n[n]　x[s]　l[l]　đ[tɬ]　r[tʰ]　y[tʂʰ]　s[ʂ]　j[ʐ]　q[tɕʰ]　z[ʑ]　c[k]　g[ŋk]　h[x]　k[q]　w[w]

双字母复合声母（30个）：mf[mpʰ]　pl[pl]　fl[pʰl]　bl[mpl]　hm[m̥]　ph[f]　th[tʰ]　nt[nt]　hn[n̥]　hl[ɬ]　đh[tɬʰ]　tx[ts]　cx[tsʰ]　nz[nts]　nx[ntsʰ]　tr[ʈ]　dr[ɳʈ]　nr[ɳʈʰ]　ts[tʂ]　nj[ntʂ]　ny[ntʂʰ]　ch[tɕ]　nd[ntɕ]　nq[ntɕʰ]　nh[nʲ]　sh[ɕ]　kh[kʰ]　ng[ŋ]　kr[qʰ]　gr[nq]

三字母复合声母（5个）：mfl[mpʰl]　nth[ntʰ]　hnh[n̥ʲ]　nkh[ŋkʰ]　nkr[nqʰ]

单韵母（5个）：a[a]　e/ê[e]　i[i]　u[u]　ù[u]

复合韵母（17个）：ai, ei, êi[ai]　ao/au[au]　ơư[ɛɯ]　ang[aŋ]　ênh, inh[en]　uô, oa[ua]/[ɒ]　âu[əu]　ông, ung[oŋ]　inh (ien)　iu[iəu]　eo[iau]　eng[iaŋ]　uan[uen]　uong[uaŋ]　ui[ue]　ung[uŋ]　iê[ie]

声调（7个）　z　x　r　i　s　k　v

[①] Jacques Lemoine. Les écritures du Hmong [J]. *Bulletin des Amis du Royaume Lao*, Vientiane 7-8: 123-165, 1972: 150.

[②] 词例如 Khoang hongx, Khoangx nghich, Khoangr sangv。

表3-17 越南语字母[①]

11个韵母[②]

I [i]		ư [ɯ]	u [u]
ê [e]	â [ə]	ơ [ɤ]	ô [o]
e [ɛ]	ă [a]	a [a]	o [ɔ]

22个声母

p [p]	t [t]	tr [ʈ]	ch [c][③]	c/k/q [k]
b [b]	th [tʰ]			
ph [f]	đ [d]			
v [v][④]	x [s]	s [ʃ]	kh [x][⑤]	h [h]
m [m]	d [z]	gi [ʒ]	g (gh) [ɣ]	
n [n]	nh [ɲ]	ng (h) [N]	l [l]	

r 越南北方标音为 [z]，越南南方标音为 [ʐ] 或 [r]。

越南苗文采用越南文（chữ Quốc ngữ）字母作为文字符号。尽管越南苗文也属于拉丁文，但是这套文字的字母却包含许多小符号，如带长音符的 â，短音符的 ă，删节线的 đ，还有带角号的 ơ、ư，无论是书写还是进行文字处理都极为不便。由于采用越南文字符号，越南苗文体现出越南文的拼写特征，如用 f 书写 [pʰ]，用 fl 书写 [pʰl]，这一点与老挝拉丁苗文和中国拉丁苗文大相径庭，这是因为 f 字母在越南语是双唇音，而不是唇齿音。苗语的 [t] 在中国苗文与老挝拉丁苗文中都是由 d 来书写。

在文字的设计上，越南苗文大部分的书写仿造萨维纳苗文。经过比较，发现两者声母共有30个字母相同：p, pl, m, hm, f, v, t, th, nth, n, hn, x, nh, hnh, l, hl, d, dh, tx, txh, nz, tr, ts, nj, ch, k, kh, ng, h, kr。越南韵母几乎涵盖了萨维纳苗文的韵母。越南苗文中也有 d 字母，但该字母在越南语中用来书写舌尖擦音 [z]。越南文是用 đ 来书写苗语的 [t]。

韵母 [e] 同时采用字母 e、ê 来写，如 cev（碍眼）、cêv（界线）。李穆

[①] Nguyen Dinh-Hoa. Vietnamese [C] // *The World's Writing Systems*. Eds. Peter Daniels and William Bright. New York: Oxford University Press, 1996: 691–695.

[②] 不过，也有资料显示越南语有12个韵母，这里缺少了 y [i]。

[③] 也有的标注为 [t]。

[④] 越南南方标音为 [j]。

[⑤] 越南南方标音为 [kʰ]。

安所列的字母缺失表示音位［u］的文字，越南苗文采用 âu 来写。另外，书写［aŋ］的字母在越南苗文中有两个，一个是 ang，另一个是ăng。但李穆安仅列出 ang，缺失了 ăng。书写韵母［ai］的字母，李穆安仅列出［êi］，而阎幽馨列出了 ei、ai、êi。根据作者的考察，由 ei、ai 书写的例词占多数，而 êi 书写的例词数量极少，如 lêiv nhu（隼，鹞）。书写［au］的字母李穆安只列出 au，阎幽馨列出了 ao、au，如 caol（一种树）；caox 第二人称单数 caor（摸）。但根据我们的考察，发现例词只有 ao，没有发现 au 的例词。书写［oŋ］的发音，李穆安所列的字母是 ong。阎幽馨列出的是 ông、ưng，符合词典中的情况，但 ông 的例词占多数，ưng 书写的例词仅有一个，即 hưngr（副词，很、太）。复合韵母 eng 在词典中有例词，如 "đengr"（哄，安抚），đengr nhuôs pư（静静地睡觉），但李穆安与阎幽馨均没有列出。另外，词典中还列出带有韵母 ôi 的例词，如汉越词 Hôiv-ngiv（hội nghị：会议）。字母 ng 拼写舌根鼻音［ŋ］，应该是仿照越南语的拼写习惯，如例词 Hôiv-dôngx（发动）。老挝拉丁苗文中没有这样的拼写。韵母 oang 在以前的研究中也没有列出，但该词典却包含这个字母的例词，如 Khoang Hôngx 宽宏（汉越词）、Khoangx nghich 玩耍（越南词）、Khoangr sangv 矿产（汉越词）。

对于韵母［u］的书写符号，李穆安列出了字母 u 与 ô，阎幽馨列出的是 ừ，但词典中并没有采用字母 ừ，而是用 ô 来写这个音位，如 côx chuôz（quốc gia，国家）、côx cêz（nghịch ngợm，调皮）、thôx（cục，部门）、uôz（con quạ，乌鸦）。李穆安、阎幽馨没有列出字母 o，但在词典中却有例词，如 "nor"（此，放逐）。李穆安没有列出字母 ui 的例词，阎幽馨与词典中均有列出，但作者在词典中没有找到例词，而在苗语教材中找到了该例词：cuiz tinhv（quy định：法规，应该属于汉越词）。①

从总体上来讲，这套文字基本可以较为清楚地书写出白苗、青苗两种苗语方言的音位对立关系。以下是越南苗文书写白苗语和青苗语的对比。

青苗语	白苗语	释义
a	iê	
char đêx	chiêr đêx	输水管
chax	chiêrx	生活
cha	chiêr	为了
kak hưng	kiêk hưng	（bẩn lắm：很脏）

---

① Hmong ntơưr（pênhr aoz）（越南苗文教材第二册）。

168

>>> 第三章 中外苗文创制原理与发展比较

ang	a	
changs cênhz cu	chas cênhz cu	原因
chuôx tsangz	chuôx tsaz	乘法表
Zangx zuôv	zax zuôv	番鸭

由于目前越南拉丁苗文的读物比较稀缺，国内苗族对越南苗文缺乏了解，在此，作者从《越南苗文教材》中选取两篇课文，展示如下，并对其进行大致翻译。

课文1：

越南苗文：Txir Khơuz Puôv Huôv

翻译：坝花的李子

越南苗文：Pêz taox saz têz qơu hênhr nziv ntâu zangv tsiv txax txir ntông

翻译：我们山区适合种植比较值钱的水果

越南苗文：xưk: txir khơuz, txir đơu, txir juôx, txir đuôx, txir njênhx thaz txir khơuz plâuz...

翻译：就像李子、核桃、梨子、桃子、板栗和毛栗子……

越南苗文：Tangz mak tênh ntao bê zaos txir khơuz Puôv Huôv

翻译：但是最出名的就是坝花的李子

课文2：

Thangx Shôngz Trơuv[①]

    一片金竹林

Nhaoz Pêz taox sza, xưk li cơus luz jaol kangz Tsuô nor, zaos tsi chaos phưv muôx thangx

我们在高山上，就像我们这个岩脚村，如果不种一片金竹

shôngz txơuv, jôngr ntông chaz, ntông thur, mak tsi cangr hak txus uô tsêr nhaoz, txav muôx cưk

一片松树，一片杉树，很多走不到边

ntông hênhr, tưz zaos khôngv xưz

里面都不长什么草

Muôx shôngz muôx ntôngz, tangz mak hax thaox qiv chaor vur. Txux cêr khưr nor, aoz

---

[①] 节选自 Hmong ntơur（pênhr Pêz）（越南苗文教材第三册）。

169

有竹子有树木，但是还愁没有什么来盖房子。苦钱的这条路子

shông taov ntêx tsi zôngx zix car chêx. Tsêz nor， zơưv tsangr jaol Nhax Tuô tâu môngl chuôr tax

过来的这几年赶集不容易。去年，我们的村主任年段

đrangl têz qơư. Zơưv puv qơư kêl nav caz，nav lôngs yưv hlao tsêr yôngx tsêr vuôl，tưz hax muôx

到城市里面看到大集市，看到城市里面人家盖的瓦房

iz cxa tsêr vur nzeix shôngz pux tsưv… Zơưv vangr hlao pêz jaol kangz Tsuô nor muôx iz nav

还有一些是用薄竹盖的房子……寨主看到提醒我们岩脚寨有一大片的金竹林

thangx shôngz trơưv，uô changl tsi txơưx zơngv vur tsêr

怎么不会拿金竹来盖房子呢

Khaov muôx zơưv tsangr jaol Nhax Tuôv li jông tsưr ziv，pêz kangz Tsuô jaol cxax uô tâu

有了寨主年段的好主意，我们的岩脚寨才盖了一所学校。下面全部盖的是金竹

tsêr cơưv ntơưr vur shôngz trơưv yaz khir, chi blôngv, cha tru puôz nhuôs muôx luz jông qơư cơưv ntơưr.

金竹很新，亮晃晃的，让这些孩子有一个好的地方读书

（三）老挝拉丁苗文

恩保羊、斯莫莱等人在创立苗文的时候也比较注重老挝苗族人使用文字的动机。创立文字之前，他们对当地苗族人进行过访谈，发现多数老挝苗族人并没有坚持东南亚民族文字观，并没有坚持采用一套特殊的文字符号创立本民族文字的观点。反之，老挝苗族人认为拉丁字母更为实用，有助于他们将来学习法语等其他更多的欧洲语言，因此就选择拉丁字母作为文字的符号。拉丁苗文在老挝传播了一段时间，还未来得及全面发展，就遭遇到老挝王国政府的突然禁令。斯莫莱与巴尼为了避免可能的冲突，选择了离开老挝，而恩保羊则毅然留下，继续开展文字推广的工作。在这一语言政策急剧变化的背景下，怀特洛克所创的寮字苗文迅速崭露头角。这场文字体系的变革不仅仅是对政治环境变化的一次迅速应对，更是对苗族文化传承和语言发展的深刻回应。不过，1972年5月21日老挝《万象新闻》（Vientiane News）刊登了一

则关于怀特洛克苗文使用的情况。消息刊登后，收到了老挝苗族文学委员会（Hmong Literature Committee）主席的来信，对使用怀特洛克所创的寮字苗文提出了反对意见。印度支那战争爆发后，老挝苗族人作为难民开始了迁徙的征程，显然失去了使用寮字苗文的动机。与此不同的是，老挝拉丁苗文在任何西方打字机上都能够方便打印，表音也比较准确，而且受教育的苗族难民也比较青睐于这套文字，这套文字在难民营中自然就成为互通书信、识字教育的首选。

在创制文字的过程中，恩保羊等人已经意识到了青苗语和白苗语之间的异同，因此在文字的拼写上遵循着"书写最大差异性"（Writing the Greatest Diversity）的原则。对于两种方言相同的发音采用同样的拼写方式，如双唇清闭塞音［p］书写为p。相同的音位也采用同样的拼写方式，如青苗语的［tɬ］与白苗语的［ʔd］均用字母d来表示，因为［tɬ］与［ʔd］相互对应（两种方言有一些词毫无关联，也存在着这样的可能性）。对于青苗语的［m］与白苗语的［m̥］，两种方言分别拼写为m与hm，因为青苗语的［m］与白苗语的［m̥］属于同一个音位。对于其他不同的音位，他们分别为两种方言创制了不同的声母符号，如青苗语中的字母dl在白苗语中拼写为d；dlh拼写为dh；n拼写为hn；m拼写为hm；ndl拼写为nt（见表3-18）。

表3-18 老挝拉丁苗文白苗语与青苗语词汇比较

词义	青苗语	白苗语
苗族	/m/ Moob	/hm/ Hmoob
重	/ny/ nyaav	/hny/ hnyav
包	/n/ naab	/hn/ hnab
水	/dl/ dlej	/d/ dej
奔跑	/dlh/ dlha	/dh/ dhia
打破	/ndl/ ndlais	/nt/ ntais

韵母中也存在一定的差异，对于韵母［ai］的书写，白苗语用字母ai，青苗语用字母a；对于韵母［o］，白苗语用字母u，青苗语用字母oo。（参见表3-19）

表3-19 老挝拉丁苗文白苗与青苗语词汇比较

青苗	白苗	词义
has	hais	说话
moog	mus	走
nam	niam	母亲
lab	liab	红色、猴子
paab	pab	帮助

二、中外拉丁苗文创制原则的比较

1.通过比较，发现中国拉丁苗文与老挝拉丁苗文的创制和发展都遵循了书写最大化的原则。书写最大化的原则（Maximum Representation）是文字创制中需要遵循的一项重要的原则。根据这一原则，创立的文字只需要书写音位，而不是书写所有的语音细节。书写最大化原则要求选取的文字符号能够在最大程度上准确地表达语音。需要指出的是，不同语言书写都需要遵循书写最大化原则，即书写出语言中具有意义区别功能的语音特征。只不过，不同的语言中，能区别意义的语音特征并不相同。相近的两个音在A语言中由于不具有区分意义的功能而可能被合二为一描写为同一个音位；而同样的这两个音在B语言中却可能因为具有区分意义的功能而被描写为两个不同的音位。以英语和苗语为例，英语的软腭音/k/可以分为送气和不送气，但两者不具有区别意义的功能，如"skill"无论是读作[sk^{h}il]还是[sk$^=$il]，这个单词的意义都不会发生改变。唯一的区别就是，[sk^{h}il]发音不够标准而已。苗语中的送气和不送气具有区别意义的功能。如在苗语的"角落"一词中，/k/不送气，读作[k$^=$]，而在"抓住"一词中，/k/读作[k^h]，属于送气音。鉴于苗语中送气和不送气音具有区别意义的功能，/k/需要采用不同的写法，"角落"一词用老挝拉丁苗文写成"kaum"，"抓住"写成"khaum"。这个例子说明英语中不具有区别性意义的发音在苗语中需要准确地书写出来。（蒙昌配，2018：64）

中外两套拉丁书写系统最初采用附加小符号、国际音标，最后全部采用拉丁字母书写苗语，具有一定的相似之处。中国新苗文采用"音素化"的音节结构，尽可能做到一个音素用一个字母来表达，但由于苗语音位多，拉丁字母或汉语拼音方案中的字母都不够用，所以在某些音素上，采取双字母或俄文字母来补充，尽可能少创制新字母。这些字母，都在贵阳苗族语言文字问题科学讨论会中讨论过，并列在各民族的字母总表中。声调在苗语中至关重要，可以明确地显示出区别意义。因此，一律采用声调字母的办法来表示声调，声调字母缀在一个音节的后面。中国拉丁苗文最初的文字草案是混合字母形式的字母表。这是因为24~26个拉丁字母显然不足以表达苗语各方言的各个音位以及复杂的语音系统。由于这几种苗文的字母是由两个或两个以上字母组合而成，这就需要为这些符号制定专门的打字机和现代印刷机的键盘。在新的文字里，有时候使用了相当多的双字母，甚至使用了三字母。

老挝拉丁苗文的创制也很好地体现了这一原则。从老挝拉丁字母列表（参见表3–4）中不难看出，最初的文字方案在字母上面使用了附加小符号，如书写舌尖后清闭塞音［tʂ］的符号 tš、书写舌面鼻音［ȵ］的 ñ、书写鼻韵母［aŋ］的 ã 等。在斯莫莱的建议下，恩保羊与巴尼同意采纳一项富有创新的改进措施——去掉附加小符号，采用字母组合的方式表达苗语音位细节。通过这一变革，文字结构更为简化，文字系统对苗语发音的表达也更为准确。这种改进不仅在理论上契合了书写最大化的原则，同时在实践中充分展示了创制者对文字设计的深刻理解和对实用性的高度关注，突显了创制者在提升文字系统效能方面的独到智慧。

越南拉丁苗文没有较好地体现出书写最大化的原则。研究发现，越南苗文在表音上有很多不合理的地方。c、k、q 都是舌根音，在越南苗文中均表示［k］的发音，即三个字母表示同样的音。但是越南苗文采用 c 表示［k］，k 表示小舌音［q］，q 表示［$tɕ^h$］，这种书写方式比较具有任意性的特征。另外，用 tx 书写舌尖前清闭塞音［ts］，从音位学的角度来讲，对应的舌尖前清闭塞送气音［ts^h］应该由 txh 来书写。萨维纳苗文与老挝拉丁苗文都是采用类推法来书写，而中国苗文则是依据汉语拼音的法则，但越南苗文却采用 cx 来表示，这一点颇为费解。因为越南苗文没有 cx 的字母组合，从两种文字相互转化的角度来看也找不出合理的解释。越南苗文用 k 书写［q］，按照类推法，［q^h］理应采用 kh 来书写，但越南苗文却用 kr。这一点表明越南苗文对送气音的书写不具有一致性，缺乏规律性和系统性。

越南苗文还存在表音上的缺陷，有两个字母的鼻冠音没有得以体现出来，如这套文字用 b 来写鼻冠双唇清闭塞不送气音［mp］，用 bl 来写鼻冠双唇清闭塞边音［mpl］。不过，很有趣的是，对应送气音的鼻化现象却能较好体现出来，如 mf［mp^h］、mfl［mpl^h］。萨维纳苗文、中国苗文、老挝拉丁苗文均未出现这样的现象。

2. 通过比较，发现中国拉丁苗文与老挝拉丁苗文在创立文字的时候遵循了易学最大化（Maximum Ease of Learning）的原则，但是越南苗文的创制并没有遵循这一原则。易学最大化原则属于文字创立的重要原则之一，根据这条原则，创立的文字尽可能简单化，以便更好地学习、记忆。相反，书写系统繁难或拼写规则不规范必定增加文字的学习难度。在实际创立文字的过程中，以有限的文字记录数量庞大的语言，在视觉符号与语言表意之间不可能完美对应，需要不断改进文字系统来加以完善。杨雄录草创的原版救世苗义书写系统共有91个韵母符号。各符号形状奇特，要学习、记忆这些符号几乎没有规律可循，无疑增加了学习、记忆的难度。后来杨雄录不断地对所创的文字进行规范、改进，使拼写具有规则性，逐渐减少需要学习、记忆符号的数量，后来有了第二、第三、第四版精简书写系统方案。

1956年，中国科学院少数民族语言调查第二工作队的苗语文字方案（草案）没有完全体现出易学最大化的原则。首先，在字母的形式上还没有做到完全使用拉丁字母。有的音位是用俄文字母书写，如西部方言的声母 ч [tʂ']、з [dz]、ж [dʐ]、г [g]，西部方言韵母 я [a]、э [ɤ]，北部方言①声母 Б [b]，东部方言声母 nч [ɳtʂ'] 等。有的音位是用国际音标符号书写，如东部方言声母 ʃ [ʂ]、ŋ[ŋ]、θ [c]、æ [ɛ]；ş[ʂ]、şi [ɕ]。还有的音位是用新创的符号来书写。这些符号形体不规范，书写比较麻烦，再加上创立文字的时候，印刷术还没有完全普及，这些字母的手写体不便于认读。字母形式不统一同时也会导致语音特征相近的音位拼写不统一，从而加深文字系统的学习难度，降低文字的可学性（learnability）。在同一方言中，相近的音位拼写越一致，文字系统的可学性就越大。例如，在东部方言中，音位 [t] 与 [t'] 发音部位与发音方式均相同，唯一的区别在于前者不送气，后者送气。这两个音位原本可以共用同一个字母，然后以送气符号加以区分。但是，在苗语文字方案（草案）中，[t] 用拉丁字母 j 表示，[t'] 却是用俄文字母 ч 表示。本来关系非常密切的两个音位，采用完全不同的两个字母形式书写，两者关系疏远了。在第一次修订草案中，为重新拉进两个音位的关系，改用 dr 拼写 [t]，用 tr 拼写 [t']。又如，西部方言的鼻冠声母 [ɳtʂ] 与 [ɳtʂ'] 发音方式和发音部位一致，区分之处在于送气和不送气。在文字草案中，用 nj 书写 [ɳtʂ]，用 nч 书写 [ɳtʂ']，两个音位的书写符号形式不一致。后来在修订的草案中改用 nzh 书写 [ɳtʂ]，用 nch 书写 [ɳtʂ']。学习这两个声

---

① 滇东北次方言。

母只需要区分字母 z 与 c 即可。

基于这样的分析，不同方言中对应的音位如果拼写形式汇通，不仅可以增强文字的可学性，同时将有助于跨方言文字的学习。例如，"菜"这个词在东部方言说 zei^{35}，中部方言说 ɣo^{33}，西部方言说 zəu^{43}，在滇东北次方言中说 zau^{54}。在原文字草案中，几大方言对这个词的声母书写不一致，东部方言用 r 字母，西部方言用 r 字母，滇东北方言用 ʐ 符号，中部方言用 ɣ 符号。在文字方案修正草案中，这几个声母统一使用 r 表示：

东　　　中　　　西　　　北
reib　　rob [①]　roub　raub（菜）

以上几个词的形状基本相同，便于学习和记忆。

老挝拉丁苗文在遵循易学最大化原则方面展现了以下特征。根据斯莫莱（Smalley，1964：31-52）的观点，相似的符号更容易引起混淆。例如，学习者常常会因为字母 p、q、d 和 b 的形状相同而难以对其进行区分，因为这几个字母唯一的区别在于符号的方向。带有变音符号的字母也容易与没有变音符号的字母混淆。也就是说，形状相似的字母附加小符号会增加学习者的学习难度。老挝苗语中存在多种发音特征，例如送气和前鼻化等。如果采用传统的方式引入各种小符号来区分这些发音特征，这将不利于学习者的学习。为了避免出现这样的情况，创作者选择了更直观、更易于理解的字母组合方式。这种做法不仅有效地减轻了文字的复杂性，而且帮助学习者更迅速地掌握发音规则，从而提高文字系统的易学性。

其次，字母组合遵循一致性的原则（consistency）对于简化文字的学习同样至关重要。这一原则确保相似的发音特征在文字中得到一致地表达，使得学习者更容易建立规律性的认知。一致性不仅体现在符号的形状和排列上，还涉及符号和语音之间的关系。通过保持一致性，学习者能够更加迅速地建立对文字的熟悉感，减少学习负担。以下是老挝拉丁苗文遵循一致性原则拼合字母的几种情况。

鼻声母的书写采用 n 与基本声母组合的方式，如 n 与 c 组合成 nc，书写鼻冠舌面清闭塞音［ȵtɕ］；n 与 k 组合成 nk，书写鼻冠舌根清闭塞音；n 与 p 组合成 np，拼写鼻冠双唇清闭塞音［mp］；n 与 q 组合成 nq，书写鼻冠小舌音［Nq］；n 与 r 组合成 nr，拼写鼻冠舌尖后清闭塞爆破音［ɳʈ］；n 与 t 组合

[①] 用字母 r 拼写［ɣ］音位只是在1957年第一次对苗文草案修订的时候使用。1958年第二次对苗文方案修订的时候，改用字母 v 拼写此音位。

成 nt，书写鼻冠舌尖中清闭塞音［nt］。声母的边音化采用 l 与相应的字母进行组合，如 d 与 l 组合成 dl；h 与 l 组合成 hl；m 与 l 组合成 ml；p 与 l 组合成 pl。送气的边音声母书写方法同样采用声母加 h，如 dl 与 h 组合成 dlh；hm 与 l 组合成 hml；pl 与 h 组合成 plh。鼻化的边音声母也是采用 n 与声母组合的方式，如 n 与 pl 组合成 npl。

这种记写方式有效地简化了苗语声母的学习。摈弃字母组合，不同的音位采用不同的字母书写，拼写比较简短，如用字母 b 拼写［mp］；用 d 拼写［nt］等。但是这样的书写系统变得更为复杂，因为要学习的字母数量增加了。

对于送气音的书写，老挝拉丁苗文选用英文字母 h，将其置于基本字母后：

p → ph、np → nph、pl → plh、npl → nplh

t → th、tx → txh、nt → nth、ntx → ntxh

c → ch、nc → nch

ts → tsh、nts → ntsh

r → rh、nrh → rh

k → kh、nk → nkh

q → qh、nq → nqh

在书写一致性原则上，老挝拉丁字母苗文同中国拉丁苗文极为相似，只不过两套文字采用不同的字母组合原则。以书写［ts］、［tsʰ］、［nts］、［ntsʰ］为例，汉语拼音苗文用 z 书写［ts］，用 c 书写［tsʰ］，在此基础上，在两个字母的前面分别加 n 书写鼻冠音。卷舌音的表示方法也是如此。老挝拉丁字母苗文的写法同中国拉丁苗文也是同样的原理。

与此不同的是，越南苗文的书写有些杂乱无章，如 tx［ts］、cx［tsʰ］、nz［nts］、nx［ntsʰ］，这几个字母之间既没有体现出一致性的原则，也没有表现出国际音标所呈现的语音内在联系，不利于书写、学习和记忆。特别需要指出的是，舌尖后清闭塞音［tʂ］写作 ts，但鼻冠音［ntʂ］写作 nj，这两个书写符号没有能够很好地体现出音位［tʂ］与［ntʂ］的联系。根据字母文字的设计原则，书写符号 nj 在设计上存在一定的问题。越南苗文没有字母 j，而在越南苗文方案中，j 用来书写［ʐ］，与 n 组合用来书写［tʂ］，这的确令人迷惑不解。另外，越南苗文用字母 ch 书写舌面清闭塞音［tɕ］，用 nd 书写鼻冠舌面清闭塞音［ntɕ］。ch 与 nd 两对字母的组合很难反映出其书写的音位之间所具有的联系。这与老挝拉丁苗文与中国拉丁苗文有所不同。老挝拉丁字母苗文用字母 c 表示［tɕ］，用 nc 表示［ntɕ］，用 ch 书写舌面清闭塞送气音

[tɕʰ]；用 nch 书写鼻冠舌面清闭塞音 [ȵtɕ]。中国拉丁苗文用 j 书写 [tɕ]；用 nj 书写 [ȵtɕ]；用 q 书写 [tɕʰ]；用 nq 书写 [ȵtɕʰ]。中国苗文书写舌根音 [k]、[kh] 及其对应的 [ŋk]、[ŋkh] 也能体现出较好的对应关系，如 g [k]、k [kh]、ng[ŋk]、nk [ŋkh]。老挝拉丁苗文的 k [k]、kh [kʰ]、nk[ŋk]、nkh [ŋkʰ] 也同样显现出自身书写的一致性，但越南苗文的 đ[k] 与 g[ŋk] 缺乏对应的关系。对于小舌音及其鼻冠音的书写，老挝拉丁字母苗文同汉语拼音苗文均体现出对称性以及内在联系，但越南苗文的 k 与 gr 似乎没有内在的联系。通过以上的比较，老挝拉丁字母苗文与汉语拼音苗文在书写上都较好地体现了一致性的特征，都遵循了易学最大化的原则。

3. 通过比较中外拉丁苗文，发现中国拉丁苗文、老挝拉丁苗文、越南拉丁苗文都遵循了文字转换最大化的原则。少数民族不仅要学习本民族的语言文字，将来还需要学习通行面比较广的其他民族的文字，这从一定程度上来讲增加了学习的内容和难度，因此在创立少数民族文字的时候，就需要充分考虑到文字的方案与将要学习的其他民族语言和文字具有关联性，这样有利于少数民族将来更好地学习通行面较广的其他民族的文字。这一重要的因素就是斯莫莱所提出的转换最大化（Optimum Transfer）原则。中国的苗族不仅要学习本族语言文字，还要学习汉字；老挝苗族不仅要学习苗文，还要学习老挝文，越南苗族除了学习苗文，还要学习越南文。因此，各国苗族文字的方案均考虑这一原则。1956年在贵阳召开苗族语言文字问题科学讨论会上关于苗文字母形式的选取就是一个很好的典例。讨论会结合苗族语言的实际情况来拟定苗文方案的时候认为，在字母形式上，尽可能地与汉语拼音方案取得一致，以相同的字母表达相同相近的语音。这样做便于苗族人民将来学习汉语文和汉族文化。

老挝拉丁字母苗文、中国拉丁苗文、越南苗文三套文字对转换最大化原则的遵守具体表现有所不同。中国苗文并没有采用汉字的偏旁部首设计书写符号，而是采用汉语拼音组合的方式，如双唇清闭塞音 [p] 用符号 b 来表示；舌尖前闭塞音 [ts] 用 z 表示；舌尖后清闭塞送气音 [tsʰ] 用 c 表示等。另外还增加了 in、iu、iao、iang、un、uang、ue 等组合来拼写汉语借词。越南苗文的创制也遵循这一原则，但这套文字采用越南文（chữ Quốc ngữ）字母作为文字符号。与汉语拼音苗文和老挝拉丁苗文不同的是，这套文字的字母拥有许多小符号，无论是书写还是进行文字处理都极为不便。苗语的 [t] 在中国苗文与老挝拉丁苗文中都是由 d 来书写。老挝拉丁字母苗文没有采用老挝文字母来拼写苗语，而且设计基本上不考虑与老挝语言或者文字的关系。关于这一问题，斯莫莱在1995年美国明尼阿波利斯&圣保罗苗族国际研讨会上有过专门的论述：

> 当我们在创立苗文的时候，为什么不选用拉丁文之外的新文字符号？东南亚多数的文字都各具特色，均没有采用通用的字母来创立文字。在这种文字观的背景下，为什么苗族文字不选用与其他文字完全不同的符号呢？选择特殊的文字符号具有一个优势，可以为不同的苗语音位提供不同的书写符号，可以避免多字母组合（如 ntsh）书写语音的弊端。但是我们既没有设计全新的字母符号，也没有采用老挝语字母。相反，我们选用拉丁字母，因为接受我们访谈的苗族人均认为拉丁文字属于全球更为通用的文字。他们认为拉丁文字将有助于他们学习法文和其他的欧洲文字。根据我们的观点，拉丁文字更加易于苗族人学习、记忆。而老挝语字母则具有更大的难度。[①]

从这个角度来看，老挝拉丁字母苗文在一定程度上也遵循了转换最大化的原则。

苗族语言文字科学讨论会决定选取拉丁字母作为苗文的形式，而不是选取汉字作为苗文的形式，这种文字的设计方案远比外国政府创立的苗文更为合理。越南政府选取越南文作为苗文的形式，而老挝政府要求选取老挝文作为苗文的形式，这样的文字方案无疑增强了苗族学习文字的难度。从本章节关于寮字苗文与越南拉丁苗文创制原理的分析中不难看出，老挝文与越南文的字母非常有限，不能准确合理地书写苗语。另外，越南文带有附加小符号，老挝文拼写的苗语音节在结构上比较复杂，无论是书写还是学习都非常困难，对没有学习过老挝文与越南文字的苗族人而言，这就难上加难了。中国新苗文没有采用汉字作为书写形式，主要是考虑到大多数苗族人不懂汉字，如果采用汉字来创制苗文，这不利于苗族人读写，尽管汉字具有更大的用处。傅懋勣在《创制和改革少数民族文字的重要意义和工作情况》的报告中说道：

> 有的同志认为，没有文字的兄弟民族要是都学习汉文，用处广，又不需要另行创制文字，不是更好吗？事实上拿汉文来代替创制本民族文字的办法是行不通的。文字是语言的书写形式，汉字是不可能表达少数

---

① William A. Smalley. *Reasons for Writing Hmong* [C]. Hmony International Symposium St. Paul / Minneapolis, August 26–30, 1995：18–23.

民族的语言。过去壮族、布依族、侗族、水族、瑶族都曾经使用过汉字的变体来表达自己的语言，都没有成功。如果完全学习汉文，就需要同时学习汉语，而现在有独立语言的兄弟民族绝大多数人不会说汉语。汉字对汉人来说，已经很繁难，叫不懂汉语的兄弟民族人学起来，更是难上加难了。这是从现有语言基础上看，就是从教育学上看，不帮助兄弟民族创制自己的文字，也不适当。一个民族的任何一个成员，除非生长在别的民族地区，首先学习得最熟悉的并且和自己的思维相结合的是自己的母语。对他们来说，学起来最容易而且必然成为他们所喜欢的一种文字，就是代表他们母语的文字，也就是他们迫切要求的"自己的文字"。在掌握了自己的文字之后，由于从自己语言文字的学习中得到了学习语文的基本知识和经验，认识到自己原文字的特点，再学习汉语文就容易多了。因此，目前为兄弟民族创制和改革文字，不只对于祖国经济建设和文化建设的发展是必要的，对于兄弟民族学习汉语文也有很大的帮助。这不仅不会削弱汉语文的学习，反而会提高学习汉语文的兴趣，增加学习汉语文的便利。（贵州省民族语文指导委员会，1957：306）

由此可以看出，采用拉丁字母作为中国新苗文的形式，不仅是为了更好地让苗族人学习本民族的文字，而且也是为今后学习汉字奠定基础。换言之，学习苗文与学习汉文两者之间密切关联，苗文的识字能力有助于汉字识字能力的发展。中国拉丁苗文方案的设计采取了与汉语拼音方案尽可能一致的原则而制订的，苗语的音素比汉语多，音系比汉语更为复杂。可以说，掌握了拉丁苗文，就基本上掌握了汉语拼音。苗文教学目的也是要让学生更好地学习汉语文，在教学中首先培养学生具备直接拼读苗文音节的能力，引导学生辨别汉语拼音方案与苗文的差异，进一步直接拼读汉语拼音音节。借助苗文，进行汉语文教学，更加有利于广大苗族人民真正掌握汉语文，而且还可以帮助他们学会其他民族的语言文字和英文。这实际上就是遵循了斯莫莱所提出的文字转换最大化原则。

对海外苗族人而言，学习老挝拉丁苗文，提升老挝拉丁苗文的识字能力同样也能迁移到欧美国家拉丁文字的学习中去。例如，海外苗族所具有的老挝拉丁苗文识字能力对英语的习得具有辅助性的作用，在很大程度上促进英语习得的发展。早在苗族难民滞留泰国难民营时期，他们就曾采用苗文对英语生词、短语、句子进行注释与翻译，这在一定程度上有效地辅助英语的学习。海外苗族不仅在英语课堂上采用苗文做笔记，在课外的英语学习中苗文笔记也同样发挥着重要的作用。苗族成年人积极将本族文字作为英语学习的工具，使用苗文抄写学习材料，对英语的发音进行译写，将英语和苗语进行转写。可以说，苗文识字能力对于苗族人的英语学习具有工具性的作用。由于有的苗族人缺乏与社会中说英语的群体进行接触，能够采用母语文字做笔记自然拥有绝对的学习优势。对英语初学者而言，苗文识字能力对英语习得所起的"辅助性"作用等同于正规课堂教学。诚然，缺失母语文字本身对于英语语音的习得不会存在影响。但是，习得英语词汇和句法则有所不同，需要借助习得者已知的语言文字作为辅助性的学习手段，如做笔记、解释生词等，因为学生在初学阶段毕竟不具备全英文思维的能力。

4. 通过比较，发现中国拉丁苗文、老挝拉丁苗文的创制都遵循了文字信息处理最大化的原则，但是越南苗族文字没有遵循这一原则。在创立一种新的文字系统时，必须考虑是否有适用的打字机设备，以便进行文字的打印、印刷，并制作新文字的识字教程和读物。这涉及文字处理最大化的原则（Maximum Ease of Reproduction）。该原则强调，在文字设计的过程中，除了注重易学性和易记性之外，还需要思考文字的生成和复制的便捷性。在文字处理技术高速发展的今天，这一原则对于文字的创立并不重要，但是在20世纪中期，相对落后的印刷复制技术严重地制约着文字的传播。老挝拉丁字母苗文与杨雄录苗文创制于20世纪50年代，在文字传播的初期，两套文字在海外苗族人中几乎拥有同等的影响力。为创立一套真正意义上的民族文字，杨雄录选取比较奇特的字母符号。由于没有现成的打字机，杨雄录及其弟子王泽贵等人曾编写过的一些识字教程和读物均未得以正式出版。20世纪80年代这套文字的传播媒介主要局限于手抄本的教程和读物，文字的传播速度与推行面远远不及老挝拉丁苗文。相比之下，老挝拉丁文字在创立的时候，只选用已有打字机的字母为基础，不考虑打字机里没有的字母。文字创立不久之后，就编印了校正语音和语法的书，印制苗文课本、编撰词典等，加快了这套文字的传播速度。中国新创的苗文选取拉丁字母也正是出于文字信息处理最大化的考虑。拉丁苗文的最初文字方案不仅包括拉丁字母，同时还有西里尔文字母与国际音标，但是后来考虑到这些字母既不好书写，又不便于应用电脑对其进行文字处理，就逐步把这些符号取消了。例如，东部方言苗文最初的文字方案是用西里尔字母 э 来写 [ɤ] 音位，但是在文字修正案中 э 被取消，改用拉丁字母 eu 来替代。文字草案中书写 [ɛ] 音位的"æ"字母在修正草案中被拉丁字母 ae 取而代之。文字草案中书写 [tʂ] 音位的西里尔字母"ч"也被拉丁字母 tr 替代。被拉丁字母替代的符号还有 ʔ、ʃ、ə、ŋ、ʧ、Ц、я、Ж 等。

180

几大方言文字方案修正案对西里尔文字母与国际音标的处理方式基本上是一致的。但是越南拉丁苗文一直采用的是越南文字母，带有附加小符号。要使用电脑对其进行文字处理，还需安装专用的字体，而且还需要耗费更多的时间和精力去记忆键盘上的字符才能熟练地对文字进行处理。

第四节 中外苗族民间自创文字创制原理与发展的比较

如前文所述，中国苗族民间自创的苗文主要是湘西方块苗文，而海外苗族的民间苗文包括杨雄录苗文、沙耶武理苗文、刺绣苗文，因此本部分关于中外苗族民间自创苗文的比较主要涉及这几套文字。

一、文字类型的比较

通过比较，发现中国苗族民间自创的苗文属于音节文字，而海外苗族民间苗文属于字母文字。湘西的板塘苗文、老寨苗文和古丈苗文均为苗族知识分子所创制，是在汉文化圈内，由于民族文化生活的需要而产生的一种借源文字，由于脱胎于同一母体，又是记录同一种语言，因此它们不谋而合。在结构和造字法上基本一致。它们都采用方块字，基本上是一字一音节，标记一个语素或词。方块苗文的创制是基于借源文字的基础改创文字，使其在外形上有别于源文字的字符，以增强新文字的独特性，这样的案例不在少数。公元14世纪，圣斯德望（St. Stephen）为科米人创制一种字母文字。这种文字很显然仿造于他本人已知的希腊文与教会斯拉夫文。但在文字创制的过程中，他改变了字形，使其不同于原型文字。[①] 与此不同的是，海外苗族民间文字属于字母文字，一个符号表示一个音位。杨雄录苗文的韵母与声调构成一个整体。原版本文字（见表3-20）外形看似音节文字。该版本苗文的许多韵母均由一个大符号作为基准符号，然后在其左右通过增减小符号的方式表示声调，如 ᧙[ken³¹]、ᧅ[kai⁴³]、ᧄ[ka³³]、ᧆ[ku³¹]。也就是说，该版本的所有韵母符号都属于一个独立的单位，属于韵母与声调的结合体（声调的缺失同时具有区别性意义的特征）。这套系统看似图形文字，不易于学习者记忆。文字符号共91个，外形杂乱无章，无规律可循，每一个符号都要分开单独记忆、

---

① Charles Ferguson. *St. Stefan of Perm and applied linguistics* [M]. New York: John Wiley & Sons, 1968: 253-265.

单独书写。后期改进的文字也是属于字母文字，如 ꓛ[ɳt]、ꓠ[f]、ꓵ[g]、ꓱ[ken⁴³]、ꓳ[ken²⁴]等。刺绣苗文（见表3-21）外形看似方块字，但其实不属于音节文字，而是字母文字。从结构上来看，韵母和声调构成一个整体，看似半音节文字。以 ┘[au]为例，b 声调（43）书写为 ⌐；v 声调（55调）表示为 ⌐；j 声调（31调）表示为 ⌐；d 声调空缺；s 声调（33调）表示为 ⌐；g 声调（13调）表示为 ⌐；m 声调（24调）表示为 ⌐。刺绣苗文的声调与韵母组合方式和杨雄录原版 Pahawh 文字的韵母和声调组合结构极为相似，均构成一个整体：kobꓩ、komꓩ、kojꓩ、kovꓩ、koꓩ、kosꓩ、kogꓩ。但不同的是，刺绣文字的声调可以从韵母中分离出来，而杨氏原版苗文的声调韵母合为一体，不能分开。沙耶武理苗文也属于字母文字（见表3-22），每一个符号均表示一个音位，如 ꓘ[p]、ꓰ[pl]、ꓔ[t]、ꓟ[tɬ]、Y[ts]。

表3-20 杨雄录苗文原版本文字

韵母

[ken⁴³]	[ken²⁴]	[ken³¹]	[ken⁵⁵]	[ken⁴⁴]	[ken³³]	[ken¹³]
[ki⁴³]	[ki²⁴]	[ki³¹]	[ki⁵⁵]	[ki⁴⁴]	[ki³³]	[ki¹³]
[kou⁴³]	[kou²⁴]	[kou³¹]	[kou⁵⁵]	[kou⁴⁴]	[kou³³]	[kou¹³]
[ko⁴³]	[ko²⁴]	[ko³¹]	[ko⁵⁵]	[ko⁴⁴]	[ko³³]	[ko¹³]
[ke⁴³]	[ke²⁴]	[ke³¹]	[ke⁵⁵]	[ke⁴⁴]	[kc³³]	[ke¹³]
[kai⁴³]	[kai²⁴]	[kai³¹]	[kai⁵⁵]	[kai⁴⁴]	[kai³³]	[kai¹³]
[koŋ⁴³]	[koŋ²⁴]	[koŋ³¹]	[koŋ⁵⁵]	[koŋ⁴⁴]	[koŋ³³]	[koŋ¹³]
[kɛɯ⁴³]	[kɛɯ²⁴]	[kɛɯ³¹]	[kɛɯ⁵⁵]	[kɛɯ⁴⁴]	[kɛɯ³³]	[kɛɯ¹³]
[kua⁴³]	[kua²⁴]	[kua³¹]	[kua⁵⁵]	[kua⁴⁴]	[kua³³]	[kua¹³]
[kau⁴³]	[kau²⁴]	[kau³¹]	[kau⁵⁵]	[kau⁴⁴]	[kau³³]	[kau¹³]

<<< 第三章 中外苗文创制原理与发展比较

lJ	lJ	Ü	lJ	lJ	lJ	ხ
[kia⁴³]	[kia²⁴]	[kia³¹]	[kia⁵⁵]	[kia⁴⁴]	[kia³³]	[kia¹³]

ʊ	⌐	⌐	ʊ	ȯ	ɔ̇	♃
[ka⁴³]	[ka²⁴]	[ka³¹]	[ka⁵⁵]	[ka⁴⁴]	[ka³³]	[ka¹³]

⊥	T	ṫ	⊥	⊥	⊤	Ω
[ku⁴³]	[ku²⁴]	[ku³¹]	[ku⁵⁵]	[ku⁴⁴]	[ku³³]	[ku¹³]

声母

ɔ	ɔ	ⱪ	ḣ	ᛘ	ᚿ	⌐	ʊ
[v]	[ɳʈ]	[f]	[ŋk]	[nts]	[tʰ]	[z̩]	[ʔ]

⅄	Ⱥ	Ⱥ	ʊ	ꟼ	⊤	ꓶ	⏀
[n̪]	[tɕ]	[ntʂʰ]	[ts]	[l]	[tɬ]	[tɬʰ]	[ntʂ]

⊂	⋗	ч	ϩ	н	ⅿ	ġ	ɞ
[tʂ]	[pʰ]	[hl]	[z̩]	[nts]	[t]	[mpʰ]	[mplʰ]

н	ᵰ	ƅ	ⱳ	ṯ	ɯ	⋈	ɮ
[n̪]	[kʰ]	[nt]	[plʰ]	[tʂ]	[p]	[ntʰ]	[mpl]

⋈	⟡	⊥	L	ʊ	ʊ	ʊ	Ǝ
[ŋkʰ]	[h]	[ɕ]	[t]	[n]	[ɴq]	[ɴqʰ]	[ml]

₥	ʊ	Ł	ꓮ	ꓮ	ɑ	ʊ	ɯ̈
[m̪l]	[k]	[qʰ]	[n̪]	[m̪]	[h]	[tʰ]	[pl]

Ⱥ	↗	ƅ	R	2	⊔	ɯ	ɯ̈
[ntɕʰ]	[ɳtʰ]	[mp]	[m]	[ts]	[q]	[z]	[ntɕ]

⌐	L	♀	○
[ʂ]	'	[ntɬ]	[ntɬʰ]

表3-21 海外刺绣苗文声、韵母表

声母

Hmoob	[m]	[t]	[s]	[ntsʰ]	[ɕ]	[v]	[mpʰ]	[tsʰ]	[h]
[p]	[ts]	[ntʰ]	[z̩]	[ntɬ]	[ŋk]	[n]	[tɕʰ]	[t]	[mp]
[ntʂʰ]	[f]	[nts]	[ɴq]	[tʂ]	[nt]	[ʂ]	[tʰ]	'o	[n̪]

183

续表

ɦ	ɦ	ɦ	ɦ	ɦ	ɦ	ɦ	ɲ	ɜ	ɔ
[ŋkʰ]	[tɬ]	[Nq]	[n̠tɕ]	[ml]	[tsʰ]	[ʑ]	'u	[tɕ]	[pʰ]
ɜ	8	ɔ	ɰ	ɤ	ɤ	ᴄ	ʍ	ᴄ	ʷ
[k]	[mplʰ]	[l]	[n̥]	[m̥]	[ntʂ]	'l	[pl]	[tʰ]	[n̠tɕʰ]
ᴠ	ᴠ	ʌ	ᴍ	⅄	⅄	ⴲ	ʙ	ʙ	
[qʰ]	[ɕ]	[mpl]	[plʰ]	[kʰ]	[hl]	[tɬ]	[ɳt]	[ɳtʰ]	[q]

韵母

ǀ	⊤	⊥	⊏	⊥	⊤	⊥	⊤	⌐	⌐
[a]	[a]/[aŋ]	[e]	[en]	[i]	[ia]	[ai]	[ɛɯ]	[o]	[ou]
⌐	⌐	⌐	⌐	⌐	⌐	⌐	⌐	⌐	⌐
[ua]	[au]	[oŋ]	[u]	[o]	[i]/[u]	[e]/[i]	[ao]/[ua]	ou	[ai]/[a]

二、符号来源的比较

中国苗族和海外苗族民间自创的苗文在符号来源上存在着显著差异，反映了地域与文化环境对苗族文字创制的重要影响。中国苗族地区长期受到汉字文化的影响，因此苗族民间自创的苗文往往在形态和结构上与汉字相似。符号的来源主要是汉字的笔画，或者是模仿汉字的形态。相反，海外苗族地区常处于多元文化交流的环境中。因此，海外苗族民间自创的苗文融合了多种文字或多种文化元素，形成了独特而多样化的符号系统。

（一）方块苗文的符号来源

方块苗文的创立仿照了汉字的造字方法，其中假借属于比较重要的方式。具体细分，第一类是借词，即所借的字意义与汉语相同，读音与汉语相近。这类字有"大狗"（$ta^{51}kəu^{214}$）→狗；喝酒 $xə^{55}tɕiəu^{214}$→吃酒。[①] 其次是音读，即字义与汉语不同，读音与汉语相同或相近。这类字有"睹" tu^{214}→云；"箕"（$tɕi^{55}$）→风；"蒙"（$məŋ^{35}$）→人。此外，还有训读：（1）音训，与汉字读音有一点儿相似而已。有"侬"（$nuŋ^{35}$）→雨；"铄"（$ʂɹo^{51}$）→立。（2）义训，根据汉字的意义来转用苗语读音，不读汉字的音，亦即意义相同但发音不同。

[①] 苗防备览。

<<< 第三章 中外苗文创制原理与发展比较

有贾（ca⁴⁴）→姓氏；打（pɤ³¹）→打。

第二类是形声，直接借用汉字偏旁或汉字为义符、音符。如"雨"字头增加不同的字，可以构成不同的新词，以雨字头为义符，增添的词为音符，如加"奴"构成"霥"，读作"noŋ⁴²"，表示"雨"；加"送"构成"霠"，读作"so³⁵"，表示"雷"；加"号"构成"雴"，读作"hɔ³⁵"，表示"雾"；加"者"构成"霂"，读作"tʂe²²"，表示"晴"；加"朽"构成"霉"，读作"biɯ⁵³"，表示"露"；加"气"构成"霃"，读作"Nqi⁴⁴"，表示"空气"；加"风"构成"霟"，读作"ci⁵³"，表示"风"；加"白"构成"雷"，读作"be⁵³"，表示"雪"。以汉字"能"为义符的，加"女"构成"嬔"，读作"ȵen²¹"，表示"年轻媳妇"；加"米"构成"糘"，读作"nɯ²¹"，表示"稻谷"；加"蛋"构成"毲"，读作"ȵen⁴⁴"，表示穿衣；加单人旁构成"儺"，读作"ne²¹"，表示"人"；加偏旁三点水构成"灢"，读作"nen²²"，表示"穿着漂亮"；加"米"构成"糘"，读作"nɯ²¹"（稻谷）；加衣字旁构成"襛"，读作 ȵen⁴⁴，表示"穿衣"。"忄"加"卡"构成"忲"，读作"tɕa⁵⁴"，表示害怕，从"心""卡"声。

第三类是会意，利用两个以上汉字或汉字义符偏旁合起来表示苗文所要表达的意义。在这类构词中，比较具有代表性的是表颜色的词，基本由汉字"色"侧围，如"色"侧围"白"，构成"皅"（qwə³⁵），意为白色；侧围"黑"，构成"魒"（qwe³⁵），意为黑色；侧围"红"，构成"魒"（ȵtɕhi⁴⁴），意为红色；侧围"绿"构成"魒"（lio⁴⁴），意为绿色；侧围"黄"构成"魒"（kwei²¹），意为黄色；侧围"青"构成"魒"（mpiɔ³⁵），意为青色。此外，还有侧围"灰"构成"魒"，侧围"紫"构成"魒"，侧围"橙"构成"魒"，侧围"蓝"构成"魒"。另外，表示数字的会意字创制方式比较具有特色，从现有材料来看，老寨苗文与板塘苗文分别用"乙""扌""口"与汉字数字构成不同的数字：乚一乛乛乛乛乚乚乛乛乛（老寨苗文）；扌扌扌扌扌扌扌扌扌扌扌扌（老寨苗文）；乛乛乛囮囮囮囮囮囮囮囮囮（板塘苗文）。表示数字还有一种构词法，即在每一个数字的下面都增加汉字"个"，如丕丕丕丕丕丕丕丕丕丕丕丕。其实这种构词的方法也叫作类推法。再如，"身"增加"左"构成"躯"（ȵi⁴²），表示左边；增加"右"构成"躯"（ta³¹），表示右边；增加"另"构成"躴"（qwe³⁵），表示为官之人。以"下"为基本义符，在其上加上不同的汉字，也可以表示该字往下的含义，如在"下"的上面增加"流"可构成"潷"（lɤ⁴⁴），表示"流淌"；在下的上面增加"落"构成"落"（zɤ⁴⁴），表示"落下"；增加"吞"构成"吞"（ŋqɤ⁵⁴），表示吞下；还可以增加"通"构成"潷"。同理，"蓇"、卥两字也是应用此方法创造

185

而成。有些构词非常有趣，从字面就能理解其意，如"龠"（nuai³⁵）由上面一个"合"、下面两个"目"组合而成，字面意思为"合上双目"，即睡觉。瞌睡、睡觉还有另外一个合成字，由"口""目""墨"三个汉字组合而成，"嚸"。但另外一个字的意义似乎不能仅仅从字面来理解，如左边一个"目"，右边一个"闭"，构成"睏"（cu⁴⁴）。但该字并非表示闭眼，而表示"瞎"。老寨苗文左边一个"芋"，右边一个"头"构成"𦭮"（vɤ4⁴⁴），表示"芋头"。还有一些会意兼形声的字，如上"加"下"刀"构成"𠚣"，读作"ŋka⁴⁴"，表示剪刀；左边一个"口"，右边一个"早"构成"哻"，读作"ntso"，表示早。

第四类，双音符，这种构词法有一个明显的特征，两个字符合成一个苗字，读音均与两个字符的相似，但所构成的词义却不等于合体字的表面意义。在板塘苗文中"豆"与"斗"构成"𣁬"，读作"to⁴⁴"，表示"抖"；"来"和"劣"构成"𠓿"，读作 le²²，表示一种苗族姓氏。这种构词法在方块苗文中并不多见。

第五类，象形，这种构词法极为少见，而且仅作为合体字的"形符"偏旁出现。如板塘苗文中"乙"作为形符侧围"勾"，构成"𠃌"，读作"kou⁴⁴"，表示水沟之意；"乙"作为形符侧围"水"构成"𠃊"，读作"taŋ³⁵"，表示"水塘"。老寨苗文中，"乙"侧围"艾"构成"𠃊"，读作"an³⁵"，表示"罐子"，在这个合体字中，"乙"作为形符，表示罐底。"虫"下加"～"构成"𧉤"，读作"nen³⁵"，表示蛇。

（二）杨雄录苗文的符号来源

原版杨雄录苗文的声母符号60个。从表3-20可以看出，在原版本的声母表中，每一行符号形状各不相同，不具有规律可循，如 Ɔ [nt]、Ĉ [f]、Ŭ [k] 等。另外，通过观察，可以发现，韵母表（见表3-20）中每一排的字母几乎也没有规律可循。第一排仅有两个字母有点相似：θ [ken⁴³]、Ω [ken²⁴] 与 Ω [ken⁵⁵]，三个字母应该是在同一个字母基础上进行修改，以第一个为基础，第二个去掉中间的一横，第三个字母在第二个字母的底部增加一条横线所构成。第二排有四个字母比较相似：Ю [ki²⁴]、Ṉ [ki³¹]、Ⓝ [ki³³]、Ñ [ki¹³]，后面三个字母在第一个字母的基础上进行修改。其中第二个在字母底部增加一条横线，然后打上一个圆点，第三个在字母中间打上一个圆点，最后一个在字母顶部打上圆点。第三排有三个字母相似：∩ [kou⁴³]、∩̇ [kou³¹]、∩ [kou⁵⁵]。不难看出，前面两个字母是在后一个字母的基础上进行修改，第一个是在字母中间打上一个圆点，第二个分别在字母的顶部打上一个圆点和底部打上两个小圆点而成。第四排相似的字母较少，仅有第一个与最后一个外形上相似：ᑌ、ᑌ，两个字母的区分也是通过增加或减少圆点的方式来实现。第五排前三个字母 ˩ [ke⁴³]、˩ [ke²⁴]、˥ [ke³¹] 是以中间的这个字母为基准而修改，第一个字母在底部增添一个圆点，第三个则是在顶部增添一条横线。后面的两个字母 H [ke⁵⁵]、H [ke⁴⁴] 以英文大写字母 H 为基准，分别在字母底部增添横线与一撇而成。第六排中也有三个字母相似：ᏔI [kai⁴³]、Ⱳ [kai²⁴]、Ⱳ [kai³³]。三字母之间的区分是通过在不同的位置增加圆点或减少圆点得以实现，如第一个字母的圆点打在正上方，第二个字母的圆点打在正下方，第三个字母没有圆点。第七排分别有两对字母相似：Ⴁ [koŋ²⁴]、Ⴁ [koŋ³¹]；Ⴚ [koŋ³³]、Ⴚ [koŋ¹³]。第二组字母的变化模式与其他组有所不同，是通过竖线的方式来实现。第八排 Γ [kɛɯ⁴³]、Γ [kɛɯ³¹]、ᛖ [kɛɯ⁴⁴] 三个相似的字母也是通过在 Γ 的基础上增添圆点和竖线的方式来加以区分。第九排有两组相似的字母，ꟼ [kua⁴³]、ꟼ [kɛɯ³¹]、ᑐ [kua⁵⁵]，前后两个字母以中间的为准，增加圆点和增添横线变成不同声调的字母。在 ᑎᑌ [kua⁴⁴]、ᑎᑌ [kua³³]、ᑎᑌ [kua²⁴] 三个字母中，后面的这组字母以第三个为基准，在该字母的顶部和底部分别打上小圆点，以构成具有不同调值的韵母。第十排的 И [kau²⁴]、Ɒ [kau³¹]、И [kau⁵⁵]、И· [kau⁴⁴] 外形比较相似，但其实都具有本质性的差别。第十一排相似性的字母为数最多，共有5个：ᑌ [kia⁴³]、ᑌ [kia²⁴]、ᑌ [kia⁵⁵]、ᑌ [kia⁴⁴]、ᑌ [kia³³]。这几个字母同泰文的 u [m] 比较相似。尽管也是在不同位置增添圆点与横线加以区别，但变化的方式还比较独特。第十二排的三个字母 ꓶ [ka²⁴]、ꓶ [ka³¹]、ꓶ [ka³³] 变化同前几排的也采用了类似的方法，即在基准字母的不同位置增添小圆点。最后一排相似的字母数量最多，达到六个，ᴛ [ku⁴³]、T [ku²⁴]、T̄ [ku³¹]、Ʇ [ku⁵⁵]、ᴛ [ku⁴⁴]、T̄ [ku³³]，这些字母的变化是在不同的方向增加横线，在基准字母的不同位置打上圆点得以实现。声母的创制原理和韵母的基本一致，主要是通过增加圆点、增加横线，或采用不同的字母加以区分。不过，与韵母符号不同的是，声母符号之上的附加小符号不具有特殊值，也就是说，这些小符号本身不具有区别意义的特征，它们的功能与英语"i"字母头上的那一个点别无二致。

基于字母表，从以上的分析来看，没有直接证据表明杨雄录的苗文单独仿造于世界上某一种文字。相反，他主要是基于多套文字符号获取一种符号的创作思路。以下对其进行论证。

首先，这套文字的符号与世界上其他包括苗文在内的文字系统几乎不相同。尽管有的字母符号与其他文字符号偶尔相同，但是这些相似的字母并不拥有相同的发音。例如，在所有的符号中，这套文字仅有六个字母与俄文字母相似，如 И[ki⁴⁴]、Ѣ[kai⁴⁴]、Г[kɯ³¹]、T[ku²⁴]、H[ŋ]、M[ntʰ]；有11个符号与英文字母相似，如 T[ku²⁴]、H[ŋ]、M[ntʰ]、J[ke²⁴]、W[kai³³]、D[t]、R[m]、e[kai⁵⁵]①、L[t]、И[kau²⁴]、P[kau¹³]；有8个字母与柏格理苗文相似，如 ገ[tɬ]→ጎ[h]、ጋ[ku⁵⁵]→ጋ[q]、Γ[kɯ¹³]→Γ[f]、R[m]→R[z]、Ϛ[ke³³]→ϛ[æy]、∩[kou⁵⁵]→ₙ[i]、L[t]→L[l]、T[ku²⁴]→T[t]。

尽管杨雄录有意识或者说无意识地仿造了英文与俄文的字母创制了"救世苗文"，然而这仅仅是在这套文字的创制初始阶段，在后来对文字的改进中，类似的情况不再出现。对于杨雄录苗文是否仿造于俄文、英文的问题，外界人士一直争议不断。与杨雄录同时代的王古（Geu Vang）军官认为这套文字借用俄文、阿拉伯文和波斯文的字母。（Smalley，1990：160）美国苗族学者杨道博士（Dr. Yang Dao）在对救世苗文的创制表示惊叹之余，认为这套苗文不可能仿造于俄文，但是也难以说出杨雄录苗文的创制原理。

杨雄录的苗文创制体现了一种多元文字符号的融合思路。尽管初期可能受到俄文和英文等文字系统的影响，但他巧妙地运用了增减圆点、横线和竖线等简单元素，实现了符号之间的差异。这一创作过程可能包含了对不同文字符号形状和结构的深入思考，使得苗文符号系统呈现出内在逻辑和规律性。

（三）沙耶武理苗文符号来源

沙耶武理苗文共有59个声母（见表3-22），5个单韵母，8个声调（但其中T调没有调值）。沙耶武理字母苗文与杨雄录苗文均有别于其他的字母文字，但是较杨雄录苗文而言，这套文字与三大洲文字更为相似。例如，沙耶武理苗文符号书写的顺序遵循发音的声母与韵母的排列顺序，声调由音节末尾的符号表示（见表3-22）。这套文字有几个书写不太一致的地方。苗语的送气小舌音[qʰ]包含两个符号，一个是 ⱥ，另一个是 ђ，侯嘎旺称 ђ 较少使用。书写舌尖中送气清闭塞边音[tɬh]也有两个字母，一个是 ꟽ，另一个是 ꙅ，嘎旺称 ꙅ 专拼青苗语方言。不过，青苗语舌尖中清闭塞边音[tɬ]却没有专用符号，鼻冠声母[ntɬ]、[ntɬh]也没有。

在原先沙耶武理苗文声母表中，没有拼写白苗语声母鼻冠舌尖中浊擦送气音[m̥l]的字母符号，后来嘎旺称可以用符号 ꙅ 来拼写。鼻冠舌尖后清闭塞送气音[ntʂh]由符号 乂 拼写，但在例子中由 ጎ 拼写。从现有的声母表来看，

---

① 外形非常类似于英语小写字母 e。

这套文字的字母与苗语发音对应完好。

表3-22 沙耶武理苗文声韵调

声母

[p] [pl] [t] [tɬ] [ts] [ṭ] [tɕ] [tʂ] [k] [q] ʔ

[pʰ] [plʰ] [tʰ] [tɬʰ] [tɬʰ] [tsʰ] [ṭʰ] [tɕʰ] [tʂʰ] [kʰ] [qʰ] [qʰ]

[mp] [mpl] [nt] [nts] [ṇṭ] [ntɕ] [ntʂ] [ŋk] [ŋq]

[mpʰ] [mplʰ] [ntʰ] [ntsʰ] [ṇṭʰ] [ntɕʰ] [ntʂʰ] [ŋkʰ] [ŋqʰ]

[m] [ml] [n] [ɲ]

[m̥] [m̥l] [n̥] [ɲ̊]

[f] [s] [ʂ] [ɕ] [h] [v] [l] [z] [ʐ] [ɬ]

韵母

[a] [e] [i] [au] [o] [u] [ai] [ou] [ɛɯ]

[en] [ia] [oŋ] [ua] ［萨满韵母］

声调

b [ ] d j v s m g

43　　　214　31　55　33　24　13

总的来讲，这套文字所记的苗语方言为白苗语，表音功能较好。但是这套文字中缺失拼写后鼻音[ŋ]的字母。老挝拉丁苗文用字母g表示。实际上，1951~1953年在老挝拉丁苗文草创阶段，当时还没有书写[ŋ]与表示零韵头 /'/ 的音，所以这套文字在老挝传播的时候，没有教授与学习书写这两个音的字母。后来海姆巴赫在泰国将这两个音收录于1969年编撰的老挝拉丁苗文字典中。不过，杨雄录的救世苗文从最初阶段版本文字就创制了专门书写这两个音位的字母。

（四）刺绣苗文符号来源

海外刺绣苗文的创制具有一定语言学的依据，主要结合截头表音（principle of acrophony）①、象形与会意的造字原理。比较典型的是，海外苗族服饰背后通常都有⊗这个图案，形似田螺，名称为 qu^{31}（田螺）。②因此，符号"⊗"就用来表示图案名称首字母"Q"的发音。⋝形似蚯蚓，图案名为 tɕua na^{44}（蚯蚓），因此采用⋝来书写图案名称第一个单词的首音。③图案"目"形状看似一节一节的竹子，而竹子的刺绣图案名称为 ɕoŋ^{43}，因此"目"就用来表示 ɕoŋ^{43} 首字母发音 ɕ。海外刺绣苗文有的字母从一定程度上反映了苗族田园生活的面貌，如在苗族栖居的地区，一些人家的菜园或果园是用篱笆围起来，以此为界。刺绣中正好有类似的图案，名为 vaŋ^{31} tsi^{55} ntoŋ^{44}（用树木做篱笆围起来的果园），于是"▣"用来书写这个短语的首音[v]。有一些字母反映了民族服饰的重要元素，如"▤"实际上是书写 tsʰau^{44} moŋ^{43} foŋ^{43} tɕen^{43} 短语首音[tsʰ]的符号，而这个短语则表示"苗衣领口上的封尖"，所选的这个字母形状与这个刺绣图案存在很大的相似性。符号▫用来书写 mau^{24}（帽子）的首音[m]，其原理也与此相同。另一些符号反映了苗族日常生活所用的器具，如传统的苗族在家中都会有一个火坑，在坑上通常放置一个网状的支架，用来烘烤食

---

① 截头表音通常指音节与字母符号源自单词的首部并且去掉其余部分。以英文单词 house 为例，可以用 house（家）的图片表示字母符号"h"，"house"一词以字母"h"开头。参见 I. J Gelb. *A Study of Writing*（Revised Edition）[M]. Chicago：The University of Chicago Press，1963：251.

② 不过，云南文山苗族却采用不同的称呼。关于这个问题，美国明尼苏达大学文学院苗语老师 Bee Vang Moua 认为苗族原先对这个图案有统一的称呼，但是在迁徙的过程中，由于无法再发展刺绣，后来迁徙到老挝的时候，苗族的后裔无法记住所有刺绣图案的名称。中国刺绣的图案与老挝苗族刺绣的图案还是有所不同的。

③ 有时候截头表音不一定选取短语中第一个单词的首字母，而是选择短语第二个或第三个单词的首音，如书写 Nqʰ 读音的字母ℿ是从短语 paŋ^{33} de^{31} Nqʰua^{43}（干水塘）中第三个词选取。符号ℿ与水塘干枯后，水塘底部出现的裂缝形状比较相似。符号ʱ用来书写 ŋkʰ，取自 ntoŋ^{44} ŋkʰəu^{33}（曲木），符号与纵横交错的曲木有一定的相似之处。

物，也可用来阻挡小孩，以免掉到火坑里去。这种放在火坑上的网状架子形状在刺绣图案中也有所反映，苗语名称为 ntsai^{31} qʰau^{55} mua^{13}，于是形似这种架子的符号 ╫ 用以书写这个架子名称的首音 [nts]。一些字母符号与生活工具息息相关，如表示舌尖前清闭塞音 [ts] 的 "✕" 实际上书写短语 tsia^{43} tsia^{55} ntou^{43}（剪刀剪布）的首音，而且这个字母符号形似剪刀。有的符号折射出发生于苗族周边的事物，如 "▣" 书写双唇清闭塞音 [p]，正是短语 pua^{55} dai^{44} tɤ^{44} 的首音，该短语表示"蝙蝠的脚爪弯曲成钩的形状"，与 "▣" 形状有点相似。字母 ♡ 设计的依据来源于 plau^{55} sa^{44} ntʂa^{55}（心脏输血）这个短语的首音 [pl]，这个字母的形状与心脏也极为相似。"ɰ" 用来拼写短语 ntʰɤ kou^{33}（植物发芽）的首音 [ntʰ]，字母 "ɰ" 与植物嫩芽的形状也十分相似。拼写舌尖后清擦音 [ʂ] 的符号 ╪ 源自短语 ʂe^{55} ʂia^{44}（前围腰）的首音，符号 ╪ 与围腰的形状也比较相似。中间的一竖表示人，两边垂直的线表示围腰，两侧的两个短横线则表示系围腰的带子。有些符号反映了苗族古时候战争使用的武器，苗枪便是比较典型的武器之一。刺绣苗文中有表示这种图案名称的符号，如 ℇ 就源于短语 pʰau^{24} mo̠ŋ^{43}（苗枪）的首音 [pʰ]，不过该符号并没有表示苗枪，而是表示苗枪上的缨穗，两者之间的形状具有一定的相似性。符号 ▼ 看似树叶形状，而树叶的苗语名称为 mplo̠ŋ^{31} nto̠ŋ^{33}，因此 ▼ 成为书写双唇清闭塞边音 [mpl] 的符号。类似与植物相关联的符号还有 ♕，该符号用来书写 qʰia^{55}（姜）一词的首音 [qʰ]，因为该符号的形状看似长在姜上面的嫩芽。有的符号反映了苗族遭遇的自然灾害，如书写鼻冠舌尖后清闭塞音 [ntʂ] 的符号 ⋈ 取自 ntʂou^{24} qou^{43} 的首音，该词表示酸蚂蚁。⋈ 形状看似蚂蚁，上半部的三角形看似蚂蚁的头部，下半部分表示蚂蚁的腿。符号 ※ 用来拼写 ŋo^{43}（太阳）一词的首音，该符号看上去有点像光芒四射的太阳。符号 ∧ 用来书写苗语单词 plʰou^{43} 的首音 [plʰ]。plʰou^{43} 意为"壳（如鸡蛋壳）破碎的纹路"。符号 ∧ 与单词 plʰou^{43} 联系在一起，因为连续的 ∧ 符号 ∧∧∧∧∧ 确实与破碎的纹路存在相似之处。◫ 用于拼写短语 tou^{31} ntou^{33} ɬou^{44}（铁锤）首字母的首音 [t]，符号 ◫ 的形状与铁锤有几分的相似。⋔ 用以拼写 mlau^{24} toŋ^{31}（铜制的神像）第一个单词的首音 [ml]，因为该符号看似一尊铜制的神像。符号 ⊟ 用于拼写单词 ntʂou^{55}（虱子）首音 [ntʂ]，符号中间的方形表示虱子的躯体，一横表示虱子的腿。϶ 用以书写短语 tʰɤ^{55} ze^{43}（石缸）的第一个单词首音 [tʰ]，该符号用来表示蓄水的石缸，左上角缺口处表示缸的口。

海外刺绣苗文的一些符号形状与刺绣的图案表面上没有明显的相似之处，需要一定的理解才能找到两者之间的联系。如苗族有一种诱捕鸟的工具，由几个圆圈连接而成，这种刺绣图案采用苗语命名为 tʂi^{13} tɕua^{43} ʑi^{31}，根据截头表音的规则，ɥ 书写舌尖后清闭塞音［tʂ］。ɥ 形似两个“人”字形的符号连接而成，以此抽象地表示圆圈连接而成的诱鸟工具。拼写鼻冠舌尖中清闭塞边音［ntɬ］的符号 ∃ 源自 ntɬau^{55} de^{31}（泼水）一词的首音，该符号由] 与一条横线表示，] 表示装水的容器，中间的一横则表示泼出的水。拼写舌面送气浊鼻音［ȵ̥］的符号 ↄ 源自 ȵ̥o^{55} mpua^{44}（猪肠子），该符号表示弯弯曲曲的猪大肠。拼写舌尖中清闭塞音［nt］的符号 ɱ 源自短语 ntai^{55} ɳʈe^{44}（爬梯子），该符号两侧的竖线与横线表示楼梯的两侧，而中间一竖则表示人从梯子中间爬上去。有一些符号与所表物体之间的关系比较抽象，如 ▯ 源自 ten^{55} lo^{31} ȵia^{43} 第一个单词的首音［t］。符号 ▯ 中间的那条竖线表示秤砣，两边的竖线表示拴秤盘的线。书写鼻冠双唇送气清闭塞音［mpʰl］的符号 8 取自 mpʰlai^{43} tɕau^{31}（戒指）的首字母，形状与戒指相似。符号 ¤ 用来书写短语 lou^{13} ʑɛɯ^{24} tʂe^{55} 的首音［l］。lou^{13} ʑɛɯ^{24} tʂe^{55} 在西部苗语中表示“垃圾撮”的意思，符号 ¤ 中间的菱形表示装垃圾的簸箕，菱形外部的四条短线表示垃圾从四周收集到撮箕内。ɔ 用于拼写短语 ŋi^{13} ŋiou^{13}①的首音。ŋi^{13} ŋiou^{13} 在苗语中表示老虎张开大口叫出的声音，符号 ɔ 与张开的虎口比较相似。书写短语 so^{43} n̥en^{55}（弓箭）首字母首音［s］的符号 ⊡ 与弓箭有一定的联系，⊡ 方框内的竖横竖形似弓箭头与箭杆的连接处。♯ 用来书写 la^{24} fu^{31} 短语第二词的首音［f］，两者之间有一定的联系。la^{24} fu^{31} 是装水的水壶，苗族人到山上，到地里干活的时候都要带上水壶。符号 ♯ 上下的两条横线表示挂水壶的线，中间的短横线表示装在水壶里的水。⊟ 用以书写短语 tɬe^{31} mpʰou^{44} mpʰu^{55}（浪花）第二个与第三个单词的首音［mpʰ］，符号 ⊟ 方框里的短横线表示河流，短横线前的凹形看似浪花的形状。ɦ 用来书写 ȵtɕʰua^{55}（倒东西，如倒水）的首音［ȵtɕʰ］，该符号形状看似液体的东西倾倒在地面上形成的凌乱痕迹。因为符号 ⌘ 出现在很多苗绣上，故将其选作表示苗族族称的符号。与其他所有符号不同的是，⌘ 属于音节文字，拼写 m̥oŋ^{43}，但仅仅表示族称，如要表示苗族人必须拼写为 ⌘r。

但是这套文字其他符号的选取也具有一定的任意性，因为有一些符号与所表首音的短语或单词意义没有直接或间接的联系，主要包括书写短语 ho^{43} ten^{24} tɬe^{31}（装水的罐子）第一个单词首音的符号 ⊟、书写 tou^{43} ŋkɛɯ^{13}（马蜂窝）第二个单词首音的符号 E、书写 noŋ^{13} tɕou^{33} ʑou^{24}（一种鸟名）第一个单词首

① 老挝拉丁苗文中没有拼写韵头“g”的字母，在该文中之所以采用“g”拼写主要是为了便于论述。在 Heimbach 的词典中采用这种拼法 <gig>/ŋi^{6}/，但是穆迪并没有认可这样的拼写方式。

<<< 第三章 中外苗文创制原理与发展比较

音的符号Ŧ、书写 tɕʰau³¹ ɬa⁴⁴ tɬe³¹（小桥）第一个单词的首音 tɕʰ 符号Ⅲ、书写 qua⁴³ mpua⁴⁴（公猪）第二个单词首音的符号Ⅴ、书写 haŋ⁵⁵ tɬe³¹（水坝）第二个单词首音的符号ʜ、书写 tsʰo⁵⁵ tɬaŋ³¹（黄色小米）首音［tsʰ］的符号ʜ、书写 ua⁴³ la³³（乌鸦）第一个单词首音的符号ɴ、书写 kʰau⁴³ hou³³ tɬe³¹（喝水的杯子）第一个单词首音［kʰ］的符号Ʉ、书写 zoŋ⁵⁵ tɬo⁴³（黑色的蚊子）第一个单词首音的符号ɯ、书写 ɬi（月亮）首音的符号ᛉ、书写 tɬʰia ɬua（跳绳）第一个单词首音的符号⚹、书写 lɯɰ⁵⁵ ɳʈaŋ³¹（追白鹇鸡）第二个单词首音［ɳʈ］的符号⚹、书写 ntsʰu ʐau¹³ lau³¹（大象的力气很大）第一个单词首音［ntsʰ］的符号⊟、书写 ʐou⁴³ nʈʂua⁴³（青菜）第一个字母首音 z 的符号Ǝ、书写 hao⁴⁴ tua³¹ ao³³（主人送别客人时候常说的"再见了，欢迎有空再来！"）第一个单词首音的符号ɴ、书写 ko³³ ntau⁵⁵（纸伞）第一个单词首音的符号⚹。

以上所列的这些符号与所书写首音单词所表达的意思无法找出直接的联系。

（五）海外新苗文的符号设计方案

海外新苗文的符号设计方案是在海外苗族追求奇特文字的背景下提出的。不过，根据作者的访谈和调研，这套文字在海外苗族聚居区没有得以推行应用，甚至，知道这套文字的海外苗族也寥寥无几。之所以对其进行大致论述和分析，主要是因为这套文字的外形比较奇特。此外，这套文字的创制动因与杨雄录苗文有点相似，都是追求外观奇特的文字符号。对文字创制者而言，更为重要的不是文字本身，而是文字所象征的民族身份。本部分的分析主要基于《苗族新文字》(*A New Script for the Mong Language*)[①]一文。文字设计者力求表音功能的完美，借用部分帕拉瓦文字符号的同时，又新增了一些自创的符号（见表3-23）。

表3-23 海外新苗文设计方案

声母

ᴎ	Ǝ	८	ᴅ	ᴍ	ᴐᴢ	ᴎ	ᴖ	ᴍ
[tɕ]	[tɕʰ]	[t]	[tʰ]	[tɬ]	[tɬh]	[f]	[h]	[ɬ]
ᴎᴎ	ᴎᴎ	ᴎᴎ	>	ᴍ	ə	ᴐ	ᴎ	ᴎᴎ

---

① James I. 2007. *A New Script for the Mong Language: Based on a Theoretical Generic Southeast- Asian Orthographic Model*. 手稿.

193

[m̥]	[m̥ɬ]	[n̥]	[ɲ̥]	[k]	[kʰ]	[l]	[m]	[ml]
⏊	℥	<	ⱨ	℈	℧	;	℞	ꟺ
[n]	[nt]	[ntʰ]	[ŋk]	[ŋgʰ]	[mb]	[mbʰ]	[Nq]	[Nqʰ]
ᚨ	ᚩ	ᚪ	ᚫ	ᛁ	ᛂ	ᛃ	ᛄ	ᛅ
[ɳʈ]	[ɳʈʰ]	[nt]	[ntʰ]	[ɲ]	[p]	[pʰ]	[pl]	[plʰ]
ᑎ	ᗰ	ᗱ	ᗴ	ᗶ	ᗷ	ᗸ	ᗺ	ᗻ
[q]	[qʰ]	[t]	[tʰ]	[ʂ]	[t]	[tʰ]	[tʂ]	[tʂʰ]
ᗽ	ᗾ	ᗿ	ᘀ	ᘁ	ᘂ	ᘃ	ᘄ	ᘅ
[ts]	[tsʰ]	[v]	[s]	[ɕ]	[z]	[ʐ]	[ʔ]	

韵母

ꟽ	ꟾ	ꟿ	ꟺ	ꟻ	ꟼ
[qʰa]	[qʰe]	[qʰi]	[qʰ]	[qʰu]	[qʰɯ]
ꟽᴧ	ꟽ̃	ꟽ̄	ꟽɹ	ꟽ̰	
[qʰai]	[qʰou]	[qʰəɯ]	[qʰia]	[qʰua]	

在拉丁字母传入东南亚以前，绝大部分东南亚国家创制的文字，大部分以帕拉瓦文字为基础，如目前所能见到的缅文、泰文、寮文、高棉文皆基于帕拉瓦文。鉴于此，詹姆斯认为，基于帕拉瓦文所创的文字比较符合东南亚民族的文字特征。海外苗族新文字方案直接借用帕拉瓦文，如 ᛃ、ᛄ、ᘀ 等，另有一些符号属于近代文字的变体，如 ꟾ、ᘅ 等，还有大多数符号属于"真正"意义上的东南亚文字符号，如 ᗰ、ᗱ 等。从文字的外形来看，该方案设计的文字在一定程度上还仿照了杨雄录苗文的形体结构，如书写喉音 [h] 的符号 ꟾ 借用杨雄录苗文的 ꟾ[ko24]；ᛃ[m] 借用 ᛃ[koŋ43]；ꟽ[q] 借用 ꟽ[kua44]；ᗷ[b] 借用 ᗷ[ɬou44]；ᛅ[ɕ] 借用 ᛅ[z]。

海外苗族新文字方案体现了设计者对文化传承和创新的双重关注。尽管设计方案在理论上具有吸引力，但在实际应用中却面临诸多挑战。要让海外苗族新文字真正发挥作用并被接受，需要多方合作和支持。政府、社区组织、教育机构等应共同努力。同时，设计者还需要不断改进和优化文字系统，使其更符合实际应用的需要，从而促进文字系统的发展和传承。

三、文字结构比较

通过比较，发现中国苗族民间自创苗文的结构与其仿造的文字结构具有相似性，而海外苗族民间自创的苗文结构却明显不同于其他文字系统。中国湘西方块苗文的结构类似于汉字，大致包括左右、上下、侧围、内外结构。在四种字体组合的结构中，左右结构居多，其方式由左右两边的汉字组合而成，如左"耳"与右"良"构成䁂 ŋaŋ⁴²（听见）；左"介"与右"鸟"构成鸹 ŋa³⁵（鸡）；左"口"与右"欧"构成噢 ŋə³⁵（怄气）。上下结构也不在少数，其方式主要由上下两个汉字或偏旁部首组合而成，如上"咽"与"下"构成哑 ŋkə⁴⁴（吞下）；上"前"与下"面"构成䓕 nə²²（前面）；上"列"与下"米"构成粝 lji⁵⁴（米饭）；上"加"与下"刀"构成㚘 ŋka⁴⁴（剪）。侧围结构组合的方块字数量相对较少，但是构词比较具有特色。与前面两种构词方式有所不同的是，在借用汉字作为侧围偏旁的时候，对其笔画进行了一定的加工与处理。如"毛"字笔画竖弯钩中的弯钩部分原本的长度与上面的横基本保持一致，但是为了形成侧围的结构，文字的创制者将弯钩部分延长，超出了横线的长度。通过观察，方块苗文的侧围结构主要是通过加长原汉字弯钩的部分，使其便于侧围，如"毛"侧围"比"构成"毞" pi⁴⁴（毛发）；"冠"侧围"子"构成"冠" ŋou⁴⁴（鸡冠子）；"鬼"侧围"贵"构成魆 kuei³⁵（鬼）。在海外苗文的造字方法中，也存在改变原字母笔画的情况，使其成为字体的一部分笔画。杨雄录苗文就属于其中的一例，如舌尖中鼻声母 ∪[n]实际上是借用英文字母 u，并在该字母的左上口延伸一笔所构成；同样，声母 H[k]也是借用英文字母 H，并在右边一竖的底部延伸一撇所构成。又如，刺绣苗文的韵母形体构造也与此极为相似。声母 ɪ[i]是在英文字母 I 的下面画上一条横线所构成；ʇ[u]是在英文大写字母 T 的下面延伸一笔所构成；复合韵母ɪ[ia]是在 T 的下面增添一条横线所构成。湘西方块字通过内外结构组合的字例极为有限，如"门"内加"出"构成板塘苗文阓 pɹoŋ²²（出去）；"门"内加"竺"构成閚 tu²¹（门）；"口"内加"千"构成"田"；"门"内加"得"构成"阓"。

与中国苗族民间自创苗文结构不同的是，海外苗族自创的苗文很难找到与之对应的文字结构，杨雄录所创的 Pahawh 文字便是其中一例。杨雄录生活于老挝农黑地区，极有可能接触过拉丁字母文字，如越南文字。但是，越南文与杨雄录苗文结构大不一样，因为越南文使用的是拉丁字母，其中也包含在此基础上进行改创的字母符号，如 f、j、w、z、đ 等。这些符号很显然与杨雄录苗文的字母符号基本没有相似之处，而且从声调与符号组合的结构来看，

195

两者也大相径庭。越南文字的声调主要由韵母之上或之下的附加小符号来表示，如 ậ、ờ、ă、ê、ố、ọ、á 等，而杨雄录苗文的附加小符号结构与功能都与越南文不同。因为越南文的附加小符号可以改变字母的读音，但杨雄录草创的文字与第二阶段精简版文字（见表3-24）的小符号却没有区别意义的特征，而且小符号与基本字母的组合结构也不具有规律性的特征，如 ꆏ、ꆐ、ꆑ、ꆒ、ꆓ、ꆔ、ꆕ。除越南文之外，汉字也曾出现于杨雄录生活的区域，他也极有可能接触过汉字。不过，汉字属于意音文字，通过音形结合的符号表示音节和语词（或其他有意义的语言单位）。汉字文化对苗族人具有非常重要的影响，直接影响着中国苗族民间自创的苗文，但杨雄录苗文的创制并没有受到汉字的影响，没有仿造于汉字。

表3-24　杨雄录第二阶段精简版声、韵母表

韵母

[ken⁴³]	[ken²⁴]	[ken³¹]	[ken⁵⁵]	[ken⁴⁴]	[ken³³]	[ken¹³]
[ki⁴³]	[ki²⁴]	[ki³¹]	[ki⁵⁵]	[ki⁴⁴]	[ki³³]	[ki¹³]
[kou⁴³]	[kou²⁴]	[kou³¹]	[kou⁵⁵]	[kou⁴⁴]	[kou³³]	[kou¹³]
[ko⁴³]	[ko²⁴]	[ko³¹]	[ko⁵⁵]	[ko⁴⁴]	[ko³³]	[ko¹³]
[ke⁴³]	[ke²⁴]	[ke³¹]	[ke⁵⁵]	[ke⁴⁴]	[ke³³]	[ke¹³]
[kai⁴³]	[kai²⁴]	[kai³¹]	[kai⁵⁵]	[kai⁴⁴]	[kai³³]	[kai¹³]
[koŋ⁴³]	[koŋ²⁴]	[koŋ³¹]	[koŋ⁵⁵]	[koŋ⁴⁴]	[koŋ³³]	[koŋ¹³]
[kɛɯ⁴³]	[kɛɯ²⁴]	[kɛɯ³¹]	[kɛɯ⁵⁵]	[kɛɯ⁴⁴]	[kɛɯ³³]	[kɛɯ¹³]
[kua⁴³]	[kua²⁴]	[kua³¹]	[kua⁵⁵]	[kua⁴⁴]	[kua³³]	[kua¹³]

[kau⁴³]	[kau²⁴]	[kau³¹]	[kau⁵⁵]	[kau⁴⁴]	[kau³³]	[kau¹³]
ม	ฌ	ฏ	ฐ	ฑ	ฒ	ณ
[kia⁴³]	[kia²⁴]	[kia³¹]	[kia⁵⁵]	[kia⁴⁴]	[kia³³]	[kia¹³]
[ka⁴³]	[ka²⁴]	[ka³¹]	[ka⁵⁵]	[ka⁴⁴]	[ka³³]	[ka¹³]
[ku⁴³]	[ku²⁴]	[ku³¹]	[ku⁵⁵]	[ku⁴⁴]	[ku³³]	[ku¹³]

声母

[v]	[ɳʈ]	[f]	[ŋk]	[nts]	[tʰ]
[s]	[ʔ]	[ɳ]	[tɕ]	[ntʂʰ]	[ts]
[l]	[tɬ]	[tɬh]	[ntʂ]	[tʂ]	[pʰ]
[hl]	[z̩]	[nts]	[t]	[mpʰ]	[mplʰ]
[n̩]	[kʰ]	[nt]	[plʰ]	[tʂ]	[p]
[ntʰ]	[mpl]	[ŋkʰ]	[h]	[ɕ]	[t]
[n]	[Nq]	[Nqʰ]	[ml]	[mlʰ]	[k]
[qʰ]	[n̥]	[m]	[h]	[tʰ]	[pl]
[ɳtɕʰ]	[ɳtʰ]	[mp]	[m]	[ts]	[q]
[z]	[nt]	[ʂ]	'	[ntɬ]	[ntɬh]

在杨雄录成长的环境中还有其他的字母文字系统，如老挝农黑附近和周边地区的寮文就比较具有典型性。有的字母文字书写顺序从左至右，但这样

197

的顺序仅仅适用于声母符号的书写,而韵母符号却标记在声母或复合声母周围的圆形轨迹上,声母的发音先于韵母。以寮文的书写为例,韵母[a]可以书写在声母ກ[k]之后,如ກາ,这种书写顺序符合音节的发音顺序。韵母也可以书写在声母之前,如韵母ເ[en]书写于声母ກ[k]之前,写作ເກ。韵母还可以置于声母之上,如韵母ົ[au]与ກ[k]相拼,书写为ກົ。韵母也可以置于声母之下,如韵母ຸ[o]与声母ກ相拼,写作ກຸ。由此可见,寮文的声母符号(或复合声母符号)担任核心(基准点、书写音节的核心),韵母可以置于核心之后、之前、之上或之下,或以不同的组合形式出现于以上的位置中。每一个口语的声母在书写中都有其固定的位置,但不同的韵母所处的位置却有所不同。杨雄录苗文与此有着惊人的相似之处,同时也有不同之处。从草创的Pahawh文开始,韵母一直担任音节的核心。尽管在发音上声母先于韵母,但在书写上声母作为附属成分置于韵母之后。杨雄录苗文书写声母的位置可以适用于除[k]之外的其他声母。为了更加便于书写,这套苗文对音节的处理同老挝文存在一定的相似之处,但是两者关于声母和韵母担任核心的功能恰好相反。由此可以看出,杨雄录苗文既同老挝文相似,同时又与其相反。老挝文拥有表示声调的不同声母类别,第三阶段精简版的杨雄录苗文同样拥有表示声调的不同韵母类别(见表3-25)。在老挝文中,声母担任音节的核心,韵母—声调符号作为音节核心的附属成分,而在所有版本的杨雄录苗文中,韵母—声调符号担任音节的核心,声母符号可以担任音节核心的附属成分。当然,韵母的种类是在杨雄录苗文后期的版本中得以发展成形,而没有出现在原版本的文字里。尽管杨雄录苗文同上述的文字存在一定的相似性,但与其他可能对这套文字产生影响的文字结构却存在很多的差异性。

表3-25 杨雄录第三阶段精简版声、韵母表

韵母

[ken^{43}]	[ken^{24}]	[ken^{31}]	[ken^{55}]	[ken^{44}]	[ken^{33}]	[ken^{13}]
[ki^{43}]	[ki^{24}]	[ki^{31}]	[ki^{55}]	[ki^{44}]	[ki^{33}]	[ki^{13}]
[kou^{43}]	[kou^{24}]	[kou^{31}]	[kou^{55}]	[kou^{44}]	[kou^{33}]	[kou^{13}]
[ko^{43}]	[ko^{24}]	[ko^{31}]	[ko^{55}]	[ko^{44}]	[ko^{33}]	[ko^{13}]

<<< 第三章 中外苗文创制原理与发展比较

ꪔ	ꪔ̇	ꪔ̄	ꪖ	ꪖ̇	ꪖ̄	ꪖ̈
[ke⁴³]	[ke²⁴]	[ke³¹]	[ke⁵⁵]	[ke⁴⁴]	[ke³³]	[ke¹³]

Ꮙ	Ꮙ̇	Ꮙ̄	ꂕ	ꂕ̇	ꂕ̄	ꂕ̈
[kai⁴³]	[kai²⁴]	[kai³¹]	[kai⁵⁵]	[kai⁴⁴]	[kai³³]	[kai¹³]

ப	ப̇	ப̄	ꍏ	ꍏ̇	ꍏ̄	ꍏ̈
[koŋ⁴³]	[koŋ²⁴]	[koŋ³¹]	[koŋ⁵⁵]	[koŋ⁴⁴]	[koŋ³³]	[koŋ¹³]

ꖎ	ꖎ̇	ꖎ̄	ɯ	ɯ̇	ɯ̄	ɯ̈
[kɛɯ⁴³]	[kɛɯ²⁴]	[kɛɯ³¹]	[kɛɯ⁵⁵]	[kɛɯ⁴⁴]	[kɛɯ³³]	[kɛɯ¹³]

ꭴ	ꭴ̇	ꭴ̄	ꭱ	ꭱ̇	ꭱ̄	ꭱ̈
[kua⁴³]	[kua²⁴]	[kua³¹]	[kua⁵⁵]	[kua⁴⁴]	[kua³³]	[kua¹³]

ꭶ	ꭶ̇	ꭶ̄	ꭷ	ꭷ̇	ꭷ̄	ꭷ̈
[kau⁴³]	[kau²⁴]	[kau³¹]	[kau⁵⁵]	[kau⁴⁴]	[kau³³]	[kau¹³]

ꭸ	ꭸ̇	ꭸ̄	ꭹ	ꭹ̇	ꭹ̄	ꭹ̈
[kia⁴³]	[kia²⁴]	[kia³¹]	[kia⁵⁵]	[kia⁴⁴]	[kia³³]	[kia¹³]

ə	ə̇	ə̄	ꭰ	ꭰ̇	ꭰ̄	ꭰ̈
[ka⁴³]	[ka²⁴]	[ka³¹]	[ka⁵⁵]	[ka⁴⁴]	[ka³³]	[ka¹³]

ꭲ	ꭲ̇	ꭲ̄	ꭳ	ꭳ̇	ꭳ̄	ꭳ̈
[ku⁴³]	[ku²⁴]	[ku³¹]	[ku⁵⁵]	[ku⁴⁴]	[ku³³]	[ku¹³]

声母

ꞓ	ꞓ̇	ꞓ̄	ᴨ	ᴨ̇	ᴨ̈
[v]	[nʈ]	[f]	[ŋk]	[nts]	[tʰ]

A	Ȧ	Ā	∀	∀̇	∀̈
[s]	[ʔ]	[n̥]	[tɕ]	[ntʂ]	[ts]

ம	ம̇	ம̄	K	K̇	K̈
[l]	[tɬ]	[tɬʰ]	[ntʂ]	[tʂ]	[pʰ]

ப	ப̇	ப̄	ꮒ	ꮒ̇	ꮒ̈
[hl]	[ʐ]	[nts]	[t]	[mpʰ]	[mplʰ]

ꮃ	ꮃ̇	ꮃ̄	m	ṁ	m̈
[ŋ̊]	[kʰ]	[nt]	[plʰ]	[tʂʰ]	[p]

199

M	Ṁ	Ṁ	ꓕ	ꓕ̇	ꓕ̇
[ntʰ]	[mpl]	[ŋkʰ]	[h]	[ɕ]	[t]
U	U̇	U̇	U	U̇	U̇
[n]	[ɴq]	[ɴqʰ]	[ml]	[ml̥]	[k]
E	Ė	Ė	m	ṁ	ɩ
[qʰ]	[n̥]	[m]	[h]	[tʰ]	[pl]
∂	∂̇	∂̇	ꓵ	ꓵ̇	ꓵ̇
[n.tɕʰ]	[n̪tʰ]	[mp]	[m]	[ts]	[q]
ɰ	ɰ̇	ɰ̇	ɢ	ɢ̇	ɢ̇
[z]	[n̪t]	[ṣ]	'	[ntɬ]	[ntɬʰ]

老挝沙耶武理苗文的结构也很难找到与之对应的文字结构。就书写结构而言，这套苗文可能仿造于老挝拉丁苗文。不过，沙耶武理苗文并不完全属于仿造的文字，因为它的声母和韵母书写符号并不像一些常见的字母。在具有重要意义的正式文本中（例如，书卷），声母需要双写，因此，每一个音节首的所有辅音符号都要双写。不过，侯嘎旺用沙耶武理苗文给外界人士写信的时候，他的文字没有体现出上述的特征。杨雄录苗文与沙耶武理苗文两者结构大相径庭，沙耶武理苗文属于"声母+韵母"的结构，而杨氏苗文的书写顺序却是"韵母+声母"。

海外苗族聚居区新文字方案所设计的苗文在结构上也有着各自奇特之处，主要体现在鼻韵母的书写方式上。这套文字将鼻化分为前鼻化与后鼻化，而且韵母的鼻化包括三种类型，这一点与拉丁苗文的书写有所不同。根据老挝拉丁苗文的书写规则，韵母的鼻化主要是通过双写同一韵母符号得以实现，如在RPA苗文中，按照拼写规则，白苗语带有a字母的词汇在青苗语中拼写为"aa"等，表示鼻韵母[aŋ]。在新文字方案中，三个不同的鼻韵母分别用不同的符号书写。韵母[aŋ]用符号」书写，韵母[en]用符号ɡ书写，韵母[oŋ]用符号]书写。鼻冠声母均采用符号ʔ书写。（见表3–26）"ʔ"借用帕拉瓦文字的符号，在诸多东南亚的文字系统中，该符号顶端的圆圈仍被用来表示韵母的鼻化。在新苗文中，该符号既可以单独存在，又可以担任前缀。

表3-26　海外新苗族文字方案韵母鼻化的书写方式

ѡĭ	ѡɲ	ѡ̆	?
/qʰaŋ/	/qʰeŋ/	/qʰɔŋ/	/m,n,ɲ,ŋ,–/
ᔆ	ᔆ	ᔆ	ᔆ
[ŋt]	[ŋtʰ]	[ntɬ]	[ntɬʰ]	[mpl]
ᔆ	ᔆ	ᔆ	ᔆ	ᔆ
[mplʰ]	[ntʂ]	[ntʂʰ]	[nts]	[ntsʰ]

四、声调的书写方式比较

通过比较，发现中外苗族民间自创苗文书写声调的方式比较独特，相互之间存在较大的差异性。湘西方块苗文属于音节文字，声调没有得以单独标记，因此本部分对文字声调的比较仅仅针对海外苗族民间自创的文字。沙耶武理苗文与杨雄录苗文对声调的写法完全不同。杨雄录草创的第一阶段文字与第二阶段文字将声调符号与韵母符号作为一个整体书写，没有将声调同韵母符号分离开来。第三阶段的文字开始比较规范地标记声调，而且将声调分为两大类，不同类别的声调对应不同的字母。以韵母 [o] 为例，该音位的书写符号为 ѡ，书写 –b 声调（43调）则在该字母的顶上打上一个小圆点，即 ẃ；书写 –m 调（24调）则不需要添加任何小符号，即 ѡ；书写 –j 调（31调）则在字母的顶上打上两个小圆点，即 ẅ；书写 –v 调（55调）在字母顶上添加一个短横线，即 ѿ。后面四个声调与另一个韵母符号 ∩ 搭配，如标记 –d 调（214调）直接书写 ∩，不需要再添加任何其他的小符号，书写 –s 调，在字母顶上打上一个小圆点，即 ∩̇；书写 –g 调（13调），在字母的上方画一个小横线，即 ∩̄。沙耶武理苗文的声调标记属于线性结构，即"声母＋韵母＋声调"的结构。如果用沙耶武理苗文来书写 moŋ⁴³（苗族）这个词，可以写成 ҳѡі。

关于 –d 声调（214调）的标记方式，杨氏苗文与沙耶武理苗文也有所差异。杨氏草创的苗文没有这个声调，后来经王泽贵提醒后，杨雄录在第二阶段文字中增添表示这个声调的符号。即便如此，这个声调的书写方法与其他声调不一致。沙耶武理苗文从初期到后来都一直包含此声调符号，而且标记方式同老挝拉丁苗文一样，与其他的声调写法如出一辙。从这些迹象来看，斯莫莱认为沙耶武理苗文仿造于老挝拉丁文字而成，不过杨氏苗文却属于独创的文字。

法国学者李穆安认为，杨雄录在创制苗文时可能仿造柏格理苗文。(Lemoine,

201

1972：145-146）尽管原版本杨雄录苗文与柏格理苗文同属于半音节文字，但是两种文字在结构上有所不同。柏格理苗文的声母用变体大字母，韵母用特殊小符号，书写于声母的四周，以地位表示声调，而杨雄录苗文属于线性结构的文字，在音节结构上，声母书写在韵母之后。可见，柏格理苗文对杨雄录的苗文创制也没有直接性的影响，尽管两套文字有一些符号在外形上具有相似性。正是由于杨雄录苗文所具有的独特性，这套文字在世界文字发展史上构成了独立的文字系统，关于这套文字的所属类型，至今在学术界内仍没有定论。丹尼斯将其称为"元音附标文字"（abugida），而布莱特（William Bright）将其命名为音素音节文字（alphasyllabary），（Bright，2000：69）不过这些命名显然与杨雄录苗文的音节结构不相符，因为在杨雄录苗文的音节结构中，音节核心由元音担任，辅音作为附属成分，书写于元音之后。因此斯莫莱只能将其命名为字母文字。杨雄录苗文在世界文字系统中自成体系，这一点本身具有重要的影响力，更为重要的是，不具有读书写字能力的人创制出表音功能完善的字母文字，在文字发展史上比较罕见。世界文字发展史上当然也还有未接受过识字教育却成功创制文字的案例，如美洲切罗基印第安人塞阔雅（Sequoyah）创造切罗基文字，非洲利比里亚莫莫洛·杜瓦鲁·布格磊(英语:Momolu Duwalu Bukele) 创造瓦伊音节字。但是他们创造的是音节文字，与此不同的是，杨雄录创造的却是字母文字。

  杨雄录创制文字的案例极其独特，这与世界文字的发展、演变规律存在一定的差异。美国著名语言学家盖尔布曾在《文字系统研究》一书中提出单向发展原则（principle of undirectional development），认为世界上所有文字都必须历经图形文字、音节文字，才演变为字母文字。也就是说，没有任何文字起始于音节文字或字母文字，除非这样的文字直接性或间接性地借用其他文字系统。（Gelb，1963：200）从以上的论述来看，杨雄录所创的原版"救世苗文"与盖尔布所论述的文字发展和演变的模式不相吻合。这一案例提醒我们，传统的文字发展模式并不一定适用于所有情况。文字系统的形成和演变受到多种因素的影响，包括文化传统、语言特点和个人创造力等。每种文字系统都呈现出各自的特征和面貌，这是因为它们受到了各种不同因素的影响。因此，我们不能期望所有的文字系统都遵循相同的发展模式。在研究和探索不同的文字系统时，应该以开放和包容的态度去理解其背后的原理和意义，才能更加全面地认识和理解语言文字发展的多样性和复杂性。

  刺绣文字遵循"声母＋韵母"的拼写法则，但是声调的标记与所有其他的苗文系统有所不同，与韵母呈交叉状。例如，"帽子"一词 mau^{24}ntua^{44} 用刺绣苗文拼写为 囗⼮𢖩ꜰ。这种拼写法实际上是由声母囗[m]加上韵母⌐[au]，然后韵母与声调-相交构成第一个音节。第二个音节是由声母𢖩[nt]加上韵母「[ua]，然后韵母再与声调-相交而成。这套文字外形看似方块字，但其实不属于音节文字，而是字母文字。从结构上来看，韵母和声调构成一个整体，看似半音节文字。以韵母⌐[au]的声调书写为例，b声调（24调）表示为⌐；v声调（55调）表示为⌐；j声调（31调）表示为⌐；d声调（214调）空缺；s声调（33调）表示为⌐；g声调（13调）表示为⌐；m声调（24调）表示为⌐。这种组合方式与杨雄录原版 Pahawh 文字的韵母和声调组合外表极为相似，构成一个整体：ᴎ[kau^{43}]、И[kau^{24}]、И[kau^{31}]、И[kau^{55}]、N·[kau^{44}]、H[kau^{33}]、ᴍ[kau^{13}]。但不同的是，刺绣文字的声调可以从韵母中分离出来，而杨氏原版苗文的声调与韵母合为一体，不能分开。

从音节结构来看，通过比较，海外新苗文方案所设计的文字与杨雄录苗文截然相反，而与拉丁苗文类同：声母+韵母+声调。尽管如此，这套文字的声调符号比较具有特色，保留了东南亚文字的外形特征。另一独特之处在于每个声调的下端附有一个实心的小圆点。设计者认为，这种书写方式有助于将短语划分为不同的音节，从视觉上体现出韵律美。

ˎ	⌐	⌐	⌐	m	⌐	V	!
b	d	g	j	m	s	v	-
1	2	3	4	5	6	7	8

对中外苗族民间自创的文字声调符号设计进行比较，我们看到了苗族人民对语言和文化的极高重视。他们对声调符号精心设计，不仅仅是为了简单地标记语音变化，更是为了传承、展现苗族文化的丰富内涵。这种比较还展现了苗族文化在文字艺术方面的独特魅力。无论是杨雄录苗文的系统化声调标记方式，还是沙耶武理苗文的简洁明了的线性结构，抑或是刺绣文字独特的声调与韵母交叉排列，都表现了海外苗族人民对艺术的独特理解和表达方式。

五、苗文样本举例[①]

1. 方块苗文样本

巴姜哢㑚张八姐　　pa^{44}tɕaŋ^{42} sa^{44} ɕoŋ^{35} taŋ^{44}pa^{22} tɕie^{53}（苗歌师傅张八姐）

[①] 赵丽明，刘自齐.湘西方块苗文[J].民族语文，1990（1）：44–49.

嗷哝几剹几扒嗷？	Nqɤ³⁵ sa⁴⁴ tɕi⁴⁴ le³⁵ tɕi⁴⁴ tha⁵³ Nqɤ³⁵（唱歌谁个开始唱？）
细瞝几剹几扒起？	ɕi³⁵ niu⁴² tɕi⁴⁴ le³⁵ tɕi⁴⁴ tha⁵³ khi⁵³（古时谁个开始起？）
洺㴊列叮个卑溚	wu³⁵ ŋuɤ²² lie⁴² liɔ³⁵ qo³⁵ pɹei⁴⁴ liɤ²¹（水流要问头水井）
榔果大豆列叮几？	ntu⁵³ qɔ⁴² ta⁴⁴ tɯ³⁵ lie⁴² liɔ⁴² tɕi³⁵（树倒地上要问哪？）
……	
瞝蛮八姐勾哝嗷	niu⁴² mɛ²² pa²² tɕie⁵³ kɤ⁴⁴ sa⁴⁴ Nqɤ³⁵（古时八姐把歌唱）
嗷寸汝哝港偨戏	Nqɤ³⁵ tshen³⁵ ʐu⁵³ sa⁴⁴ kaŋ⁴² ne²¹ bi⁴⁴（唱的好歌送人玩）
几扒帅偨嗝哝抽	tɕi⁴⁴ tha⁵³ ʂa³⁵ ne²¹ kɤ⁴⁴ sa⁴⁴ thɯ⁴⁴（互找教人把歌编）
板罕果求没根头	pɛ²¹ he⁵³ qo³⁵ ntɕhu³⁵ me²¹ ken⁴⁴ thɯ²²（这些什么有根头）
弄洺㴊早个卑溚	noŋ³⁵ wu³⁵ mpo⁵³ tɕ⁴² qo³⁵ pɹei⁴⁴ liɤ²¹（像水冒自头水井）
水有源头树有根	ʂei⁵³ ʐu²¹ ʑɛ²² thɯ²² ʂu³⁵ ʐu²¹ ken⁴⁴（水有源头树有根）
凡间多哝剹剹唰	fɛ²² tɕiɛ⁴⁴ tɔ⁵³ ʐa⁴² le³⁵ le³⁵ nɤ³⁵（人间的聪明个个会唱）
仦饷嗷港仦饷睏	a⁴⁴ ʐ̩ɤ²¹ Nqɤ³⁵ kaŋ⁴² a⁴⁴ ʐ̩ɤ²¹ en⁴⁴（一代唱送一代看）

2. 杨雄录苗文样本

ẅm̈ ḃṗ ʋả ñR ʌȧ ñӝ ʊ ō̈ɯ ö̈ʋ ɒч́ ɷŋ
ʌȧ ʋɯ ɜR̊ ω̈м̈ , ñӝ ʊ ʊ̈н ʌȧ ñӝ ῠṁ ̃ṉR̊
ḃẅ ʊк̇ ω̇м̇ ñӝ ω̈ṁ ā̈m̈ : ῠṁ ̃ āṗ āṗ ὺм̇ ʊ
ō ὺ̈ɯ ẫʌ ñӝ ʊ ʋ̇ʌ́ ñӝ ʊ ṅ̇ʌ̊ ṅ̇м̇ ʊк̇ ɑк̇

翻译：从前有一只鹿正在树底下吃草，突然听到树上有猫头鹰在叫，大致的意思就是猫头鹰要拔掉鹿的牙齿。鹿非常害怕，于是就赶忙跑了。

3. 海外苗族新文字样本

用老挝拉丁苗文转写为：

Nyob rau ntu no，peb yuav los xyuas txog ntawv Hmoob?

Hmoob muaj puas-tsawg hom ntawv，lawv zoo li cas,

hom ntawv twg yog hom Hmoob siv ntau tshaj plaws thiab

hom teg thiaj yuav nuaj txiaj-ntsim ntau rau Hmoob.

peb yuav muab txheeb-xyuas kom tseeb rau hauv no...

中文翻译：

这一段里，我们要来关注苗文。

苗族有几种文字，它们是怎样表现的，

哪一种苗文用的人口最多和对我们苗族来说最有价值？

在这里我们要清楚看明白……

第四章　中外苗族文字传播的比较

不同种类的苗文在初始时可能存在使用场景与核心功能上的差异。一些文字发明之后，由于使用范围和时间受限，很快就失传，如民国初年，英国传教士胡托在黔东南炉山县（今凯里市）旁海镇创制和传播苗文的简短历程便是其中的典型案例。但是也有的苗文自创制以后，很快就得以广泛推行和使用，如滇东北次方言老苗文。关于文字广泛传播与使用受限的差别同样体现于海外苗族文字，这种差别似可从传播学的角度来加以阐释。关于传播，美国传播学先驱之一拉斯韦尔（Harold Lasswell）在题为《社会传播的结构与功能》（*The Structure and Function of Communication in Society*）的著作中首次提出了构成传播过程的五种基本要素："5W 模式"或"拉斯韦尔程式"的过程模式。拉斯韦尔"5W 模式"中的 5W 分别是英语五个疑问代词的第一个字母，即：

（谁）Who？

（说什么）Says What?

（通过什么渠道）In Which Channel?

（向谁说）To Whom？

（有什么效果）With What Effect?

该模式清晰地阐述了社会传播的基本过程和五个基本构成要素，揭示了传播过程的结构和特点。（拉斯韦尔，2013：1-2）受到该模式的启发，我们拟定从中外苗族文字的传播者、传播渠道、传播媒介以及受传者这几个维度考察中外苗族文字传播的具体历程，并且对其进行比较。

另一方面，近年来，文字学与人类学的有机结合使文字人类学这一新兴的交叉学科正在国际学术界初步萌生，成为新的学术生长点。哈里斯（Harris，2000）的《文字再思考》（*Rethinking Writing*）强调文字整合论，反对脱离社会、历史、文化和权力的研究取向，提倡文字研究要超越文本，要从现实和历史的人类生活中寻找答案。美国韦恩州立大学斯蒂芬·克里索马利斯(Stephen Chrisomalis)在2010年美国人类学学会第109届年会中发表了题为《重新激活文字人类学》(Re-stimulating the anthropology of writing systems)的论文，提出文字学与人类学交叉研究的构想。这一构想并非空穴来风，早在1963年，英国人类学家古迪与伊恩·沃特（Ian Watt）合著了题为《文字后果》(The Consequences of Literacy)的论著，提出了文字假设理论，认为人类的认知能力和社会变迁在很大程度上可以追溯到人类交流方式转变的时期，尤其是文字的创造时期。（Goody，1968）古迪与沃特二人基于古希腊文字的社会功用，认为字母文字的广泛使用对社会和人类的心理具有非常重要的影响，他们同时还指出，文字对社会和人类心理的影响程度取决于文字本身所具有的功能以及社会对文字的束缚。此外，古迪在后来的几本著作中对"文字假设论"都进行了充分的论证，其中，《传统社会中的书写》(Literacy in Traditional Societies)、《书写与口述的界面》(The Interface between the Written and the Oral)以及《书写的逻辑与社会的结构》(The Logic of Writing and the Organization of Society) 等著作都堪称学术经典。

古迪"文字后果论"的提出为文字的研究提出了一种新的视角和思路。正如这套理论所指出的，文字与社会发展之间有着密切的联系。文字推行和传播的成功与否不仅与所创文字的表音、表意功能紧密关联，同时也受到各种社会文化因素的制约。因此，就文字谈文字的研究已经难以适应当今文字研究发展的需要，不能只将研究的视角局限于文字符号本身，而需关注文字的使用和传播，以及它们与社会及时代背景之间的关系。自"文字后果论"提出以来，西方学者已经对瓦伊文、英文、阿拉伯文等文字系统个案开展了研究。但是这些文字都没有像中外苗文一样拥有着丰富多彩的书写系统。因此作者认为，对中外苗族文字传播以后所产生的社会功用及影响进行深度地比较与剖析，不仅可以深化我们对古迪"文字后果论"的理解，而且对充实和完善我国人类学和民族学的学科体系也会有一定的促进作用。因此本章节对中外苗族文字传播的比较不仅仅涉及文字的传播者、传播渠道、传播媒介以及受传者这几个维度，而且还要对中外苗族文字的社会功用进行比较。

第一节　传教型苗文的传播比较

一、文字的传播时间、传播者、传播媒介的比较

通过比较，发现中外传教型苗文的传播时间具有较大差异，主要表现为，中国传教型苗文传播时间早于海外苗族文字，始于19世纪末、20世纪初。海外苗族文字的传播始于20世纪50年代。对中外苗族文字传播者进行比较发现，中国境内所创的传教型苗文主要依靠传教士以及当地苗族人进行传播，而海外苗族文字的传播除传教士，很多学习文字的人也参与了文字的传播。对中外苗族文字的传播媒介进行比较发现，中国传教型苗文主要是通过翻译的《圣经》得以传播，而海外苗族文字的传播除了依赖于翻译的《圣经》，自编的苗文词典、识字教程、报纸、杂志、书信及很多其他的媒介也发挥了重要的作用。

（一）中国境内传教型苗文的传播

1. 克拉克苗文的传播

克拉克创制的苗文使用范围不广，根据相关文献记载，他所创的这套文字主要使用于苗文识字教程编写、词典编写。1896年7月他与当地苗族潘秀山完成苗语中部方言识字教程的编写工作，然后还翻译了一本教义问答书，一些教规，还有几首圣歌，用于开展传教工作。

与此同时，在贵阳市内地会的韦伯夫妇（Mr. And Mrs Webb）[①]也开始学习苗语中部方言，走进黔东南苗族聚居区。他们二人在清水江河畔的猴场建立了传教点，正好在清平县[②]旁海汉人乡镇的对面。魏氏夫妇最初使用汉语传教，潘秀山用苗语传教。有时候克拉克也与他们一同开展传教工作。1897年，魏氏夫妇由于生病离开旁海，工作由波尔顿先生（Mr. Bolton）接替。在此阶段，当地掀起了轰轰烈烈反对洋教士的运动。潘秀山仍在旁海，既开展传教

[①] 汉语姓为魏。

[②] 新中国成立前该县属于都匀府辖地，民国时期更名为炉山县。新中国成立后成为凯里市的一个区。

工作，同时又翻译《圣经》。当时他们开办了学堂，传播文字，但是没有收到理想的效果。克拉克对此有过记载："数年前我们在旁海开办了学堂，教授当地人学习拉丁字母苗文。但孩子的父母不同意孩子学习苗文，他们更希望自己的孩子能够学汉语，写汉文。他们的这种想法不难理解，因为任何一个可以读写汉文的苗族人将来可以在汉人居住区谋到一份文书的差事。因为所有的公告与告示，法律诉讼的辩护都要用汉文来写。"（Clarke，1911：38-39）总而言之，克拉克所创的苗文影响力极小。由于表音不准，当地苗族人更倾向于学习汉语，再加上当地人反对洋教士的运动等因素，这套文字没有得以广泛传播。

2. 党居仁苗文的传播

党居仁苗文的传播是以翻译的《圣经》为主要媒介。1908年5月，党居仁第二次休假返回安顺府时，立即着手《圣经》的翻译工作。《圣经》翻译好之后，印制成册，开始将其用于当地传教活动。对此克拉克有过专门的记载："党居仁返回安顺府，在众多苗族基督教徒的协助下，开始采用拉丁字母花苗文翻译《马可福音》。在此之前的《圣经》译文均采用汉字，但能读懂汉字版《圣经》的苗族人却寥寥无几，尽管他们中有些人已经学习识读汉字。此外，很多圣歌与教义手册已经翻译成花苗文，一些苗族人已开始学习识读文本。与汉字相比，拉丁字母苗文翻译的经文属于拼音文字，更加易于花苗族识读。1909年5月第一版《马可福音》出版。不久之后，《马太福音》（*Gospel according to Matthew*）的译本也印刷完毕。与此同时，《约翰福音》（*Gospel according to John*）的译本已经寄送到印刷厂。教徒们很快拿到了整套新约全书。他们都期盼着能够学习阅读经文。已经学会阅读的人非常热衷于帮助他们。读书会很快得以建立，在整个礼拜活动中，圣歌、祷告、演说一部分采用汉语，一部分采用苗语。"（Clarke，1911：248）

关于党居仁苗文的传播，克拉克在《贵州土著居民》（*Aborigines in Kweichow*）一文中写道："这些部落的居民都不懂文字。部分人自皈依基督教后开始学习识读汉语版《新约全书》。不过，我们的同道党居仁已经创立了能够书写当地苗语的文字，并且把《马可福音》《赞歌》、一些宗教教义翻译成苗文，多数苗族人都在学习阅读苗语版的经文。不久之后，他们就会有整版翻译好的《新约全书》，这些人就会成为第一批当地苗族聚居区的教徒，他们拥有自己的福音堂。在他们的教堂里还有当地的负责人，当地的布道师。"①

有了苗文版的经书，党居仁的传教工作也取得了一定的进展。1908年安顺府仅有800人接受洗礼，1909年当地有2979人皈依基督教。随着教徒人数的增长，当地建立了两所圣经学校，9个苗族福音堂，选举32名苗族人作为当地代表，同时还印刷了一本专供水苗族人学习的基础教程。②水苗就是居住于安顺附近的水西苗。但是目前未能找到这本教程。克拉克出版了安顺花苗词汇，所使用的文字正是水苗基础教程的苗文。③这种文字的基本拼写法则与党居仁的拉丁字母苗文相同。1909年在安顺府的17个传教中心共有3297名教徒。每天晚上数百村寨都举行活动，这些村寨中负责传教的管理人每个月到葛布参加一次会议。1909年葛布已有4个分教堂，主要包括威宁的兴龙厂、大松树、鱼鳅湾，以及赫章县的新炉房。④（但是从严格意义上来讲，在1917年以前，葛布也属于安顺的分教堂。）

除了福音堂、教堂，还建立了圣经学校，这对党居仁苗文的传播也起到一定的作用。1910年更多的苗族开始学习党居仁苗文。《中国与福音：中国内地会图解报告》有过记载："当年建立了两所教会学校，一所男子学校，一所女子学校，所有学员都取得很大的进步。"⑤"苗族妇女圣经学校每个月开班一次，还有一所为男人设立的圣经学校是每隔六周开班一次。在两所学校中，学习党居仁苗文成为一项重要的学习活动。在冬季，边远地区四个不同地区的学校里设立苗文学习班，学员男女老少皆有，数目庞大。"⑥

以上学习党居仁苗文的叙述主要来自文献资料，具体的人数无从得知。

1911年裴忠谦（Isaac Page）在其所著的《继续祷告》一书中提及有关党居仁苗文的使用情况："下午时分，没有举行日常的祷告会议，人们坐在一起

---

① Clarke, Samuel R. "Aborigines in Kweichow" [M] // *China's Millions* (North American Edition). Ed. James Hudson Taylor. London: Morgan & SCO TT, 1910: 90–93.

② "Anshunfu" [M] // *China and the Gospel, An Illustrated Report of the China Inland Mission*. Ed. China Inland Mission, London: Mission. 1909: 79.

③ 由于文字存在严重的缺陷，难以准确地辨别文字书写的花苗语属于哪一支系。具体词汇可以参见 Samuel R. Clarke. *Among the Tribes in South-west China* [M]. London: China Inland Mission, 1911: 307–312.

④ "Anshunfu" [M] //*China and the Gospel*, *An Illustrated Report of the China Inland Mission*. Ed. China Inland Mission, London: Mission. 1910: 70–71.

⑤ "Anshunfu" [M] //*China and the Gospel*, *An Illustrated Report of the China Inland Mission*. Ed. China Inland Mission, London: Mission. 1910: 71.

⑥ "Anshunfu" [M] //*China and the Gospel*, *An Illustrated Report of the China Inland Mission*. Ed. China Inland Mission, London: Mission. 1911: 70.

学习（新约圣经中的）加拉太书。"①从圣经协会图书馆的目录来看，党居仁花苗语书写系统所载的文献共出版5本书物，主要包括《圣马可》《约翰一、二、三书》(*I-III John*)（1910）、《圣马太》《圣约翰》《罗马人和加拉太书》(*Romans and Galatians*)（1911）。以上书物均由苏格兰国家圣经协会出版。

1912年孙成仁（Mr. Merian）夫妇来到安顺与党居仁共同传教，那年冬季他们开班教授党居仁所创的拉丁字母苗文。孙成仁为当地苗族领导开设了为期22天的课程，15所学校里共有237名男学员，两所女子学校里共有47名学员。416人接受洗礼，到年底教徒人数达4021人。红头苗的族人同样也开展了传教活动，12名牧师自愿从葛布教堂到红头苗所在的村寨开展传教活动。②

除了开设学校，还有一些出售《圣经》的小贩在传教中也起到了一定的作用。他们整天游逛市场、走村串寨，到山地民族的家中兜售苗文版的《路加福音》(*Gospel of Luke*)③、中文版的《新约全书》，而且投入大量时间教人们识读经文。夜晚他们在住所中向村民们诵读上帝的福音。所有一切活动均由苏格兰圣经协会资助。

党居仁本人也曾游历苗寨售卖经书，他在《亿万侨民》刊登《部落民族的又一次旅行》，对此有过记载："……这条路正好处于水城大盐道，大约20年前，我曾走在这条路上，在此卖书、布道。当时根本就没有想到这里的人会信奉基督教。"（Adam，1914：28）

1915年8月9日，党居仁遭雷击而亡。此后，裴忠谦接替了他的传教工作，并且很快做出了一系列重要的变革。1917年葛布福音堂由原来的分教堂更改为独立传教点，裴忠谦也迁往葛布，让葛布成为内地会在贵州西北部的传教中心。此外，他废除党居仁的拉丁苗文。1918年苏格兰国家圣经协会对党居仁苗文做出了新的决定："鉴于云南、贵州多数传教士的意见，苏格兰国家圣经协会决定将不再出版罗马字母花苗文所载的《圣经》。本协会将资金投入到购买、发行、印制柏格理文字版的《圣经》。"④后来裴忠谦从石门坎邀请教师到葛布教授柏格理文字。此后，没有任何文献记载花苗族居住区仍在使

---

① Isaac Page. "Continuing Instant in Prayer"［M］//*China's Millions*（*Australian Edition*），supplement. 1911：7.

② "Anshunfu"［M］//*China and the Gospel*，*An Illustrated Report of the China Inland Mission*. Ed. China Inland Mission, London：Mission. 1913：71–72.

③ 圣经协会图书馆的目录没有提及《路加福音》一书，而且该书的复印本至今也无法找到。

④ 英国&外国圣经协会（British & Foreign Bible Society），《语言文集：花苗语》(*Language Papers*：*Hwa Miao*)，未出版。手稿第4页。（1918年11月18日，英国格拉斯哥）

用党居仁苗文。

3. 滇东北次方言老苗文的传播

柏格理草创的滇东北次方言老苗文也是以翻译的苗文版《圣经》为主要媒介，这一点与党居仁苗文的传播相同。《圣经》的翻译工作并不仅仅依靠传教士，而更多的是依靠当地的苗族人。柏格理创立苗文之后，1905年开始同李斯提反、福音传教士杨雅各（James Yang）翻译《马可福音》。柏格理首先对经文进行改述，然后在杨、李二人的协助下，将改述的文本翻译成苗语口语。待柏格理对译本感到满意后，他们就将苗语的文本转换成文字。关于圣经的翻译，《柏格理日记》中有过专门的记述："我同苗族传教士杨共同开始将《马可福音》译成苗文（1906年2月5日）。"（Kendall，1954：103）在12月18日的日记里，他继续写道："现在，我们完成了苗文《马可福音》的校对工作。我希望它的质量会更好一些。如果能够抽出时间来，用不了几年，我们将会让现在使用的粗糙的文字得到惊人的完善。和我一起负责翻译工作的，是苗族杨雅各。"（Kendall，1954：112）

柏格理本人负责大部分《新约全书》初稿的翻译工作。在柏格理最后的岁月里，他急匆匆地完成《新约全书》的翻译工作。1915年，在完成《启示录》的翻译工作不久后，他患伤寒去世。王树德（William H. Hudspeth）与郭秀峰（Arthur Nicholls）对他的初稿翻译进行了修改，并于1917年在日本出版了苗文版《新约全书》译本，共发行85000册。大部分苗族人不懂汉语，即便有部分人懂汉语，也不足以理解汉语的经书内容。大花苗文的《新约全书》译本能够满足部分苗族基督徒的需求，但他们仍然对完整版的《圣经》译本充满了期待。[①]

其他传教士也参与了《圣经》的翻译。初译稿的大部分内容由柏格理本人完成，由郭秀峰、王树德修订，《新约全书》的全部译本由大英圣书公会资助出版。

传教事业的进一步发展促进了柏格理苗文的传播。1906年在距离石门坎50公里的云南彝良县咪哊河沟、威宁县长海子建立了分教堂，郭秀峰从云南内地会来到石门坎学习花苗语，以期更好地在武定县洒普山的花苗族人中开展传教工作。1907年成立了石门坎大教堂。《1907年苗族报告》所列举的必需品中就提到，需要更多花苗语版的《新约全书》在内的文献，同时还需要专

[①] Yu Suee Yan. The story of the Big Flowery Miao Bible [J]. *The Bible Translator* vol. 62, no. 4, 2011: 207–215.

供发行杂志、《圣经》、小册子等刊物的小型印刷机。①

传教工作发展迅速，大坪子、幺店子、天生桥均建立了分教堂。建立的教堂同时也可以当作学校。其中一些分教堂距离葛布很近。在传教的过程当中，当地福音堂的神职人员负责教苗族教徒阅读苗语版《圣经》，同时帮助那些阅读汉语版《圣经》的教徒。前来接受洗礼的人选所参加考试的时间超过3个月。据了解，在所有人员中，除最年长的人之外，其余人都能阅读花苗文版的《马可福音》。②

4. 胡托苗文的传播

关于胡托创制与推行苗文的具体时间，由于材料稀缺，目前很难考证。大致可以推测，约在1920年胡托采用注音字母取代了之前克拉克创制的拉丁字母苗文，经过传教专家的认真思考后，中华续行委办会决定将这套文字用于传教工作。

胡托苗文的传播媒介同样也是翻译版的《圣经》，这同党居仁苗文、滇东北次方言老苗文的传播情况具有相似性。将经书翻译成苗文成为胡托苗文传播中的一项重要内容。在传教的过程中，黑苗语《新约全书》的翻译工作占据了胡托的大量时间。多年来，在黑苗族人的礼拜活动中，阅读汉文的《圣经》几乎没有什么效用，因为对黑苗族人而言，汉语《圣经》的意义很难理解。有了翻译版的《圣经》，苗族人不仅可以阅读汉语《圣经》，而且还阅读苗语《圣经》，参加礼拜活动的人也可以使用他们的民族语言传播福音。

当时接受胡托苗文的当地苗族人数量极为有限，一些苗族人对苗文《新约全书》不冷不热，更加愿意学习汉语的经书，但是，胡托还是开展了大量的翻译工作，将英文版《圣经》翻译为苗文经书。除了胡托本人，还有一些小贩到苗族村寨售卖苗文经书，在一定程度上促进了文字的传播。胡托苗文除了用来翻译《圣经》，还用来拼写革家文字。近年来，黔东南凯里、雷山等市县的一些苗族村寨中还有一些基督信徒留存着胡托苗文所载的《圣经》。2017年作者到雷山县桃子寨进行调研，那里的村民还保留着胡托苗文《圣经》的复印本。

（二）海外传教型苗文的传播

第二章所叙述的海外早期传教型苗文主要有萨维纳苗文、泰字苗文、霍

---

① Pollard S, "Miao Report for 1907", 未出版的手稿。（1907年12月石门坎）

② "Sapushan" [M] // China and the Gospel, An Illustrated Report of the China Inland Mission. Ed. China Inland Mission. London: Mission, 1910: 74.

默迪克逊苗文。传教士创制苗文的初衷是为了更好地传播宗教教义，因此这些文字的传播者主要是文字的创制者本人。此类文字传播的方式主要还停留在人际传播的层面上，传播的渠道主要是通过教堂集会。此外，这些文字的传播媒介也仅仅局限于采用苗文翻译的《圣经》、圣歌以及词典。鉴于此类苗文影响力较小，而且有关资料非常稀缺，此处不做详细阐述。

1. 老挝拉丁苗文的传播

老挝拉丁苗文最初的传播媒介主要包括苗文识字教程、故事书、苗文词典等。1953年老挝拉丁苗文在老挝野牛山问世之后，恩保羊独自一人编写了第一本苗文课本。

打字机的应用提升了文字处理效率，成为苗文传播的前提条件。老挝拉丁苗文得以创立之初，编写识字课本完全依靠手写，严重制约着文字的传播速度。意识到这样的问题后，恩保羊等人找来一部打字机和一台印刷机，印制了苗文课本，开始在野牛山附近的苗族村寨传播文字。后来附近村寨的一些苗族人听到消息后也从远处赶来学习文字。恩保羊还用所创的苗族文字编写了一些故事书，吸引了更多的学习者。

编写苗文词典有助于当地苗族学习文字，加速了老挝拉丁苗文在当地的传播。学习苗文的人越来越多，恩保羊在老挝孟龙决心要编写一本苗法词典。白天，两名苗族老人带着四名青年与他一起收集苗语词汇，晚上他将苗语词汇逐一翻译成法语，完成初稿后他们就来到万象，将编好的词典交付出版社出版。这是一本苗法词典，共584页，每页70行，共40000行。1978年，这本词典在泰国曼谷再版。在恩保羊编撰词典的同时，海姆巴赫在泰国清迈也编印了一本苗英词典，共有490页。1961年以后恩保羊等人一直居住于老挝万象。恩保羊用苗文写信给越南桑怒、老挝孟龙、南空的苗族青年，让他们到万象继续学习苗文。不久便有15个苗族青年来到万象，他们共同开办了一所学校。除了学习苗文，他们还学习老挝文和法文，其中的教学活动大多是用苗语来开展。为此，他们开始用苗文编写各种教材。

建立学校进一步加快了文字的传播速度。老挝拉丁苗文传播初期，文字普及速度较为缓慢。后来，在野牛山学会苗文的苗族人与恩保羊乘坐飞机前往桑怒，在回程的途中，有六个苗族人随他们一起到野牛山学习苗文，为期六个月。同年12月，他们再次来到桑怒，有不少苗族男女青年前来向他们学习苗文。两三年以后，他们在孟龙建了两所较大的学校，学校里的苗族男女学生都学习和使用苗文。这个时期，老挝拉丁苗文的传播较初期阶段取得了一定的成效。

学习文字的海外苗族人相互交流学习经验，进一步扩大了老挝拉丁苗文的传播面。从以上几段论述来看，老挝拉丁苗文得以快速传播的原因主要有两点，其一，传播文字的人和苗族人在一起，有许多苗族朋友经常与他们交往，需要学习苗语，使用苗文写信给他们的朋友等。其二，海外苗族需要文字，他们非常热心学习和使用苗文以促进本民族的发展。1963年至1975年期间，在老挝的国土上到处战火纷飞，很多苗族人只好拥进老挝万象。当时学习苗文的男女青年只有几十人，到1975年，在万象学习文字的苗族青年已达几百人，他们多数都学习苗文并且掌握了苗文。这段时期苗文的传播得到了较快的发展，这主要是苗族青年积极学习的结果。他们掌握苗文回到村子里后，又积极地把苗文教给自己的乡亲和朋友。

2. 寮字苗文的传播

怀特洛克等人创立寮字苗文以后，老挝巴特寮政府同意并支持这套文字在当地苗族学校推行，开展识字教育。1972年5月21日老挝《万象新闻》第十页刊登了一则关于这套苗文使用的情况："在苗族公立学校里，已经印制了阅读教材，采用老挝文拼写苗语。亚洲基金会（Asia Foundation）重印了2万本教材，分上下两册。这套教材是由新教教士编写，老挝教育部批准使用后才得以印刷。每一本书都附有插图和短篇故事。只要具备老挝文阅读能力的人都可以拼读教材的文字，但是不能识别其意，因为书上的文字所拼写的是苗语。之前印刷的教材均使用新字母，即拉丁字母，声调采用字母标记在词的末尾。"（Lemoine，1972：162）

寮字苗文不仅用于识字教育，同时还尝试应用于传教。天主教士采用这套文字出版了一本《赞美诗》与《新约全书》。根据文字创制者怀特洛克本人的估算，学习拼读这套文字的苗族人数约1500到2000人，其流利程度均不等。不过这套文字遭到了老挝苗族精英的强烈抵制，主要有两个原因，其一，新教教士在创制这套文字之前没有获取老挝苗族人的赞同；其二，寮字苗文的实用性远不及拉丁苗文，不便于学习。苗语中具有区别意义的音位显然多于老挝语，要拼写苗语，那么就需要改变老挝文的符号。此外，从语言学的角度来看，寮字苗文的拼写远比拉丁文字复杂。与此不同的是，拉丁苗文书写美观，表音比较准确，海外大多受教育的苗族难民比较青睐这套文字。关于老挝拉丁苗文与寮字苗文的选取问题，美国应用语言学中心所编写的苗族事务工作指导手册《苗族语言与文字》中曾引用怀特洛克的话语：

"我所在的难民营里共有13000名难民，其中苗族难民的人数就达

11000人。当时我们需要做出决定，究竟选取哪一套文字，因为我们无法继续打印寮字苗文。从某种意义上来讲，我们应该选取泰字苗文，但是50000名苗族难民中没有一个人愿意留在泰国，所以要在他们中推广普及文字将成为一个漫长的历程。而泰字苗文则比寮字苗文更为复杂。首先我在1964年就同斯莫莱共同创立泰字苗文，当时也有人在开始学习这套文字，但学习过程相当艰难。后来苗语语音学专家、海外宗教学顾问帕内尔（Herbal Purnell）帮助我们做出决定，重新选用拉丁苗文作为难民营的文识教育……" ①

从怀特洛克的这段述说来看，寮字苗文书写繁杂，海外苗族人不愿意选取这套苗文，因此传播面比较具有局限性。除此之外，作者已经很难找到有关这套文字应用情况的记载，接受作者访谈的很多海外苗族人也表示对这套文字的传播并不了解。

寮字苗文的传播经历深刻启示了语言文字推广和文化交流的重要原则。尽管怀特洛克创制的寮字苗文得到了老挝王国政府和教育部门的支持，却遭遇了苗族精英的抵制，引发了关于文化认同和实用性的辩论。这凸显了在推广新的语言文字系统时，达成社区共识和尊重本地文化的关键性。值得注意的是，创制寮字苗文时未征得老挝苗族人的同意，是老挝苗族人抵制文字推行应用的主要原因。这说明了在语言文字变革中，积极合作、尊重文化传统是文字得以成功传播的基础。寮字苗文的实用性相较于拉丁苗文受到怀疑，强调了推广新文字系统时需关注实际应用的便利性。此外，寮字苗文在识字教育和传教中的尝试表明，设计文字系统时可考虑多领域应用，提高其适用性和接受度。最终，难民营选择重新采用拉丁苗文，综合考虑了文化因素和学习难度，凸显了教育支持在语言文字推广中的关键作用。这个经历为我们提供了在跨文化传播中平衡各种因素的宝贵经验。

二、中外传教型苗文的传播范围比较

通过梳理中外传教型苗文传播面的相关文献，对其进行比较，发现中国境内的传教型苗文传播面较为狭窄，主要局限于苗文所书写的苗语方言区，而海外传教型苗族文字通行面比较广泛，从老挝传播到泰国，甚至几乎遍及海外各苗族聚居区。

---

① Center for Applied Linguistics. *The Hmong language: sounds and alphabets* [M]. Arlington, Va: National Indochinese Clearinghouse, Center for Applied Linguistics, 1982: 36.

第四章 中外苗族文字传播的比较

从收集的材料来看,外籍教士在中国境内创制的苗族文字传播面是极其狭窄的,主要局限于教士们开展传教的苗语方言区内。克拉克、胡托创立的苗文得以应用的区域主要局限于黑苗语方言区。中国境内传播面较广的传教型苗文主要是柏格理等人所创的滇东北次方言老苗文。这套文字从贵州石门坎地区传播到云南昭通,还传播到川南的部分苗族聚居区。关于柏格理文字在川苗中的传播,林名均在《川苗概况》一文中有过如下的论述:

"……川苗与其他苗族一样,本来是没有文字的。平时记事,多刻木或结草绳以为标识。与上古结绳书契相同。后来与汉人的交通日繁,才渐渐地有人学习和认识汉文,但也只有少数的人能够运用。到了光绪二十七年,基督教会的势力侵入云南,有一位英国传教士名柏格理的和一位汉人秀才李约翰和一位花苗张约翰,三人共同审查语音,于是仿造罗马字的拼音法,创成一种特殊的拼音文字。大写字母二十六个,小写字母四十二个,用以教导苗民,通行于花苗和川苗当中。闻花苗中用这种文字印成的书,已有新约全书赞美诗及会话读本。川苗中则仅于民国十二年在日本所印之马克福音和赞美诗的一部分……"(林名均,1936:52)

20世纪20年代初牧师张道惠(Harry Parsons)致力于川苗方言的工作,根据圣经会图书馆的目录,1922年他着手将《马可福音》翻译成苗文。[①]

第一本川苗方言文字版的圣经是1922年翻译的《马可福音》,由英国海外圣经协会出版。1935年石门坎教堂又出版了一本圣歌。王树德担任编辑,翻译工作由杨明清担任。1938年修订版的《马可福音》由英国海外圣经协会与美国圣经协会上海分会联合出版。

1937年循道公会派高志华牧师(R·H·Goldsworthy)前往四川开展传教工作。20世纪40年代初,王武寨被设为循道公会在川南的传教中心。川苗对汉文的掌握程度很好,20世纪40年代末张道惠到川南的时候,他是用汉语来进行传教。根据他的述说,甚至连苗族妇女都懂汉语,这在苗族聚居区实属罕见。1946年莱特(Ewart Wright)到川南地区考察,他写道:"圣经与赞美诗在该地区非常紧缺,无论是汉文版还是川苗文版。当地人十分渴望将《新约全书》翻译为川苗文版。尽管川苗语同花苗语完全不同,但两种语言都可以

[①] 张道惠还有一本笔记本,上面列有《马可福音》的词汇表,很可能是在翻译的过程中使用。

用柏格理所创的老苗文来写。"①

关于柏格理苗文的传播与影响力，江应梁（1945：29）在《西南边区的特种文字》一文中写道："这种文字在苗胞区域里流行，非常普遍，因为教会在苗族聚居区中实力雄厚，所以这种文字也便由着教会的力量而普遍传授给苗胞，精装厚册的苗文圣经，在昆明贵阳等地教堂中均可用极低廉的价钱买到，在昭通接近贵州威宁的石门坎教堂里，且有苗文报纸的印行，苗胞中的青年，不认识这种文字的已经很少了。在云南的南部文山开远一带，这种文字的流行也极广。"《在云的那一边——柏格理在中国西南的纪实》记载："这个文字系统简单易学，很适合大众教育。邻近的部落区域也有其他传教士试图创造文字的经历，但是都没有像波拉德文字那样获得成功。今天，在许多与苗族无血亲关系的部落中，这套文字仍被广泛使用。"（Kendall，1947：123-124）

海外传教型苗文真正得以推行应用的是老挝拉丁字母苗文。这套文字创立于老挝，最初也是在老挝推行使用。后来，老挝苗族难民的逃亡与迁徙成为这套苗文跨国传播的重要原因。1975年5月是老挝拉丁苗文传播史的一个重要时期，因为这段时间有几万名老挝苗族沦为难民逃离老挝进入泰国。作为第一个接纳苗族难民的营地，泰国班维奈20世纪80年代成为一座封闭式的城市，该营地容纳43000~45000名苗族难民。由于没有事情做，苗族难民就学习老挝文、泰文、英文、法文、汉文和苗文等。当时在营地里有众多传教组织、志愿者机构、政府机构为难民提供识字教育，其中包括基督教士主办的老挝拉丁苗文学习班、志愿者机构主办的英语学习班、教徒主办的杨雄录苗文学习班。此外，还有其他个人团体主办的泰文、中文甚至法文学习班。仅在1979年到1980年就有几千人掌握了苗文，国外一些前来开展调查的学者也学习并掌握了老挝拉丁苗文。

战争让老挝拉丁苗文从东南亚苗族聚居区传播到世界各地的苗族聚居区。战争使成千上万的苗族人沦为难民，拥入泰国。后来难民人数不断增多，无疑加重了泰国政府的负担。于是，经联合国调解，一部分苗族难民迁入美国、法国等其他国家，老挝拉丁苗文也跟随着苗族难民传到了西方国家。在美国，苗族建有许多协会，每个协会每年都要印发一些简报，这些简报使用的文字是老挝拉丁苗文。一些苗族社区建立了苗文识字社，一些协会和团体还印有苗文报纸。在苗族集中的地方还有一些学校教授苗文，有的是苗族自己

---

① Wright E. B. "Summary Report of the Work Among the River Miao"，1949．手稿，第1页。

开设，有的是政府帮助开设。有的大学，如明尼苏达大学还开设了苗语文课，让其他美国学生学习苗语文，他们也编印了非苗族学生为对象的苗语文教材。2017年2—8月，作者在明尼苏达大学高等研究院访学期间，曾到该大学文学院开设的苗文班做过调研。明尼苏达大学教授苗文的教师是 Bee Vang-Mou，她是该大学苗语中心（Hmong Language Program）的主任，授课对象有大学一年级、二年级、三年级的苗族学生。在加拿大，苗族人数不是很多，但当地开办有苗文学校，并且出版苗文书刊等。在澳大利亚，苗族人数与加拿大差不多，但苗族人仍很热心学习和使用苗文，他们撰写并出版了一些苗文小说书籍。自中国实行对外开放政策以后，老挝拉丁苗文传入了中国。1984年恩保羊来到中国云南，向云南大学东南亚少数民族研究院赠送了五卷苗文书籍。第二年有老挝苗族人到该研究所进行文字培训，后来国内还有一些苗族人也继续学习使用这套文字。此后，国内众多苗族人写信到法属圭亚那的苗族协会，通过苗文刊物《鹰燕栖息》向美国、法国、泰国等地介绍了中国文山苗族的情况。

三、中外传教型苗文的社会功用比较

通过比较，发现中国境内与海外苗族聚居区尽管曾经出现过多套传教型苗族文字，但很多文字的社会功用仅限于传播宗教教义。在中国境内的苗族聚居区，传教型苗文中只有柏格理创立的滇东北次方言老苗文在社会功用方面逾越传播宗教教义的界限，应用于双语教学、传承苗族传统文化、宣传科普知识、日常生活交流等方面。海外传教型苗文的推行应用与中国传教型苗文具有很大的相似性。海外苗族聚居区的传教型苗文在数量上远远超过中国苗族聚居区的传教型苗文，但是最终只有老挝拉丁苗文发展成为具有多重社会功用的文字，广泛应用于书信交流、出版书刊、撰写广播稿、编辑影视字幕等方面。以下分别对柏格理等人所创的滇东北次方言老苗文与老挝拉丁苗文的社会功用进行论述。

（一）滇东北次方言老苗文的社会功用

1. 在宗教上的应用

创立滇东北次方言老苗文的初衷是为了传教，因此这套文字首先用于翻译《圣经》以及宣传宗教的读本。滇东北次方言老苗文版的宗教读物主要有《花苗颂主圣诗》（1908年版）、《圣经日课》（华英书局印刷，1910年版）、《新约全书（第一版）》（上海圣公会印刷装订，1917年版）、《新约全书（第二版）》

（上海圣公会印刷装订，1919年版）、《新约全书（第三版）》（上海圣公会印刷装订，1929年版）、《花苗语新约全书》[①]、《循道公会圣餐简礼文》（1946年版）、《花苗新约全书》（中华圣经会，1947年版）、《花苗新约全书》（1950年版）、《赞美诗＆教义问答》（1915年版）、《马可福音》（云南：大英海外圣经公会，1922年版）[②]《川苗福音诗》（1935年版）[③]、《马可福音》（1938年版）、《颂主诗歌》（1917年版）等。

2. 双语教学

1906年柏格理创立的苗文开始用来开展苗汉双语教学，使苗族儿童和青年走上学习道路。在石门坎举办了滇东北次方言苗文培训班，当地很多苗族人参加了文字学习，学会文字的群众回到家里后，又组织其他人员学习文字。后来滇东北次方言老苗文用来开展扫盲，并且用于开展苗语、汉语双语教学，通过这样的方式，在一定程度上提高了苗族文化的水平。

3. 继承和传承苗族传统文化

滇东北次方言老苗文对继承苗族传统文化具有一定的作用，主要体现在翻译苗族的历史、故事、古歌等方面。例如，英籍牧师张道惠收集了大量苗族古歌、故事，经由张绍乔、张继乔译成老苗文，传回中国后由毕节市民宗局和毕节市民族研究所编订，并由王维阳、杨忠信等翻译成汉文，2007年11月云南民族出版社出版发行。又如，新中国成立前，杨荣新在云南和贵州部分地区收集了三十多首苗族古歌，采用老苗文编辑整理，油印成册。再如，朱明科用老苗文收集整理《安宁苗族阿作芦笙曲话谱记》，后译成新苗文出版传承。

4. 在苗族文艺方面的作用

1906年老苗文得以成功创立以后，用以创作、翻译了大量苗语歌曲，在一定程度上丰富了苗族地方文艺生活。较早使用老苗文所创的歌曲主要用于宣传抗日，如抗日战争时期，杨荣新用老苗文翻译了《流亡三部曲》《开路先锋》《到敌人后方去》《在太行山上》供石门坎学校和苗族群众传唱，宣传抗日。李正明牧师用柏格理所创的老苗文创作了一首苗语歌曲，反映抗日战争的壮烈和悲惨场面，激起广大苗族群众对侵华日军的愤恨，积极参加抗日战争。另一方面，应用老苗文所创制的歌曲对于唤起苗族同胞提高识字能力具

---

① 属于1917年《新约全书（第二版）》的修订本，由王树德与郭秀峰修订。该版本经书附有彩色地图。

② 川苗文字翻译。

③ 王惠文编写，杨明清翻译。

有一定的作用。1935年朱焕章采用老苗文创作了《苗族还有许多在沉睡》的歌曲，唤起苗族积极培养子女读书，参加扫盲，提高识字能力，改变落后面貌。韩正明老师用老苗文作了一首《苗族姑娘志向高》的歌曲，唤起苗族女性起来读书学习，改变命运。此外，老苗文还用来翻译新时代歌曲，对于培养苗族热爱家乡、热爱祖国的情怀也具有重要的作用，如张建明用老苗文创作十余首反映新时代新生活的歌曲，其中包括《同一首歌》《走向新时代》《难忘今宵》《远方的客人请你留下来》《大中国》等。

5. 宣传科普知识，提升苗族科学文化知识水平

老苗文的另一社会功用体现在宣传科学文化知识与传达各种重要信息方面。老苗文得以创制后，柏格理等人用以编写《苗语基础课本》《苗族原始读物》供扫盲和学习，介绍一些科学知识。张建明用老苗文编写了题为《常见传染病和寄生虫病防治知识》科普读本，赠送苗族群众学习，有助于提升苗族群众防病治病知识。此外，应用老苗文开展科普在形式上还得到了创新，《蛔虫病如何感染上》的科普读本是用苗语古歌的形式编写，不仅有助于提高苗族群众讲卫生、防疾病的常识，同时为苗语科普读本增添了乐趣。

6. 在日常生活交流的使用

老苗文创制成功后，广大苗族群众学习和掌握了这套文字，并且将其应用于日常生活中，如记事、通信、记账等。

（二）老挝拉丁苗文的传播范围及社会功用

海外传教型苗文老挝拉丁苗文自创立以来，已成为海外成千上万苗族同胞的重要交流工具，在传教型苗文中推行面最广，使用面遍及老挝、泰国、缅甸、越南、法国（以及法属圭亚那）、澳大利亚、加拿大、阿根廷、美国等国家，其社会功用主要体现于以下几方面：

1. 书信交流

恩保羊、斯莫莱以及巴尼在老挝野牛山创下了老挝拉丁苗文之后，他们最初是将这套文字用于传播宗教的工作中。但是后来印度支那战争爆发后，众多苗族难民迁移到泰国难民营，后来迁移到美国、加拿大、澳大利亚等西方国家。在此期间，许多苗族人与亲人、家人走散。当苗族人学习了老挝拉丁苗文之后，他们使用这套文字撰写书信，或在报纸上刊登寻亲的相关信息，这种以苗文为媒介的寻亲方式比较有效。此外，在电话与网络都还没有发展的时代，还有一些人应用老挝拉丁苗文撰写书信，相互探讨学术方面的问题。如1990年中国苗族杨绍龙给恩保羊写信，主要询问老挝拉丁苗文的创制与传

播情况。后来恩保羊用苗文撰写题为《老挝拉丁字母苗文的产生及传播——答杨绍龙》的书信，刊登于《鹰燕栖息》(*Liaj Luv Chaw Tsaws*) 的杂志上，专门回答了杨绍龙提出的问题。

2. 编写教材、工具书

在海外苗族聚居区，应用老挝拉丁苗文编写的教材有《白苗语基础教程》(*White Hmong Primer*)[①]、《白苗语会话教程》(*White Hmong Dialogues*)[②]、《苗语口语教学手册》(*Handbook for Teaching Hmong Speaking Students*)[③] 等。编写的专著有《苗族文识、历史与文化》(*Hmong Literacy, History and Culture*)[④]，应用老挝拉丁苗文出版的工具书有《苗英词典》(*Lus Hmoob Txhais*)、《苗法词典》等。在国内川黔滇次方言区，有人使用老挝拉丁苗文翻译汉语版《语文（第一册）》[⑤]，将其改编成苗汉双语版的教材。

3. 文化传承

文字是文化的载体。在没有文字的时代，苗族文化只能依靠口耳相传。创立老挝拉丁苗文之后，海外苗族人用这套文字记录苗族先人的智慧、传统习俗、民歌等，这方面的出版物不在少数，例如，*Khawv Koob*：*Hmoob Txuj Hmoob Siv Hmoob Tshuaj Hmoob Rhaub* 一书归纳了60多种苗族针对邪灵引起疾病的治疗方法；*Kwv Txhiaj Plees, Phau Ib* 一书记录了苗族的山歌、情歌、爱情浪漫史，并且对苗族的山歌进行了简单的介绍。另外，题为 *Hmoob Kev Nrhiav Noj* 的著作记载了苗族先人寻找食物的方法。为了能让更多非苗族的读者了解苗族的文化，如今国外还出版了老挝拉丁苗文与英文对照的文献，如 *Myths, Legends & Folk Tales From the Hmong of Laos*(*Dab Neeg Hmoob*) 讲述了老挝苗族的传说与神话故事；*The Myth of the Owl*(*Dab Neeg Hais Txog Plas*) 是一本有关猫头鹰的民间故事；*My Family Is Special to Me*(*Kuv Tsev Neeg Zoo Tshwj Xeeb Rau Kuv*) 专为小朋友编写的读本，主要论述家庭关系。

4. 广播 & 影视

如今苗语已经成为海外广播的重要媒介之一。现在国外（尤其是美国）

---

① Judy Lewis & Lue Vang. *White Hmong Primer*［M］.Southeast Asia Community Resource Center, 1999.

② David Strecker; Lopao Vang. *White Hmong Dialogues*［M］. MN. : Southeast Asian Refugee Studies Project, Center for Urban and Regional A, 1986.

③ Bruce Thowpaou Bliatout, Bruce T. Downing, Judy Lewis, Dao Yang. *Handbook for Teaching Hmong Speaking Students*［M］. California: Southeast Asia Community Resource Center, 1988.

④ Ka Va. *Ntawv, Keeb Kwm, thiab Kab Li Kev Cai Hmoob*［M］. California：Hmong Publishing, 2007.

⑤ 九年义务教育六年制教科书。

专门设有针对苗族的广播电台，如美国第一个苗语电台明尼苏达州苗语电台 Hmong Minnesota Radio（HMR）、美国苗语新闻广播（Hmong American News Radio）、世界苗语电台（Hmong World Radio）、圣保罗苗语老挝语电台（Saint Paul Hmong Lao Radio）、弗雷斯诺苗语电台（Fresno Hmong Radio、Haiv Hmoob Radio）、明尼苏达州苗语电台网络直播（Hmong Minnesota Radio Live – xov tooj cua hmoob minnesota）。这些广播电台的节目类型多样，适合不同年龄的听众，如美国威斯康星州苗语电台（Hmong Wisconsin Radio）全天二十四小时播报，内容主要包含新闻、脱口秀、娱乐节目等。这些电台的新闻稿件都是采用苗文来写。

苗语除了用来作为广播电台的媒介，在影视制作中也成为重要的媒介之一。目前国外已经用苗语制作了纪录片、电影、电视剧、歌剧、歌碟、卡通片等，而这些影视的字幕都是采用老挝拉丁苗文。其中纪录片在所有影视作品中占据了较大的比例，主要涉及老挝、泰国、美国等海外苗族的传统文化、历史、现实生活等。在已收集的所有纪录片中，关于老挝苗族的主要有 *Lub Neej Hmoob Yaj Sab 3*（老挝苗族生活纪实）、*Kais Xuam Qhov Tsua thiab Xum Phas Nub Voos*（老挝苗族生活历程）、*Ua Teb #12：Nyob Nplog Teb*（老挝农业）、*Yos Hav Zoov Nrhiav Noj Nyob Roob Kub Twm #7*（老挝苗族狩猎术）、*Nyuj Kub Tsis Hnyav Nyuj Hau Nrau Lawm Cheem Tsis Tau* 和 *Nyuj Sib Nraus Lub 5 Hlis, 2009*（这两部纪录片记录了老挝苗族的斗牛活动）、*Hmoob Toj Siab*、*Ntxhais Zoo Nkauj Xyoo 2010*（记录了老挝苗年节，展示了年轻漂亮的苗族姑娘）、*Xeev Khuam Chaw Tshua*（反映了老挝川圹省苗族人的生活）。反映老挝苗族的纪录片中比较具有代表性的还有美国 Hmong ABC 书店店主熊玉平（Yuepheng Xiong）制作的 *Phoo Xam Vam thiab Dhau Lawm Tod*：*Hmoob Zaj Keeb Kwm Uas Dai Npoo Ncuv*，该片记录了老挝川圹省丰沙湾（Phonsavan）及周边地区苗族的日常生活，反映了老挝苗族所遭到的种族歧视、老挝政府的腐败无能、印度支那战争中苗族斗争的历史、苗族的未来等。

关于越南苗族的纪录片主要有 *Hmoob Nyab Laj*、*Ncig Teb Chaws Nyab Laj Saib Hmoob Tej Zej Zog*（记录越南苗族的生活）、*Hmoob Nyab Laj Kev Ua Liaj Ua Teb*（记录越南苗族的农耕生活）等。关于法属圭亚那苗族的纪录片主要有 *Kev Ua Noj Ua Haus Nyob Guyane*（记录了栖居法属圭亚那苗族的生活）等。

纪录片中还有反映老挝、泰国战争主题的，如 Hmongland 与熊玉平（Yuepheng Xiong）制作的题为 *Hmoob Thaib Keeb Kwm：Kob Rog 1968—1987* 的纪录片，讲述了1968—1987年发生于泰国北部的内战。类似的纪录片还有

Kev Tiv Tsov Tiv Rog Nkaum Qhov Zeb Qhov Tsua（关于老挝内战期间巴特寮的纪实）、*Qhov Tsua Vieng Xai*（记录了20世纪60—70年代老挝内战期间巴特寮藏身的洞穴）。以老挝拉丁苗文作为重要媒介制作的纪录片不仅反映了海外苗族的生活和传统，也有的纪录片是反映中国苗族的，如 *Hmoob Suav Tsa Hauv Toj*（*Sib Ncaws*），就是有关中国云南苗年节的纪实。应用"RPA苗文"创作有关中国苗族的纪录片，比较具有代表性的是由熊玉平制作的《血迹追踪》（*Taug Txoj Lw Ntshav*），该纪录片共有三部，构成一个系列。第一部是 *Taug Txoj Lw Ntshav，Daim 1：5000 Xyoo Keeb Kwm Hmoob Nyob Suav Teb*，讲述了自蚩尤帝及其九黎帝国到清朝苗族英雄张秀眉起义失败的5000年苗族历史。片中展示了蚩尤帝在涿鹿的石像，蚩尤帝曾居住的村落以及战争的遗址，湖南、贵州的苗族村寨以及战争遗址等；第二部是 *Taug Txoj Lw Ntshav，Daim 2：Txoj Kev Mus Cuag Huab Tais Hmoob*，记录了清朝年间（1775~1806）湖南苗王 Wu Bayue 领导的苗族人起义；第三部是 *Taug Txoj Lw Ntshav，Daim 3：Tsab Xyooj Mem Coj Hmoob Tua Suav*，讲述了清朝年间（1853~1872）张秀眉领导的苗族人起义。

有的纪录片具有较强的科普性，有助于在海外苗族群体中普及科学文化常识以及开展育儿教育，此类纪录片主要有 *Thwj Suab Hauv Naj Thoob*（植物世界）、*Pov Txwv Indonesia*（苗语动物世界）、*Pom Ces Hais*（该片是一部育儿宝典，教会父母如何打开孩子的"心灵之窗"，如何有效地教育孩子，以期劝诫他们改掉生活中的恶习）。

以老挝拉丁苗文制作的电影和电视剧也不在少数，其中爱情剧和爱情歌剧占据较大的比例。此类影视主要有 *Hlub Tshaj Txoj Sia*、*Koj Yog Kuv Me Nplooj Siab*、*Nom Phaj & Maiv Puv Lub Neej Tiam 2*（反映爱情主题的电视剧，讲述一对投胎转世的夫妇重新结为夫妻的感人故事）、*Tsua Pob Txha thiab Tsua Nom Tsas*（关于一对老挝苗族恋人在老挝的一个山洞里殉情的感人故事）、*Nuj Nplhaib & Ntxawm*（是一部由苗族民间故事改编的电影，讲述苗族人 Nuj Nplhaib 的妻子在返回娘家的途中被老虎叼走后，丈夫救妻的感人故事）、*Txiv Tuam Mej Koob*（爱情动作片，是一部关于婚姻坎坷经历的剧作，讲述了 txiv tuam mej koob 为族人的幸福生活而斗争的故事。该片集苗族文化与武术为一体）。爱情歌剧主要有 *Nplooj Siab Khaub Lig Cua*（*The Innocent Cyclone*）、*Nplooj Siab Poj Ntsuam*（属于近年来比较流行的歌剧）。影视作品中还包括喜剧片，主要有 *Tuag Luag Ntxhi*、*Tsis Tees Koos Loos，1-3*、*Nkhaus Tshaj Liag*（是一部关于不诚实、偷奸耍滑的人的喜剧电影）。还有一些适合儿童观看的动画片也采用"RPA 苗文"来进行制作，如 *Lee Lue Yog Peb Hmoob Tus Phab Ej*（以老挝秘密战争为题材）、*Lub Zog Khaub Lig Cua*（该动画片配有苗语字幕，非常适合儿童学习语言）。

老挝拉丁苗文还用来创作歌词，制作成音乐碟，类似的作品主要有 *Hnub No Tsis*、*Muaj Koj*、*Koj Cia Kuv Nyob Nrog Kua Muag*、*Nas Las Yaj Music Video*、*Nom Phaj Koj Puas*、*Tseem Nco*、*Paj Txiv Duaj Lub Kua Muag Ntshav*、*Puas Tseem Nco Vib Nais*、*Tsis Tuag Mam Rov Los Cuag*、*Tsw Qab Thoj & Paj Ntsai Yaj Music Video Karaoke*、*Kwv Txhiaj*（*Muab Ib Tee Ntshav Los Cog Txoj Kev Hlub*）等〔老挝著名民歌歌星李麦桐（Mai Tong Lee）、王智（Ze Vang）演唱的民歌〕。

老挝拉丁苗文除了具有上述的社会功用，当今还应用于美国苗族的日常生活中，如银行余额查询、邮寄信封、政府通知、学校通知、体检报告、学校给家长的信函都有汉文（繁体字）、英文、苗文三种文字。

第二节　中外帮助型苗文的传播比较

中外所有的苗族文字系统中，政府帮助苗族创制的文字主要有新中国成立后政府应用汉语拼音方案创立和改革的苗文、越南政府应用越南文创立的苗文。老挝巴特寮政府也曾应用老挝文创立过书写苗语的系统，但是没有得以推行与应用。因此本部分关于帮助型苗文的传播比较主要是针对中国的苗文与越南苗文的比较。通过比较，发现中国和越南政府所创的苗族文字在传播的过程中都具有以下的共同点。

一、文字推行工作的比较

（一）在推行苗文时期，中国政府与越南政府均设立了专门的指导机构，以规划与实施推行苗文的具体方案。

中国苗族语言文字方案（草案）于1957年经中央民族事务委员会批准开始在苗族地区实验推行。在1956年11月《黔东苗文方案（草案）》正式推出之前，贵州省就已经着手从事苗文专业人员的培训和苗文推行机构的筹建工作。同年10月5日，贵州省少数民族语言文字工作指导委员会成立，下设办公室、宣传推行科、研究室和贵州民族出版社。贵州民族出版社下设苗族、布依族等民族文字编译组。在这些机构的推动和指导下，包括黔东苗文在内的贵州民族语文逐渐得到大规模的推行。师资培训、教材、读物的编写等各项工作都迅速开展起来。此后，各地编译出版了一批民族语文类农民识字课本、小学课本以及民族语文与汉文对照辞典。1957年8月黔东南民族语文学校和黔东南苗族侗族自治州民族语文工作指导委员会相继成立。黔东南民族语文学校先后开办两期苗文专业学习班，培养了190多位苗语文工作干部和师资。黔东苗文经中央民族事务委员会批准实验推行以后，贵州省各级政府特别是省、州、县各级民族语文工作指导委员会做了大量建设性的工作，苗语文的使用逐渐进入扫盲班、小学、中学、大学、新闻、出版、广播以及民间社会生活等诸多领域。（龙海燕、罗兴贵、吴定川，2011：47-48）在苗文得以恢复使用时期，又重新成立民族语文工作的相关机构。为了进一步贯彻党的民族语文政策，1982年，贵州省民族事务所委员会设立民族语文处，负责全省民族语文的推行、指导，1984年9月改为民族语文办公室，指导全省包括黔东苗文在内的各种民族文字的师资培训、教材编写及实验推行等各项工作。民族语文办公室还负责宣传贯彻并检查、监督民族语文政策、法规的执行，参与研究制定相应的地方性法规、标准化进程。组织编写、编译民族语文课本与读物；管理民族语文翻译工作，参与制定与组织实施民族语文翻译人员的职称评定；负责组织民族语文专业人员的培训；配合开展双语文教学等等。就西部方言而言，1952年起，中央民族学院先后开设了有苗、汉族参加学习的苗语班和专修班，培养苗语文干部。1957年，中央民族事务委员会批准苗文实验推行后，为配合苗文的试行工作，1956年10月–1959年8月，贵州民族学院举办了3期苗文师资培训班，培训班的学员毕业后成为苗文推行的骨干力量。1957年贵州省民族语文指导委员会从各地抽调人员进行苗汉词典、苗语语法和苗文课本的编写工作，紧接着在贵州省毕节市创办了苗文学校，培养了一批苗语文干部。

　　越南政府和中国政府在苗文推行工作方面几乎同时进行。为了更为有效地推行苗文，越南政府实施了两个项目，在实施第二个项目之前，做了紧密的部署和安排，其中的一项就包括成立省级、地方级项目指导委员会。该委员会主要帮助指挥部确定教室的选址、招收合适的学员、遴选教师及督导、鼓励学员走入苗文培训课堂、为开展教学和学习活动提供必要的条件（其中包括教室、桌椅板凳、书包、教材、笔记本、笔墨、黑板、粉笔、彩色粉笔等教具）。在为项目实施提供指导的过程中，地区指导委员会直接对苗文培训班的教学进行监管和评估，这些工作的开展均按照严密的评估体系执行，一是要严格监督教学计划的执行情况；二是监督注册学员的去留情况。在监督和评估的过程中地区指导委员会严格检查学生、教师考勤、教学月报告和季报告，并且对当地项目的实施情况进行不定期检查。[①]

2. 中国政府、越南政府在推行苗文之前，比较注重苗文师资培训班的建设与苗文师资的培训工作。

创立苗文以后，要在苗族地区广泛推行，就需要精通苗文的师资队伍担任这项工作。因此，能否培训和建立一支具有较高素质和业务能力的师资队伍，成为苗文是否能够得以成功传播的关键。为使苗文传播出成效，中国新苗文推行工作得以恢复以来，各方言苗文所在的省、地区采取了州培训、分片培训、各县培训、师范学校开设民语课、民管校开设民语专业、选派人员到贵州民院、中央民院深造等措施进行培养，通过这些方式，建立和形成一支民族语文师资队伍。例如，新苗文公布后，曾在贵阳举办培训班，昭通专区1956—1957年春第一批抽调小学教师吴正国等人前去参加培训。尤其是党的十一届三中全会之后，苗文的推行更加受到各级政府的重视，大力开展了多方面的工作，其中成立苗文师资培训班就属于比较重要的一项。以贵州凯里为例，自1981年后的十年里，贵州省凯里市农村扫盲教师办了22期，学员636人；培训双语教师3期，78人；培训师范（县师范生）3期（班），161人；培训进修学校学员3期（班），72人。[②]1957年–1958年春抽调陶友福、张文光参加培训。[③]

越南苗文的传播也比较注重苗语文师资的培训。20世纪90年代，越南政府实施了两大项目，旨在更好地推行政府创制的文字，有效降低苗族的文盲率。第一个实施的项目范围主要涉及越南老街（Lào Cai）、河江（Hà Giang）、莱州（Lai Châu）、山箩（Son La）、和平（Hòa Bình）、清化（Thanh Hoá）、义安（Nghê An）7个省。每个省参加苗文学习的学员均为100人。1994年该项目还为培训教师开设了专门的培训班。在为期两个月的培训课程中共有30–40名参加培训的人员。培训结束后，学会苗文的教师在老街（Lào Cai）又组织了短期培训班。90年代，越南再次启动文字推行工作，实施了两个项目，

---

① 瑞典学者阎幽馨（Joakim Enwall）在越南国家对越南少数民族政策进行调研时曾对越南国家基础教育研究中心主任Nguyễn Văn Mai进行过访谈，详细内容可以参见Joakim Enwall. Joakim Enwall. *Hmong Writing Systems in Vietnam*：*A Case Study of Vietnam's Minority Language Policy*[R]. Stockholm, Sweden：Center for Pacific Asian Studies, 1995b. 23–25.

② 凯里市民族事务委员会. 凯里市十年苗文推行工作情况//黔东南苗族侗族自治州民族事务委员会. 黔东南十年民族语文工作. 贵阳：贵州民族出版社, 1995：27.

③ 昭通市民族宗教事务局. 昭通少数民族志. 昆明：云南民族出版社, 2006：28.

其中项目二的培训工作是每隔两周开展一次工作，培训教师主要包括进修教育研究中心的专家以及该项目的其他合作者。培训机构的工作目标旨在提高教师与合作者对地区项目的认识；在项目实施过程中宣传项目开展的具体细节及指导思想；给教师培训教学方法。接受培训的人员主要包括教师、工作人员及地区指导委员会、当地行政管理员。培训工作室的培训内容主要包括四个方面：①目标顾客、目的、方法、实施条件、项目实施的组织、项目监督和评估；②教学方法；③基于以上方法提供一定的示范课；④练习制作教学计划，采用学员所学的方法说课。

3.编写、翻译教材、编写词典、出版读物

教材建设是民族文字推行的根本保障，没有民族文字的教材，民族文字的推行工作和学校的双语教育工作将无从开展。在推行苗文的过程中，中国、越南政府非常注重苗文教材的建设。

在中国境内，自运用民族文字在农村进行扫盲和进入学校进行双语教学以来，党和国家都非常重视民族文字的教材建设。1991年，国务院批转了国家民族事务委员会《关于进一步做好少数民族语文文字工作的报告》的通知，该报告指出："要采取有效措施，多渠道、多层次培养民族语文和双语教师、翻译、编辑和研究人员：增加民族文字的教材和各种读物的数量，提高质量。"（龙海燕、罗兴贵、吴定川，2011：66）苗文推行处于起步阶段的时候，各种资料、辅助读物都非常缺乏。为了让学员学到更多的知识，就必须编印一些苗文读物供学员学习。推行民族文字，各方面的出版物要跟得上，才能巩固推行文字的成果，才能使民族文字植根于人民生活生产的土壤中，文字才会有生命力。因此编译出版工作尤为重要。随着学习苗文的人越来越多，苗文教材、读物、工具书等方面的出版需求也越来越迫切。苗文诞生后，各方言苗文得以实验推行。在党和政府的关怀下，各方言都编译出版了大量的民族古籍资料、教材和读物，这对于加快苗文的推行具有重要的作用。以黔东苗文为例，自1981年恢复推行黔东苗文以来，已经公开出版的黔东苗文教材和工具书计12种481000册。其中，《六年制苗汉双语文教学课本》（1–7册），《苗语语文》（1–3册），《数学》（1–2册），《自然》1册，计30万册；黔东苗文扫盲课本2种，《苗文学习》（1–4册），计印154000册；《苗汉词典》《汉苗词典》《苗语俗语小词典》《苗语语法》《黔东苗语基础知识》等工具书27000册。[①] 此

---

① 黔东苗文教材的印刷册数主要参考石德富、杨胜锋、杨正辉.黔东苗文六十年来的实施过程 // 贵州省少数民族语言文字办公室，贵州民族大学文学院 . 苗文创制60周年纪念活动暨学术研讨会论文汇编 . 2016年11月25日–27日：142–157.

外，各县（市）还自编很多乡土教材，如凯里的《小学苗文课本》《苗语语音》《苗汉词汇》，台江的《生词生字苗汉对译教学参考书》，施秉的《苗语课本》（方言转写教材）、《六年制小学苗汉语文课本》（第一、二册）（方言转写教材）《读苗文》《苗语课本》《苗文课本》（方音转写）、《施秉苗汉双解苗文课本》（黔东北部黄平次方言 *Hmub Diol Aob Gid Ghangd Hmub Leix Kot Benx*）[①]、《多功能施秉苗语语法》（*Qi Jux Leix Hmub Yoex Faf*）[②] 等等。《苗语课本（黔东方言）》（*Hveb Qeef Dongb Benx Dud Hseid Hmub*）[③]、《六年制小学苗文课本·语文》（*Diut Hniut Xaox Xof Benx DUd Leix Hmub hxit ed*）、刘仕海主编，黔东南苗族侗族自治州社会科学界联合会2016年出版的《苗族语文读本 中部方言》、杨涛、范国祖、熊毅编著，西南交通大学出版社2015年出版的《苗族语文 中部方言》。苗语西部方言也推出了一系列教材和读本，包括小学《语文》（1–5册）、小学《数学》（第一册）以及《苗文扫盲课本》。此外，还有由鲜松奎、王文武、陶发贵等编写，贵州省民族事务委员会于1982年出版的《苗文课本川黔滇》，以及由张学文、张建忠编写，云南民族出版社于2007年出版的《学前苗文教材》。

  1973年4月，云南苗文教师熊朝荣为满足广大苗族青年学习苗文的需求，亲手用蜡笔刻写了苗文《农民识字课本》。该课本包括字母表、声母表、韵母表，以及11篇课文，如《朱德的扁担》《苗家有了文字》《感谢共产党》《读书好处多》《今天的苗家》《四季歌》《苗族救星毛主席》《想起从前哭一场》《积肥》《选种》和《五首歌》等。这一举措受到广泛欢迎，熊朝荣收到了两百多封信，他不辞辛劳地予以一一回复，并至今保留着这些珍贵的来信。[④] 西部方言的读物和工具书涵盖了丰富多样的内容，如《苗族民间文学选读》《小鸭学游泳》《苗族抒情诗选》《苗族民间故事选》《苗族常用词汇手册》《现代苗语概论》和《新苗汉词典》等。上述列举的苗文教材和工具书仅为其中一部分，其他相关作品不再一一详述。这一系列出版物为苗族语言文化的传承和发展提供了有力的支持。

  滇东北新苗文（拉丁苗文）的推广取得了一些成绩。一系列教材得以编

[①] 龙应豪，潘家相. 施秉苗汉双解苗文课本.2015年。（自编教材，未出版）
[②] 潘家相. 多功能施秉苗语语法.2015年。（自编未出版）
[③] 贵州省民族事务委员会. 苗语课本 黔东方言. 贵州省民族事务委员会，1983.
[④] 杨桂林. 点燃星火的人——云南苗文教师熊朝荣访谈录. // 贵州省少数民族语言文字办公室，贵州民族大学文学院. 苗文创制60周年活动暨学术研讨会论文资料汇编. 2016年11月25日–27日，参见第270页。

写和出版,其中包括《苗语看图发音》和《苗文试用课本》(滇东北)的第一、二册。此后,还陆续推出了一些图书,其中包括由云南省少数民族古籍整理出版规划办公室编辑、陆兴凤、杨光汉等人编译的《西部苗族古歌》(苗汉文对照,云南民族出版社1992年出版)。该书收录了在川黔滇西部方言区传扬的43首苗族古歌。苗青主编的《中国苗族文学丛书》系列之《西部民间文学作品选》(二),滇东北次方言分册于1998年由贵州民族出版社出版。该书收录了中国西南苗族地区的民间文学作品,以汉、苗两种文字呈现,内容涵盖上古传说、战争迁徙、风俗习惯、生产劳动以及爱情等多个主题的故事。此外,贵州语委办和威宁县民宗局合力编写的《苗族民间文学选读:滇东北方言》于1996年由贵州民族出版社出版。该书以苗汉两种文字呈现,包括神话叙事诗、故事、历史叙事诗、儿歌以及儿童故事等多种文学形式。这一系列作品的出版为苗族文化的传承和推广提供了有力支持。

东部方言的读本主要有湘西土家族苗族自治州民族事务委员会于1984年编纂,湖南省芷江县印刷厂出版的《苗文湘西方言》、石怀信著,贵州大学出版社2008年出版的《苗语语音苗语语法》。该书以湖南省湘西土家族苗族自治州花垣县吉卫乡和贵州省松桃苗族自治县一带的语言材料编写而成。词典方面,主要有石如金编著,岳麓书社1997年出版的《苗汉汉苗词典(湘西方言)》,另外还有中国社会科学院民族研究所主编,向日征编著,四川民族出版社1992年出版的《汉苗词典湘西方言》。该词典以湘西方言西部土语的词为基础,共收录了11300余条目,包括字、词、词组、四字格等。这一系列作品为东部方言的苗语学习和研究提供了重要的工具和参考资料。

越南苗文的识字材料主要有教师使用的教学材料及学生学习的材料,包括为学员编写的教材、苗语基础教程、苗语练习册、第一阶段使用的苗语教材(专供初学者使用)、教师参考书等。培训资料指专供教师、主管、合作者以及当地指导委员会在培训课中使用的资料。从搜集到的材料来看,较早使用的越南苗文课本是1961年出版的教材《苗语文教材》(Pênhr Hmông Ntơur)[①]这本教材列有苗文字母,并且附有词汇和短文举例。教材的最后还有青苗语和白苗语词汇对照表。还有一些传统的口传资料也采用越南苗文来书写和出版,但目前作者没有收集到相关的资料。1971年又出版了类似的苗文教材——《初级教程》(Vênhx Krèz Saz)[②],内容较第一本更为详实。越南苗

[①] Pênhr Hmông Ntơur(苗语教材). Hax Nôiv(河内):Tsêr Yuv Pênhr Kruôz Kra, 1961. 42 pp. 20,000 copies.

[②] *Vênhx Krèz Saz*(小学教材). Hanoi(河内), 1971. 94pp.

语专家阮文胜（Nguyễn Văn Chinh）同年还出版了一部《苗越词典》（Hmong-Vietnamese Dictionary）[①]。1972年至1973年年间出版了三本数学教材，分别是 Cơưv Xangv，Thénhv Iz Phôv Thông Taoz Saz pênhr 1[②]，2[③] Cờưv Xangv，Thênhv Aoz, Pênhr 1[④]。1974年针对拥有一定苗文基础的学生又出版了一本内容更为翔实的教材——Shuv Nhênhv，Thênhv Aoz Phôv Thông Hmôngz Đrôngl，Pênhr 1[⑤]。这些教材拥有较大的发行量。[⑥] 编写这些教材所使用的文字是书写青苗语方言的文字，但同时也兼顾白苗语方言的群体，因此在教材旁边附有白苗语的词汇做解释说明。但是，李穆安指出1971年出版的越南苗文词典主要是以白苗语为准，不过阎幽磬却持不同的观点。

4. 成立民族语言文字验收工作组和评估工作组

文字推行与试行到一定的时期后，还需要语言文字验收组与评估组对其进行评估和验收，这是检验文字推行成功与否的一项重要举措。中国政府在推行苗文的过程中非常重视苗文推行效果的评估，并且成立了民族语言文字验收工作组和评估工作组。1991年6月，国务院《批转国家民委〈关于进一步做好少数民族语言文字工作〉的通知》（国发［1991］32号）指出："对50年代创制和改进的民族文字，实行效果好、受多数群众欢迎的，按规定程序上报批准推行……"（龙海燕、罗兴贵、吴定川，2011：66）中国拉丁苗文从农村扫盲进入学校进行双语教育，从中等专业学校招生到高等院校教育，形成"一条龙"式的教育教学体制。但是，由于苗文长期以来一直处于"试行"阶段，即使试行效果再好，也不能纳入正规教学程序。该通知的发出，对促进贵州少数民族语言文字工作起到了积极的作用。1994年12月，贵州省民族事务委员会以报告的方式呈国家民族事务委员会，认为贵州省正在试验推行的苗文经过30多年的实验推行，效果显著，并广泛运用于政治、经济、文化教育、新闻出版、广播影视、文学艺术等各方面，深受群众的欢迎，要求对三种文字进行总结验收。1995年成立了贵州省苗族新创文字论证验收领导小组办公室。在贵州省苗族新创文字论证验收工作领导小组的领导下，中国社

---

① Nguyễn Văn Chinh. Từ Điển Mèo-Việt loai nhỏ［Z］. Hanoi，1971，325pp.

② Cơưv Xangv，Thénhv Iz Phôv Thông Taoz Saz pênhr 1，Hanoi：1972 20,000 copies.

③ Cơưv Xangv，Thénhv Iz Phôv Thông Taoz Saz pênhr 2，Hanoi：1973 12,000 copies.

④ Cờưv Xangv，Thênhv Aozm，Pênhr 1，Hanoi：1973. 10,0000 copies.

⑤ Shuv Nhênhv，Thênhv Aoz Phôv Thông Hmôngz Đrôngl，Pênhr 1，Haino，1974. 10，000 copies.

⑥ 第一本苗文教材发行量为两万册；数学教材的发行量分别为1.3万、1.2万及1万册。1974年出版的教材发行量为1万册。

会科学院民族研究所与贵州省民族事务委员会民族语言文字学办公室，组成了黔东方言苗文、川黔滇方言苗文小组，于1995年9月，开始对苗文的实验推行工作进行调查总结，对川黔滇苗文的实验推行工作进行补充调查。调查组从社会语言背景、各种文字方案的形成和修改、各种文字试行的情况和效果、社会各界对文字的评价和反映、试行工作的主要经验等方面，通过收集相关资料、座谈、访问、现场测试、问卷调查等方式，深入到基层进行调查，并且写出苗文试验推行工作总结情况的汇报，认为苗文如果能够由试验推行转为正式推行，苗文的学习和使用将会登上一个新的台阶，因此建议省领导小组提请省人民政府按照国家规定的程序上报国务院批准正式推行。

越南政府在推行苗文的过程中也对苗文的推行工作进行过评估，但是并没有像中国政府那样成立专门的、比较系统的评估工作组和验收组。越南政府对苗文推行的评估主要由地区指导委员会直接对苗文培训班的教学进行监管和评估，这些工作的开展均按照严密的评估体系执行，一是要严格监督教学计划的执行情况；二是监督注册学员的去留情况。在监督和评估的过程中地区指导委员会严格检查学生、教师考勤、教学月报告和季报告，并且对当地项目的实施情况进行不定期检查。此外，对苗文教师的遴选和配备也必须严格遵循相关的标准和较高的条件。

5. 中国、越南拉丁苗文在推行过程中都不是一帆风顺的"直线式"前进，而是在曲折中发展。

中国拉丁苗文自创制以来开始在各苗族聚居区实验推行，但由于历史原因，文字在推行过程中被迫中止。中共十一届三中全会以后，经过拨乱反正，党的各项民族政策重新得到了贯彻落实，中断了20多年的民族语文工作也因此而重获新生。在此阶段，苗文师资培训工作得以全面铺开，运用苗文扫盲的试点和人数继续增加，运用苗文在农村扫盲和进入学校进行双语教学取得了良好的效果。随着党的民族语文政策的进一步落实，民族文字的推行工作迎来了一个新的高潮，苗文与其他民族文字的农村扫盲点和双语教学班（点）得以快速增加，参与学习的人数也达到了历史新高。民族文字教材、读物的编译出版业有了突出的进展。可以说，从1981年恢复农村扫盲和学校进行双语教学实验以来，至1985年，中国新苗文的推行发展到了它的最高阶段，农村扫盲点，双语教学点，学习人数等都达到了最高峰，是中国新苗文推行的最好时期。

但又由于各个方面的原因，从1986年开始，苗文的推行便出现了下滑的趋势，苗文在农村的扫盲点、双语教学点、学习人数逐渐减少。这种现象虽然已经引起有关部门的警觉，但由于客观因素的影响，这一状况一直未能改变。当民族文字的农村扫盲点、双语教学实验班（点）、学习人数下滑到一定程度以后，就开始以一种平稳的态势继续向前发展，这一阶段呈现以下特点：农村扫盲点逐渐减少，而过去农村扫盲点和双语教学实验班（点）平行发展的态势逐渐转移到民族文字双语教学实验班（点）上。而双语教学实验的班（点）因各地的情况不同发展参差不齐。这一阶段被称为"由农村扫盲转入双语教学实验的初发阶段"。这主要是由于缺乏一定的理论作为指导、对民族文字作用的认识存在严重分歧、经费不足、教材读物欠缺、双语师资水平不高等。

越南政府所创的苗文在推行过程中也并非一帆风顺。1961年11月27日越南政府批准新创的拉丁苗文在国内苗族聚居区推行，此后的五年时间里，新创的文字在越南苗族聚居区的所有省份广泛传播与推行。1965年老街省已经完成了对苗族开展的文字扫盲工作，取得了一定的成效。苗文在苗族聚居区中也开始得以应用，苗文刊载的报纸也开始在苗族聚居区中发行，20世纪70年代前越南萨坝（Sa Pa）街头上所挂的官方宣传标语均采用越南苗文书写。但是，越南苗文推行的好景不长，自1963年以后，成人识字班的课程开始走下坡路。究其原因，苗民忙于农活，他们较少有时间学习文字，也没有时间参与其他形式的文化活动。她们白天忙于农活，夜晚又不方便学习。继续开设的苗文识字班主要局限于小学生。另外，苗族民众对文字重要性的看法，以及越南苗文所刊载的文献数量也影响着苗文的推行与传播。1992—1993年越南莱州省（Lai Châu）对越南苗文进行了一次民意调查，参与本次民意调查的民众表示，学习越南苗文没有实际作用，因为越南苗文现有的阅读文献主要是识字基础教程，而且数量极为有限，待学习完这些教程之后就没有其他的文献可供大家阅读。他们认为，要推动越南苗文的发展，这套文字必须应用于社会与文化等活动中，这就需要出版大量这套文字所载的书刊。他们同时还表示，在学校进行为期三年的越南苗文学习就意味着还得花另外三年的时间学习越南本国的文字，因为不会读写越南文字就无法在社会中生存。此外，他们还认为学习越南苗文较为困难。

90年代以后，越南苗族的文盲人数达到了较高的比例，引起了相关部门的高度重视。越南国家基础教育研究中心主任Nguyễn Văn Mai（1994：2-6）在其所著的《苗文识字实验项目》中指出："目前我国国民识字率已达90%，但是许多少数民族（其中包括苗族）的文盲率却达到70%-80%，在栖居于边远地区以及高地的民族中，文盲率甚至高达80%-90%。最近几年来，越南政府、教育培训部对这些地区的扫盲工作做了大量投入，高地民族的教育已经得以提高，但是这些地区少数民族的文盲率与往年相比却没有表现出下降的征象。与之相反，在一些地区，这样的形式更为恶化。"针对苗文传播所面临的严峻形势，1990年，越南的一些教育机构，如少数民族及山区委员会①、教育＆培训部等开展了识字教育工作。教育部实施了两大项目，分别以不同的形式开展。第一个项目属于政府资助的项目，由少数民族研究中心负责。第二个项目由瑞典救助儿童会资助，由国家基础教育研究中心具体执行。

二、文字社会功能的比较

通过比较中外两种帮助型苗文的社会功能，发现中国拉丁苗文创制之后，在经济、政治、文化、教育等领域发挥重要的作用，而越南苗文的应用面和影响力极其有限，相关方面的资料也并不多见。根据作者掌握的材料，越南拉丁苗文主要用于开展扫盲工作、双语教育以及创作文学作品。不过，这套文字所载的文学作品数量极其有限。1993年越南民族出版社出版了越南苗族人 Shôngx Ntiêx Tuôv 所著名为《胡志明对苗族人的关怀》(*Péz Hmôngz Ndo Hloz Hôx*)一书。② 该书采用苗族传统音乐节律记录了许多苗歌。歌曲主张反对美国政府，号召越南人民保卫越南。该书赞扬了越南共产党的领导，高度赞扬越南国家领袖胡志明对越南少数民族的关怀。此外，歌曲倡导抛弃旧习、反对一夫二妻制、抵制鸦片、戒酒。歌曲在河江省苗族聚居区中引起热烈反响。2004年越南民族出版社出版了 Bàn Minh Đoàn 所著《苗族故事与诗歌》(*Luk Tẩuv Hmôngz*)，该书共收集12个故事，以诗歌的形式叙事。收集的故事与诗歌主要以爱情故事、孤儿故事、声唱为主题。有的故事记录了孤儿的不幸遭遇，如 Zax Zoz Câuz，Pax Nhiêl。也有的书是记录丈夫对妻子的不忠，如 *Tsuz Zax Liê thiêz Nzơưv Pax Miv gơư Luz Nênhx*，*Chêr Fênhx*，*Tuz Tuôv Thiêz Muôv Gâux Njuv*，*Nux Zoz Thiêz Gâux Hnuz* 等。还有的书以爱情悲剧为主题，反映了越南旧俗包办婚姻给年轻男女带来的悲痛，如 *Gâux Hli thiêz Nux Nziêv*，*Tuz Đrâul Vax Tsaz-nzơưv Nzuôx Pal*。现如今，能够认读这套文字的越南苗族寥寥无几。绝大多数的越南苗族均能熟练使用老挝拉丁字母苗族文字。尽管当时越南政府创制这套文字的初衷是为了能够帮助苗族人学习和使用越南文，

---

① 该组织成立于1992年，它的前身是由越南共产党领导下的少数民族委员会（Committee for Ethnic Minorities under the Communist Party），后来该委员会与山区少数民族办公室（Office for Ethnic Minorities in Mountain Areas）合并。

② Shôngx Ntiêx Tuôv. *Péz Hmôngz Ndo Hloz Hôx*［M］. Hà Nội：Nhà Xuất Bản Văn Hóa Dân Tộc，1993.

但是老挝拉丁苗文广泛被精通英文的苗族人所使用。一些越南艺人在创作苗歌的时候，也都使用老挝拉丁字母苗文，不愿意选择越南拉丁苗文。

关于越南苗文的社会功能，作者曾对众多海外苗族人进行过访谈，其中也包含越南苗族人，但几乎所有受访谈的人都表示对越南政府创制的拉丁苗文不了解，更说不上这套文字所具有的社会功能。相比之下，中国拉丁苗文自创立以来，曾在各大苗语方言区推行应用，具有较为广泛的社会功能，论述如下：

1. 苗文在政治宣传和法律权益保护方面的应用功能

苗文在政治宣传方面的应用功能主要表现在使用苗文翻译国家法律法令、条例、翻印各级党委、政府重要文件，诸如计划生育的各项规定、知识等，使广大苗族群众懂得党和政府的法律，法令及各项政策，从而自觉遵守和执行，使苗文真正为政治服务。过去苗族人没有文字，不能识读汉字版的政策法令性文件，这不利于在苗族聚居区中开展党和国家方针政策的工作。自从创立拉丁苗文之后，这套文字用来宣传马列主义、毛泽东思想以及党和国家各项路线、方针、政策及法律，提高了苗族群众的政治思想水平，提升了苗族民众的法律法规意识，使他们懂得如何用国家法律来保护自己，保护社会。例如，安龙县民宗局使用少数民族发展资金对涉及苗族村寨的公路项目立碑时使用苗、汉两种文字记录工程开工和竣工完成情况。在司法方面，苗文也起着很重要的作用。很多苗族民众掌握苗文后，应用苗文学习法律知识，用苗文写诉状，正确维护自己的权益。1983年台江县的施洞苗文试点班用苗文宣传计划生育政策；剑河县的温泉苗文试点班用苗文宣传宪法。这些宣传使群众深受教育，受到了群众的好评。有的苗族女青年对包办婚姻不满，用苗文写诉状。贵州九寨乡岩脚村潘兴莲多年来饱受包办婚姻的虐待。虽初中毕业，但她不能写诉状。1983年，她参加苗文师资培训学习20天后就会写诉状。她的控告书把包办婚姻、婚后受虐待才提出离婚等情况写得一清二楚。市人民法院受理后，判决离婚，解除了她的痛苦。[1]

2. 苗文的民族文化传承功能

文字是人类社会实践中的需求而创造的，用来记录口语的符号，是口语的书面表现而形成的。苗族文化及其历史是需要借文字来记载、传达和传承才会更加完整。苗族人民在悠久的历史长河中创造了光辉灿烂的民族文化。

---

[1] 凯里市民族事务委员会：《凯里市十年苗文推行工作情况》，载黔东南苗族侗族自治州民族事务委员会编《黔东南十年民族语文工作》，贵州民族出版社，1995.第27页。

由于苗族历史上没有本民族文字，文化传承仅靠口耳相传。由于没有文字记录，随着时间的流逝，这些文化就失真或失传了。苗文的创立和推行有利于抢救苗族文化，而且使得这些民族文化得到更好地继承和迅速传播。使用黔东苗文出版的文学作品有很多，如《张秀眉歌》（燕宝等收集整理1987）、《苗族谚语格言选》（吴德杰等选译，1989）、《苗族古歌》（燕宝译注，1993）、《仰阿莎》（商君演唱、王安义记录，燕宝翻译，1987）、《苗族酒歌》《生命知识》《蚩尤的传说》（潘定衡、杨朝文）、《苗族理歌理词》（上、中、下）（杨通胜等）、《焚巾曲》（王秀盈）、《嘎百福歌》（唐春劳）、《苗族药物集》（陆科冈）、《贵州情歌选·第二集·苗族游方歌》（魏龄）、《丹江民歌集》（*Zangx Xiong Bangf Hveb Hxak*）①、《苗族理词读本》（*Jib Hmeb Hvob Lil Dongf Leix*）② 等等。黄平、施秉、凯里、麻江等县（市）民委也分别出版了《理词》《豆纽》《十路酒歌》《十二路苗族大歌》《神词》《施秉民族文学集》《文史料少数民族专辑》《苗族理词》等苗文书籍，公开出版的文艺历史读物计39000册。（贵州省民委民族语文办公室，1996：74-75）这些古籍资料的整理出版，不但抢救了民族传统文化遗产，而且为研究苗族诗歌的表现形式与格律特征提供了宝贵的资料。

值得一提的是，一些通过短时间学习苗文的苗族人士能够使用苗文记录苗语口述的史诗。如1985年台江县稿午双语实验小学8岁的苗族女学生吴通英只在学前班学习一年的苗文，1986年暑期，她用苗文搜集记录了母亲所唱的苗族史诗 *Hxak Juf Ob Bod*、*Qab Nix Qab Jenb* 等1789行，赢得了当地群众的赞扬。台盘乡棉花坪村一位仅有初小文化的50多岁苗族农民王安江，1982年学会苗文以后，至今共记录整理出 *Tid Dab Xit Waix*（开天辟地）、*Kab Bil Jenl Mangx*（耕地育枫）、*Nangx Eb Jit Bil*（跋山涉水）、*Niang Eb Seil*（仰阿莎）、*Qab Nix Qab Jenb*（运金运银）、*Hxab Hent Dlob Dongd*（颂四季歌）等6部苗族古歌。（台江县台文办公室编，1995：57）特别需要指出的是，苗族知识分子当中的许多专家学者，积极运用苗文记录了大量的苗族古歌古词以及历史文物资料，并编译出版了苗汉语文相互对照的众多著作，为抢救苗族文化遗产做出了重大贡献，诸如：《苗族古歌》（王维宁，10300行）、《苗族理辞》（吴德坤、吴德杰14470行）、《苗族大歌》（杨通胜等人，16796行）、《苗族古歌古词》（酒歌，杨通胜等人，15548行）、《苗族古歌古词》（神祠，杨通

---

① 雷山县丹江镇人民政府，雷山非物质文化遗产保护中心编：《丹江民歌集》．贵州人民出版社，2014。

② 潘家相整理：《苗族理词读本》，（手稿），2016年。

胜等人，27097行）；《苗族古歌古词》（理词，杨通胜等人，7904行）、《张秀眉歌》（王维宁，2800行）、《杨大陆歌》（王维宁，2106行）、《苗族古歌歌花》（今旦，2860行）、《苗歌选》（唐春芳，3200行）、苗青主编，贵州民族出版社2003年出版的《东部民间文学作品选 苗文汉文对照》、苗青主编，贵州民族出版社1998年出版的《西部民间文学作品选 2》（苗文汉文对照）、2003年出版的《西部民间文学作品选 1》（苗文汉文对照）。吴一文，今旦苗汉译注；马克·本德尔，吴一方，葛融英文译注，贵州民族出版社2012年出版的《苗族史诗 苗文·汉文·英文对照》。苗文创制推行后，许多专家、干部和群众用苗文搜集整理了大量的民间文学资料和古籍资料，有一部分已经编印成册出版发行，如《指路经》《苗岭山歌》《文山苗族经典民歌选》《文山苗族谜语集》《苗族文学作品选》《云南苗族民间故事选》《苗岭欢歌》等苗文书籍。这些苗文书籍的出版发行，大大丰富了苗族群众的文化生活。这对于继承和传播苗族人民的传统文化，促进各民族文化交流起了重要的作用。[①]以苗文为载体创作的母语书面文学，从80年代到90年代中期有《蓓乜》《岗妮嘎养嵘》《榜香》《苗家伉俪情》四部长篇叙事诗。《蓓乜》反映传统教育，歌颂勤劳、善良、鞭笞邪恶，批评见困难而退，想进豪门贵户来获得幸福、终归身败名裂。《岗妮嘎养嵘》是写岗妮为忠贞爱情誓死不屈，以死来控诉封建社会对自由婚姻的残害。《榜香》揭露企图通过婚姻来捞取不义之财的白日做梦。《苗家伉俪情》歌颂一对情人反对世俗偏见，在商海遨游，事业有成。

3. 苗文促进识字教育发展

少数民族在接受汉语教学时有一定的困难。针对这一实际，1980年教育部、国家民族事务委员会在《关于加强民族教育工作的意见》中指出："发展民族中小学教育，一定要在教育体制、教学内容和教学方法等方面适合少数民族的特点。最重要的是，凡有本民族语言文字的民族，应使用本民族的语言文字教学，学好本民族语文，同时兼学汉语汉文。"1983年，中共中央办公厅和国务院办公厅联合转发教育部《关于正确处理少数民族地区宗教干扰学校教育的意见》中明确指出："在有民族文字的民族中小学中，应尽快恢复民族语文教学，使学生首先学好本民族语文，并根据需要同时学好汉语文。"1991年，国家民族事务委员会《关于进一步做好少数民族语言文字工作的报告》中指出："第三，按照《中华人民共和国民族区域自治法》规定的

[①] 侯兴邹."苗文在文山苗族地区的作用——以川黔滇方言为例.// 载贵州省少数民族语言文字办公室.苗文创制60周年活动暨学术研讨会论文资料汇编.2016年11月25日–27日，33-38页。

精神，以招收少数民族为主的学校，有条件的应当采用少数民族文字的课本，并用少数民族语言授课，在适当年级增设汉语文课程，实行双语教学，推广全国通用的普通话。"根据中央的有关文件精神，有的苗文试行区制定相关的政策法规，推动苗族地区的双语教学。（龙海燕，罗兴贵，吴定川，2011：64）从1980年用少数民族文字扫盲实验开始，由于民族文字易读、易学、易记，深受广大少数民族人民的欢迎，后来，随着人们对民族文字优点的认同，民族文字逐渐过渡到民族小学甚至中学的双语教学，且取得了很大的成绩。

在苗族聚居村寨，苗族儿童都是以母语——苗语为主要交际工具，儿童在入学前大都不通汉语，甚至很少听懂别人说汉语。在推行苗文的过程中，一些学前班使用"双语"教学，效果显著。1987年4月20日黔东南苗族侗族自治州第八届人民代表大会第二次会议通过了《贵州省黔东南苗族侗族自治州条例》，并在1987年7月16日获贵州省第六届人民代表大会常务委员会第二十五次会议批准，该条例的第十四条规定，自治州的自治机关和审判机关、检察机关在执行职务的时候，通用汉语汉文，也可以使用苗语、侗语，并且可以使用苗文、侗文和其他少数民族文字教学。自治州内的师范院校、民族行政管理学校应该逐步开设苗文、侗文课，有条件的其他学校也可以开设苗文、侗文。自治州内分别使用苗文、侗文扫盲。

根据官方的相关统计，从1981年到1995年，黔东南苗族侗族自治州和黔南州的黔东苗文扫盲点累计1591个，其中黔东南苗族侗族自治州1568个，黔南布依族苗族自治州23个；扫盲班1984个，其中黔东南苗族侗族自治州1958个，黔南州26个；学员66416人，其中黔东南苗族侗族自治州65296人，黔南布依族苗族自治州1120人；脱盲44385人，其中黔东南苗族侗族自治州43354人，黔南布依族苗族自治州1031人。仅1983年，凯里市就办了52个苗文试点，参加学习者共有1925人，其中女学员有1088人，占总人数的56.52%，台江县办了30个点，参加学习者1431人，其中女学员756人，占总数的52.13%。[①]

4. 苗文帮助苗族人学习经济技术或学习致富经验

国内大多数苗族聚居区生产力落后，经济发展也比较缓慢，究其原因，苗族人缺乏先进的生产技术。政府为苗族人创制文字之后，就用苗文编写了很多科普读物。通过阅读本民族文字所编写的科普读物，苗族人掌握了科学

[①] 石德富，杨胜锋，杨正辉. 黔东苗文六十年来的实施过程. // 贵州省少数民族语言文字办公室. 苗文创制60周年活动暨学术研究讨论文资料汇编. 2016年11月25日–27日，145.

栽种农作物、科学喂养牲畜家禽等实用技术,促进了生产力的发展,并且获得了较好的经济效益。黔东南、黔南等地州、县民族事务委员会在扶贫工作中,组织人力用苗文翻译编写了《养鸡》《养兔》《农药》等科普读物提供给苗族群众,通过科技知识的传播帮助农民发展。掌握了苗文,对推广科技、致富经验起到了积极的推动作用。不懂汉语的苗族群众掌握了苗文,完全可以用苗文记录科技知识和学习苗文翻译的先进经验。如凯里舟溪乡甘超苗文夜校教师吴如飞办公室内培养平菇短训班,用苗文写成讲稿,在全乡推广。[1]1988年,三穗县民委在该县寨头乡发展柑橘生产时,也用苗文翻译柑橘栽培与管理技术资料送到苗族群众手中。还办了一期柑橘技术培训班,让群众对照苗文书本学习到栽培和管理技术。20世纪90年代,贵州省陶尧乡学会苗文的群众采用苗文编写了《农业科普知识读本》发给各村青年学习。他们还创办了《陶尧苗文报》,宣传本乡人民群众的生产、生活情况,还用苗文编写了《玖哥和仙女》的文艺刊物、《农业科技资料》。雷山县白岩村苗文学习俱乐部的青年,用苗文编写《怎样培植竹笋》《冬季廋牛怎样喂肥》《怎样种魔芋》《怎样培育梧桐树苗》《苗岭映山红》等。苗文编写的科普资料有助于苗族群众掌握科学技术,以此发展养殖业、畜牧业,极大促进经济发展。1987、1988年苗陇乡扶贫点和1991年重安镇扶贫点根据农事季节,将"快速养猪""早产养猪""早产柑橘""食用菌""场坝温室两段育秧""田间管理""病虫害防治"等农业技术科技资料翻译成700余册苗文小册子,散发给懂苗文的群众进行学习宣传普及,配合抓好农业适用技术培训,还将《杂稻栽培技术》《优质烤烟生产技术》《蚕房新貌》《科学养鱼》等科教电影片的解说词,用苗文译制成录音带,以此传播农业科学技术,为农业生产服务。再如,盘石镇黄连村3组、5组、8组村民田峰、龙文芳等72户村民,参加全镇举办的示范点培训班,把掌握到的果树病虫害防治、合理施肥和修剪技术应用于自家承包的金秋梨园管理。湘西州花垣县利用苗文进行科普,有助于民族经济的发展。1998年开始,湘西州在运用苗文扫盲的基础上,针对苗族聚居区农村对使用技术的迫切需要,开展了苗文科普教育。具体的实践方式为,吸收本地农畜牧等有关部门的科研成果,组织编写了苗文使用教材,内容包含家畜科

---

[1] 凯里市民族事务委员会编:《凯里市十年苗文推行工作情况》,载黔东南苗族侗族自治州民族事务委员会编《黔东南十年民族语文工作》,贵州民族出版社,1995:26.

学饲养方法、家禽科学喂养新法、土产品的加工、稻田养鱼技术等。①编写好的材料应用于村里试点班学习，取得良好经济效益，如凤凰县的三个班全年总收入达5304元；又如，凤凰县建塘班试验场，按苗文科普班掌握了科学养猪：一头猪日益重1.2斤，比土猪养法每日多0.9斤。（龙杰，1991：166-167）

5. 苗文在广播电视的应用

随着苗文的大面积推广，各县（市）也开始用苗文撰写播音稿件进行广播，取得了非常好的效果。1979年6月20日，文山人民广播电台正式成立并开设苗语广播，播音稿件的翻译、撰写都使用了苗文。1986年4月，贵州民委、省文化出版厅、省人民广播电台决定在贵州人民广播电台的文艺广播节目中开辟《民族文公队》专栏文艺节目，每周播一次，每次30分钟。1987年8月，贵州人民广播电台举办《民族之音》苗语广播节目，每周一次，每次15分钟。这一时期，许多县也创建了苗语广播电台，而且有一定的规模。黄平广播站1987年创办《苗语广播新闻》，利用赶场天和星期天的早、中、晚时间播出有关农村的政策和少数民族群众关心的本地新闻。1990年改为《民族之声》后，该广播电台利用调频广播播出，深受广大群众的好评。从开始到1994年年底，该县苗语广播播出480小时，播出稿件9000余篇。②为了让少数民族群众更多地了解党的方针政策，传承、保护民族文化，黔东南州人民广播电台开通了苗语新闻广播，2010年12月26日正式开播，后来逐渐实现了全州信息覆盖。

中国拉丁苗文还用来撰写苗语电视台新闻节目的稿件，对提升苗族地区的一些群众政治、文化素质具有重要的作用。

中国拉丁苗文还用来译制影视剧本，制作成了很多影视剧。1979年文山壮族苗族自治州电影公司设立了苗语电影译制组，用苗文译制了《山间铃响马帮来》《血鼓》《举起手来》《张思德》《功夫》等30多部故事片，受到广大苗族同胞的欢迎。2012年，文山广播电台、文山电视台和州电影公司苗语电影译制组合并，先后译配故事片《刘老庄八十二壮士》《特警英雄》《天堂凹》《先遣连》《喜临门》《牛胆神偷》《线人》《幸福的向日葵》《乡村警察》《红土

---

① 如花垣县的大卡村科普班，根据本村实际情况重点学习《科学养猪》（Kod Xol Soud Nbeat）这一章；凤凰县的板井村根据本地草场广阔、草源丰富这一特点，重点学习《怎么养好山羊》（Chud Jib Soud Yongx）这一章。

② 贵州省民委民族语文办公室编.贵州省黔东苗文试行调查总结报告［J］.贵州民族研究，1996（1）：71-78.

地画》《八卦宗师》《恋爱通告》《机器侠》《战狼》《甘南情歌》《忠烈杨家将》，科教片《虾蟹混养技术》《生男生女的奥秘》《近亲结婚的危害》等300多部。文山广播电视台成立以来，苗语组先后独办或承办十届联欢晚会，部分工作人员用苗语创作了50余首歌曲、相声、小品等作品。值得一提的是，采用苗文创制的一些歌曲不仅传播到国内其他苗语方言区，而且还传播到了国外。如1987年，在原文山广播电台（现为文山广播电视台）苗语组举办首届春节联欢晚会上，文山州民委苗文研究员张元奇老师用苗语朗诵了其创作的诗歌《我们的名字叫苗族》。节目播出后，深受广大苗族同胞的好评。这首歌不仅在贵州、四川、广西、湖南等省的苗族聚居区流行，还在美国、法国、越南、老挝、泰国等国家的苗族聚居区流行。在苗语黔东方言、湘西方言区和滇东北次方言的黔东南、湘西、云南昭通，这首歌已被翻译成三个方言苗族文版演唱。实践证明，苗语广播电视、电影让苗族群众从中了解国家大事，获取经济和文化信息，为构建和谐社会，促进民族团结发挥了重要的作用。

第三节　中外苗族民间自主型苗文的传播比较

中外苗族民间自创的苗文数量不多，中国境内主要是湘西方块苗字，包括板塘苗文、老寨苗文，以及石启贵所创的"湘西苗语声韵速写符号"。海外苗族民间自创的苗文主要是杨雄录创制的Pahawh文字，以及熊纳德等人所创的刺绣苗文。几套苗文无论是在传播方式、传播过程上、还是在传播面和影响力上具有明显的差异性。

一、中外苗族民间自主型苗文的传播方式比较

通过比较，发现中国湘西方块苗文与海外杨雄录苗文在传播方式上具有一定的相似性。

1. 中国湘西方块苗文与海外杨雄录苗文的传播媒介主要依靠手抄的材料，缺乏识字教程

一套文字的传播需要大量的识字教程、词典，同时还需要印制大量的读物，这是文字能够得以成功推行的保障之一。湘西方块苗文创制的时间没有具体记载，现有的资料显示大致是从清朝末年到20世纪50年代。那个时候国内还没有普及打字机，再加上湘西方块苗文的结构复杂，笔画繁多，没有现

成的打字机可以对其进行文字信息处理,因此就很难对这套文字所载的读物进行大量的印刷和出版。尽管当时创制方块苗文后,石板塘曾用自己所创的文字编写名为《苗文字正谱》的词典,但由于文字处理所存在的局限性,编写的词典仅有两部手抄本,无法向苗族民众进行推广。更遗憾的是,这两部词典后来有一部遗失,另一部被烧毁。目前湘西苗文能够得以记录和保存在字库是从散落于民间的一些歌书手抄本中收集而来。现在有人专门为方块苗文设计了计算机编码,但由于字数极为有限,很难再对其进行传播和推行应用。

杨雄录苗文传播受限的其中一大原因也是由于缺乏相应的读物和识字教程。杨氏苗文字体形状奇特,这套文字在越南、老挝、泰国推行与传播的时候还没有匹配的字模,没有现成的打印机印制学习苗文所需的识字教程与阅读材料,这成为严重制约杨雄录文字传播的一大瓶颈。因此,当时学习文字所谓的识字教程也仅仅是杨雄录在纸张上所抄写的字母和简单的词汇,而这套文字所载的读物更是非常稀缺。在传播文字的时候,老师写下几排苗文字母,学员将字母抄写下来学习。《文字之母》一书中有相关记载:"为了不耽误农活,多数寨民定期来到此地学习文字,当天又返回家里。他们通常自己携带笔记本,在课堂上记录新学习的文字,再把笔记带回家去学习、记忆。"(Smalley 1990:31)这种学习方式得到了杨雄录弟子杨聂易[①]的证实:"青年教师教授文字的方式非常随意,这一点类似于前面的几个阶段[②]。杨聂易记得他的姐夫时常清早出门,徒步两小时赶到南呱村。老师把其中一个表格的一行字母抄写下来,并且教会他字母的读音。然后他返回家里,一边干活,一边记忆抄写的字母、温习已经学到的知识。第二天他又返回南呱村,继续抄写另一行字母。"(Smalley 1990:32)从以上的论述来看,杨雄录苗文没有现成的识字教程,学习这套文字完全依赖于手抄。

2. 中国湘西苗文与海外杨雄录苗文在传播的过程中没有固定的场所

湘西苗文与海外杨雄录苗文的传播过程中,缺乏固定的教学场所确实是一个挑战。湘西方块苗文的传播主要依赖学习者借助手抄的苗文剧本和歌本进行学习,而这些学习材料并没有固定的教学场所。学习者可能在个人家中、

---

① 20世纪80年代,杨聂易与王泽贵前往美国探索杨氏苗文打字机的技术,二人在美国邂逅斯莫莱,向他讲述了杨氏苗文的创制与传播历程。访谈内容记录在斯莫莱等人所著的《文字之母——救世苗文的起源与发展》一书中。

② 杨雄录苗文在老挝的传播分为几个时期:文字传播初期、嘉宝时期、龙镇时期、最后时期。杨聂易所述的苗文传播时期属于老挝龙镇时期。

户外或其他临时场所进行学习，这种情况下文字的传播和学习受到了一定的限制。

同样地，在海外杨雄录苗文的传播过程中，学习文字的地点也不是固定的。文字创立初期，杨雄录是在越南的家乡萨哈村教授苗文，教学地点可能设在田间或者家中。后来，随着文字传播的推进，他甚至不得不在逃亡过程中在边境地区修建简陋的学校，但这些学校也只是临时性的场所，并没有固定的设施或机构来支持苗文的持续教学。与湘西苗文传播不同的是，杨雄录苗文的传播历程更为艰难。Pahawh文字没有得到越南政府的认可，没有取得合法性地位。文字创立之后不能公开推行，只能秘密教授，而且还要跨区域地更换学习文字的地点。1963年杨雄录为躲避越南北方政府的追捕，来到老挝边界附近的家乡斐卡（Fib Khav）村。为了继续传播文字，他在这个村子里修建了一所学校。虽说是学校，但实际上只不过就是一所露天的单间茅草屋，里面仅摆放着简陋的凳子。学校均由寨民们亲手搭建。在这个时期，约有两百多名学员从越南、老挝嘉霸（Kiaj Npas）地区前往斐卡、斐哈村寨学习文字。（Smalley，1990：28-29）在杨雄录逃亡的日子里，学员陶万乔（Vam Choj Thoj）、苗文教师侯邦高来到越南的巴蓬（Pham Npoos）村寨，共同搭建一所新的圆形房子，重新恢复文字传播的工作。（Smalley，1990：29）杨氏苗文传播的第二个阶段是在杨雄录遇害后。他的弟子王泽贵、杨聂易、李崽等人跟随苗族难民大军，从老挝迁到泰国，在泰国班维奈难民营与南丰难民营开办苗文学习班，继续教授文字，学习苗文的地点尽管也是临时搭建的教室，条件比较简陋，但相对于文字传播初期更为稳定。在此时期，熊纳德等人所创的苗族刺绣文字也在难民营里传播。随着难民的人数越来越多，泰国难民营已无法继续安置数量庞大的难民，后来经联合国的调解，部分难民被重新安置到美国、加拿大、澳大利亚、法属圭亚那等西方国家。文字传播的第三个阶段是在王泽贵等人移居美国之后。1987年王泽贵的学生杨再龙、雄瓦章分别在美国圣保罗苗族基督教堂和威诺纳的一栋别墅里开设成人学习班，主要教授第三阶段精简版文字。尽管教授、学习文字有了较为固定的场所，但是也仅限于当地的一些教堂与私立学校。

3. 海外苗族民间自主型苗族文字在传播的过程中专门进行了师资的挑选和培训，而中国的苗族民间自主型苗文的传播却没有专门的师资

作为苗族民间自创的文字，杨雄录苗文的传播却与中国苗族民间自创文字大相径庭。湘西方块苗文的传播者主要是文字的创制者。此外，一些拥有方块苗文手抄民歌的苗族人士在传唱歌曲，编写歌剧的过程中也起到了传播

文字的作用。杨氏苗文在传播初期也是由创制者本人传播，但是后来随着学习苗文的人数逐渐增长，杨雄录就从每个苗族家族中挑选出代表教授苗文，共同分担日益增多的教学任务。侯邦高属于较早时期的杨氏苗文教师，另外一名比较重要的苗文教师便是王泽贵。他们两人曾大力协助杨雄录在老挝地区传播苗文。杨雄录遇害之后，王泽贵同老挝万象的其他苗族人来到泰国，暂居难民营中，又挑选出能够与他一道教授杨氏苗文的人员。王泽贵在泰国难民营中邂逅杨聂易，并且教他学习苗文。此后，王杨二人向南丰营地的其他难民教授苗文。杨聂易承担主要的教学任务。在受过教育的人中，他是首位同"救世苗文"有着紧密联系的人士。1975年杨聂易在泰国南丰难民营教授救世苗文。第一批学习苗文的人共有84人，大部分都是青年学员，他们仅仅受过一点教育，有的则未受过教育，还有小部分学员是高中毕业生。他们主要学习杨雄录第三阶段精简版苗文。在所有的学员中，李恩脱颖而出，后来成为泰国班维纳苗族寺庙里推行使用杨氏苗文的先驱者。王泽贵还挑选了一批出类拔萃的苗文学员，分别委以重任，让他们协助推广救世苗文、苗族语言和文化。

4. 与帮助型苗文传播方式不同的是，中外苗族民间自主型苗文在传播的过程中基本上属于苗族民众自发学习文字

与传教型苗文、帮助型苗文不同的是，中外自主型苗族文字的传播属于苗族民众自主性的学习，缺乏倡导和组织。中国湘西方块苗文的传播是属于苗族大众自发地学习。海外苗族民间自主型苗文的传播也是如此。杨雄录最初传播苗文的时候，传播文字的范围仅限于他栖居的村寨。村民们获悉苗文的信息后自发前往学习。后来消息越传越远，周边地区的人对此事也有知晓。越南附近城镇的苗族人和克木族人也纷纷赶来学习"救世文字"。在文字传播的最早时期，杨雄录向前来求学的苗民传播文字，但在后来逃亡的路途上，杨雄录更为谨慎，没有再兴建学校，也没有再公开对外传播文字。尽管如此，苗族学习文字的热情丝毫没有减退。杨雄录离开家乡，来到老挝龙镇的时候，数万苗民和其他民族部落的人居住于附近的许多小镇和村庄里。战争迫使他们背井离乡、颠沛流离、前途未卜。杨雄录及其家人与当地难民同住一起，苗族人与克木族人在该村认出杨雄录后，再次掀起学习苗文的热潮，还有苗族人专程从附近的府莫镇赶来学习文字。有关救世文字的消息在龙镇地区广为传开后，越来越多的苗族人与克木族人从周边地区赶来学习文字。学员从原来的普通村民延伸到官兵，男女老幼皆有。甚至距离龙镇比较遥远的纳卡、孟木地区的青年人也纷纷赶来学习救世文字。

杨雄录生前曾经掀起学习 Pahawh 文字的热潮，遇害之后，学习文字的热潮遭到了压制。后来在泰国班维奈难民营，热衷于学习救世苗文的人数不断上升，又重新唤起了这股学习热潮。

在中外苗族社群中，通过民间自主型苗文的传播，我们看到了对本土文化和语言的深度关注与保护。在面对外部文化冲击和社会变迁的压力下，苗族社群通过自主创制和传播文字，展现了对独特语言和文化的坚定承诺。传播过程中的自主学习强调了社群对文化自主性的强烈追求。没有强制性的组织或教育机构，学习者自发前往学习，突显了个体和社群对于本土文化的独立维护和发展的渴望。同时，传播过程中的挑战也让我们看到了社群在资源匮乏和技术限制的环境中如何适应并努力传承自己的文化。这种适应性对于在困难条件下文化的传承具有启发意义。社群参与是整个过程的关键。社群成员的积极参与推动了文字的传播，强调了集体行动对于文化传承的不可或缺性。

二、中外苗族民间自主型苗文的社会功用比较

中国苗族民间自主型苗文推行面比较具有局限性，所具有的社会功用也不大，主要用来记录民歌，编写歌剧，而海外苗族民间自创的文字具有较为广泛的传播面，从东南亚传播至美洲中部。自杨雄录苗文创制以来的几十年里，这套文字在海外苗族聚居区一直得以较为广泛地推行，在海外苗族中的影响力仅次于老挝拉丁苗文。以下将对其进行论述。

杨雄录苗文共有四个不同的版本，每个版本的文字所具有的社会功用有所不同。原版本的文字主要用于祭祀礼仪。第二阶段精简版的文字用于书信交流与信息传递。最早使用该版本文字的人是杨雄录本人。被捕入狱后，他同弟子王泽贵的交流主要依赖于书信，这段时期使用的正是第二阶段精简版的文字。在老挝内战期间，藏身于老挝釜边山区的苗民也是采用第二阶段精简版杨氏苗文同外界进行交流。杨雄录遇害时，老挝苗族人使用的也是第二阶段精简版文字，因为除了该版本的苗文之外，没有人懂得其他版本的苗文。第二阶段精简版文字作为书信交流的媒介仅仅持续了短暂的一段时期。第三阶段精简版的文字问世以后，第二阶段的文字就被取而代之了。1975年杨聂易在泰国南丰难民营传播苗文。第一批学习苗文的人共有84人，大部分学员都是青年人，有些曾受过教育，也有的从未受过教育。还有小部分学员是高中毕业生，他们主要学习杨雄录在狱中改进的文字——第三阶段精简版苗文。

尽管第三阶段精简版杨氏苗文更受青睐，第二阶段精简版文字也没有因

此被遗弃，这套文字对于研究苗族宗教习俗与记事具有十分重要的意义。20世纪70-80年代期间，李崽及泰国班维奈寺庙里的其他人都十分重视第二阶段精简版杨氏苗文。多年以来，李崽使用第二阶段精简版文字撰写了几部小著作，其中包含一本"救世苗文"基础教程、阅读教程、苗族历史与文化。遗憾的是，由于当时没有杨氏苗文专用打字机，很多书籍无法出版。在文字技术比较落后的年代，当时只能采用胶版印刷机对李崽整理好的手写本进行复印。当时得以公开发行的仅两本书，其中一本是《苗族人的协作》(ບຄົກາຟດ)①，另一本是《苗语语法（第二册）》(ວກາວກົດກາມບEK3)②。还有一些是尚未公开出版的文献，主要有1983所写的《哲学》(ǎA9V)、1984年所写关于狩猎技巧的读物《苗语》(ບຄົກາມ)、1984年所写的《算术教程（第二册）》(ດກຟK3ຟດພEອກາບບຂຄຳຜຶນບກກາຟອບBK)。该教程主要用于培训。以上文献陈列于美国国家图书馆，这些资料专用于美国社会科学研究理事会印度支那研究委员会资助的研究项目。李崽同时组织学生收集苗族口述史，用杨氏苗文记录下来，然后对所收集的材料进行细读、甄别、去伪存真。

第三阶段精简版杨氏苗文除了用于书信交流之外，还用来记录苗族文化和传统。在泰国南丰难民营期间，王泽贵曾挑选出一批出类拔萃的学员，分别委以重任，让他们参与杨氏苗文的推广、传播苗族语言和文化。例如，杨兆（Txos Yaj）仿照解剖学教程精心绘制人体解剖图，王泽贵向他口述人体不同器官的名称。多数名称属于传统的苗文术语，而其他的名称由杨雄录自创。③ 早在此前，杨雄录也向王泽贵传授了苗族传统的行医经验，而且教会他如何向年长的苗族行医者和其他医师学习更多的行医经验。于是，王泽贵物色李州（Ntaswb Lis）参与一些相关的调查，然后二人在笔记本上用制好的表格记录着各种不同苗药的用法、苗药的主治功能等。④ 王祝（Suav Vaj）对植物和其他事物做了大量的注释。⑤ 王宙（Ntxawg Vaj）创作了一首苗族史诗。诗歌的开头讲述了老挝农黑地区苗族人家族之间的纷争，这些家族包括原先支持法国政府，后支持越南政府的家族与支持老挝王国政府的家族。以上所

---

① Chai Lee. Hmong Cooperation（苗语名称：ບຄົກາຟດ，Hmoob Moj Them）. Jackson, Mich.: Pragmatics International, 1981.

② Chai Lee. Grammar, Hmong Language Book 2（苗语名称：ວກາວກົດກາມບEK3,Tsheej Txheem Moj Kuab Hmoob Phau2）[M]. Jackson, Mich.: Pragmatics International,1981.

③ Chia Koua Vang and Yang Chao.（杨雄录苗文所著，未经出版的解剖学资料），1975.

④ Chia Koua Vang and Lee Cher.（无文献名称：杨雄录苗文所著，苗族草药书名列表复印本），1976.

⑤ Shua Vang.（无文献名称：杨雄录苗文所著，植物种子及其相关问题注释），1976

有内容均以第三阶段苗文记录在笔记本上，反映了在日益恶劣的局势中保护苗族传统文化强烈的愿望。

第四阶段版本的文字尽管较其他几个版本更为简易，但是没有得以广泛推行。很可能是这套文字问世不久，其创制者杨雄录就惨遭暗杀，最终版文字没有机会得以使用。不过，1971年1月，杨雄录将最终版救世苗文交给王泽贵时曾嘱咐道："如果将来有可能，在电报中使用这套文字会更为简便，这套文字比较适用于速写。"（Smalley，1990：36）

杨雄录苗文记载的文献除了苗语教程之外，还有人物传记、苗族语言、苗族历史、童话故事等。如 ࠀ࠰ࠀ（*Pwv Ntuas Nyeem Moj Kuab Hmoob*，*Ntu Pib Ib Phau Ib*：*Hmoob Moj Them*）是一部苗语基础教程，编写者是杨雄录的弟子杨聂易；ࠀ（*Txheej Txheem Moj Kuab Hmoob Phau I*）是一部苗语语法教程。ࠀ 一书详细叙述了老挝农黑苗族领袖之间的纷争以及当时发生的重大事件；ࠀ 简述了不同苗族支系的合作关系；ࠀ 叙述了 Pahawh 文字问世的历史背景以及传播历程。类似的书还有 ࠀ："ມມຕັດ"，叙述了 Pahawh 文字创制者的生平、讲述 Pahawh 文字的创制背景与文字传播的艰难历程。ࠀ 以及 ࠀ 属于具有代表性的童话故事集。以上这些文献主要出现于杨氏苗文打字机问世之前，没有得以印刷与出版。

近年来，海外苗族聚居区中仍有一些机构拥护这套文字，因此杨雄录苗文在海外苗族聚居区仍占有重要的地位，具有更为重要的影响力。如今在美国明尼苏达州圣保罗有一个名为 Hmong Vong Voua 的非盈利性机构正在推行使用杨雄录苗文以及杨雄录曾经倡导的苗族传统文化，该机构的负责人正是杨雄录的弟子王泽贵。

第五章　中外苗族文字的未来展望

　　苗族人民对苗族文字的渴求源远流长，这种渴望可以追溯到千年以前，是代代相传的"千年梦想"。自20世纪初至今，苗族人民在国内外不断努力创造和推广苗族文字，以满足他们书写和表达本民族语言的需求。过去的几十年里，国内外出现多套苗文。这些文字在结构和表现形式上各有特点。一些有识之士还在海外苗族聚居区自创了文字，试图满足苗族人民的书写需求。目前，国内外用于书写苗语的文字已经接近二十种。这种文字的多样性代表了苗族人民追求发展和保护自己语言和文化的努力。每种文字都带着苗族人民对民族认同的强烈情感，并体现了他们对苗族历史、传统和价值的珍视和传承。然而，苗族文字的保护与传承面临着一系列困境和挑战。首先，苗语方言的多样性导致了苗族文字的差异化，不同方言区的苗族人使用不同的文字系统，缺乏统一的标准和规范。这限制了苗族文字在教育、媒体、行政等领域的应用，使得区域间的交流与合作变得困难。同时，这也给苗族人民的学习和传承带来了一定的困难。其次，随着现代科技的迅猛发展和全球化的影响，越来越多的苗族人逐渐开始使用拉丁字母或汉字来书写苗语。这反映了现代社会对通用文字的需求，以便更好地融入和参与国内外的各种交流活动中。为保护、传承苗族文字，苗族人民正积极做出各种努力。一方面，他们致力于改进苗族语言的书写系统，优化文字信息处理技术。另一方面，他们鼓励苗族青年学习和掌握苗族文字，重视苗族文字的教育和培训工作。同时，他们也寻求国内外合作，通过各种方式推广苗族文字，增加其在社会生活中的应用和影响力。近年来，中国与海外苗族的交流日趋频繁，但因不同方言区的苗族人使用不同的文字，统合中外苗族文字的呼声也日益强烈。基于动机最大化、书写最大化、易学最大化等原则，本部分将尝试对中外苗族文字的未来进行展望。

第一节　基于动机最大化原则的思考

　　新创立的文字是否得以成功传播与应用，首先取决于学习者是否接纳这套文字，同时还要取决于政府是否准许这套文字推行。这就是美国语言学家斯莫莱所提出文字创立者应该遵循的第一准则，即动机最大化原则。国内苗族人民在历代反动统治阶级的压迫下，没有属于本民族的文字。民国时期，英国传教士党居仁、柏格理、胡托创立的文字都用于传教，但是每一套文字所传播的范围与推行面却大不相同。党居仁苗文、胡托苗文只是在短暂的时期，在特定的范围内得以传播，然后就逐渐淡出了文字的舞台。但是柏格理等人所创的滇东北次方言苗文却能站稳脚跟，而且经过后期不断地改进，在滇东北次方言区一直得以沿用至今。这几套传教型苗文截然不同的命运实际上与苗族民众学习文字的动机密切关联。党居仁苗文没有声调，表音不准。这套文字在传播初期得到当地苗族的接纳，但柏格理所创的滇东北次方言老苗文问世不久之后，很快就将其取而代之了。实际上草创时期的柏格理文字也没有声调，表音也同样存在很多缺陷。但是，柏格理同杨雅各、张约翰、王道元、汉族教师李司提反、钟焕然在初创文字的时候一致认为：所创的苗文应力求笔画简单，文字符号尽可能准确表达苗语发音规律，以使文字易学、易记、易写、易懂。根据这一要求，创制者在原有苗文的方案基础上做出了相应改进，决定采用苗族服饰的某些图案、物象及某些外国拼音形体字，制出大小拼音文字。（伍新福、龙伯亚，1992：623）柏格理等人将苗族的文化元素纳入文字设计方案，让苗族人相信这属于真正的苗族文字，让他们从心里接受这样的文字。因此可以说，柏格理所创的苗文在某种程度上遵循了动机最大化的原则，这是柏格理文字得以传播与推行的原因之一。但是，柏格理文字主要是书写滇东北次方言，推行的面也仅限于滇东北次方言苗族聚居区，不能代表国内所有的苗语方言，因此这套文字不可能为其他方言区的苗族人民所接受。柏格理草创滇东北次方言老苗文、推行文字始于20世纪初。从那时起，滇东北次方言区的民众开始有了文字，但是国内的其他苗语方言区还没有为苗族民众创立文字。可以说，在新中国成立之前，国内的苗族文字发展极不平衡，情况也极其复杂。其他方言区的苗族对创立文字的要求也很迫切。中华人民共和国成立后，中国科学院少数民族语言调查第二工作队迅速行动，与地方政府、高校共同深入开展苗语普查工作。这既是一项科学研究工作，也是一项紧密联系群众和民族的任务。调查队深入苗族聚居的各地，受到了广大苗族群众和苗族干部的热情欢迎与积极配合，凸显了苗族人民对党和政府在文字工作方面的信任。苗语方言的详细调查成为制定文字方案科学论证的基础。与此同时，调查队关注苗族群众对文字的实际需求，确保创制的文字系统既能准确地表达语言，又能满足苗族群众日常生活和文化交流的需要。这种以群众需求为导向的工作方法使得创制的文字系统更贴近实际应用。中国苗族文字创制的工作和其他民族工作一样，坚持自择自愿的原则，是完全建立在苗族民众对学习文字、需要文字的基础上，这一点在1954年政务院批准《关于帮助尚无文字的民族创立和改革文字问题的报告》的批复里已经明确规定：不论是创造文字还是改革文字，都必须贯彻这个自择自愿的方针，而不能包办代替。苗语方言调查队就是帮助我国苗族对本民族的语言进行科学分析，进一步了解其内部规律，以便为苗族讨论文字问题时提供依据，为文字的创制设立方案。因此可以说中国拉丁苗文的创制完全坚持了文字创制动机最大化的原则。

海外苗族文字的创制往往以动机最大化原则为指导，主要通过创造独特的文字形式和赋予神话背景来吸引更多人学习、使用这些文字，认可其作为真正的苗族文字的地位。典型的例子是杨雄录创立的苗文。他以神授文字之说吸引了许多苗族人前来学习这套文字系统，使其拥护者相信这是真正的苗族文字。可以说，这种创制文字的方式符合动机最大化的原则。然而，事实上，杨雄录创立的苗文并未获得法律上的合法地位，并受到越南北方政府的禁止和追捕。这严重限制了这套文字的传播和发展。随着杨雄录的众多弟子和苗族难民移民至美国，杨氏苗文在那里得到了更广泛的传播和推广。部分民间组织也开始积极推动这套文字的传承和发展。

这一例子表明，海外苗族文字的创制和发展常常面临各种挑战和限制。尽管创制者可能遵循动机最大化的原则，但文字的传播和应用却可能受到政府政策、法律限制和社会认可度的影响。因此，确保海外苗族文字的持续发展除了追求独特性和民族特色外，还需要争取合法地位和社会接受度。只有在适宜的环境和条件下，这些创制的文字才能够广泛传播和推广，从而达到保护和传承苗族文化的目标。2009年2月20日—22日世界苗族大会在美国明尼苏达州圣保罗召开，本次会议得到海外苗族聚居区各界领导及商业界的大力支持。大会一致认为杨雄录苗文属于苗族人的正宗文字。大会主席 Yang Hubert Toushouyeng 声称，苗族人的权利以及苗族语言文字均受联合国宪章的宗旨和原则以及联合国土著人民权利宣言保护。大会宣称苗族是一支热爱和平的民族，早在5000年前苗族祖先栖居于东南亚；大会承认海外苗族均属于蚩尤帝的后裔。大会完全支持杨雄录为了苗族人更为便利地使用文字而对原版"救世苗文"[①]所做的改进。大会一致同意以下的观点：1959年老挝苗王吴巴金物色杨雄录负责保护、传承"救世苗文"；最后大会公认文字之母——杨雄录所改良的"救世苗文"正是公元前2700年蚩尤帝所创的苗文，并且这套文字应该作为所有苗族官方文字来使用。[②]世界苗族大会关于杨雄录苗文起源之说显然与斯莫莱的论述截然不同，而且缺乏事实依据，这样说的目的主要是为了能让更多的苗族人相信这套文字就是所谓"正宗"的苗文，以此来推行这套文字，这也是为了最大化增强海外苗族人学习这套文字的动机。为了进一步了解更多的真实情况，2015年作者通过邮件对杨雄录弟子王泽贵进行了访谈，得知世界苗族大会所言缺乏事实依据。

沙耶武理苗文的创制背景与杨氏苗文相似，两者均融入了神话元素，赋予了文字神秘的面纱，激发了学习者对文字学习的浓厚兴趣，从而显著提升了这些文字的影响力。这种神话元素的注入不仅为苗文赋予了独特的文化深度，同时也为学习者创造了更具吸引力的学习环境，促使他们更深入地探索和理解这一文字体系的内涵。恩保羊、斯莫莱等人在创立苗文的时候也比较注重老挝苗族人使用文字的动机。他们设计的文字方案基于老挝当地苗族人对文字选取的态度，同时也要兼顾当时老挝王国政府对少数民族语言文字的有关规定，因此后面才会有寮字苗文、泰字苗文的出现。

第二节 基于书写最大化原则的分析

书写最大化要求选取的文字符号能够在最大的程度上准确地表达语音。国内部分地区苗族较早是采用汉字记苗音，如用"各达"（$kə^{51}ta^{35}$）表示天；用"鲁内"（$lu^{214}nei^{51}$）表示天晴；用"能勾"（$neŋ^{35}kəu^{55}$）表示田，这样的方式不能准确表示苗语的发音。苗语的音位系统比汉语更为复杂，汉语的语音显然不足以书写出苗语的发音。另外，由于没有标调，所记的音与所要书写的音就会存在巨大的差异。西方传教士、军人、旅行者深入苗族腹地，采用

[①] 这里的"救世苗文"主要指吴巴金1912年在老挝本土创制的苗族文字。

[②] 本部分关于世界苗族大会（World Hmong Congress）对杨雄录苗文的提议主要参照 World Hmong Congress Officially Hmong Wrtten Language [N/OL]. March 11, 2009.

西文字母记录苗语的方式表音也不准确。后来湘西境内苗族聚居区出现的方块字实际上是仿造汉字，一字一音节，标记一个语素或词。湘西方块苗字中尽管有"形声字"，可以从其声探其语音，但这类"形声字"极为有限。不过方块苗文具有一个优势，由于这套文字属于音节文字，它可以像汉字那样，使用约定俗成的同一个字表示不同苗语的不同方言。不过，这种文字设计也存在一定的弊端：文字笔画较多，不易掌握，需要学习者认识方块字才可能识别苗文，即便是能够在中国的苗族聚居区通行，也很难推广到海外苗族聚居区。党居仁、克拉克创立的文字实际上也是属于采用西文字母记录苗语，表音不准，自不必说。

柏格理等人创立的滇东北次方言老苗文确实存在书写上的缺陷，未能充分遵守书写最大化原则，这导致了一些困难和不便。改革版的拉丁文字结构较为复杂，字形较长，学习、记忆相对困难。随后，云南省的少数民族知识分子与中外相关专家共同努力，对老苗文进行了规范和改进，以解决其存在的问题，使得老苗文能更好地服务于相关社区和文化传承。不过，滇东北次方言苗文想要在国内各大苗语方言区，乃至海外苗族聚居区通行仍存在很多困难，因为这套文字与现代国际上使用的各种字母相差甚远，非常不便于打印，而且声母的数量较大，学习、记忆都非常困难。因此，这套文字难以成为中外苗族聚居区通用的文字。

中国拉丁苗文与老挝拉丁苗文两套书写系统遵循了书写最大化的原则，两套文字最初采用附加小符号的字母、最后全部采用拉丁字母书写苗语，两者具有一定的相似之处。但是拉丁苗文拼写苗语同时也存在一定的缺陷。以老挝拉丁字母苗文为例，这套文字主要用来拼写白苗语，而不适用于书写青苗语。也就是说，这套文字不能较好地兼顾两种或多种方言的书写，这也是老挝拉丁苗文遭到海外青苗语方言者反对的原因之一。对杨雄录苗文的书写进行考察后发现，这套文字在一定程度上似乎可以克服上述老挝拉丁苗文的拼写问题，似乎可以兼顾白苗与青苗两种方言的书写。对于青苗语韵母［a］以及白苗语的［ia］，老挝拉丁苗文没有可以同时书写这两个发音的符号，拼写主要是照顾白苗语的发音，因此将其写为 ia。多数青苗语方言者认为，老挝拉丁苗文将发音的［a］书写为 ia 属于错误的拼写法；他们认为 ia 属于英文和法文中固有的写法，如果要掌握这样的拼写法，就要先学习欧洲的语言文字。与此相反，杨雄录苗文却能拥有可以同时书写白苗语及青苗语发音的符号，如"ባ"可以同时书写青苗语的［a］及白苗语的［ia］，因为"ባ"在任何其他语言中均未拥有固定的发音。

表5-1　Tzexa Cherta Lee 标准苗文构想（韵母）[①]

| Hmoob yub：Hmong Vowels：苗韵母 ||||||||||
SA	PhF	Ph3	Ph2	RPAD	RPANj	VHm	CQD	DDB	QDN	XX
v	v	v,ㄢ	v,ㄢ	ee	ee	enh	eng	w	ai, eng	an, e
ㅅ	ㅅ	ㅅ,ㅆ	ㅅ,ㅆ	i	i	i	i	i	i	a, en, i
∩	∩	∩,ⴍ	∩,ⴍ	au	au	au	ou	ao	e,o,u	ao
Ո	Ո	Ո,П	Ո,П	u	u	u	o	u	ai	e
ย	ย	ย,ษ	ย,ษ	e	e	e	e	e	a, i	en, ou
Ч	Ч	Ч,ϭ	Ч,ϭ	ai	ai	ei	ai	ai	i	a
Ы	Ы	Ы,ⴒ	Ы,ⴒ	oo	oo	ong	ong	ao	o, u	o, u
Ⳍ	Ⳍ	Ⳍ,ш	Ⳍ,ш	aw	aw	o'u'	eu	eu	u	en, eu
Ⳛ	Ⳛ	Ⳛ,Ш	Ⳛ,Ш	ua	ua	uo	ua	a/ua	a	a, e, ea

因为英语和法语中都没有符号"ᑫ"。由此看来，杨雄录苗文似乎拥有拉丁苗文所不具有的超强表音功能。美国著名苗语专家玛莎·拉特莉芙（Marsha. Ratliff）曾在其所著的《救世苗文》（*The Pahawh Hmong Script*）一文中使用"完美"一词来阐释杨雄录苗文同苗语书写的对应关系；（Ratliff, 1996: 619-624）斯莫莱同时也表示，杨雄录苗文书写苗语的功能正如同其他文字书写其他语言那样完美无瑕。（Smalley, 1990: 172）

基于杨雄录苗文的书写方式，美国加州苗族 Tzexa Cherta Lee 构想了一套所谓的标准文字（参见表5-1；表5-2），自称这套文字可以具有跨方言书写的功能，可以书写中外不同的苗语方言，可以统合中外现有的苗族文字。以书写韵母[en]的符号为例，杨雄录第二阶段精简版文字与这个发音对应的书写符号为 v,ㄢ；第三阶段精简版为 v,ㄢ；最终版文字为 v；老挝拉丁苗文书写为 ee；越南苗文书写为 enh；西部方言苗文书写为 eng；滇东北次方言苗文书写为 w；中部方言苗文书写为 ai、eng；东部方言苗文书写为 an,e；"标准文

[①] 表格中第一栏 SA 表示 Tzexa Cherta Lee 所说的标准文字，第二栏 PhF 表示杨雄录苗文最后阶段精简版文字；第三栏 Ph3 表示杨雄录第三阶段精简版文字；第四栏 Ph2 表示杨雄录第二阶段精简版文字；第五栏 PRAD 表示 RPA 拼写白苗语方言的字母；第六栏表示 PRA 拼写青苗语方言的字母；第七栏 VHm 表示越南苗文字母；第八栏 CQD 表示西部方言苗文字母；第九栏 DDB 表示滇东北次方言苗文字母；第十栏 QDN 表示中部方言苗文字母；第十一栏 XX 表示东部方言苗文字母。

253

字"选用杨雄录的苗文 v。① 这种书写方式原理有点类似于音节字汉字，同一个汉字可以书写不同的方言，如"馈"字既可以书写普通话的"kui"，同时也可以书写粤语的"gwai"。也就是说，不同方言区的人看到同一个字，他们可以使用各自的方言来拼读这个字词。虽然这种书写方式在理论上可以跨方言，但在实际应用中可能存在一些限制。字母文字通常只能表示特定的音位，而不具备真正拼写不同方言的能力。相比之下，音节文字或图形文字更适合拼写不同方言，因为它们可以更灵活地表示语音和语言的差异。此外，尽管杨雄录苗文等特定的文字系统利用了文字符号的奇特性，附加了不同的音值，但这并不意味着所有的字母文字都具有跨方言拼写的功能。要想实现中外苗族文字的统一，需要更深入的研究和设计，不仅需要考虑文字形式的灵活性，还需兼顾方言之间的语音差异和文化传承的因素。

表5-2　Tzexa Cherta Lee 标准苗文构想（声母）

	Consonants：声母
SA	PhF	Ph3	Ph2	HmD	HmNj	VHm	CQD	DDB	QDN	XX
ᚐ	ṗ	ṗ	ṗ	pl	pl	pl	bl	(dl)	(dl)	bl
ᚐ̇	m	m	m	plh	plh	fl	pl	(tl)	(--)	(--)
ᚐ̄	ṁ	ṁ	ṁ	npl	npl	bl	nbl	(ndl)	n	m/n
ᚐ̣	ḃ	ḃ	ḃ	nplh	nplh	mfl	npl	(ntl)	(--)	(--)
ᚢ	ᚢ	ᚢ	ᚢ	c	c	ch	j	j	j	j
ᚢ̇	ᚼ	ᚼ	ᚼ	ch	ch	q	q	q	q	g
ᚢ̄	ᚻ	ᚻ	ᚻ	nc	nc	nd	nj	nj	(j)	ngg
ᚢ̣	ᚪ	ᚪ	ᚪ	nch	nch	nq	nq	nq	hs	nq
ᚴ	(ᚢ̣)	(ᚢ̣)	(ᚢ̣)	(tx)	(tx)	(tx)	(z)	(z)	(b)	(b)
ᚴ̇	(Ṙ)	(Ṙ)	(Ṙ)	(txh)	(txh)	(cx)	(c)	(c)	(p/hx)	(b/x)
ᚴ̄	(ṁ)	(ṁ)	(ṁ)	(ntx)	(ntx)	(nz)	(nz)	(nz)	(b/p/n)	(b/nb/s)
ᚴ̣	(ḋ)	(ḋ)	(ḋ)	(ntxh)	(ntxh)	(nx)	(nc)	(nc)	(p)	(np)

---

① 2017年1月第四届国际苗学研究会（Hmong Studies Consortium）在泰国清迈大学召开，Tzexa Cherta Lee 在学术会上向参会的专家和学者展示了他对"标准文字"的构想。

第三节 基于易学最大化原则的分析

易学最大化原则在设计文字系统中的重要性确实不可忽视。这一原则强调通过简化文字系统的结构和规则，使其更易学习、记忆。然而，在苗文创制过程中，创立者们尽管遵循了这一原则，却也面临一定的挑战。胡托选择注音字母作为黑苗语的书写系统，这一决定受到了北洋政府推行注音文字的影响。他考虑到一些苗族人可能已经熟悉并学习了注音文字，因此选择了这套文字系统，以便他们更容易学习和使用苗文。这种基于已有知识的设计决策具有一定的合理性，因为直接利用学习者已经具备的知识基础可以极大地减少学习负担和提高学习效果。另一方面，柏格理等人采用了大字母和小字母形式，以帮助苗族民众更好地学习文字。通过使用不同大小的字母，可以增强文字的辨识度和可读性，为学习者提供更直观和易理解的文字表示。然而，这些创立的文字系统仍然存在一定局限性，因为它们更多倾向于某个苗语方言区的需求和特点，并未充分兼顾方言之间的差异，导致文字系统在不同方言区之间无法有效传播和应用。

老挝拉丁苗文的创制也遵循了易学最大化的原则，因为字母数量少，便于认读，写起来也很方便。杨雄录苗文并没有遵循易学最大化的原则，而更多的是注重文字学习的动机最大化原则。杨雄录在创立文字的时候，力求外形奇特的符号，因此最终创制出来的文字符号形状怪异，不方便读写。杨雄录苗文有几个版本，学习每一个版本的难度各不一样。草创阶段符号数量大，无疑增加了学习和记忆的难度。草创的杨氏苗文形似音节文字，韵母与声调组合在一起。以后鼻韵母［oŋ］为例，用拉丁苗文来书写这个音的不同声调非常的容易，只需要在基准字母 oo 的后面直接添加声调，可以写成 oob、oom、ooj、oov、oo 、oos、oog。如果用草创杨氏苗文来写［oŋ］, b 声调（43 调）的后鼻韵母写成 Ʋ, m 声调（24 调）写成 Ⴚ, j 声调（31 调）写成 Ⴚ, v 声调（55 调）写成 Ⴚ, 平调写成 Ⴚ, s 声调（33 调）写成 Ⴚ, g 声调（13 调）写成 Ⴚ, 这样的书写没有规律可循，很难记忆。在第二阶段精简版中, b 声调（43 调）的后鼻韵母写成 U, m 声调（24 调）写成 U̇, j 声调（31 调）写成 Ü, v 声调（55 调）写成 Ⴚ, 平调写成 Ⴚ, s 调（33 调）写成 Ⴚ, g 调（13 调）写成 Ⴚ。第二阶段的杨氏苗文比第一阶段更容易学习，因为声调与韵母分离之后，只要记住两个韵母，然后在此基础上添加声调即可。不过，第二阶段文字的声调也没有规律可循。以 –b 调（43 调）为例，后鼻韵母［en］的 b 声调是在符号

ᑎ顶上打上两个小圆点ᑎ̈，但另一韵母的b声调（43调）写法又发生了变化，如［i］的b声调（43调）不是在基本韵母ᴧ的顶上增添两个小圆点，而是增添一条小横线：ᴧ̄。［ou］的b声调（43调）写法是在基准符号Ա顶上增添一个圆点：Ա̇。不过，［ai］、［en］、［au］的b声调（43调）的写法又是另外一种情况，基准韵母顶上没有出现任何符号，而分别写作Ա、ꞮҌ、ԱJ。第三阶段的精简版苗文把声母分为两大类，而且声调符号也更加具有规律性，b声调（43调）的韵母顶上没有附加小符号，m声调（24调）是用小圆点表示，j调（31调）用横线表示，v调（55调）不用小符号，平调用小圆点，s调（55调）用横线，g调（13调）用两个小圆点。第四个版本的文字后来没有得以推行使用。从以上的分析来看，要学习杨雄录苗文，需要记忆的符号数量很多。对于不懂西方语言文字的苗族人而言，会出现拼写错误。海外刺绣苗文、沙耶武理苗文、龚泽旺苗文的创立也是只注重文字学习的动机最大化原则，而忽略了书写最大化、易学最大化的原则。因此这些文字在海外苗族聚居区早已不被采纳，目前只有老挝拉丁苗文与杨雄录苗文继续推行和使用。

从语言学的角度来看，老挝拉丁苗文与杨雄录苗文之间所存差异或许不大，两套文字均以同样的方式来拼写苗语。但从文字学习的角度来看，对于具有西方国家语言基础的人而言，学习老挝拉丁苗文比学习杨雄录苗文更为容易，因为老挝拉丁苗文与英文共用相同的字母系统，并且书写的规则也大致相同。其次，由于拉丁字母文字是一种拼音（注音）文字，文字和语音之间的关系比较紧密，对于一般人来说，只要熟悉语言，并对文字的拼音规则有所掌握，就能拼写出正确的文字，因此老挝拉丁苗文更加便于拼写。此外，采用拉丁字母书写苗语有助于身居海外的苗族人学习英文和法文，从而有利于推动海外苗族的学习教育，有助于他们跟上西方教育的潮流。不过，老挝拉丁苗文在易学最大化的原则上具有一定优势的同时，这套文字也存在着一定的弊端。对于不懂西方语言文字的苗族人而言，这套文字易于学习的优势就难以体现出来；而对于懂得西方语言文字的海外苗族人而言，人们有时容易将老挝拉丁苗文字母的发音与英文字母混淆，这将对他们的阅读产生影响。如g、x、s都是老挝拉丁苗文与英文共有的字母，但是在老挝拉丁苗文中分别发音为g字母书写的是舌根鼻音［ŋ］，字母x书写舌尖前清擦音［s］，字母s书写的是舌尖后清闭塞音［ʂ］。在英文中，g字母书写的发音为软腭音［g］，字母x书写的是软腭音［k］与擦音［s］的组合［ks］。

杨雄录苗文的声母和韵母都以单个符号来记写苗语，没有复合声母，韵母，这是拉丁苗文无法比拟的。假设将老挝拉丁苗文中的复合声母进行分解剖析，然后再让学习者学习，老挝拉丁苗文或许更易于尚未接受教育的人学习。但是，拉丁苗文的复合声母和韵母不能简化，因为在老挝拉丁苗文的教学过程中，如果教师逐个教授字母，学生死记硬背，这种按照字母顺序及线性结构的教学方式将割裂文字中的逻辑性，这样就会使得老挝拉丁苗文的逻辑结构失去优势。从易学最大化原则的角度分析，可以看出老挝拉丁字母及杨雄录苗文对海外苗族人各有利弊，至于哪一套文字更加易于海外苗族人学习，只有通过精心设置试验，开展实证研究，通过方差分析才能确定学习两种文字的难易程度是否存在显著性差异。但是，对于中国苗族人来讲，拉丁苗文系统更加易于学习，而杨雄录苗文则比较深奥。作者在美国曾经对一些当地的苗族人进行过访谈，多数当地的苗族人表示愿意学习和使用老挝拉丁苗文，而不喜欢学习杨雄录苗文，因为学习这套文字存在很大的困难。

泰字苗文与老挝寮字苗文主要是针对能够认读老挝文与泰文的群体，而即便是泰国与老挝的苗族人，愿意学习这种苗文的人也寥寥无几，现在能够识读这套文字的人也几乎没有。

第四节　基于文字信息处理最大化原则的分析

中外苗族文字已有一百多年的历史，在早期的文字创制阶段，对文字的处理还主要是依赖于手抄，很多文字的创立也就没有考虑到今后对文字信息的处理。在当今全球化的交流过程中，一些文字的局限性已经凸显出来，而另外一些文字则在更大范围内得以接受。在数字化生存的时代，文字的信息处理和网络传播影响着苗族文字的发展前景。湘西方块苗文之所以没有得到推行与传播，其中一个原因正是由于文字创立以后缺乏文字的处理信息技术。运用湘西方块苗文记录的民歌只有手写本，没有得以印刷成册。随着时代的发展，这些读本就逐渐遗失民间。尽管近年来后人为湘西方块苗文创建了字模，构建了字库，但是因为方块苗文属于音节文字，现有的字库也只不过就是收录了前人整理过的字汇，数量有限，比较零散，不成体系，因此很难发展成为通用的文字。滇东北次方言苗文尽管已成功输入计算机，为其在新时代的生存、延息注入了新的血液，但要对这套文字进行信息处理也极为不便。首先，通用的电脑键盘没有附带这种字体，要对滇东北次方言苗文进行文字处理，还需要安装独立的字体。其次，大字母和小字母的大小存在很大的差别，如果大字母采用常规的字号，小字母显示不够完好，不便于识读，但如果要将小字母字体放大，那么大字母又会显得过大，比例很不协调。另外，由于滇东北次方言苗文有几套文字，第一套是柏格理等人草创的文字，第二套是改革的拉丁文字，第三套是规范文字。第一套和第三套分别使用不同的字体，对不同的文字进行处理要选用不同的字体，操作起来程序比较烦琐。拉丁字母苗文在信息化处理上具有较强的优势，便于文字处理，有现成的打字机，不需要对其字体进行单独解码处理，使用非常便捷。中国拉丁苗文和老挝拉丁苗文都具有信息化处理的优势，而且，老挝拉丁苗文之所以能够得以在海外苗族聚居区广泛传播，也正是得益于这套文字符号信息处理最大化的原则。老挝拉丁苗文与数字时代的多元需求相契合，在信息化处理方面展现出独特的优势，为提供更为便捷和灵活的文字交流方式做出了贡献。通过简化文字结构和统一拼写规则，创制者大幅度降低了文字学习的难度，使广大苗族人更容易掌握这一文字系统。同时，该系统为海外苗族社群提供了更广泛的表达和交流工具，推动他们在海外建立更为紧密的联系。正是由于老挝拉丁苗文在信息处理上具有绝对性的优势，目前这套文字所载文献的数量远大于杨雄录苗文文献。尽管杨雄录的弟子王泽贵等人历经艰辛，成功探索出能够打印杨雄录苗文的打字机技术，并且目前在美国已经有杨雄录苗文的字体打字机，但是拉丁苗文在文字处理方面仍独占上风，因为拉丁苗文的打字机和文字处理程序更为普及。此外，杨雄录苗文的字母在打印的过程中也较难处理。尽管电脑技术极大地增强了杨雄录苗文应用的灵活性和多样性，但是在打印这套文字的过程中有时需要将字母稍作变形处理，才能与其他的字体匹配，尤其是当这套文字的字母与拉丁字母通行苗文和英文字母出现在同一行的时候，需要将字母变成方形和扁形，才能匹配矮小的罗马苗文字母。近年来，海外苗族聚居区有苗族人在推行杨雄录苗文的过程中，制作文字处理软件，积极为海外苗族人学习这套文字搭建平台。2017年4月，作者赴美国威斯康星州参加第十八届美国苗族发展大会（HND）的时候，美国苗族学者 Nou Chee Her 与 Ntawv Her 向前来参会的人员展示，并介绍了杨雄录苗文的交流互动软件。这是 Nou Chee Her 与 Ntawv Her 共同打造的一种文字转换器，可以将 Pahawh 文字与拉丁文字进行转换。例如，要输出 Pahawh 文字的符号 wKH，只需要在键盘上敲击 WHK 三个大写字母。即便如此，现在海外苗族聚居区大多数苗族人已经习惯使用老挝拉丁苗文，不愿意选择使用 Pahawh 文字。越南政府创立的苗文是用越南文来写，仅仅是照顾越南苗族人对其进行文字信息的处理，但是对于不懂越南文字的其他苗族人而言，对其进行文字信息处理就存在很大的困难，因此不可能成为通行于中外苗族聚居区的文字。寮字苗文也只适合老挝苗族或懂老挝文的人进行文字信息处理，也不可能成为中外苗族聚居区通行的文字。

第五节　综合几种原则的分析

从以上分析来看，文字创立的基本原则对于创立一套文字和对现有的文字进行改良具有重要的指导和借鉴的作用。基于前文几种原则的分析，中国拉丁苗文较好地遵循了动机最大化、文字信息处理最大化、易学最大化、书写最大化的文字创立原则。柏格理等人所创的苗文只在滇东北次方言区遵循了动机最大化、易学最大化的原则，但同时违反了书写最大化和文字信息处理最大化的原则。党居仁苗文表音不准，没有满足书写最大化原则，不过，在柏格理还没有创立文字，苗族还没有文字之前，党居仁苗文在花苗语方言区得到了推行与应用，因此可以说这套文字仅仅是在短暂的时期内遵循了动机最大化原则。

同样是拉丁文字，中外拉丁苗文对动机最大化原则的遵守却不相同。中国拉丁苗文的创立很好地遵循了动机最大化的原则，但老挝拉丁苗文在海外苗族聚居区并没有很好地遵守动机最大化这条原则。海外苗族对于文字符号的选取存在多元观点，有些人认为应该创立一套全新的符号系统，不应该借用现有的文字系统，更不应该基于现有的文字系统进行改创。可以说，海外苗族在苗文符号的选取上观点存在分歧。不同的群体创立了不同的文字系统，杨雄录创立了 Pahawh 文字，熊纳德等人创立了刺绣文字，王祝义在老挝创制 Ntawv Neej Hmoob（苗族生活常用文字），老挝苗族人熊哲智也创立了自己的文字、美国苗族牧师龚泽旺也创立了一套刺绣文字，与熊纳德所创文字完全不同。在海外苗族聚居区，老挝拉丁苗文与杨雄录苗文各有利弊。值得注意的是，杨雄录苗文在传播和发展的过程中先后遭到越南北方政府、老挝王国政府的禁止。这为老挝拉丁苗文的广泛推行与应用提供了很好的时机，直到老挝拉丁苗文发展成为海外苗族聚居区通行的文字。

近年来，中国苗族与海外苗族在民族文化、旅游合作与发展等活动的交流日趋频繁，但是由于缺乏统一的文字，为交流带来了很大的困难。海外苗族使用老挝拉丁苗文，中国境内各大方言区的苗族聚居区又使用着各自的文字。2017年11月贵州省雷山县隆重举行世界苗族同胞回乡过苗年节活动。来自美国、越南、老挝、泰国、加拿大、澳大利亚等海外苗族聚居区的苗族人受邀前来参加本次活动。因为没有统一的文字，迫于无奈，邀请函只能用英文来写。又如，2018年6月，来自美国、泰国、澳大利亚、老挝的苗族学者与商业人士到贵州省仁怀后山乡摇钱树寻根祭祖。当时的邀请函也是用英文来写，而且关于中国苗族文化的介绍也是采用英文。这对于身为苗族，但不能使用本民族文字进行交流的中外苗胞而言，不能不说是一大憾事。如果中外苗族拥有共同可以交流的文字，就不会有这样的遗憾了。其实早在20世纪八九十年代就有了统合中外苗族文字的呼声。由于老挝拉丁苗文在出版读物和普及程度方面拥有相当大的优势，而且海外苗族人在经济条件和受教育程度方面多比中国苗族人优越，所以，在中外苗族文字之间无意识地形成竞争中老挝拉丁苗文占据了明显优势。因此，在探讨发展中外苗族通用文字的问题上，国内有学者积极推崇老挝拉丁苗文。目前支持老挝拉丁苗文的国内学者主要是从老挝拉丁苗文出版物的发行量以及当前这套文字在海外苗族聚居区的普及面来考虑这套文字的使用，却忽略了隐藏于这套文字背后潜在的意识形态问题，在这样的前提下推崇老挝拉丁苗文作为中外通用苗族文字未免具有盲目性。

　　回顾海外苗族文字的发展历程，可以看出老挝拉丁苗文成为海外苗族聚居区最为普遍使用的文字既有必然性，也有偶然性的因素。这套文字起源于传播宗教教义的需要。尽管一些传教士尝试过创立苗文，如萨维纳、特朗等，但推广有限，为老挝拉丁苗文的发展创造了机会。最初，老挝拉丁苗文仅在老挝的川圹省和琅勃拉邦省流行，随着时间推移和苗族群众对其认同度提高，这套文字逐渐得以更为广泛地使用。与此同时，杨雄录苗文作为另一种广泛采用的苗族文字也产生影响，但受政治因素干预限制，面临挑战。相反，老挝拉丁苗文没有受到类似的政治干预，为其在当地存续和发展创造了有利条件。

　　由于历史的原因，战争爆发导致老挝苗族不得不成为难民，只好启程逃离，并分散到世界各地。面对新的生活环境，为了生存、发展，他们渴望找到一种简单易学、表音准确的文字系统，以重新联系失散的亲人。因此，老挝拉丁苗文理所当然地成为海外苗族的首选。在这样的环境下，老挝拉丁苗文不再仅限于传教，而是逐渐演变成一种功能多样的文字系统，可以用于书信沟通、推动经济发展以及传承文化。

老挝拉丁苗文和杨雄录苗文，虽然各自具有优势和劣势，却可视为苗族文字创立的两种不同范式。老挝拉丁苗文在实用性方面表现出色，得到了广泛地推行与应用。相比之下，杨雄录苗文则更注重传承和保留苗族传统文化，更加符合当地的历史和文化背景。然而，假设杨雄录苗文没有任何政治风险，并且比老挝拉丁苗文问世更早，那么杨雄录苗文有望成为海外苗族聚居区最为广泛使用的文字。这是因为在海外苗族所处的特殊历史时期，任何其他文字都有可能抢占先机，以先入为主的方式成为海外苗族社区通用文字。然而，文字传播应用的实际情况却受到众多复杂因素的影响，仅凭文字本身的特点往往无法决定其在社区中的使用与发展。因此，我们应该充分意识到文字创立与发展涉及到诸多政治、文化和历史因素，并且需要综合考虑社区需求与实际情况，以便为苗族聚居区选择最合适的文字系统。

与此不同的是，中国苗族新文字在中国共产党和政府的领导下，由语言学家和苗语专家对苗语各大方言进行多次调查和反复论证的基础上创制的，并经过各地苗族代表认可和国家民委批准而推行应用。中国新苗文表音准确、书写简单、易于学习，是被实践证明了的科学的文字。但是，由于种种原因，中国新苗文自创制以来，在曲折中前进和发展，在创制及试验推行六十多年来还存在一些问题。但是，主张海内外统一使用老挝拉丁苗文，这无疑等同于放弃话语权，既影响国家创制的苗文地位的提升，也影响苗文的试验推行，甚至还会导致国家创制的苗文无用的错误观念。更为重要的是，老挝拉丁苗文仅仅用于书写白苗语和青苗语两种方言，目前不具有拼写国内中部方言、东部方言、滇东北次方言的功能。要创立真正具有跨方言拼写功能的苗族文字，第一要务是对海内外所有苗语方言进行再调研，在此基础上设计出对应的书写系统方案，这需要聚集大量的语言文字学专家、语言文字学工作者、苗族语言文字专家、苗语方言调研员等。通过比较中外苗文创制的历史，不难发现，目前只有中国政府对苗语各大方言进行过全面的调研，并且创制出不同苗语方言文字。因此可以说，将来要探索中外苗族的通用文字还需立足于中国，因为中国属于世界苗族的发源地，属于苗语方言最多、苗语方言最为复杂的国家。在这样的背景下，我们应该未雨绸缪，把握先机，对苗语方言再次进行全面调研，结合中外苗语方言的特征，基于创立通用文字应该遵循的基本原则，对文字方案进行科学论证，积极改进，力争在世界苗族通用文字的发展中占据主导性地位。

在探讨苗族文字未来发展的过程中，可以借鉴以下几大原则。

首先，尊重历史传承。苗族有着数千年的文字发展历史，各个方言区都有独特的文字系统。在统合中外苗族文字时，应该尊重不同方言区的文化特色和传统，继承并保留各个方言区的文字形式。

其次，保持可读性和易用性。统合中外苗族文字的目的是促进苗族之间的交流与理解。因此，新的文字系统应该在可读性和易用性方面更具优势，让不同方言区的苗族人能够方便地互通信息，加强合作与交流。

第三，借鉴现有文字系统的优点。在统合中外苗族文字时，可以借鉴其他文字系统的经验与优点。例如，可以从汉字中获取简化字的思路，以减少复杂性；还可以向拉丁字母等国际通用字母中借鉴发音规则，便于苗族人与其他族群交流。

最后，注重标准化和教育推广。统合中外苗族文字不仅需要制定一个标准的文字体系，还需进行教育推广工作。

展望未来，中外苗族文字的统合将为苗族人民提供更便利和高效的交流方式，促进苗族文化的传承和发展。同时，这也将为中国与海外苗族之间的合作与交流搭建起更为坚实的桥梁。

附录一　汉字记苗音[①]

书上原字	国际音标	现在苗语	方音/变音	含义
各达	kə^{51}ta^{35}	qo^{54}dha^{35}	ko^{21}ta^{25}	天
罗	luo^{35}	lu^{35}	lo^{21}	地
奈	nai^{51}	n̥he^{54}	lai^{42}	日
喇	la^{214}	l̥ha^{35}	la^{42}	月
睹	tu^{214}	tu^{35}	tu^{42}	云
鲁内	lu^{214}nei^{51}	zɯ^{35}n̥he^{54}	lu^{42}luei^{35}	天晴
乍内	tsa^{214}nei^{51}	ʈa^{21}n̥he^{54}	tsa^{35}luei^{35}	天阴
茫内	maŋ^{35}nei^{51}	m̥hã^{35}ŋei^{51}	maŋ^{21}luei^{35}	天晚
晦际	xui^{51}tɕi^{51}	xwi^{35}maŋ^{35}o^{11}	xui^{35}tɕ^{35}	夜行
箕	tɕi^{55}	ci^{35}	tɕi^{21}	风
侬	nuŋ^{35}	nõ^{11}	luŋ^{21}	雨
拍	phai^{55}	bhe^{35}	phiei^{21}	雪
补	pu^{214}	pu^{33}（陆地）	pu^{42}	山
溜补	liəu^{55}pu^{214}	ʌɣ^{33}pu^{33}（同 pu^{33}）	liəu^{55}pu^{42}	上山
能勾	neŋ^{35}kəu^{55}	ŋhe^{21}kɯ^{44}	len^{21}kəu^{55}	路
各印	kə^{51}in^{51}	qo^{54}tã^{54}	ko^{21}in^{35}	塘

[①] 本部分所列的汉字记苗音摘自杨庭硕主编.《苗防备览 风俗考 研究》.贵阳：贵州人民出版社，2010.其中，第一栏书上原字指的是古籍《苗防备览》中采用记录苗音的汉字。国际音标、现在苗语和方音、变音为吉首大学与新闻传播学院杨再彪教授所转写。由于篇幅有限，此处仅呈现两页。

书上原字	国际音标	现在苗语	方音/变音	含义
腊屋、补	la^{51}wu^{55}pu^{214}	la^{11}u^{54}pu^{33}	la^{21}wu^{21}pu^{42}	田
烁喇	ʂuo^{51}la^{214}	ʂu^{21}la^{21}	ʂuo^{21}la^{24}	耕田
烁落	ʂuo^{51}luo^{21}	ʂu^{21}lu^{35}	ʂuo^{21}lo^{21}	耕地
背瓦	pei^{55}wa^{214}	pɯ^{44}wa^{11}	pei^{55}wa^{42}	瓦屋
补楚	pu^{214}tʂu^{214}	pɯ^{44}dzhɯ^{44}	pu^{42}tshu^{35}	茅屋
果柱	kuo^{214}tʂu^{51}	qo^{54}dhu^{35}	ko^{42}tsu^{35}	木
木笼	mu^{51}luŋ^{35}	mõ^{33}lhoõ^{44}（大竹）	mu^{21}luŋ^{21}	竹
盆	phen^{35}	põ^{31}	ben^{21}	花
猛贵	məŋ^{214}kui^{51}	mõ^{33}kwe^{54}	muŋ^{42}kui^{55}	大官
得官	tə^{35}kuan^{55}	te^{54}kew^{54}	ti^{21}kuan^{55}	小官
乍金	tʂa^{51}tɕin^{55}	ta^{33}cõ^{54}	tsa^{35}tɕin^{55}	兵
果乍	kuo^{214}tʂa^{33}	qo^{54}ta^{33}（汉民、汉族）	ko^{42}tsa^{35}	民
果雄	kuo^{214}ɕiuŋ^{35}	qo^{54}ɕõ^{54}	ko^{42}ɕiuŋ^{21}	苗
阿谱	a^{55}phu^{214}	a^{44}phɯ^{54}	a^{55}ɕhu^{21}	祖
阿娘	a^{55}niaŋ^{35}	a^{44}ɲa^{31}	a^{55}ɲaŋ^{21}	祖母
阿巴	a^{55}pa^{55}	a^{44}pa^{31}	a^{55}pa^{35}	父
阿米	a^{55}mi^{214}	a^{44}mi^{33}	a^{55}mi^{42}	母
马龙	ma^{214}luŋ^{35}	ma^{35}ɣhõ^{54}	ma^{42}luŋ^{21}	伯
马腰	ma^{214}iau^{55}	ma^{35}ʐo^{35}	ma^{42}iau^{55}	叔
阿那	a^{55}na^{51}	a^{44}na^{54}	a^{55}la^{35}	兄

附录二　西文记苗语字汇

1. 谢立山记录的部分苗语词汇[①]

数字	贵州东南部	贵州中部	贵州西北部
1	yi	Yi	Yi
2	Au	Ou	Ou
3	Pieh	Peh	Pu
4	Hlao	Plou	Pi
5	Chia	Psǔ	Pa
6	Tiu	Tsou	Chou
7	Hsiung	Hsiang	Chiung
8	Ya	Yi	Yi
9	Chu	Chia	Chu
10	Chiu	Ku	Ko

2. 庄延龄记录的部分苗语词汇

以下列举庄延龄记录的部分苗语字汇，记音不是很准确。带星号的单词正是庄延龄询问两个苗族人的单词，带十字符号的估计是汉语借词。gh 字母组合发音同爱尔兰语相似。tch 与英文单词 choose 中的字母发音相似；ou 与英文单词 though 的相似。至于 ih，如果前面跟 sh 或 tch，发音类似于 Sir Thomas Wade 中的 shih 或 chih 一样，如果不是这样的情况，则与 yih 类似，最后的 h 仅仅表示声调。

词汇来源：(E. H. Parker. *Up the Yang-tse* [M]. Hongkong：Printed at the 'China Mall' Office, 1891：272–274.)

[①] Alexander Hosie. *Three Years in Western China* [M]. London：G. Philip & Son, 1897：235.

牙齿 naghpo*	静脉 aling	母亲 na
牙齿 nha	皮肤 ngha-tou	普通话 no
鼻子 nkantchu	血液 ngtch'ang	汉族、汉人 shwa*
鼻子 kiangtchu	手臂 ts'em-pang	苗族、苗语 hmung
手指 niti	手臂 tie-ch'ao	苗族 kau-a-kou*
手指 nyaliti	脚 tchogh-lou	倮倮族 ngan-tchih
拇指 nan-niti	脚 ngieka	外国人 hmung yiu
拇指 to-na-liti	队列 to-mao-tah	鞋子 k'hou
食指 nio-niti	嘴巴 ngiou	裤子 a-tchih
食指 nia-liti	嘴巴 nghaniou	大风 kio
耳朵 k'haung zhe	眼睛 lum mao	空气 pang
耳朵 luh zhe	眼睛 ngha mo	太阳 tch'ang-tu
头发 plou-hou*	尾巴 otchoka	月亮 ah-ihi
指甲 tou-ti	凸形零件 aplang	星星 no-ku
指甲 chou-tie	凹形零件 yak aplang	天堂 ntou
胡子 hu-tsz†	睾丸 ngiekang	雨 luh-na
胡子 fu-tsz†	臀部 pao-tü	雪 lung-bou
脖子 kiat-la	骨头 ngam-bang	霜 klou
脖子 tchak-lang	关节 lokati	夜晚 kang-doh-la
喉咙 tchao-pang	手腕 lokloti	早 tanasu
面颊 ap-lhou	嘴唇 ngiou	黄昏 tchoung-doh-la
下巴 kou-tchai	大腿 ngiekang	灯光 poh-ki
前额 hou-pla-plong	膝盖 hou-tchiou	黑暗 yoh-tchou-nuh
腹部 aplang	脚 teu	黄色 klang
背后 ndho-kou	裤子 lo ha-tchi	红色 la
乳头 mi	帽子 lo mao†	白色 kleu
乳房 k'hao-tchu	大衣 lo-tch'ao shang	黑色 klou-a
手 tieh	男人 tsi-ning	蓝色 ndjo
手指 to-niti	男人 iliaoli	绿色 nola
中指 lenya-niti	女人 apo*	老 yeu
脚趾 ni-teu	小孩 ngia-to*	年轻 niaghlo
舌头 mblei	少女 nien-tsai	大山 tauh
腋窝 k'hao-tchou	父亲 tsi	水 lie

水　klei	三　pie	九十　kioh tehiou
土地　ko-loh	四　tilouwa	一百　yi poh
土地　kwo-lah	五　kitchih	一千　in tehoh
柴　ntung	六　kitchoh	一万　yi wan†
柴　a-tsah	七　kishiang	我　ngio
树木　ntung	八　kiyih	你　haghatchai*
热的　kwo	九　kikioh	他　ma
冷的　tsa-leu	十　kikon	是　yaolo
大的　ghlu	十一　kon yi	不是　tehih yao
小的　you	十二　kou au	这　tou-ning
老的　tsi	十三　kou pie	那　tou-ning
年轻　na	十四　kou plou	多少　hao-nou
快　oh-ah-tah	十五　kou tchih	狗　li
慢　ta-ma-oh	十六　kou tchou	狗　kliou
干净　foun-djeh	十七　kou shiang	牛　nioh*
干净　tch'ieh-ho	十八　kou yih	马　ning*
脏的　tchih-ho	十九　kou tchioh	羊　tch'ih*
脏的　kh'en-dju	二十　ning kou	家禽　ka
好　jung	三十　pie kieu	鸡　loka*
坏　tchih-jung	四十　plou kiou	母鸡　poka*
高　sha	五十　tehih tchiou	猪肉　mpwn
矮　keng	六十　tchou tchiou	小鸟　niao-nu
一　shoh	七十　shiang tchiou	鸡蛋　kai
二　awa	八十　yih tehiou	熟菜　jou

3. Schotter 记录的苗语词汇

以下词汇源自 P. Aloys Schotter. Notes Ethnographiques sur les Tribus du Kouy-tcheou（Chine）. IIéme Partie：Les différentestribus des Miao. *Anthropos*, Bd. 4, H. 2.（1909），pp. 318-353. 所列词汇可参见346-353页。

（1）白苗语字汇

父亲　tsy	女儿　nieu tsay	猪肉　ma
母亲　na	水牛　tua	雄鸭　o
儿子　to	牛（复数）nio	石头　pao riĕ

267

天空 lou
月亮 kachli
太阳 tchang lou
星星 nou kou
钓鱼 tse klo
李树 tse keou
肉 ka
1 y
2 ao（au）
3 bě
4 blao（blau）
5 tche

6 tchao
7 hiang
8 y tou
9 kio tou
10 kao tou
11 kao y tou
12 kao ao tou
20 nelng ko tou
30 bě ko tou
100 y bo
200 ao bo
1000 y tsien

10000 y ouan
母鸡 ka
狗 klě
房屋 tchě
祖父 ieou
祖母 ua-pou
小孩 ně-tou
狗肉 ka klě
猪肉 ka ma
牛肉 ka nio
中国 tou cho
黑的 mong tlo

（2）花苗字汇

父亲 tsy
母亲 nal ou na
母鸡 kai
狗 ma
猪肉 tiě
水 kě
石头 jě
猫 tchou
房子 tchě
大米 nao
吃米饭 nang nao
竹子 hiong

牛 nio
死的 toua
死亡 touale
年幼 niu ty
大的 nau ty
魔鬼 tlang
走 mo kě
坐下 jong toua
下大雨 lao nang
马 neu
吃 nang
水稻 le

1 a teou
2 ao
3 py to
4 lo to
5 tchě to
6 tcho to
7 siang to
8 y to
9 koua
10 ko tou

（3）红苗字汇

父亲 a pa
母亲 a mi
爷爷 ko
奶奶 lou
儿子 tě tě
水 ou
喝水 ha ou

死的 thau deüa
房子 plüeua
肉 nia
灵魂 na pel
喝酒 tcheü a
大米 kin kuale
狗 ta büa

母鸡 ta ka
马 ta mě
牛 ta iou
很多 lo
少 kě
猪 ma
走 ro koua

树木	lou	中国人	ka tcha	花苗	ka vol
坐	a tchong	苗族	ka tcha bua		
死亡	ta ta o	红苗	ka chong		

4. 克拉克所记录的苗语词汇

汉语　黑苗语

一	i	词语	s'ei	吃	nang
二	au	说	geio, cang	米饭	ka
三	ba, bie	听见	ntang	煮	ka
四	llao	笑	dio	喝	heo
五	gia	行走	he	茶叶	giang
六	dieo	哭泣	kang	水	eo
七	shiung	打	duei	威士忌	giu
八	ia	害怕	sh'i	火	du
九	gio	白棉布	shi	马	ma
十	gieo	黑色	deo	黄牛	liao
一百	ba	白色	llu	水牛	niang
一千	se	红色	shiao	山羊	li
万	vie	蓝色	le	狗	lla
是	diau	黄色	f'ie	猪	ba
有	mai	热	sh'io	家禽、鸡	cei
这个	lai nung	冷	sei	鸭	ka
那个	lai ai	高	hi	鸡蛋	kei
哪个	lai dou, dai shi	低	ka, nga	肉	ngi
这里	hang nung	大	ll'io	房子	gie
那里	hang ai	小	nieo, yieo	家	gie
那里	hang don	许多	nao	门	diu
想要	eo	一些	siu	头	c'o
来	lou	好的	zeo	耳朵	niei
去	mung	坏的	a zeo	眼睛	mai
制作、做	ai	重的	utiung	头发	lliang
看	nge	轻的	f'a	手	biei
看见	bang	不, 不是	a	足	lao

269

牙齿	mpi	他	nih	疲倦	kau zwo
心脏	lliu	我的	vai bie	绳子	ll'a
银子	nyi	你的	meng bie	碗	di kang
铜	deo	他的	nih bie	核桃	he dao
铁	ll'eo	谁	dai shi	栗子	cao
盐	shie	风	giang	桃子	llang
买	mai	雨	nung	柿子	mi
卖	mai	石头	zei	梨子	za
马路	kei	魔鬼	llie	桥	gieo
街道	ca	蛇	ne	根	giung
标记	shiang	给	bai, diao	父亲	ba
江、河	ntiang	皮肤	li	母亲	mi
小山	bao, biei	死亡	da	知道	bang
太阳	ntai	长	da	小孩	dai
月亮	ll'a	短	ka, lai	田鼠	ne
天堂	vai	近	zei	睡觉	bie llai
地球	da	远	dou	田地	li
年	ntieo	硬	diu, ka	后面	keo
男人	nai	软	mai	分开	fai
人	nai	树木	deo	我们	bie
我	vai	衣服	u	你们	mie
你	mung	鞋子	ha	他们	nih dau

注：克拉克所记录的苗语摘自 Clarke, Samuel R. *Among the tribes in Southwest China* [M]. London, Philadelphia：China Inland Mission, 1911：307-312.（本页所列的词汇在原词汇表的基础上略做调整。另外，克拉克所著题为 The Miao and Chungchia Tribes of Kueichow Province 一文 206 页中也列举了部分词汇，全部包含于此表的词汇中，故不在此单列。）Clarke, Samuel R. 1904. The Miao and Chungchia Tribes of Kueichow Province[J]. *East of Asia Magazine* 3：193-207. 206.

5. 邓明德记录的苗语词汇（Vial, P. 1898）。以下词汇源自 *Les Lolos：Histoire. Religion. Mœurs. Langue. Écriture*. Chang-hai：Imprimerie de la Mission catholique. 参见 62-63 页）

附录二 西文记苗语字汇

| 天空
母亲
儿子
太阳
裙子
女人
小的
小麦
牛
大麻
米饭
煮
水沸腾 | moudo
mai
to
hno
kotai
kapa
iou
tò máo
mô tlang
mang
h' nao
bou
tle bou | 大地
丈夫
女儿
月亮
背心
嫂子
哥哥
燕麦
母鸡
布
水稻
江、河
饿了
黄金 | tie
voù
to n sai
ka hli
ko tchao
nai niang
ti lou
ma hmong
kai
m dou
m blé
nai
kiou tchai
ko | 父亲
妻子
房子
火
人
大的
玉米
马
棉花
棉布
白米
坐
吃饱
白银 | tse
mang
pie
teu
ka iôu
hlao
ken djé
nèn
ka hnai
m' dou vè
tsò
zo
nao tchou
nie |

数字

1 *y*, 2 *ao*, 3 *pee*, 4 *plou*, 5 *tchè*, 6 *tou*, 7 *siang*, 8 *y*, 9 *kia*, 10 *kou*, 100 *y pa*, 1.000 *y tsai*.

6. 鸟居龙藏记录的苗音

以下所列为日本学者鸟居龙藏在中国苗族聚居区所记录的苗语字汇，以花苗、青苗、黑苗、白苗、打铁苗及仲家等之单语为主。（参见《苗族调查报告》155页）

安顺花苗单语（sch ch 音同德语）

一 yē	万 wan	雨 ⁿnan
二 aó	今日 tanú	雪 bō
三 pē	明日 kin sai	霜 tē
四 plu	后日 no án	露 kach di
五 psch	昨日 aⁿ neno	雹 ajchai
六 tu	前日 dōⁿ dē	雷 sáa
七 shian	天 dō	虹 jan hu le
八 iji	日 nun	风 cha
九 chia	月 aschai	地 láte
十 ku	星 nó ō	山 tau
百 pā	空气 pan	河 kū
千 tsuo	云 láun	

贵州省朗岱附近黑苗单语（参见《苗族调查报告》，188页）

271

一 yi　　　　　　我 dio vá　　　　　天 lak po
二 wo　　　　　　你 nu vai　　　　　地 lak ka ta
三 pe　　　　　　父 pā　　　　　　　山 po
四 so　　　　　　母 má　　　　　　　河 chio aú
五 chā　　　　　　男 jiu　　　　　　水 aú
六 chiu　　　　　　女 vi i　　　　　　石 lé gi
七 shion　　　　　　儿童 chia tai　　　　木 taú
八 i yā　　　　　　黑苗 kan to sai　　　身体 chí
九 chiu　　　　　　苗族人 háw　　　　头发 ka scha sen ków
十 chiū　　　　　　汉人 chion

贵州省定番附近打铁苗单语（参加见《苗族调查报告》，190–191页）

一 yi　　　　　　日 chin don　　　　耳 be
二 oho　　　　　　月 chi i　　　　　鬓 jiu
三 pē　　　　　　星 len　　　　　　齿 ⁿma hai
四 plo　　　　　　石 do　　　　　　舌 bla
五 pé　　　　　　火 tan　　　　　　头 ho
六 tú　　　　　　木 mó　　　　　　手 kē
七 san　　　　　　水 awoⁿ　　　　　足 niau
八 iji　　　　　　身体 chē　　　　　指 di
九 chia　　　　　　颜 jē　　　　　　爪 tu
十 ku　　　　　　眼 mō　　　　　　头毛 plo
天 don　　　　　　鼻 nhun　　　　　打铁苗 ⁿhun
地 lun　　　　　　口 jiu　　　　　　汉人 jiu wu

7. 厄斯歧洛氏记音 1931年

厄斯歧洛氏记录苗音所用的声调符号极其独特，不便于处理，因此我们直接将图片在此附录，以供参考。图片源自 Esquirol, Joseph, *Dictionnaire'Ka nao-Français et français-'ka nao* [Z]. Hong Kong: Imprimerie de la Société des Missions—Etrangères, 1931. 前言部分。

$I_⊥$	un	$Kiou^3$ $'ka^⊤$	11	$I_⊥$ $s'e_⊥$ $lie^⊥$ $i_⊥$	1001
$O_⊥$	deux	$Kiou^3$ $o_⊥$	12	$I_⊥$ $s'e_⊥$ $lie^⊥$ $kiou^3$	1010
$Pie_⊥$	trois	$O_⊥$ $kiou^3$	20	$I_⊥$ $s'e_⊥$ $'ka^⊤$	1100
$'Lo_⊥$	quatre	$O_⊥$ $kiou^3$ $'ka^⊤$	21	$I_⊥$ $vie_⋅^∧$	10 000
$Kia_⊥$	cinq	$I_⊥$ $pa_⊤$	100	$I_⊥$ $vie_⋅^∧$ $'ka^⊤$	11 000
$Tiou_⊤$	six	$I_⊥$ $pa_⊤$ $lie^⊥$ $i_⊥$	101	$Kiou^3$ $vie_⋅^∧$	100 000
$Chiong_⊤$	sept	$I_⊥$ $pa_⊤$ $'ka^⊤$	110	$I_⊥$ $pa_⊤$ $vie_⋅^∧$	1 000 000
Ia^3	huit	$I_⊥$ $pa_⊤$ $o_⊥$ $kiou^3$	120		
$Kio^⊥$	neuf	$O_⊥$ $pa_⊤$	200		
$Kiou^3$	dix	$I_⊥$ $s'e_⋅$	1.000		

8. 葛维汉记音

这种记苗音的方式应用于记录苗族《开路歌》(Opening the Road for the Soul to Travel to Paradise),其中有一部分节选自《川苗的故事与歌曲》(Songs and Stories of Chu 'an Miao)一书中。① 参见(Songs and Stories of Chu 'an Miao, 55 页)

na·⁴	ʒei⁵,	na·⁴	ʒei⁵,	na·⁴	ʒei⁵,
aged	rock,	aged	rock,	aged	rock.
(or great)					

mo·⁴	xo·¹	gao²	bjci⁵	ʃwa·⁶	
priest	call	you	three	sound (times)	

gao²	Tei⁴	tʃə¹	Tʌu⁴	mo·⁴	lo·³
you	reply	not	able	priest	talk

gao²	Ta·⁸ (or TƆ)	Ta·⁸	la·⁸	gli·⁶
you	die (dead)	true	be or	false

gao²	Ta·⁸ (or TƆ)⁸	gei⁶	t'a·⁶ (or Ta·⁰)
you	dead	is	true

gao²	noƆ⁶	mo·⁴	lo·³
you	hear	priest	talk (words)

mo·⁴	Ta·²	nTaƆ⁶	gei⁶	ma·⁴	lʌn⁸
priest	come	half	road	have	one (dead person)

nTi·⁶	ʒwaƆ⁺	tswei⁸	Ta·⁸	ndᶻa·⁵	TaƆ⁸
put on	clothes	good	come	home	(to the house of the dead person)

ʒao⁵	gao²	tʃə¹	ʒao⁵
is	you	not	is

ʒao⁵	gao²	si¹	Ta·²	tʃai⁵
is	you		truly	

---

① David Crockett Graham. Songs and Stories of Chu 'an Miao [M]. City of Washington: The Smithsonian Institution, 1954: 55–71. 55.

附录三　少数民族文字的三套推荐样本

（Zhou，2003：162-163）

声母									
唇音									
国际音标	[p]	[ph]	[b]	[bh]	[m̥]，	[hm]	[m]	[ʍ]，	[hw]	[w]
第一套	p	ph	b	bh		hm	m		hw	w
第二套	b	p	bh	bx		hm	m		hw	w
第三套	п	п'	ɓ	ɓ'		HM	M		HW	w
汉语拼音：	b	p					m			(w)

唇齿音			
国际音标	[ɱ]	[f]	[v]
第一套	mv	f	v
第二套	mv	f	v
第三套	MB	Φ	B
汉语拼音：		f	

<<< 附录三 少数民族文字的三套推荐样本

齿音&（后）齿龈音

国际音标	[t]	[th]	[d]	[dh]	[n̥],[hn]	[n]	[ɬ]	[h]	[l]	[r]
第一套	t	th	d	dh	hn	n	hl	lh	l	r
第二套	d	t	dh	dx	hn	n	hl	lh	l	r
第三套	Т	Т'	Д	Д'	hН	Н	hл	лh	л	Р
汉语拼音：	d	t				n			l	

软腭音

国际音标	[K]	[Kh]	[g]	[gh]	[ŋ],[hŋ]	[ŋ]	[x]	[ɤ]
第一套	k	kh	g	gh	hng	ng	x	xg
第二套	g	k	gh	gx	hng	ng	x	xg
第三套	К	К'	Г	Г'	hҢ	Ң	Х	F
汉语拼音：	g	k				ng	x	

喉音

国际音标	[ʔ]		[h]	[ɦ]
第一套	'		h	hg
第二套	'		h	hg
第三套	?		h	ħ
汉语拼音：				

卷舌音

国际音标	[tʂ]	[tʂh]	[dʐ]	[dʐh]	[ʂ]	[ʐ]
第一套	c	ch	j	jh	she	zh
第二套	j	ch	jh	jx	she	rh
第三套	Ч	Ч'	Ј	Ј'	Ш	Ж
汉语拼音：	zh	ch			she	rh

275

齿龈 – 擦音

国际音标	[ts]	[tsh]	[dz]	[dzh]	[s]	[z]
第一套	tz	ts	dz	ds	s	z
第二套	z	c	zh	zx	s	3
第三套	П,	П',	Ш	Ш'	C	3
汉语拼音：	z	c			s	

小舌音

国际音标	[q]	[qh]	[G]	[GH]	[ŋ],	[hŋ]	[ŋ]	[x]	[ʁ]
第一套	q	qh	ɟ	ɟh	hN		nq	hq	hɟ
第二套	q	ɟ	qh	qx	hN		nq	hq	hɟ
第三套	k,	k,'Γ,	Γ,'		h,H		,H	X,	F
汉语拼音：									

韵母

前韵母

国际音标	[i]	[e]	[æ]	[a]	[y]	[Φ]	[œ]
第一套	i	e	æ	a	y	eu	œ
第二套	i	e	æ	a	y	eu	œ
第三套	И	e	э	Я	y	Ю	Θ
汉语拼音：	i	e		a	y		

央韵母

国际音标	[ɘ]
第一套	ɘ
第二套	ɘ
第三套	ɘ
汉语拼音：	e

后韵母

国际音标	[u]	[o]	[ɔ]	[a]	[ɯ]	[ʌ]
第一套	u	o	ɔ	ɐ	ɯ	ʌ
第二套	u	o	ow	aw	ɯ	ʌ
第三套	y	o	ë	a	ы	ф
汉语拼音：	u	o				

声调

国际音标	[mā]	[ma-]	[ma̠]	[mà]	[ma̰]	[má]	[ma,]	[mǎ]	[mâ]
第一\二套	maT	maH	maL	maD	maR	maF	maG	maN	maM
第三套	mar	mat	mad	mal	maj	maf	maq	mav	mas
	高平	中平	低平	高降	低降	高升	低升	降升	升降

277

附录四　中部方言苗文方案

说明：

1. 本表从左至右，第一栏是国际音标。

2. 第二栏"1951"指的是50年代初中央民族学院开设苗文课程教授的中部方言苗文。参见 Enwall，1995a（第二卷）：第26页。

3. 第三栏"1956"指的是1956年的苗族文字方案草案。参见中国科学院少数民族语言调查第二工作队编《苗族文字方案：草案》，1956年。

4. 第四栏"1957"指的是1957年第二工作队对苗族文字方案（草案）做了讨论之后，拟定出来的苗族文字方案修正草案。参见贵州民族语文指导委员会编《苗族语言文字问题科学讨论会汇刊》（1957），84–88页。

5. 第五栏"1958"指的是1958年第二次修订的苗文方案。参见王辅世编《苗语简志》（北京：民族出版社，1985），146–158页。

6. 1982指的是1982年贵阳"苗语黔东方言文字方案（草案）修改及汉语借词书写规范座谈会"上对黔东方言（中部方言）苗文方案的修订。

声母

国际音标	1951	1956	1957	1958	1982
p	p	b	b	b	
pʻ	ph	p	p	p	
m	m	m	m	m	
m̥	hm	hm	hm	hm	
f	f	f	f	f	
fʻ	fx	fh	fx	hf	
v	v	v	v	w	

附录四 中部方言苗文方案

国际音标	1951	1956	1957	1958	1982
t	t	t	d	d	
tʻ	th	t	t	t	
n	n	n	n	n	
n̥	hn	hn	hn	hn	
ɬ	hl	hl	hl	dl	
ɬʻ	hlx	lh	lx	hl	
l	l	l	l	l	
ts	tz	z	z	z	
tsʻ	ts	c	c	c	
s	s	s	s	s	
sʻ	sx	sh	sx	hs	
z	/	ʑ	*rh	/	r
tɕ	ci			j	
tɕh	chi			q	
ɕ	shi			x	
ɕʰ	shxi			hx	
ʑ①	zhi		j	y	
k	k	g	g	g	
kʻ	kh	k	k	k	
N	ng	ŋ	ŋ	ng	
ɣ	xg	ɣ	r	v	
xh	x				hv
q	g	ʔ	q	gh	
qʻ	gh	q	x	kh	
h	h	h	h	h	

① 在1957年的修正草案中这个音标写作 [j]。

韵母

国际音标	1951	1956	1957	1958	1982
ɿ			y		
i	i	i	i	i	
e		e	e		
ɑ	a	a	a	a	
o	o	o	o	o	
u	u	u	u	u	
ɛ	ae	æ(ae)	ae	ai	
ə	eu	ə	eu	e	
ei				ei	
eŋ	eng	eŋ	eŋ	en	
ɑŋ	ang	aŋ	aŋ	ang	
uŋ	ung	uŋ	uŋ	ong	
iə				ie	
ia				ia	
io				io	
iu				iu	
ien				in	
iɑŋ				iang	
ioŋ				iong	
e					ee
ao					ao
iao					iao
ua					ua
uɛ					uai
uei					ui
uen					un

280

国际音标	1951	1956	1957	1958	1982
uɑ					uang

声调

调类	调值	1951	1956	1957	1958
1	33	h（32）	b	b	b
2	55	g（53）	c	x	x
3	35	t（45）	d	d（24）	d
4	11	l（22）	h	l（22）	l
5	44	f（34）	k	q	t
6	13	d（213）	l	r	s
7	53	b（13）	r	g	k
8	31	r（21）	s	f	f

附录五　东部方言苗文方案

说明：

1. 本表从左至右，第一栏是国际音标。

2. 第二栏"1951"指的是20世纪50年代初中央民族学院开设苗文课程教授的中部方言苗文。参见 Enwall，1995a（第二卷），第26页。

3. 第三栏"1956"指的是1956年的苗族文字方案草案。参见中国科学院少数民族语言调查第二工作队编《苗族文字方案：草案》，1956年。

4. 第四栏"1957"指的是1957年第二工作队对苗族文字方案（草案）做了讨论之后，拟定出来的苗族文字方案修正草案。参见贵州民族语文指导委员会编《苗族语言文字问题科学讨论会汇刊》（1957），84-88页。

5. 第五栏"1958"指的是1958年第二次修订的苗文方案。参见王辅世编《苗语简志》（北京：民族出版社，1985），146-158页。

声母

国际音标	1951	1956（草案）	1957（修正案）	1958（汉语拼音）
p	p	b	b	b
p'	ph	p	p	p
mp	mp	mb	nb	nb
mp'	mph	mp	np	np
pɻ	pl	bl	bl	bl
pɻ'	phl	pl	pl	pl
mpɻ	mpl	nbl	nbl	/
mpɻ'	mphl	npl	npl	npl
m	m	m	m	m

附录五 东部方言苗文方案

国际音标	1951	1956（草案）	1957（修正案）	1958（汉语拼音）
m̥'	hm	hm	hm	hm
m̫	ml	ml	ml	ml
ts	tz	z	z	z
ts'	ts	c	c	c
nts	ntz	nz	nz	nz
nts'	nts	nc	nc	nc
s	s	s	s	s
t	t	d	d	d
t'	th	t	t	t
nt	nt	nd	nd	nd
nt'	nth	nt	nt	nt
n	n	n	n	n
n̥'	hn	hn	hn	hn
l	l	l	l	l
l̥'	hlx	hl	hl	hl
ʈ	tr	j	dr	zh
tɕ	ci	z+i	z+i	j+i
ʈ'	thr	ɥ	tr	ch
tɕ'	chi	c+i	c+i	q+i
nʈ	ntr	nj	ndr	nzh
nʈ'	nthr	nɥ	ntr	nch
ŋ	nr	nr	nr	nh
ʂ	sh	ʃ	sr	sh
ʐ	zh	r	r	r
j①	zhi	y	j	y
k	k	g	g	g

---

① 1957年，苗族文字方案修正草案把这个音标写成 j。王辅世（1982）把这个音标写作 ü。

国际音标	1951	1956（草案）	1957（修正案）	1958（汉语拼音）
ķ'	kh	k	k	k
ŋk	nk	ng	ng	ngg
ŋķ'	nkh	nk	nk	nk
ŋ	ŋ	ŋ	ŋ	ng
q	q	ʔ	q	gh
q'	qh	q	x	kh
Nq	nq	nʔ	nq	ngh
Nq'	nqh	nq	nx	nkh
h	h	h	h	h
hw	f	/	f	f
w	u		w	w

韵母

国际音标	1951	1956（草案）	1957（修正案）	1958（汉语拼音）
i	i	i	i	i
in	in	/	in	in
e	e	e	e	e
ei	ei	ei	ei	ei
ɤ	eu	ə	eu	eu
ɔ		θ		
o		o		
en	en	eŋ	en	en
a	ai	я	я	ea
ɑ	a	a	a	a
ɛ/ɛ̃	ae	æ/ae	ae	an
aŋ	ang	aŋ	aŋ	ang
en				en
oŋ				ong

附录五 东部方言苗文方案

国际音标	1951	1956（草案）	1957（修正案）	1958（汉语拼音）
ia				iea
ie				ie
iɔ				iao
io				io
iu				iu
iɤ				ieu
iɯ				iou
iɛ̃				ian
ien				in
iaŋ				iang
ioŋ				iong
uɑ				ua
ua				uea
ue				ue
uɤ				ueu
uɯ				uou
uei				ui
uɛ̃				uan
uen				un
uaŋ				uang
o	o	o	o	o
ɔ	o	ɵ	ɵ	ao
u	u	u	u	u
uŋ	ung	uŋ	uŋ	ong
ɯ	w	ɯ	μ	ou
i 或使 m 自成音节	/	/	y	/

285

声调

调类	调值	1951	1956	1957	1958
1	35	f	b	b	b
2	31/42	r	c（21）	x（31）	x（21）
	13	x			
3	44	h	d	d	d
4	22	b	h	l	l
5	54	y	k	l	l
6	42/31	d	l（42）	r（42）	s（32）

附录六 西部方言苗文方案

说明：

1. 本表从左至右，第一栏是国际音标。

2. 第二栏"1956"指的是1956年的苗族文字方案草案。参见中国科学院少数民族语言调查第二工作队编《苗族文字方案：草案》，1956年。

3. 第三栏"1957"指的是1957年第二工作队对苗族文字方案（草案）做了讨论之后，拟定出来的苗族文字方案修正草案。参见贵州民族语文指导委员会编《苗族语言文字问题科学讨论会汇刊》（1957），134-140页。

4. 第四栏"1958"指的是1958年第二次修订的苗文方案。参见王辅世编《苗语简志》（北京：民族出版社，1985），146-158页。

国际音标	1956	1957	1958
p	b	b	b
pʻ	p	p	p
pl	bl	bl	bl
plʻ	pl	pl	pl
mp	nb	nb	nb
mpʻ	np	np	np
m	m	m	m
m̥	hm	hm	hm
mpl	nbl	nbl	nbl
mplʻ	npl	npl	npl
f	f	f	f

287

国际音标	1956	1957	1958
v	v	v	v
ts	z	z	z
ts'	c	c	c
nts	nz	nz	nz
nts'	nc	nc	nc
s	s	s	s
t	d	d	d
t'	t	t	t
nt	nd	nd	nd
nt'	nt	nt	nt
n	n	n	n
n̥	hn	hn	hn
l	l	l	l
l̥	hl	hl	hl
tl	dl	dl	dl
tl'	tl	tl	tl
ʈ	dr	dr	dr
ʈ'	tr	tr	tr
ɳʈ	ndr	ndr	ndr
tʂ	j	zh	zh
tʂ'	ҷ	ch	ch
ɳtʂ	nj	nzh	nzh
ɳtʂ'	nҷ	nch	nch
ʂ	ʂ	sh	sh
ʐ	r	r	r
tɕ	ji	zj	j
tɕ'	ҷi	cj	q

国际音标	1956	1957	1958
ȵtɕ	/	nzj	nj
ȵtɕʻ	/	ncj	nq
ȵ̥	ni	nj	ni
ȵ̥̊	/	hnj	hni
ɕ	ʂi	sj	x
j ①	ri	j	y
k	g	g	g
kʻ	k	k	k
ŋk	ng	ng	ngg
ŋkʻ	nk	nk	nk
ŋ	N	ŋ	ng
h	h	h	h
q	ʔ	q	gh
qʻ	q	x	kh
Nq	nʔ	nq	ngh
Nqʻ	nq	nx	nkh
w	/	w	w
x	x		h

韵母

国际音标	1956	1957	1958	1982
i	i	i	i	i
in		in		
e	e	e	e	e
ei	/	ei	ei	
eu/ɛɯ	eu	eu	eu	eu

---

① 1957年，苗族文字方案修正草案把这个音标写成 j。王辅世（1982）把这个音标写作 ƶ。

国际音标	1956	1957	1958	1982
en	eŋ	en	en	en
ɚ①		er	er	er
ia			ia	
iɑ			iua	
io			io	io
ie/iɛ			ie	ie
iai			iai	
iao			iao	
iou			iou	iou
iɛɯ			ieu	
ien/in			in	in
iɛn				ian
iɑŋ			iang	iang
ioŋ			ioŋ	
ue			ue	
uai			uai	uai
uan				uan
uei			ui	ue
uen			un	un
uaŋ			uang	uang
ɑ	ʁ	a	a	a
ai				ai
an				an
ae	ai	ae	ai	
au	au	au	ao	ao

① 苗文方案（1982修正案）把这个音标写成 ɣ。

国际音标	1956	1957	1958	1982
aŋ	aŋ	aŋ	ang	ang
o	o	o	o	o
əu/ou	ou	ou	ou	ou
u	u	u	u	u
ua/ɒ	a	ua	ua	ua
ai			ai	
un	/	un	un	
uŋ/oŋ	oŋ	uŋ	ong	ong
y		y		
yn	/	yn	/	

声调

调类	调值	1956	1957	1958
1	43	b/t（33）	b	b
2	31	c/x	x	x
3	55	d（53）	d	d
4	21	h	l	l
5	44	k（55）	q	t
6	13	l	r	s
7	33	r（44）	g	k
8	24	s	f	f
8（2）	53	z		

附录七 滇东北次方言苗文方案

说明：

1. 本表从左至右，第一栏是国际音标。

2. 第二栏"老苗文"主要参考王维阳编《苗汉辞典（滇东北次方言）》（昆明：云南民族出版社，2013）：8-10页。

3. 第三栏"1951"指的是20世纪50年代初中央民族学院开设苗文课程教授的中部方言苗文。参见 Enwall，1995a（volume 2），第28页。

4. 第四栏"1956"指的是1956年的苗族文字方案草案。主要参考中国科学院少数民族语言调查第二工作队编《苗族文字方案：草案》，1956年。

5. 第五栏"1957"指的是1957年第二工作队对苗族文字方案（草案）做了讨论之后，拟定出来的苗族文字方案修正草案。主要参考贵州民族语文指导委员会编《苗族语言文字问题科学讨论会汇刊》（1957），153-163页。

6. 第六栏"1958"指的是1958年第二次修订的苗文方案。参见王辅世编《苗语简志》（北京：民族出版社，1985），146-158页。

7. 第七栏"规范"指的是1981-1985年滇中苗族知识分子与中外有关专家对柏格理老苗文进行规范和改进的文字。参见龙圣光主编；禄劝彝族苗族自治县民族宗教事务局编《苗汉词典》（昆明：云南民族出版社，2012）：493-495页。

国际音标	老苗文	1951	1956	1957	1958	规范	1990
p	⌐	p	b	b	b	⌐	
pʰ	⌐'	ph	p	p	p	⌐'	
b		b	ƅ	ƅ		⌐	
bʰ		bh					
mp	C⌐	mp	nb	nb	nb	C⌐	
mpʰ	C⌐'	mph	np	np	np	C⌐'	

附录七　滇东北次方言苗文方案

国际音标	老苗文	1951	1956	1957	1958	规范	1990
mb			nƂ	nƂ		CJ˙	
f	Γ	f	f	f	f	Γ	
v	V	v	v	v	v	V	
v̞						V˙	
m	ꓳ	m	m	m	m	ꓳ	
m̥	'ꓳ	hm	hm	hm	hm	ꓳ'	
ṃ						ꓳ˙	
w	U	/	w	w	w	U	
ts	ꓕ	ts	z	z	z	ꓕ	
tsʰ	ꓕ'	ts	c	c	c	ꓕ'	
dz			dz	ʒ	ʒ	ꓕ˙	
nts	Cꓕ	ntz	nz	nz	nz	Cꓕ	
ntsʰ	Cꓕ'	nts	nc	nc	nc	Cꓕ'	
ndz		ndz	nʒ	nʒ		Cꓕ˙	
ndzʰ		nds					
s	S	s	s	s	s	S	
z	ꝫ	z	ⱬ	r	r	ꝫ	
t	T	t	d	d	d	T	
tʰ	T'	th	t	t	t	T'	
d			d	d̄	d̄		T˙
nt	CT	nt	nd	nd	nd	CT	
ntʰ	CT'	nth	nt	nt	nt	CT'	
nd		nd	nd̄	nd̄		CT˙	
n	C	n	n	n	n	C	
n̥	'C	hn	hn	hn	hn	C'	
ṇ						C˙	
tl	ꓥ	tl	dl	dl	dl	ꓥ	

293

国际音标	老苗文	1951	1956	1957	1958	规范	1990
tlʰ	ᐞ'	tlh	tl	tl	tl	ᐞ'	
dl		dl		d̄l		ᐞ·	
dlh		dlh					
ntl	Cᐞ	ntl	/	ndl	ndl	Cᐞ	
ntlʰ	Cᐞ'	ntlh	/	ntl	ntl	Cᐞ'	
ndl		ndl		nd̄l		Cᐞ·	
tɬ						ᐱ	
dɬ						ᐱ·	
tɬʰ						ᐱ'	
ntɬ						Cᐱ	
ndɬ						Cᐱ·	
ntɬʰ						Cᐱ'	
l	L	l	l	l	l	L	
l̩						L·	
l̥	ᖶ	hl	/	hl	hl	L'	
ɬ						ᖶ	
ɬ̇						ᖶ·	
ɬ̥						ᖶ'	
t	ᴛ	tr	dr	dr	dr	ᴛ	
tʰ	ᴛ'	trh	tr	tr	tr	ᴛ'	
ɖ		dr	d̄r	d̄r		ᴛ·	
ɖʰ		drʰ					
ɳʈ	Cᴛ	ntr		ndr	ndr	Cᴛ	
ɳʈʰ	Cᴛ'	ntrʰ		ntr	ntr	Cᴛ'	
ɳɖ		ndr		nd̄r		Cᴛ·	
ŋ		ŋ	nr	nr	nr	e	
ŋ̇						e·	

国际音标	老苗文	1951	1956	1957	1958	规范	1990
ŋ̊						e'	
tʂ	ꪖ	c	j	zh	zh	ꪖ	
tʂʰ	ꪖ'	ch	ч	ch	ch	ꪖ'	
dʐ		j	ж	ʒh		ꪖ·	
ɳʂ	ꪖꪖ	nc	nj	nzh	nzh	ꪖꪖ	
ɳʂʰ	ꪖꪖ'	nch	nч	nch	nch	ꪖꪖ'	
ndʐ		nj	nж	nʒh		ꪖꪖ·	
ʂ	ꭨ	sh	ʃ	sh	sh	ꭨ	
ʐ	R	zh	r	rh		R	
ʐ̥						ʌ·	
tɕ	ꪖ	ci	ji	zj	j	ꭨ	
tɕʰ	ꪖ'	chi	чi	cj	q	ꭨ'	
dʑ		ji		ʒj		ꭨ·	
ɲtɕ	ꪖꪖ	nci	nji	nzj	nj	ꭰꭨ	
ɲtɕʰ	ꪖꪖ'	nchi	nчi	ncj	nq	ꭰꭨ'	
ɲdʑ		nji	nчi	nʒj		ꭰꭨ·	
ɕ	ꭨ	shi	ʃi /ʂi	sj	x	ꭓ	
ʑ	ʌ	zhi	ri	j	y	ʌ	
ʑ̥						ʌ·	
ʐ						ʌ	
ʐ̥						ʌ·	
ʑ						ʌ'	
n̥	ꪖ	ni	/	nj	ni	ꜫ	
n̥						ꜫ·	
n̥̊	'ꪖ	hn	hn	hn	hn	ꜫ'	
k	ꪖ	k	g	g	g	ꪖ	
kʰ	ꪖ'	kh	k	k	k	ꪖ'	

国际音标	老苗文	1951	1956	1957	1958	规范	1990
g		g	Γ	Γ		ꓕ	
gʰ		gh					
ŋk	⊂⊃	nk	ng	ng	ngg	⊂⊃	ng
ŋkʰ	⊂⊃'	nkh	nk	nk	nk	⊂⊃'	
ŋg		ngg	nΓ	nΓ		⊂⊃̇	
ŋgʰ		nggh					
x/ɣ	⎮'	x	x	hj	hx	⎮'	
ŋ	6	ng	ŋ	ŋ	ng	6	
ŋ̣						6̇	
ŋ̊	'6					6'	
ŋ̊		hng	hŋ	hŋ	hng		ngg
q	ꓕ	q	ʔ	q	gh	ꓕ	
ɢ						ꓕ̇	
qʰ	ꓕ'	qh	q	x	kh	ꓕ'	
ŋq	⊂ꓕ	nq	nʔ	nq	ngh	⊂ꓕ	
ŋɢ						⊂ꓕ̇	
ŋqʰ	⊂ꓕ'	nqh	nq	nx	nkh	⊂ꓕ'	
χ		/	/	hx	/		
ʔ						ɣ	
h	ꓶ	h	h	h	h	ɣ'	
ɦ						ɣ̇	
ʔ̃						⊂ɣ	
ɦ̃						⊂ɣ̇	
h̃						⊂ɣ'	
ɣ		xg	ɣ			⎮	
ɣ̣						⎮'	

附录七 滇东北次方言苗文方案

韵母

国际音标	老苗文	1951	1956	1957	1958	规范	1990
i	ⁿ, ʳ	i	i	i	i	ɲ	
ie	꞊	ie	ɜ	e	ie	꞊	
a	-	a	a	a	a	a	
o	°	o	o	o	o	ɒ	
u	ᴜ	u	o	u			
y	ꜝ, ꜞ	y	y	y	yu	ɔ	
ɯ	˃	w	ɯ	ɯ	w		
ə	ˀ	e	e	eu	e	ˀ	
ae/ai	l	ai	ae	ae	ai	l	
ei						ʟ	
au/ao	‖	au	au	au	ao	‖	
aɯ	ð	aw	aɯ	aɯ	ang	ð	
œ	ʋ	ey	ey	ey			
œy	ʕ				eu	ʕ	
əɹ				er①			
ia	ɲ	ia				ɲ	
iu		iu			iu		
io					io		
iou	ɲ					ɲ	
iɯ					iw		
iai					iai		
iau	ɲ‖	iau			iao	ɲ‖	
iaɯ		iaw			iang	ɲð	
iŋ						ɲɔ	
uai						ʋl	

① 仅出现在汉语借词里。

297

国际音标	老苗文	1951	1956	1957	1958	规范	1990
uan						uʐ	
(uəŋ)						uʐ	
yŋ						you	
ye						ɔr	
yan						ɔr	
yn						ɔɾ	
uŋ		ou			u	ou	
ian		nʐ				nʐ	
ua		u	ua		ua	u	
uo			uo			uo	
in			in			nu	
en		ʐ	en			ʐ	
an			an				

韵母

调类	调值	1956	1957	1958	规范
1	54	b	b	b	ɜ
2	35	c	x	x	⊤
2（2）	45		z		
3	55	d	d	d	
4	12	h	l	l	m
5	33	k	q	t	r
6	31	l	r	s	s
6（2）	53		Ƃ		
7	11	r	g	k	L
8	31	s	f	f	t

参考文献

中文著作

［1］陈建明．近代基督教在华西地区文字事工研究［M］．成都：巴蜀书社，2013．

［2］陈其光．中国语文概要［M］．北京：中央民族学院出版社，1990．

［3］贵州省民族语文指导委员会．苗族语言文字问题科学讨论会汇刊［M］．贵阳：贵州省民族语文指导委员会，1957．

［4］华学涑．国文探索一斑［M］．天津：天津博物院，1921．

［5］哈罗德·拉斯韦尔．社会传播的结构与功能［M］．北京：中国传媒大学出版社，2013．

［6］李锦平．苗语方言比较研究［M］．成都：西南交通大学出版社，2012．

［7］凌纯声，芮逸夫．湘西苗族调查报告［M］．北京：民族出版社，2003．

［8］刘锋，吴小花．刻道［M］．贵阳：贵州民族出版社，2012．

［9］龙海燕，罗兴贵，吴定川．贵州民族语文工作六十年［M］．成都：电子科技大学出版社，2011．

［10］纳日碧力戈．语言人类学［M］．上海：华东理工大学出版社，2010．

［11］鸟居龙藏．苗族调查报告：上、下册［M］．国立编译馆，译．南京：国立编译馆，1936．

［12］普学旺，梁红．奇异独特的信息符号：云南民族语言文字［M］．昆明：云南教育出版社，2000．

［13］石茂明．跨国苗族研究：民族与国家的边界［M］．北京：民族出版社，2004．

［14］石启贵．湘西苗族实地调查报告［M］．长沙：湖南人民出版社，2008．

［15］台江县苗文办公室．发扬艰苦创业精神推动苗文工作发展［M］//黔东南苗族侗族自治州民族事务委员会．黔东南十年民族语文工作．贵阳：贵州民族出版社，1995：51-61．

［16］王辅世，毛宗武．苗瑶语古音构拟［M］．北京：中国社会科学出版社，1995．

［17］王辅世．苗语简志［M］．北京：民族出版社，1985．

［18］王瑛．李鸿章与晚清中外条约研究［M］．长沙：湖南人民出版社，2011．

［19］伍新福，龙伯亚．苗族史［M］．成都：四川民族出版社，1992．

［20］伍新福．苗族文化史［M］．成都：四川民族出版社，2000．

［21］谢彬．云南游记［M］．上海：中华书局，1924．

［22］熊玉有．苗族文化史［M］．昆明：云南民族出版社，2003．

［23］杨再彪．苗语东部方言土语比较［M］．北京：民族出版社，2004．

［24］张坦．"窄门"前的石门坎：基督教文化与川黔滇边苗族社会［M］．贵阳：贵州大学出版社，2009．

［25］张志辉，楚雄彝族自治州人大常委会民族工作委员会，楚雄彝族自治州民族事务委员会．楚雄苗族史略［M］．昆明：云南民族出版社，2005．

［26］昭通市民族宗教事务局．昭通少数民族志［M］．昆明：云南民族出版社，2006．

［27］周遐年，苑青松．柏格理教育思想百年回眸［M］．长春：吉林大学出版社，2009．

［28］周有光．世界文字发展史：第3版［M］．上海：上海教育出版社，2011．

中文期刊

［1］陈建明．传教士在西南少数民族地区的文字创制活动［J］．宗教学研究，2010（4）．

［2］陈学书．柏格理与老苗文［J］．文史天地，1996（3）．

［3］陈钰．柏格理初创石门坎教育的成功启示［J］．昭通学院学报，2014（1）．

［4］成文魁．苗族《开亲歌》中的"刻道"（歌棒）浅识［J］．贵州民族研究，

1985（1）.

　　［5］邓章应. 传教士所创民族文字概说［J］. 内江师范学院学报，2007，22（3）.

　　［6］丁李，曾水玲. 基于综合特征矩阵的手写苗文识别研究［J］. 怀化学院学报，2018，37（5）.

　　［7］东人达. 黔滇川老苗文的创制及其历史作用［J］. 贵州民族研究，2003，23（2）.

　　［8］贵州省民委民族语文办公室. 贵州省黔东苗文试行调查总结报告［J］. 贵州民族研究，1996（1）.

　　［9］哈正利. 论我国少数民族语言文字政策的完善与创新［J］. 中南民族大学学报（人文社会科学版），2009（5）.

　　［10］湖南省民委教育语文处. 湘西苗文试行工作情况调查［J］. 民族论坛，1995（4）.

　　［11］华慧娟. 基督教赞美诗在滇北苗族地区的传播、演变与文化意义［J］. 交响（西安音乐学院学报），2007，26（3）.

　　［12］黄行. 汉语拼音与拉丁化民族文字字母设计［J］. 语言规划学研究，2018（1）.

　　［13］姬安龙. 浅谈苗语借词的规范问题［J］. 贵州民族研究，1993（1）.

　　［14］江应梁. 西南边区的特种文字［J］. 边政公论，1945（1）.

　　［15］姜永兴. 苗文探究［J］. 西南民族大学学报（哲学社会科学版），1989（1）.

　　［16］凯里县民委会、教育局. 凯里县挂丁小学苗文试点工作小结［J］. 贵州民族研究，1982（3）.

　　［17］李锦芳. 论中国少数民族拥有使用和发展自己的语言文字的权力［J］. 广西民族研究，2005（2）.

　　［18］李炳泽. 苗族的文字［J］. 民族文化，1985（3）.

　　［19］李德芳. 二十世纪初期滇东北苗语方言区的苗文［J］. 贵州民族研究，1981（2）.

　　［20］李琼，胡菲莉，李友玲，颜家佳. 苗族歌棒的历史渊源和音乐文化内涵［J］. 贵阳学院学报（社会科学版）2008，3（4）.

　　［21］李雨梅. 湘西民间方块苗文的造字哲理［J］. 中南民族大学学报（人文社会科学版），1991（3）.

　　［22］林名均. 川苗概况［J］. 新亚细亚，1936（4）.

[23] 刘锋.苗文中汉语借词的拼写法要规范化[J].贵州民族研究，1990（2）.

[24] 刘自齐.苗族歌圣石板塘[J]，贵州民族研究，1982（2）.

[25] 龙杰.苗文科普教育是发展民族经济一条重要途径：湘西自治州苗文科普教育实验启示[J].贵州民族研究，1991（3）.

[26] 龙仕平，周晓光，肖清.邵阳城步古苗文实地调查报告[J].吉首大学学报（社会科学版），2013（1）.

[27] 龙正海.渝、湘、鄂西水流域方块苗文造字法再探[J].重庆教育学院学报，2012（5）.

[28] 龙致光.苗语与世界语[J].贵州民族研究，1989，（2）.

[29] 罗兴贵.谈谈滇东北方言苗文的统一[J].贵州民族研究，2000（3）.

[30] 蒙昌配，龙宇晓.百年来海外苗学的苗族文字研究文献述论[J].民族论坛，2014（8）.

[31] 蒙昌配，龙宇晓.东南亚高地两种苗文系统的起源、发展和影响：兼及对詹姆斯·C.斯科特Zomia文字观的反思[J].中国山地民族研究集刊，2014.

[32] 蒙昌配，龙宇晓.海外苗学文献中的文字学圭臬：阎幽磬的中国苗族文字史研究[J].原生态民族文化学刊，2014，6（3）.

[33] 蒙昌配，龙宇晓.海外苗文文献研究的背景、内容、方法与意义[J].原生态民族文化学刊，2014，6（4）.

[34] 蒙昌配，郑晓雪，龙宇晓.海外苗族RPA文字系统的创制、传播与影响[J].贵州师范学院学报，2014（10）.

[35] 蒙昌配.老挝拉丁苗文对海外苗族英语习得的影响研究[J].贵州师范学院学报，2018（11）.

[36] 莫礼平，曾水玲.音形结合的方块苗文输入编码方案研究[J].计算机科学与探索，2014，8（8）.

[37] 莫礼平，周恺卿.方块苗文动态构造方法的形式化描述[J].计算机应用，2014，34（3）.

[38] 莫礼平，周胜，尹楠佳.基于构件汉语拼音的湘西方块苗文输入法[J].吉首大学学报（自然科学版），2014，35（2）.

[39] 石朝江.苗族古代文字概说[J].贵州文史丛刊，1998（1）.

[40] 石茂明.台江县苗文试行与苗文教育传播研究报告[J].民族研究，1999（6）.

[41] 唐春芳. 论蚩尤在历史上的功绩与地位 [J]. 民间文化旅游杂志, 1996 (1).

[42] 田深泥. 关于苗文规范化的几个问题 [J]. 中南民族大学学报 (哲学社会科学版), 1992 (4).

[43] 王春德. 谈谈苗文中的几个问题 [J]. 贵州民族研究, 1984 (3).

[44] 王辅世. 苗族文字改革问题 [J]. 中国语文, 1952 (12).

[45] 王辅世. 苗文的正字法问题 [J]. 贵州民族研究, 1984 (4).

[46] 王贵生, 张佑忠. 胡托苗文及苗语翻译工作问题种种：从《圣经与近代中国》的讨论谈起 [J]. 宗教学研究, 2012 (4).

[47] 王贵生. 黔东南老苗文的历史及现状的调查和研究 [J]. 凯里学院学报, 2010, 28 (5).

[48] 王贵生. 黔东南老苗文圣经翻译文本研究以及"黑苗"属地的考证：兼与王再兴先生商榷 [J]. 宗教学研究, 2011 (2).

[49] 王建光. 苗民的文字 [J]. 边声月刊, 1938, 第1卷 (3).

[50] 王永华. 滇东北老苗文的历史与现实探索 [J]. 三峡论坛 (三峡文学·理论版), 2015 (4).

[51] 魏文栋. 解开城步苗文之"迹" [J]. 贵州文史丛刊, 1993 (2).

[52] 闻宥. 论 POLLARD SCRIPT [J]. 西南边疆, 1938 (1).

[53] 吴正彪. 苗族语言文字的发展状况及苗文推广普及的困境与出路管窥 [J]. 文山学院学报, 2012, 25 (1).

[54] 吴正彪. 语音差异在民族文字规范音教材编译中存在的问题初探：以苗语黔东方言的苗文使用现状为例 [J]. 民族翻译, 2009 (1).

[55] 夏勇良. 台江县苗文试点推行情况 [J]. 贵州民族研究, 1983 (3).

[56] 熊玉有. 对滇东北次方言苗文使用问题的看法和意见 [J]. 三峡论坛 (三峡文学·理论版), 2012 (2).

[57] 熊玉有. 国外苗族的文字：兼正苗语与世界语一文之误 [J]. 贵州民族研究, 1990 (1).

[58] 熊玉有. 跨国苗语比较研究：川黔滇苗语国内与国外的比较 [J]. 贵州民族研究, 1993 (3).

[59] 熊玉有. "国际苗文"的形成和作用 [J]. 世界民族, 1998, (3).

[60] 杨盛中. 学习民族文字的意义和作用 [J]. 贵州民族研究, 1985 (3).

[61] 杨再彪, 罗红源. 湘西苗族民间苗文造字体系 [J]. 吉首大学学报 (社会科学版), 2008 (6).

［62］于曙峦.贵州苗族杂谭［J］.东方杂志，1923（13）.

［63］苑青松.贵州石门坎"波拉德"课程：多元文化融合的赋形［J］.教育评论，2011（6）.

［64］袁廷科.苗族文字进学校教育体系的百年发展史简述［J］.民族教育研究，2010（6）.

［65］曾磊，莫礼平，刘笔余.扩展算法在方块苗文模式匹配中的应用［J］.吉首大学学报（自然科学版），2018，39（04）.

［66］张明达.推行苗文，提高苗族人民文化水平：谈台江苗文试行工作［J］.贵州民族研究，1983（3）.

［67］赵丽明，刘自齐.湘西方块苗文［J］.民族语文，1990（1）.

［68］赵丽明.湘西方块苗文［J］.中国文化，1990（1）.

［69］郑淑花.从殖民地语言政策到民族独立的语言政策老挝语言政策研究［J］.广西教育学院学报，2004（6）.

［70］周潭，莫礼平，曾虎，等.方块苗文词性标注集的设计［J］.智能计算机与应用，2019（1）.

［71］庄启.苗文略述［J］.东方杂志，1917（第1号）.

中文论文集

［1］恩宝羊.老挝拉丁字母苗文的产生及传播：答杨绍龙［C］.熊玉有，译//苗学研究通讯：第9期.贵阳：贵州苗学研究会秘书处，1998.

［2］凯里市民族事务委员会.凯里市十年苗文推行工作情况［C］//黔东南十年民族语文工作.贵阳：贵州民族出版社，1995.

［3］闻宥.贵州雷山新出苗文残石初考［C］//闻宥论文集.北京：中央民族学院科研处，1985.

英文著作

［1］Adam, J. R. "Another Tour Among the Tribes People"［M］//China's Millions. Ed. James Hudson Taylor. London: Morgan & SCOTT, 1914.

［2］Allan, Gleason. "Christian Missionary Activities"［M］// The World's Writing Systems. Eds. Peter T. Daniels and Bright William. London: Oxford University Press, 1996.

［3］Alleton, Isabelle. "Les Hmongs aux confines de la Chine et du Vietnam: La revolte du fou"［M］// Histoire de l'asie du sud-est: revoltes, reformes, revolutions.

Ed. Pierre Brocheux. Lille: Presses Universities de Lille, 1981.

[4] Barney, George Linwood. "The Meo--An Incipient Church" [M] // Readings in Missionary Anthropology. Ed. William A. Smalley. Tarrytown, New York: Practical Anthropology. 1967.

[5] Bernard, H. Russell. "Languages and Scripts in Contact: Historical Perspectives" [M] // Literacy: An International Handbook. Eds. Daniel Wagner, Richard L. Venezky and Brian V. Street. Boulder, Colorado: Westview Press, 1999.

[6] Bowers, John. "Language Problems and Literacy" [M] //Language Problems of Developing Nations. Eds. Joshua A. Fishman, Charles A. Ferguson & Jyotirindra Das Gupta. New York: John Wiley and Sons, Inc.1968.

[7] Broomhall, Marshall B. The Chinese Empire. A General & Missionary Survey [M]. London: Morgan & Scott, 1907.

[8] Broomhall, Marshall. Some a Hundredfold-the Life and work of James R. Adam Among the Tribes of South-West China [M]. Philadelphia : China Inland Mission ; London : Morgan & Scott, 1916.

[9] Chao, Language and Symbolic Systems [M]. Cambridge at the University Press, 1968.

[10] Clarke, Samuel R. "Miao Studies" [M] // China's Millions. Ed. James Hudson Taylor. London: Morgan & SCOTT, 1895.

[11] Clarke, Samuel R. "P'an, the Evangelist" [M] // China's Millions (North American Edition). Ed. James Hudson Taylor. London: Morgan & Scott, 1899.

[12] Clarke, Samuel R. "The Aborigines of Kuei-chau" [M] // China's Millions (North American Edition). Ed. James Hudson Taylor. London: Morgan & SCOTT, 1903.

[13] Clarke, Samuel R.Among the Tribes in South-west China [M]. London: China Inland Mission, 1911.

[14] Coulmas, F. "Development of Orthographies" [M] // Literacy: An International Handbook. Daniel A Wagner, Richard L.Venezky and Brian V. Street. Boulder, Colorado: West view Press, 1999.

[15] Covell, Ralph R. The Liberating Gospel in China: The Christian Faith among China's Minority Peoples [M]. Grand Rapids: Baker Books, 1995.

[16] Deka. "Have the Miau-Tsz a Written Language?" [M] // Notes and Queries on China and Japan (vol. I.). Ed. N.B Dennys. Hongkong: Charles A. Saint,

1867(8).

[17] Deka. "Written Language of the Miau Tsz" [M] // Notes and Queries on China and Japan (vol. I.). Ed. N.B Dennys. Hongkong: Charles A. Saint, 1867(9).

[18] Devéria, Gabriel. "Les Lolos et Les Miao-tze, Á Propos D'une Brochure De M.P. Vial, Missionnaire Apostolique Au Yun-Nan" [M]. Paris: Imprimerie Nationale, 1891.

[19] D'Ollone, H. M. G., Fleurelle, P. G. E., Lepage, ., & Boyve, H. E. Langues des peuples non chinois de la Chine [M]. Paris: E. Leroux, 1912.

[20] Duffy, John M. Writing from These Roots: Literacy in a Hmong American Community [M]. Honolulu: University of Hawai'i Press, 2007.

[21] Dwyer, Sharon. "An error analysis of English composition written by Hmong college students" [M] // The Hmong in the west. Eds. Bruce T. Downing, & Douglass P. Olney. Minneapolis: CURA, 1982.

[22] Eber, Irene, Sze-kar Wan, et al. Bible in modern China: The literary and intellectual impact [M]. Sankt Agustin: Institut Monumenta Serica, 1999.

[23] Enwall, Joakim. "The Bible Translation into Miao: Chinese Influence versus Linguistic Autonomy" [M] // The Bible in Modern China: The Literary and Intellectual Impact. Eds. Ebar Irene Sze-kar Wan and Knut Walf. Sankt Agustin: Institut Monumenta Serica.1999.

[24] Enwall, Joakim. A Myth Become Reality: History and Development of the Miao Written Language [M]. Almqvist & Wiksell International, 1995 (a).

[25] Ferguson, Charles. St. Stefan of Perm and applied linguistics [M]. New York: John Wiley & Sons, Inc., 1968.

[26] Foster, Geo. E. So-quo-yah: The American Cadmus and Modern Moses [M]. Philadelphia: Office of the Indian Rights Association, 1885.

[27] Geddes, William Robert. Migrants of the Mountains: The Cultural Ecology of the Blue Miao (Hmong Njua) of Thailand [M]. Oxford: The Clarendon Press, 1976.

[28] Gelb, Ignace J. A Study of Writing (Revised Edition) [M]. Chicago: The University of Chicago Press, 1963.

[29] Goody J, Watt I. "The consequences of literacy" [M] // Literacy in traditional Societies. Ed. Jack Goody. Cambridge: Cambridge University Press, 1963.

[30] Graham, David Crockett. Songs and Stories of Chu 'an Miao [M]. City of

Washington: The Smithsonian Institution, 1954.

[31] Halpern, Joel Martin. Government, Politics, and Social Structure in Laos: A Study of Tradition and Innovation [M]. New Haven: Yale University Press, 1964.

[32] Harris, Roy. Rethinking Writing [M]. Bloomington: Indian University Press, 2000.

[33] Hosie, Alexander. Three Years in Western China [M]. London: G. Philip & Son, 1897.

[34] Kendall, R. Elliot. Beyond the clouds : the story of Samuel Pollard of South-West China [M]. Paris: Cargate Press, 1947.

[35] Kendall, R. Elliot. Eyes of the Earth: The Diary of Samuel Pollard [M]. London: The Cargate Press, 1954.

[36] Lacouperie, Terrien de. The Languages of China before the Chinese [M]. London:D. Nutt, 1887.

[37] Lee, Gary Yia , Nicholas Tapp. Culture and Customs of Hmong [M]. Greenwood, 2010.

[38] Lombard-Salmon, Claudine.Un example d'aaculturation chinoise: La Province du Gui Zhou au XVIIIe Siècle [M]. Paris:Ecole Francaise d'Extreme-Orient, Paris, 1972.

[39] Long, Lynellyn D.Ban Vinai, the Refugee Camp [M]. New York: Columbia University Press, 1993.

[40] Malone, Susan. Manual for developing Literacy and Adult Education Programs in Minority Language Communities [M]. Bangkok: UNESCO, 2004.

[41] Michaud, Jean. Incidental' ethnographers: French Catholic missions on the Tonkin-Yunnan frontier,1880-1930 [M]. Leiden: Brill, 2007.

[42] Nguyễn Văn Chinh. Ambiguity Identity: The Mieu in North Vietnam[M]. Chiang Mai: Silkworm Books,2007.

[43] Nguyễn Văn Mai, Pilot Project on Hmong Literacy—An Introduction[M]. Hanoi, 1994.

[44] Noss, Richard B. Language Policy and Higher Education [M]. Paris: UNESCO and the International Association of Universities, 1967.

[45] Parker, Edward Harper.Up the Yang-tse (Reprinted from the 'China Review') [M]. Hongkong: Printed at the 'China Mall' Office, 1891.

[46] Pike, Kenneth L. Phonemics. A Technique for Reducing Languages to

Writing [M]. Ann Arbor: Unity of Michigan Press, 1947.

[47] Pollard, Samuel. The Story of the Miao [M]. London:H. Hooks, 1919.

[48] Pollard, Walter. The Life of Sam Pollard of China. an Account of the Intrepid Life of Adventure, Danger, Toil & Travel of a Missionary in the Far & Little Known Interior of the Vast Chinese Empire [M]. London: Seeley, Service & Co. Ltd. , 1928.

[49] Quincy, Keith. "From War to Resettlement: How Hmong Have Become Americans" [M] // Hmong and American: from refugees to citizens. Eds. Vincent K. Her, Mary Louise Buley-Meissner. Saint paul: Minnesota Historical society Press,, 2012.

[50] Ratliff, M. "The Pahawh Hmong Script" [M] // The world's writing systems. Eds. Peter D. Daniels and W. Bright. New York and Oxford: Oxford University Press, 1996.

[51] Ray, Punya Sloka. Language Standardization: Studies in Prescriptive Linguistics [M]. The hague: Mouton, 1963.

[52] Reder, S. "A Hmong community's acquisition of English" [M] // The Hmong in the west. Eds. Bruce T. Downing, & Douglass P. Olney. Minneapolis: CURA, 1982.

[53] Robson, Barbara. "Hmong Literacy, Formal Education and Their Effects on Performance in an ESL Class" [M] // The Hmong in the west. Eds. Bruce T. Downing, & Douglass P. Olney. Minneapolis: CURA, 1982.

[54] Scheuzger, Otto. The New Trial: Among the Tribes in North Thailand [M]. Michigan: China Inland Mission, 1966.

[55] Scott, James C. The Art of not Being Governed: An Anarchist History of Upland Southeast Asia [M]. New Haven & London: Yale University Press, 2009.

[56] Shôngx Ntiêx Tuôv. Péz Hmôngz Ndo Hloz Hôx [M]. Hà Nội: Nhà XuâB ản Văn Hóa Dân Tộc, 1993.

[57] Smalley, William A. "How shall I write this language?" [M] // Orthography studies: articles on new writing systems. Eds. William A. Smalley, et al. London: United Bible Societies in co-operation with the North-Holland Publishing Co., Amsterdam, 1964.

[58] Smalley, William A. "The problems of consonants and tone: Hmong (Meo, Miao)" [M] // Phonemes and Orthography: Language Planning in Ten Minority

Languages of Thailand. Ed. William A. Smalley. Canberra: Australian National University, 1976.

[59] Smalley, William A. Linguistic Diversity and National Unity: Language Ecology in Thailand[M]. Chicago: University of Chicago Press. 1994.

[60] Smalley, William A. Readings in Missionary Anthropology [M]. New York: Practical Anthropology, Inc., 1967.

[61] Smalley, William A. Chia Koua Vang, and Gnia Yee Yang.Mother of Writing: The Origin and Development of a Hmong Messianic Script[M]. Chicago: University of Chicago Press, 1990.

[62] Tapp, Nicholas. Sovereignty and Rebellion: The White Hmong of Northern Thailand [M]. Oxford: Oxford University Press, 1989.

[63] Tapp, Nicholas, Jean Michaud, Christian Culas, Gary Y. Lee. Hmong/Miao in Asia [M].Chiang Mai: Silkworm Books, 2004.

[64] Thao, Paoze. Hmong Education at the Crossroads[M]. University Press of America, Inc. Lanham New York Oxford, 1999.

[65] Va Ka. Hmong Literacy, History, and Culture[M]. California: Hmong Publishing Elk Grove, 2007.

[66] Vang, Chia Koua, Yang Gnia Yee William A.Smalley. The Life of Shone Lue Yang: Hmong Mother of Writing [M]. Center for Urban and Regional Affairs, University of Minnesota, 1990.

[67] Vial, Paul. Les Lolos: Histoire. Religion. Mœurs. Langue. E′criture [M]. Chang-hai: Imprimerie de la Mission catholique, 1898.

[68] Vial, Paul.Yun-Nan : Miao-Tse et autres[M]. Vannes: Impr. de Lafolye frères, 1908.

[69] Yang Dao. Hmong at the Turning Point [M]. Minneapolis: World bridge Associates, Ltd, 1st Edition, 1993.

[70] Yang Dao. Les Hmongs du Laos Face Au Developpement [M]. Vientiane: Siaosavath Publishers,1975.

[71] Zhou, Minglang, Hongkai Sun. Language Policy in the People's Republic of China: Theory and Practice Since 1949 [M]. Berlin: Springer, 2004.

[72] Zhou, Minlang. Multilingualism in China: The Politics of Writing Reforms for Minority Languages 1949-2002 [M]. Berlin. New York: Mouton de Gruyter, 2003.

英文期刊

[1] Bao, Quoc. "Script for the Meo Minority"[J]. Vietnam, 1963(10).

[2] Bridgman, (Rev) E C (transl.). "Sketches of the Miau-tsze"[J]. Journal of the North-China Branch of the Royal Asiatic Society, 1859（3）.

[3] Bright,W. "A Matter of Typology: Alphasyllabaries and Abugidas"[J]. Studies in the Linguistic Sciences, 2000, 30（1）.

[4] Chanson, Philippe. Father Yves Bertrais, An Essential Figure in the History of Hmong Christianity: Tribute in the Form of a Travel Story. Translated by J.L.C. Steenbrink[J]. Exchange: Journal of Missiological and Ecumenical Research 1993（22）.

[5] Clarke, Samuel R. "The Miao and Chunchia Tribes of Kweichow Province"[J] East of Asia Magazine, 1904（3）.

[6] Edkins, Joseph. "A Vocabulary of the Miau Dialects"[J].Chinese Recorder and Missionary Journal, Volume III, Foochow, 1870.

[7] Enwall, Joakim. "Script Choice among the Miao in China"[J]. International Journal of the Sociology of Language, 2008(1).

[8] Garrett, W.E.. "The Hmong of Laos: No Place to Run"[J]. National Geographic Magazine, January 1974.

[9] Homer-Dixon, Homera. "Among the Meo in the Highlands"[J].The call of French Indo-China and East Thailand, 1941.

[10] Lemoine, Jacques. "Les écritures du Hmong"[J]. Bulletin des Amis du Royaume Lao, Vientiane, 1972.

[11] Lewis, R. Alison. "Bicentenary of Rev James Evans, Inventor of the Syllabic Script for the Cree"[J]. Proceedings of Wesley Historical Society, 2001, 53(2).

[12] Lewis, R. Alison. "Two Related Indigenous Writing Systems: Canada's Syllabic and China's A-hmao Scripts[J]. Canadian Journal of Native Studies, Volume 23, 2003（2）.

[13] Nida, Eugene A. "Approaching Reading Through the Native Language"[J]. Language learning, 1949, 2（1）.

[14] Robert, (Capne). "écriture magique et hypnotisme chez les Méo"[J]. Bulletins et mémoires de la Société d'Athropologie de Paris, tome 10, 6e série

1919.

[15] Schotter, Aloys. Notes Ethnographiques sur les Tribus du Kouy-tcheou (Chine) " [J]. Anthropos, 1909, 4（1）.

[16] Smalley, W. A. and N. "Winuttikosol. Another Hmong Messianic Script and Its Texts"[J]. Written Language and Literacy, 1998 (1).

[17] Trivière, Léon. Révérend père F.M. Savina [J]. Missionnaire d'Asie, 1953.

[18] Yan, Yu Suee. The story of the Big Flowery Miao Bible [J]. The Bible Translator vol. 62, no. 4, 2011.

英文论文

[1] Barney, George Linwood. "Christianity: innovation in Meo culture; a case study in missionization"[D]. University of Minnesota, 1957.

[2] Mcginn, F. Hmong Literacy Among Hmong Adolescents and the Use of Hmong Literacy during Resettlement [D]. Thesis (Ed. D.)--University of San Francisco, 1989.

[3] Na Vangay, Jonas Vang. Factors Hindering Agreement on a Common Script for the Language of Academic Communication of the Hmong in California [D]. University of Minnesota, 1997.

[4] Ogden, Mitchell Paul. Refugee Utopias: Retheorizing refugeeism through Cultural Production of the Hmong Diaspora [D]. University of Minnesota, 2008.

英文词典

[1] Bertrais, Yves & René Charrier. "Dictionnaire Hmong(Mèo blanc)-français"[Z]. Vientiane: Mission Catholique. 1964.

[2] D'Ollone, Henri. L'écriture des Miao tseu', in D'Ollone, Henri, and Jean B. M. B. Guébriant. E´critures Des Peuples Non Chinois De La Chine: Quatre Dictionnaires Lolo Et Miao Tseu [Z]. Paris: Ernest Leroux, 1912.

[3] Esquirol, Joseph Marie. Dictionnaire 'Ka nao-français et français 'ka nao [Z]. Hong Kong: Société des missions- étrangères, 1931.

[4] Heimbach, Ernest E. White Meo-English Dictionary (Revised Version)[Z]. Data Paper No. 75, Southeast Asia Program. Ithaca, New York: Department of Asian Studies, Cornell University, 1979.

［5］Nguyễn, Văn Chinh, Tù Điển Mèo-Việt, loai nhò［Z］. Hanoi, 1971.

［6］Savina, François Marie. Dictionnaire miao-tseu-français, précédé d'un précis degrammaire miao-tseu et suivi d'un vocabulaire français-mioa-tseu［Z］. Hanoi:Imprimerie d'Extrême-Orient, 1917.

［7］Vial, Paul. Dictionnaire Français-Lolo, Dialecte Gni: tribu située dans les sous-préfectures de" Loú nân tcheou, Lou leâng tcheou "et" Koù ang-si tcheou, province du Yunnan［Z］.Hong Kong: Impremerie de la Société des Missions-Etrangères, 1909.

英文研究报告

［1］Downing, Bruce T.; And Others. The Hmong Resettlement Study Site Report: Minneapolis-St. Paul. U.S.［R］. Northwest Regional Educational Lab., Portland, OR., 1985.

［2］Enwall, Joakim . Hmong Writing Systems in Vietnam: A Case Study of Vietnam's Minority Language Policy［R］. Stockholm, Sweden: Center for Pacific Asian Studies, 1995b.